# आत्मकथा के इलाके में

# आत्मकथा के इलाके में

सम्पादक

भरत सिंह
कुमार वीरेन्द्र

लोकभारती प्रकाशन

**लोकभारती प्रकाशन**
पहली मंजिल, दरबारी बिल्डिंग, महात्मा गांधी मार्ग
प्रयागराज-211 001
वेबसाइट : www.lokbhartiprakashan.com
ईमेल : info@lokbhartiprakashan.com

**शाखाएँ :** 1-बी, नेताजी सुभाष मार्ग, दरियागंज
नई दिल्ली-110 002
अशोक राजपथ, साइंस कॉलेज के सामने
पटना-800 006
1, अनमोल सोराबजी सनतुक लेन, मरीन लाइंस
मुम्बई-400 002

**प्रथम संस्करण :** 2025

**सुपर माधव ग्राफिक**
प्रयागराज द्वारा मुद्रित

AATMKATHA KE ELAKE MEIN
*Edited by* Bharat Singh
Kumar Birendra

ISBN : 978-93-48229-68-7

**मूल्य :** ₹ 695

भरत सिंह जी
के परिवार के सदस्यों
डॉ. चंचला कुमारी (धर्मपत्नी)
सोनिया शर्मा (सुपुत्री)
कुमार वैभव (सुपुत्र)
पल्लवी (सुपुत्री)
के
लिए

# अनुक्रम

# अपनी बात

आत्मकथा लिखने का कोई विशेष ढंग नहीं है। किसी भी क्षेत्र का व्यक्ति अपने को किसी प्रकार से व्यक्त कर सकता है। सरल, सहज ढंग से लिखी गयी आत्मकथाएँ खूब चर्चित रही हैं। हिन्दी एवं अन्य भारतीय भाषाओं में कई श्रेष्ठ आत्मकथाएँ मौजूद हैं। एक श्रेष्ठ आत्मकथा में एक सूचना युग अपनी सम्पूर्ण त्वरा, प्रेरणा और हलचल के साथ उपस्थित रहता है। यह भी सम्भव है कि आत्मकथा लेखक आधा झूठ और आधा सच लिखे। इस अर्द्धसत्य के पीछे का एक कारण लेखक की अपनी उपस्थिति का समय-सापेक्ष होना है। अपनी उपस्थिति को सन्दर्भित करने में कई बार तटस्थता का लोप हो जाता है। आत्मकथा की श्रेष्ठता लेखकीय तटस्थता पर निर्भर है। जिन लेखकों ने गोपन प्रसंगों को भी सार्वजनिक कर दिया, उनकी तटस्थता सराही गयी।

सभी श्रेष्ठ आत्मकथाओं की चर्चा के लिए पर्याप्त अवकाश व स्थान की आवश्यकता होगी, जिसकी पूर्ति के लिए फिलहाल हम अवसर नहीं निकाल पाए हैं और न ही आत्मकथा का क्रमिक विकास दिखाने का कोई अतिरिक्ति उत्साह प्रदर्शित करना सम्भव हो सका है। जिन आत्मकथाओं ने मनुष्य की अपराजेयता में विश्वास जगाया है, जीवन-संघर्ष से निबटने के लिए रणनीतियाँ सिखलायी हैं, उनमें से कुछ को केन्द्र में रख कर आलोचकों-साहित्यिकों-अध्येताओं से विवेचन-विश्लेषण-मूल्यांकन कराया गया है।

जिन आत्मकथाओं ने मनुष्य का विरेचन किया है, विमर्श के लिए राह सुझाई है, अस्तित्व और अस्मिता के सवालों से रू-ब-रू कराया है, उन सभी को इस पुस्तक में जगह दी गयी है। हाल के वर्षों में प्रकाशित आत्मकथाएँ सवालों, चुनौतियों से लैस हैं। कुछ में तो 'आत्म' (सेल्फ) को पीड़ा पहुँचाने वाले 'पर' (अदर) की निर्मम आलोचना है। आत्मकथा को आलोचना का हथियार भी बनाया जा सकता है। एक अर्थ में यह कार्य हिन्दी की पहली आत्मकथा के लेखक बनारसीदास जैन ने भी 'अर्द्धकथानक' में किया था। जवाहरात के बड़े व्यापारी होते हुए भी बनारसीदास जैन ने ऊँच-नीच और कर्मकांड की कठोर आलोचना की थी।

प्रस्तुत पुस्तक की योजना प्रो. भरत सिंह जी के साथ मिलकर बनाई गई थी। भरत सिंह जी 'मगही' के विद्वान थे और मगध विश्वविद्यालय में हिन्दी विभाग के अध्यक्ष पद को सुशोभित कर चुके थे। पुस्तक-प्रकाशन के सिलसिले में उनसे प्राय:

मोबाइल पर बातें होती थीं। सन् 2023 के दिसम्बर (पूस माह) की शीतलहरी और घने कोहरे के बीच भरत सिंह जी पूरी सामग्री लेकर प्रयाग आ गए। लोकभारती के श्री रमेश ग्रोवर जी के आवास पर पुस्तक के नाम, सम्पादन और स्वरूप पर विस्तृत चर्चा हुई। ग्रोवर जी ने प्रकाशन के लिए सहमति दी। भरत सिंह जी घर आए, साथ भोजन किया और बोधगया लौट गए। ग्रोवर जी ने सम्पूर्ण सामग्री को पुस्तक-स्वरूप में टंकित-संयोजित करा कर मुझे और भरत सिंह जी को ईमेल के जरिए प्रेषित किया।

सन् 2024 के जून महीने में भरत जी ने आने का वादा किया और साथ बैठकर पुस्तक को पूर्ण रूप देने की इच्छा प्रकट की। 17 जून को नियति ने क्रूर खिलवाड़ किया और भरत सिंह जी अचानक हम सभी के बीच से चले गये। कुछ महीने सदमे से उबरने में लग गये। पुस्तक को लेकर अकेला पड़ गया। सोच में पड़ गया—'वो जो हममें तुममें करार था, तुम्हें याद हो कि न याद हो।' करार को याद कर पुन: कार्य शुरू किया।

जीते जी उन्होंने इस पुस्तक का नाम रखा था—'आत्मकथा : आलोचकों की दृष्टि में'। लेकिन इसके नामकरण से वह असन्तुष्ट थे। अक्सर फोन पर कहते थे—'लोगों से राय लीजिए, और कुछ और प्रासंगिक नाम सोचिए।'

वरिष्ठ कवि-आलोचक राजेन्द्र कुमार जी, गुरुदेव डॉ. मुश्ताक़ अली जी, डॉ. सुरेन्द्र प्रसाद मिश्र जी, समीक्षक डॉ. सूर्य नारायण जी, साथी आशुतोष पार्थेश्वर जी, धारवेन्द्र प्रताप त्रिपाठी जी तथा अभिभावक तुल्य श्री रमेश ग्रोवर जी से राय-मशविरा के उपरान्त पुस्तक का नाम रखा गया—'आत्मकथा के इलाके में'।

'आत्मकथा के इलाके में' पुस्तक को वर्तमान स्वरूप में पाठकों तक पहुँचाने में जिन लेखकों ने हमारे आग्रह को बिना शर्त स्वीकार कर रचनात्मक सहयोग किया, उन सभी के प्रति बेहद आभारी हूँ। मगध विश्वविद्यालय के हिन्दी विभाग के सक्रिय एवं आत्मीय साथियों डॉ. परम प्रकाश राय, डॉ. राकेश रंजन और डॉ. अजीत प्रताप सिंह जी से मिले सहयोग के लिए उनका ऋणी हूँ। लोकभारती प्रकाशन के विशेष कार्याधिकारी श्री आमोद महेश्वरी के प्रति हृदय से आभारी हूँ कि उन्होंने पुस्तक को पाठकों के लिए उपलब्ध कराने में गहरी रुचि दिखलाई।

इस पुस्तक के सज्जाकार श्री संगम लाल जी के प्रति आभार व्यक्त करता हूँ। प्रिय शिष्य डॉ. अवनीश यादव ने प्रूफ-शोधन में सहायता की, धन्यवाद के पात्र हैं।

प्रो. भरत सिंह जी की स्मृतियों को नमन करते हुए प्रस्तुत पुस्तक पाठकों को सौंपता हूँ। उम्मीद है कि यह पुस्तक पाठकों को आत्मकथा के सुगम-दुर्गम इलाकों में प्रवेश कराने के लिए सशक्त माध्यम बनेगी।

**दीपावली 2024** **—कुमार वीरेन्द्र**
**प्रयाग**

# आत्मकथा : अवधारणा स्वरूप एवं लेखन परम्परा

डॉ. भरत सिंह

आत्मकथा साहित्य की अन्य विधाओं की भाँति एक महत्त्वपूर्ण विधा है, जिसमें लेखक अपने जीवन के भोगे हुए स्वयं का विवेचन और विश्लेषण करता है। इसमें उपन्यास जैसी रोचकता एवं इतिहास जैसी प्रामाणिकता होती है। इस विधा में लेखक अपने जीवन का यथार्थ चित्रण करता है। हिन्दी साहित्य में लिखी गई सर्वप्रथम आत्मकथा 'अर्धकथानक' है, जिसे जैन कवि बनारसीदास ने सन 1641 में लिखा था। इसके पश्चात भारतेन्दु हरिश्चन्द्र की अधूरी आत्मकथा 'कुछ आपबीती, कुछ जगबीती' का उल्लेख आता है। आत्मकथा के द्वारा लेखक खुद का विश्लेषण, आत्मपरिष्कार, आत्मोन्नति करता है। आत्मकथाओं से व्यक्ति प्रेरित होता है। आत्मकथा में लेखक स्वयं नायक होता है। लेखक स्वयं जीवन के संघर्ष, उतार-चढ़ाव, गुण-अवगुण, सफलता-असफलता, पारिवारिक परिस्थितियों, नौकरी पेशा, योग्यता, कठिनाई, सरलता, परिवेश, समाज, प्रेम, उपलब्धियों एवं अपने प्रेरणा स्त्रोतों आदि का बड़ी निडरतापूर्वक यथार्थ रूप से वर्णन करता है। आत्मकथा सभी विधाओं में रोचक और राजीव विधा है। वह व्यक्ति का अन्तः-साक्ष्य है। आत्मकथा में 'आत्म' शब्द आत्मन से उत्पन्न हुआ है, जिसका अर्थ होता है 'स्वयं का आत्मचरित' आत्मकथा, आत्मकथन, इन शब्दों का सामान्यतः एक ही अर्थ होता है। आत्मकथा को अंग्रेजी में 'ऑटोबायोग्राफी' कहते हैं।

## आत्मकथा की परिभाषा, स्वरूप एवं तत्त्व

"आधुनिक साहित्यिक क्षेत्र बहुविध प्रयोगों का है। आज गद्य का जो विविधोन्मुखी विकास दिखाई देता है, वह भी आधुनिक युग की ही देन है। यूरोपीय सभ्यता का वहन करनेवाली अंग्रेजी भाषा के अध्ययन एवं अध्यापन के परिणामस्वरूप साहित्यिक जगत में नूतन प्रवृत्तियों का समावेश हुआ और अनेक नवीन विधाएँ भी प्रकाश में आईं। साहित्य में जैसे-जैसे यथार्थता का समावेश होता जाता है, वैसे-वैसे उसकी गद्यात्मक विधाओं की समृद्धि होती जाती है। यही कारण

है कि आधुनिक युग में आत्मकथा, संस्मरण, रेखाचित्र, यात्रा-वृत्तान्त, डायरी, पत्राचार तथा इंटरव्यू आदि नवीन विधाओं का अनवरत परिष्कार हो रहा है। इन सम्पूर्ण विधाओं में आत्मकथात्मक साहित्य सर्वोत्तम कलापूर्ण एवं मानवीय विधा है, जिसने अपनी विशिष्ट विशिष्टताओं के कारण पृथक अस्तित्व स्थापित कर लिया है।''[1]

व्यक्ति द्वारा अनुभूत सत्य और जीवन के यथार्थ को उद्‌घाटित करने की असाधारण क्षमता से सम्पन्न होने के कारण आत्मकथा साहित्य का अपना विशिष्ट स्थान है। आत्मकथा में जहाँ एक ओर व्यक्ति मन का अन्तरंग चित्र प्राप्त होता है, जो द्वन्द्व, आशा, निराशा, सपने और मानव मन की अनेक गुत्थियों को लिये हुए होता है, वहीं दूसरी ओर वह परिवेश और समष्टि जीवन के संघर्ष, सफलता, असफलता, यश, अपयश का साक्षात्कार भी करता है। आत्मकथा-लेखन के मूल में मनुष्य की आत्म-प्रकाशन की प्रवृत्ति होती है। वैसे तो आत्म-प्रकाशन की प्रवृत्ति के कारण ही मानव स्वयं को जीवन के प्रत्येक क्रिया-कलाप में, कला और साहित्य में अभिव्यक्त करता ही है, किन्तु आत्मकथा साहित्य का मूल विश्वास है-'न मानुषात् श्रेष्ठतम ही किंचित्' अर्थात मनुष्य से बढ़कर कुछ नहीं। आत्मकथा का हर पृ. मानवीय जिजीविषा, अनुभूति, चिन्तन और कर्तव्य के रंग से रँगा होता है, हर शब्द मनुष्य के आह्लाद-विषाद और नियति को चुनौती देनेवाले छोटे-से-छोटे कर्म को समर्पित रहता है।

आत्मकथा व्यक्ति के जीवन का विवरण है, जो स्वयं के द्वारा प्रस्तुत किया जाता है। इसमें जीवन के सत्य का अधिकतम समावेश होना चाहिए। आत्मकथा में लेखक ईमानदारी के साथ आत्मनिरीक्षण करता हुआ अपने देश, काल, परिवेश से सामंजस्य विकसित एवं प्रस्थापित करता है। दरअसल आत्मकथा लिखने के लिए एक बड़े नैतिक और वैचारिक साहस की जरूरत होती है, जिसके बिना उसके साथ न्याय नहीं हो सकता। आत्मकथाकार अपने सम्बन्ध में किसी मिथक की रचना नहीं करता, कोई स्वप्न सृष्टि नहीं रचता, वरन अपने गत जीवन के खट्टे-मीठे, उजाले-अँधेरे, प्रसनन-विषण्ण, साधारण-असाधारण संचरण पर मुड़कर एक दृष्टि डालता है, अतीत को पुनः कुछ क्षणों के लिए स्मृति में जी लेता है और अपने वर्तमान तथा अतीत के मध्य सूत्रों का अन्वेषण करता है। आत्मकथा लिखना अपने अस्तित्व के प्रति कर्ज चुकाने जैसी प्रक्रिया है। आत्मकथा लेखक आत्मप्रचार की भावना से भी व्यक्तिगत जीवन का विवेचन करता है। वह चाहता है कि उसके अनुभवों का लाभ अन्य लोग भी उठा सकें। आत्मकथा लिखने की शर्त है ईमानदारी से सच के पक्ष में खड़ा होना और अपनी सफलता-असफलताओं का निर्ममतापूर्वक पोस्टमार्टम करना। आत्मकथा, लेखक की दुर्बलताओं-सबलताओं आदि का सनतुलित और व्यवस्थित चित्रण

है जो उसके सम्पूर्ण व्यक्तित्व के निष्पक्ष उद्घाटन में समर्थ होता है। डॉ. श्यामसुन्दर घोष के अनुसार, "आत्मकथा समय-प्रवाह के बीच तैरनेवाले व्यक्ति की कहानी है। इसमें जहाँ व्यक्ति के जीवन का जौहर प्रकट होता है वहाँ समय की प्रवृत्तियाँ और विकृतियाँ स्पष्ट होती हैं। इन दोनों के घात-प्रतिघात से ही आत्मकथा में सौन्दर्य और रोचकता का समावेश होता है।[2] आत्मकथा के माध्यम से साहित्य, कला, धर्म, समाज, राजनीति अथवा ज्ञान-विज्ञान के क्षेत्र में उल्लेखनीय उपलब्धियों का वर्णन लेखक करते हैं। आत्मकथा-लेखन के कतिपय उद्देश्य होते हैं-

- इसमें लेखक अपने अतीत का निरीक्षण करना चाहता है।
- लेखक अपने बीते हुए समय को अपनी स्मृति के माध्यम से लिपिबद्ध करके पाठक से अवगत कराता है।
- लेखक अपने जीवन की महत्त्वपूर्ण उपलब्धियों से समाज को प्रेरित करना चाहता है।
- लेखक अपने अनुभवों से दूसरों को लाभ पहुँचाना चाहता है।

इन उद्देश्यों को लेकर लिखी गई आत्मकथा को पढ़नेवाला पाठक लेखक से निम्नलिखित अपेक्षा भी रखता है-

- लेखक अपनी आत्मकथा में जीवन-चरित्र वर्णन करने के साथ-साथ सम्पर्क में आए व्यक्तियों तथा तत्कालीन परिस्थितियों का भी वर्णन करे। उसके लेखन में ईमानदारी और निष्पक्षता अपेक्षित है।
- लेखक को अपने विषय में यथार्थ वर्णन करने और सच्चाई को प्रेषित करने की हिम्मत अपेक्षित है।
- लेखक राग-द्वेष या पूर्वग्रहों से रहित होकर लिखेगा तभी सत्यता उजागर होगी।

अत्यधिक आत्मप्रशंसा करने से आत्मकथा निम्नकोटि की समझी जाने लगती है। जब लेखक स्वयं अपने जीवन की कथा को व्यवस्थित एवं विस्तृत रूप में पाठकों के समक्ष आत्मीयता के साथ प्रस्तुत कर आत्मकथा लिखता है, इसका रूप क्रमबद्ध एवं संस्मरणात्मक होता है। आत्मकथा में लेखक अपने जीवन का सिंहावलोकन करता है और व्यापक पृ.भूमि में अपने जीवन का महत्त्व प्रतिष्ठापित करता है। वह अपने परिवेश के साथ पूर्ण जीवन्तता से आबद्ध रहता है। आत्मकथा में शैली का दृष्टिकोण विषयीपरक होता है। उसे अपने को दर्पण के सामने रखना पड़ता है। प्रकृति से विषयीगत होते हुए भी विषय की उपेक्षा वहाँ नहीं रह सकती क्योंकि इसमें 'विषयी' और 'विषय' अभिन्न होते हैं।

## आत्मकथा का स्वरूप

आत्मकथा विधा का सृजन मुश्किल कार्य है। चन्द कथाकार ही सच्चाई रखते हुए अपनी आत्मकथा लिखने का साहस करते हैं। आत्मकथा आधुनिक साहित्य की एक बेहद जटिल और जोखिम भरी विधा है। अन्य विधाओं से पृथक इसकी अपनी विशिष्ट पहचान और कसौटी है। 'आत्मकथा' शब्द का पहला प्रयोग सन 1796 में जर्मनी में हर्डर ने किया था। ब्रिटेन में पहुँचने पर, रॉबर्ट साउथै ने इसका इस्तेमाल सन 1809 में किया। उस अवधि में आत्मकथा जीवनी मानी जाती थी। आत्मकथा पहले-पहल अठारहवीं शताब्दी के आखिरी, विशेषत: उन्नीसवीं सदी के शुरुआती दौर में प्रकट होती है।

आत्मकथा-लेखन में कथाकार के मन में सच्चाई की परम आवश्यकता है, उसे अभिव्यक्त करने के लिए कलमकार को अपने प्रति निर्मम होना पड़ता है। आत्मकथा जीवन के उस समय पर लिखी जाती है, जब व्यक्ति अपनी भरपूर जिन्दगी जी चुका होता है। आत्मकथा जिन्दगी का आलोचनात्मक दस्तावेज है, मगर इसको सही और मजबूत रूप देने के लिए आत्मा से विलग होना अनिवार्य है, उससे एक तार्किक दूरी पर हम खड़े होते हैं। इसके लिए धैर्य और संयम चाहिए। अपने और अपने आसपास के प्रति एक शान्त, मगर पैनी निगाह चाहिए।

आत्मकथा साहित्य में लेखक को वास्तविकता के साथ रहना पड़ता है। इसमें लेखक जीवन में घटित सभी सुख-दुख एवं दबे हुए राज को प्रस्तुत करता है। आत्मकथा रचनाकार को अपने अतीत से जोड़ती है। मृदुला गर्ग का कथन है-"आत्मकथा लिखने ना लिखने के सवाल को मैं एक लेखक की हैसियत से देखना चाहती हूँ। मैं भी समाजशास्त्र की अध्येता रही हूँ, जानती हूँ कि समाज के अनुसरण में उस समय की आत्मकथाओं का खासा योगदान रहता है। विशेष रूप से औरतों की जीवनियों का। पर यहीं लेखक आड़े आ जाता है और जरूरी हो जाता है कि सृजनशील लेखक (चाहे औरत हो या मर्द) और अन्य जनों के बीच के फर्क को समझा जाए। साहित्यकार पर दोहरी मार यह होती है कि सत्य से रूपान्तरित फन्तासी के पुन: सर्जन के लिए, उसके पास, शब्दों के सिवा, दूसरा माध्यम नहीं होता। जब लेखक आत्मकथा में केवल सच और सच के सिवा कुछ नहीं, लिखने के लिए मजबूर होता है तो उसे अपने रचनाधर्म, स्वभावगत प्रकृति के खिलाफ जाना पड़ता है। जोर जबर्दस्ती उसे असहज बना देती है और लिखित सच एकांगी, एकतरफा और झूठा हो जाता है।"[3]

आत्मकथा में कथाकार अपने जीवन की हर प्रकार की घटना का मार्मिक रूप से चित्रण करता है। पाठक आत्मकथा से सीख लेते हुए अपने जीवन को

सनतुलित करने का प्रयास करता है। दुखद घटनाओं से प्रेरणा लेकर अपने जीवन को उस दुख से बचाता है और सुखद कार्य का अनुसरण करके अपने जीवन को सुखमय बनाता है।

## आत्मकथा के प्रमुख तत्त्व

यदि हमें जल को समझना हो या जल की व्याख्या करनी हो तो हम जल को हाइड्रोजन के दो अणु और ऑक्सीजन के एक अणु के रूप में देखते हैं। आत्मकथा को तत्त्वों के आधार पर देखा जाता है। आत्मकथा में लेखक अपने जीवन के प्रसंगों को लिखता है और उसके एक प्रसंग के भी विभिन्न तत्त्व होते हैं। इसी प्रकार आत्मकथा का अवलोकन भी अलग-अलग तत्त्वों के आधार पर किया जाता है।

## वर्ण्यविषय

आत्मकथाकार का मुख्य विषय अपनी बीती हुई जिन्दगी का पुनः व्यक्तीकरण करना होता है। आत्मकथा लेखक के व्यक्तित्व के अनुरूप ही विषय का प्रस्तुतीकरण होता है। यदि आत्मकथाकार साहित्यिक है, तो उसकी आत्मकथा में तत्कालीन साहित्य की परिस्थितियों का भी वर्णन होगा। इसी प्रकार यदि आत्मकथा लेखक सामाजिक है, तो उसकी आत्मकथा में सामाजिक परिस्थितियों का अंकन होगा। यही बात धार्मिक व्यक्ति के आत्मकथा के सम्बन्ध में भी है। अप्रत्यक्ष रूप से उसकी कृति में परिस्थिति का मूल्यांकन हो जाता है।

आत्मकथागत वर्ण्यविषय का प्रमुख गुण है सत्यता और यथार्थता। आत्मकथाओं का विषय काल्पनिक न होकर वास्तविक होता है। साहित्यिक पुरुषों की आत्मकथाओं में सत्य एवं यथार्थ का विशेष महत्त्व है।

आत्मकथा लेखक के लिए यह आवश्यक होता है कि वह अपने अतीत की घटनाओं को इस प्रकार लिखे कि पाठक पूर्ण रुचि के साथ पढ़े। आचार्य चतुरसेन शास्त्री एक ऐसे आत्मकथाकार हैं जिन्होंने अपनी आत्मकथा में घटनाओं को इस प्रकार प्रस्तुत किया है कि पाठक उसे आद्यन्त पढ़ने को मजबूर हो जाता है। इन्होंने विषयानुसार रोचकता का पूर्ण समावेश किया है।

आत्मकथा के वर्ण्यविषय में संक्षिप्तता का होना परमावश्यक है, क्योंकि आज के व्यस्त जीवन में मानव विस्तृत चीज को सुनना या पढ़ना पसनद नहीं करता है।

## चरित्र चित्रण

चरित्र चित्रण आत्मकथा का महत्त्वपूर्ण तत्त्व है। कभी-कभी आत्मकथा को आत्मचरित्र का नाम ही दे दिया जाता है, जिसका एकमात्र कारण यह है कि

आत्मकथाकार अपनी आत्मकथा में अपने ही चरित्र का विश्लेषण करता है। आत्मचरित्र के विश्लेषण में उसे आत्मश्लाघा और आत्मदोषों को भी उद्घाटित करना पड़ता है।

आत्मकथाकार अपने व्यक्तित्व के स्पष्टीकरण में अन्य सम्बन्धित व्यक्ति के चरित्र पर भी प्रकाश डालता है। इस प्रवृत्ति से दो लाभ होते हैं एक तो लेखक का व्यक्तित्व स्पष्ट हो जाता है। और दूसरा उस व्यक्ति के विषय में गौण पक्ष पाठक को पता चल जाता है।

## देशकाल

आत्मकथा में सजीवता लाने के लिए देशकाल का अत्यन्त महत्त्व होता है। देशकाल का असर प्रत्येक व्यक्ति पर पड़ता है। देशकाल से किसी व्यक्ति के सामाजिक, राजनीतिक, धार्मिक, साहित्यिक प्रभाव क्षेत्र का पता चलता है। इस प्रकार गौण रूप से तत्कालीन परिस्थितियों पर प्रकाश पड़ता है।

आत्मकथाकार किसी काल और देश-विशेष में ही रहकर अपनी जिन्दगी व्यतीत करता है। हिन्दी साहित्य में साहित्यिक पुरुषों की आत्मकथाओं के साथ ही साथ सामाजिक, राजनीतिक तथा धार्मिक पुरुषों की भी आत्मकथाएँ प्राप्त होती हैं। इन समस्त आत्मकथाकारों की आत्मकथाओं में हमें तत्कालीन परिस्थितियों का चित्रण अप्रत्यक्ष रूप से प्राप्त ही हो जाता है, क्योंकि आत्मकथाकार भी समाज का ही प्राणी होता है, उन्हीं परिस्थितियों में वह अपनी विकास की सीमाओं को निर्धारित करता है।

देश और काल के उभय पक्षों में वास्तविकता लाने के लिए स्थानीय ज्ञान का होना आवश्यक है। हिन्दी आत्मकथा साहित्य में केवल राहुल सांकृत्यायन ही ऐसे आत्मकथाकार हैं, जिन्होंने इसकी ओर विशेष ध्यान दिया है।

वर्ण्य चरित्र किसी देश या किसी काल में ही अपना जीवन व्यतीत करता है। उसके जीवन की घटनाएँ देशकाल से सर्वथा सम्बद्ध रहती हैं।

## उद्देश्य

आत्मकथा साहित्य हिन्दी की एक उद्देश्ययुक्त विधा है। आत्मकथाकार एक निश्चित प्रयोजन को पूरा करने के लिए आत्मकथा लिखने की ओर अग्रसर होता है। आत्मकथा-लेखन का उद्देश्य होता है-आत्मनिर्माण, आत्मपरीक्षण, अतीत की स्मृतियों को पुनर्जीवित करने का मोह या जटिल विश्व के उलझावों में अपने आपको अन्वेषित करने का प्रयास।

आधुनिक समाज में व्यक्ति की दो प्रवृत्तियाँ उत्तरोत्तर तीव्र होती जा रही हैं-वह आत्म प्रचार चाहता है, अपने को समाज के सम्मुख ला देना चाहता है, वह अपने

व्यक्तित्व का उभार चाहता है और अपने विचारों-मनोभावों के प्रति समाज की सहानुभूति प्राप्त करना चाहता है। वह आत्म-अध्ययन और आत्मविश्लेषण कर विश्व और मानव समाज को समझना चाहता है। वह नित्य छानबीन में लगा है और उसमें वह अपनी परीक्षा किया करता है।

आत्मकथा साहित्य का कोई मान्यता प्राप्त समीक्षा दर्शन विकसित नहीं हो पाया है किन्तु आत्मकथाकार से यह अनिवार्य माँग की जाती है कि वह उपदेश, अतिबौद्धिकता, प्रचार, आत्म स्थापन, आत्मश्लाघा, परनिन्दा आदि से बचते हुए, जिस सत्य को उसने अनुभव किया है उसे निर्लिप्त और निर्द्वन्द्व भाव से अभिव्यक्त कर दे। जिन आत्मकथा के मूल में लेखक की अभिमान, कुंठा, सिद्धान्त प्रचार अथवा पूर्वग्रह का भाव होता है, वह सफल नहीं हो पाती।

पंकज चतुर्वेदी का कथन है, "दरअसल, आत्मकथा मनुष्य के अन्तः जगत तथा बाह्य जगत के और उनके बीच के सम्बन्धों के सत्य के अनुभव, अभिव्यक्ति और अन्वेषण की विधा है। जीवन सत्य के विकास में वह योगदान करती है। अपने सच को सामने लाकर सच की सामाजिक प्रक्रिया को वह जबर्दस्त ढंग से प्रोत्साहित करती है।"[4]

## भाषा-शैली

सम्प्रेषण के लिए भाषा-शैली का विशिष्ट होना अति आवश्यक है। शैली अनुभूत विषयवस्तु को सजाने के उन तरीकों का नाम है, जो विषयवस्तु की अभिव्यक्ति को सुन्दर एवं प्रभावपूर्ण बनाते हैं। आत्मकथा की भाषा यह सिद्ध करती है कि यह बिखरे मन की गाथा नहीं है। यह छटपटाहट, सोच-समझ और तराश की भाषा पर खड़ी है। सधी हुई, संयत और अपनी भाषा अपने गन्तव्य को खूब पहचानती है। अतः आत्मकथा में प्रभावोत्पादकता, लाघवता, निःसंकोच, आत्मविश्लेषण, सुसंगठितता, रचनात्मकता, रोचकता, स्पष्टता आदि गुणों का होना आवश्यक है। आत्मकथा में भाषा भावानुकूल और विषयानुकूल होनी चाहिए। लेखक की भाषा शुद्ध, स्पष्ट, परिष्कृत और परिमार्जित रहने के कारण पाठक प्रभावित होते हैं।

भाषा को श्रेष्ठ बनाने का माध्यम यह है कि शब्दों का चयन विषय एवं भावों के अनुकूल हो। आत्मकथा में भाषा का प्रयोग पात्रों एवं परिवेश के अनुकूल होना चाहिए जिससे आत्मकथा पाठकों के हृदय पर सीधा दस्तक दे सके।

आत्मकथा-लेखन हेतु विभिन्न आत्मकथाकार विभिन्न प्रकार की शैलियों को अपनाते हैं।

लेखक को चाहिए कि वह ऐसी शैली का प्रयोग करे, जिसका प्रभाव पाठक के ऊपर स्थायी रूप में पड़े। यदि उसकी शैली प्रभावपूर्ण होगी तो उसमें अपने

आप ही रोचकता का समावेश हो जाएगा। इसमें एक बात और भी जानने योग्य है कि लेखक के द्वारा प्रयुक्त शैली में प्रभावात्मकता के दर्शन भी सम्भव हैं, जब वह आत्मविश्लेषण निर्भय होकर करे। यदि वह अपने दोषों को छिपा लेता है या दोषों को लिखने में संकोच करता है तो उसकी लेखन शैली में प्रभावात्मकता नहीं आ पाती है।

आत्मकथाकार यदि अनावश्यक घटनाओं को विस्तृत रूप प्रदान करेगा तो लाघवता का हनन हो जाता है। आत्मकथा को रोचक और प्रभावपूर्ण बनाने के लिए संक्षिप्तता के गुण अनिवार्य हैं।

## आत्मकथा का अन्य विधाओं से अन्त:सम्बन्ध

आत्मकथा की विशिष्टता को समझने के लिए अन्य साहित्यिक-विधाओं के साथ अन्त:सम्बन्ध अध्ययन आवश्यक है। वर्तमान में सभी प्रचलित विधाएँ साहित्य में अपना अस्तित्व बना चुकी हैं। "किस्सागोई, नाट्य तत्त्व, ललित निबन्ध, संस्मरण, रेखाचित्र, पत्र और कविता इन सब विधाओं के बीच आत्मकथा एक अन्त:सलिला विधा की तरह चलती है।"[5] संस्मरण, रेखाचित्र, जीवनी आदि के साथ आत्मकथा के अन्त:सम्बन्ध को समझना जरूरी है।

## आत्मकथा और जीवनी

आत्मकथा में लेखक अपने जीवन को उल्लिखित करता है जबकि जीवनी में दूसरों के जीवन के बारे में वर्णन करता है। आत्मकथा में लेखक 'स्वलक्षी' होता है वहीं जीवनी में 'परलक्षी'। परन्तु दोनों विधाओं में समानता यह है कि दोनों जीवन के चरित्र के बारे में चित्रण करते हैं। आत्मकथा में किसी एक कालखंड अथवा किसी अवस्था तक की घटनाओं अथवा अनुभवों का वर्णन होता है बल्कि जीवनी में नायक के जन्म से लेकर मृत्यु पर्यन्त का वर्णन होता है। आत्मकथा में लेखक अपने जीवन के सकारात्मक-नकारात्मक तथ्यों का निरूपण इच्छानुसार कम या ज्यादा कर सकता है। जीवनी में किसी व्यक्ति के जीवन के वर्तमान में चल रही परिस्थितियों का वर्णन लेखक निष्पक्ष ढंग से करता है। आत्मकथा और जीवनी दोनों विधाओं में अतिशयोक्ति का कोई स्थान नहीं होता। "आत्मकथाकार अपने निजी जीवनानुभवों को उपनिबद्ध करता है, जीवनी-लेखक प्राप्त सामग्री के आधार पर किसी व्यक्ति के जीवन की कड़ियों को जोड़कर एक श्रृंखला तैयार करता है। आत्मकथा जीवनी की तुलना में सदैव एक विश्वसनीय एवं प्रभावोत्पादक रचना बनी रहती है। आत्मकथा का स्वरूप 'आत्मनिष्ठ' तथा जीवनी 'वस्तुनिष्ठ' होती है। दोनों विधाओं में आधार-आधारित का सम्बन्ध है। जीवनी की अधिक प्रामाणिकता आत्मतथ्यों के आधार पर होती है।"

## आत्मकथा तथा संस्मरण

आत्मकथा एवं संस्मरण एक दूसरे के बहुत समीप हैं। जीवन की बीती हुई घटनाओं का स्मरण और उल्लेख दोनों में होता है। 'संस्मरण' शब्द का सम्बन्ध स्मृति से है। सम्यक स्मृति की वह अमिट छाप जिसे शब्दों द्वारा साहित्यिक ढंग से अभिव्यक्त किया जाए संस्मरण कहलाती हैं। किन्तु इसमें सम्पूर्ण जीवन का चित्रण न होकर कुछ घटनाओं का वर्णन होता है अर्थात जीवन के किसी एक पक्ष की झाँकी प्रस्तुत होती है तथा यह स्वयं के साथ-साथ दूसरों के सम्बन्ध में भी हो सकती है। संस्मरण में लेखक की दृष्टि चयनात्मक होती है। वहाँ स्मृति बिजली की तरह कौंधती है और उसकी झलक में जो घटनाएँ व्यक्ति के मनःस्थितियों में आती हैं, उनका चित्रण किया जाता है।

संस्मरण विधा के तत्त्व साहित्य की अनेक विधाओं में पाए जाते हैं। जब लेखक व्यक्तिगत जीवन के बारे में स्मृति द्वारा आलेखित करता है तो वह आत्मकथा के रूप में प्रतीत होता है। लेखक अन्य व्यक्ति के जीवन को आधार बनाकर संस्मरण लिखता है तो वह आत्मकथा तथा जीवनी से अन्तःसम्बन्ध को दर्शाता है। किसी वस्तु, व्यक्ति, घटना, दृश्य और परिवेश को जब आत्मीय रूप से याद किया जाए और उसका विवेचन कलात्मकता के साथ हो तो ऐसा करनेवाला संस्मरण लेखक मन की निजी अनुभूतियों, संवेदनाओं आदि का स्मृति के आधार पर चित्रण करता है। संस्मरण में अतीत का अनुभव रोचकता के साथ वर्णित होता है। आत्मकथा में अनुभव वास्तविकता के साथ वर्णित होता है। संस्मरण लेखक स्मृति के आधार पर अतीत की घटनाओं को कल्पना के रंग में अभिव्यक्त करता है। आत्मकथा में लेखक विश्लेषणात्मक और यथार्थ रूप से अभिव्यक्त करता है। कुछ संस्मरण ऐसे हैं जिनमें आत्मकथा की प्रकृति का समावेश है। संस्मरण लेखक का दृष्टिकोण विषयगत होता है जबकि आत्मकथाकार का दृष्टिकोण विषयीगत होता है।

## आत्मकथा और रेखाचित्र

जब प्राचीन रूप से प्रचलित विधाएँ भावनाओं की सफल अभिव्यक्ति नहीं कर पाती हैं तो नवीन विधाओं की खोज की जाती है। इन नवीन विधाओं में रेखाचित्र का विशिष्ट स्थान है। साहित्यकार शब्दों के द्वारा किसी व्यक्ति या वस्तु का चित्र प्रस्तुत करते हैं तो उनका व्यक्तित्व सजीव हो उठता है। रेखाचित्र के प्रमुख तत्त्व हैं-लाक्षणिकता, लघुता, भाव, बुद्धि और कल्पना। आत्मकथा कल्पनाविहीन होती है, इसमें आत्मतत्त्व की मुख्यतः उपस्थिति होती है। रेखाचित्र में लाक्षणिक व्यंजनामूलक शैली होती है जबकि आत्मकथा में विवरणप्रधान व्याख्याप्रधान शैली

की प्रमुखता होती है। रेखाचित्र की अपेक्षा आत्मकथा में घटनाओं का आधिक्य रहता है। रेखाचित्र में विस्तार और समग्रता का अभाव होता है। वस्तुतः जब रेखाचित्र व्यक्ति के जीवन पर आधारित आलेखित होते हैं; जब व्यक्ति स्वानुभूत घटनाओं या भावों को चित्रित करता है, तब वह 'आत्मकथा' के निकट प्रतीत होते हैं। आत्मकथा और रेखाचित्र में व्यक्तिगत घटनाओं का वर्णन और भावनात्मक प्रधानता समानता रखती है।

## आत्मकथा और डायरी

डायरी और आत्मकथा के लेखक अपनी आलेखित रचनाओं में निजता को सर्वोपरि रखते हैं। आत्मकथा में लेखक बीते जीवन का वर्णन करता है जबकि डायरी लेखक किसी विशेष दिन के अनुभवों का वर्णन करता है। इसलिए किसी नियमित रूप से लिखी हुई डायरी को आत्मकथा की श्रेणी में नहीं रख सकते हैं। डायरी व आत्मकथा दोनों विधाओं में आत्मविवेचन और आत्मविश्लेषण प्रमुखता से पाए जाते हैं। डायरी में भी आत्मकथा के समान देश, काल और परिवेश का महत्त्व होता है। लेखक का व्यक्तित्व विभिन्न प्रकार की पृ.भूमि जैसे सामाजिक तथा राजनीतिक आदि से उभरकर सामने आता है। पाठक का जुड़ाव डायरी की अपेक्षा आत्मकथा से ज्यादा घनिष्ठ होता है। डॉ॰ धीरेन्द्र वर्मा अपनी कृति 'मेरी कॉलेज डायरी' (1952 ई.) को 'आत्मचरित' की संज्ञा देते हैं। डायरी मानसिक जीवन के मूल्यवान वर्षों का सच्चा आत्मचरित है। इस प्रकार आत्मकथा-लेखन में डायरी विधा अन्य विधाओं की अपेक्षा अधिक विश्वसनीय है। इस तरह से डायरी विधा आत्मकथा विधा से महत्त्वपूर्ण सम्बन्ध प्रदर्शित करती है।

## आत्मकथा एवं आत्मकथात्मक उपन्यास

आत्मकथात्मक उपन्यास गद्य साहित्य की विविध विधाओं के अन्तर्गत आत्मकथा के अत्यधिक निकट है। आत्मकथाकार अपने जीवन के पहलुओं का वास्तविक और यथार्थवादी दृष्टिकोण रखता है जबकि आत्मकथात्मक उपन्यासों में लेखक जीवन के अनुभवों का काल्पनिक दृष्टिकोण रखता है। ऐसे कल्पनात्मक उपन्यास रोचक सिद्ध हो रहे हैं। कान्ता भारती की कृति 'रेत की मछली', मैत्रेयी पुष्पा की 'न हन्यते' आदि इस प्रकार के उपन्यासों में शामिल हैं। कतिपय आत्मकथात्मक उपन्यास यथार्थवादी हैं। 'अज्ञेय' ने 'शेखर : एक जीवनी' नामक उपन्यास में अपने जीवन का वर्णन यथार्थ रूप में किया है। इस प्रकार यह विधा भी आत्मकथा से गहरा अन्त:सम्बन्ध रखती है।

## हिन्दी की प्रारम्भिक आत्मकथाएँ

हिन्दी साहित्य की पहली आत्मकथा बनारसीदास जैन की 'अर्धकथानक' है। इस कृति में आत्मकथा की मूलभूत विशेषताएँ-निरपेक्षता, तटस्थता, विश्लेषणात्मकता आदि सहजता से विद्यमान हैं। इसमें लेखक ने अपने जीवन के अनुभव का यथार्थपूर्ण वर्णन किया है। पद्य रूप में लिखी इस आत्मकथा के अतिरिक्त सम्पूर्ण मध्यकाल में हिन्दी की दूसरी आत्मकथा नहीं मिलती है। बनारसीदास ने अपनी आत्मकथा में यथार्थवादी दृष्टिकोण रखा है, उन्होंने अपने गुण-दोषों का विवेचन निष्पक्ष रूप से किया है। वह शुरुआती दिनों से ही अध्ययन के प्रति रुचि रखते थे, बाद में वह एक वेश्या के सम्पर्क में आ गए। बाद में इससे मोहभंग हुआ और वह अध्यात्म, विशेषत: जैन धर्म के प्रति उन्मुख हो गए। आत्मकथा की भाषा सामान्य थी, जिससे वर्तमान में खड़ीबोली हिन्दी के आरम्भिक रूप का आभास होता है। भाषा में सरलता व सहजता आत्मकथा को रोचक बनाती है। वस्तुत: लेखक ने इसमें सामाजिक, आर्थिक, राजनीतिक, पारिवारिक आदि विभिन्न आयामों के साथ रीति-रिवाज, वेश-भूषा, खान-पान, परिवेश इत्यादि का भी चित्रण किया है। आत्मकथा के वर्तमान स्वरूप का ठीक-ठीक विकास भारतेन्दु के काल से ही प्रारम्भ हुआ। भारतीय पुनर्जागरण का प्रभाव कवि और लेखकों पर भी पड़ा। वे निरर्थक विषयों को छोड़कर सार्थक विषयों के लेखन में प्रवृत्त हुए। इस क्रम में लोग अपने निजी जीवन की सार्थकता को महत्त्व देने लगे तथा उन्हें उपलब्धि के रूप में स्वीकार करने लगे।

सन 1876 में भारतेन्दु हरिश्चन्द्र ने 'कविवचन सुधा' में दो पृ.ों का आत्मकथात्मक लेख 'एक कहानी : कुछ आपबीती कुछ जगबीती' शीर्षक से लिखा। इस आत्मकथा में कुछ कल्पना का भी समावेश है।

इसी क्रम में स्वामी दयानन्द सरस्वती की आत्मकथा सन 1875 में प्रकाशित हुई। इस आत्मकथा में दयानन्द सरस्वती के जीवन के अनेक पक्षों-स्वाध्याय, ब्रह्मचर्य, विद्वत्ता, निर्भीकता, सत्यनिष्ठा आदि का सजीव चित्रण मिलता है।

सत्यानन्द अग्निहोत्री की आत्मकथा 'मुझ में देव जीवन का विकास' इसके दोनों खंड क्रमश: 1909 और 1918 में प्रकाशित हुए। यह आत्मकथा आत्मश्लाघा के विषय पर केन्द्रित है।

दयानन्द सरस्वती सत्यवादी थे, वे प्रमाण और तर्क के आधार पर ही किसी बात को सत्य मानते थे। इनकी आत्मकथा की भाषा सरल व व्यावहारिक है। इस पर कई भाषाओं का स्पष्ट प्रभाव दीख पड़ता है, जिनमें गुजराती, उर्दू, संस्कृत, हिन्दी इत्यादि भाषाएँ शामिल हैं। इसमें आत्मकथा की विशेषता-संक्षिप्तता-विद्यमान है।

1921 में प्रकाशित परमानन्द जी की आत्मकथा 'आपबीती' प्रकाशित हुई। इसमें तत्कालीन समाज और परिवेश की दी गई जानकारी प्रशंसनीय है। स्वामी जी की आत्मकथा भाषणमाला के रूप में 'पूना प्रवचन अर्थात 'उपदेश मंजरी' के नाम से प्रसिद्ध है। पंडित हरिश्चन्द्र विद्यालंकार द्वारा सम्पादित यह पुस्तक संवत 2028 में आर्यसमाज प्रकाशन द्वारा दिल्ली से प्रकाशित हुई। इस पुस्तक के द्वितीय अध्याय में स्वामी जी के द्वारा कहे गए जीवनवृत्त के 24 पृ. संकलित हैं।

प्रेम प्रकाश गौतम हिन्दी में गद्यात्मक आत्मकथा-लेखन का प्रारम्भ अठाहरवीं शताब्दी से मानते हैं। अनन्य अली द्वारा ब्रजभाषा में लिखित 'स्वप्न प्रसंग' अठारहवीं शती पूर्वार्ध की आत्मकथा रचना है। खड़ीबोली गद्य में ज्ञात प्रथम आत्मकथ्य लल्लूलाल की रचना 'लाल चन्द्रिका टीका' का भूमिका-लेख है, जो उन्नीसवीं शती के प्रारम्भ का है।

प्राचीन हिन्दी कवियों में आत्मकथा लिखने का पूर्ण अभाव दृष्टिगोचर होता है। प्राचीन हिन्दी कवि इस दृश्यमान जगत से परे चिरन्तन सत्य की खोज में तत्पर रहे हैं। उन समस्त कवियों ने पारलौकिकता के आगे ऐतिहासिकता को कभी भी महत्त्व नहीं दिया। तात्त्विक ज्ञान की पिपासा के कारण जीवन का उद्‌देश्य आध्यात्मिक महासत्य को प्राप्त करने का ही रहा। अत: यहाँ के दार्शनिकों ने अपने अस्तित्व के विषय में कुछ न लिखा।

अपने विषय में कुछ न लिखने का कारण यह था कि वे अपने को अत्यन्त ही क्षुद्र मानकर महासिन्धु ब्रह्म में समाहित होना चाहते थे। ये तो मोक्ष प्राप्ति हेतु ही दिवारात्रि विकल रहते थे। वे लोग तो समष्टि के लिए व्यष्टि की कुर्बानी करते रहे। वैदिक ऋषियों से लेकर महाभारत, रामायण तथा पुराण-युग तक किसी भी ग्रन्थकर्ता ने अपने जीवन के विषय में प्राय : कुछ भी नहीं लिखा।

अशोक का उद्‌देश्य तो धर्मप्रचार ही था, आत्म-प्रचार नहीं। प्राचीन हिन्दी कवियों ने राजाओं के सम्बन्ध में अत्यन्त ही चमत्कारपूर्ण घटनाएँ लिखीं, किन्तु अपने सम्बन्ध में उनकी वाणी बिलकुल ही मूक रही। टीकाकारों ने कवियों पर अवसरानुकूल प्रकाश डाला। वह काव्य सम्बन्धी वाद-विवाद का रूप ही अधिक पा सका, जीवन-चरित्र जैसी वस्तु प्रकाश में न आ सकी।

हिन्दी की प्रारम्भिक आत्मकथाओं की बात की जाए तो उस समय भारत में ब्रिटिश हुकूमत का बोलबाला था। संस्कृतियों के सम्मिश्रण की स्थिति भी उस समय जोरों पर थी। परिणामत: भारतीय जनता पर पाश्चात्य सभ्यता का प्रभाव पड़ने लगा। इस समय भारत राजनैतिक गुलामी का शिकार था और परतन्त्रता की बेड़ियों को तोड़ने का भरसक प्रयास कर रहा था। इसलिए तत्कालीन समय में राष्ट्रीयता की भावना का उदय और विकास होने लगा। स्वतन्त्रता संघर्ष का आत्मकथा में आगमन हुआ। यह काल आत्मकथा-लेखन के लिए बेहद समृद्ध रहा। इसी भावना

से प्रेरित होकर इस युग के साहित्यकारों ने स्वयं के व्यक्तित्व को और स्वतन्त्रता की भावना को जनमानस तक पहुँचाने के लिए कई सफल प्रयास किए।

## स्वतन्त्रतापूर्व की हिन्दी आत्मकथाएँ

सन 1941 में प्रकाशित श्यामसुन्दर दास की आत्मकथा 'मेरी आत्मकहानी' भले ही आत्मकथा शैली में लिखी गई है लेकिन इसमें लेखक ने अपने जीवन के निजी प्रसंगों को कम स्थान दिया है तथा इतिहास और तत्कालीन साहित्यिक उथल-पुथल को अधिक प्रधानता दी है। बाबू गुलाबराय द्वारा लिखित आत्मकथा 'मेरी असफलताएँ' नाम से प्रकाशित है। जिसमें बाबू गुलाबराय ने अपने जीवन की असफलताओं के चित्रों को व्यंग्यात्मक शैली में उपस्थापित किया है।

राहुल सांकृत्यायन की आत्मकथा 'मेरी जीवन यात्रा' तीन भागों में लिखी गई। इसका प्रथम भाग सन 1946 में प्रकाशित हुआ। सन 1949 में दूसरा तथा सन 1967 में उनकी मृत्यु के पश्चात तीसरा भाग प्रकाशित हुआ। देश के प्रथम राष्ट्रपति डॉ. राजेन्द्र प्रसाद द्वारा देश की दशा का वर्णन करते हुए बाँकीपुर जेल में 'आत्मकथा' लिखी गई। यह आत्मकथा सन 1946 के आरम्भ में प्रकाशित हुई।

. इसी क्रम में सन 1929 में निर्मल तलवार द्वारा सम्पादित पुस्तक 'आचार्य द्विवेदी' में 'मेरी जीवनरेखा' नामक शीर्षक से पाँच पृ. का लघु आत्मवृत्तान्त मिलता है। इसके पश्चात प्रतापनारायण मिश्र, राधाचरण गोस्वामी, बालमुकुन्द गुप्त, जगन्नाथदास रत्नाकर आदि के आत्मकथात्मक निबन्ध प्राप्त होते हैं। प्रसिद्ध लेखक अम्बिकादत्त व्यास जी ने सन 1878-1896 18 वर्ष तक की घटनाओं को 'निज वृत्तान्त' नाम से लिखा। इसमें लेखक ने अपने जन्म, शिक्षा-दीक्षा, वंश, जीवन-संघर्ष आदि के बारे में चित्रण किया है।

स्वामी सत्यानन्द अग्निहोत्री की आत्मकथा 'मुझमें देवजीवन का विकास' दो खंडों में (सन 1909 व 1918) प्रकाशित हुई। यह आत्मकथा हिन्दी की प्रारम्भिक आत्मकथाओं में से एक है। इसमें आत्मतत्त्व का अभाव है परन्तु लेखक के जीवन के उतार-चढ़ाव को रोचक ढंग से अभिव्यक्ति मिली है। सत्यानन्द जी की आत्मकथा 'देव समाज' में सिद्धान्त एवं दर्शन के साथ-साथ तत्कालीन सामाजिक धार्मिक आन्दोलनों की झलक है। इस आत्मकथा के माध्यम से लेखक के जीवन-दर्शन, सत्य के प्रति दृष्टि का पता चलता है। उनकी कृति में उर्दू, संस्कृत, अंग्रेजी भाषा का प्रभाव स्पष्ट है। वस्तुतः लेखक ने निजी जीवन की अपेक्षा मानव जीवन के विकास के सिद्धान्तों को अधिक महत्त्व दिया है। इसके पश्चात भाई परमानन्द की आत्मकथा सन 1921 ई. में 'आपबीती : काले पानी का कारावास' राजपाल सरस्वती आश्रम लाहौर से प्रकाशित हुई। इस आत्मकथा की भूमिका 19 पृ.ों की है।

स्वामी श्रद्धानन्द संन्यासी की आत्मकथा सन 1924 ई. में 'कल्याण मार्ग का पथिक' प्रकाशित हुई। इस आत्मकथा में उनके जन्म से लेकर 1913-1949 तक की घटनाओं का वर्णन किया गया है। लेखक ने अपनी आत्मकथा में धार्मिक अन्धविश्वासों, कर्मकांडों, सामाजिक विसंगतियों जैसे पशुबलि, बाल-विवाह आदि का स्वाभाविक चित्रण किया है। अपने जीवन के सभी पक्षों का यथार्थ वर्णन एवं गुण-दोषों का भी विवेचन किया है।

क्रान्तिकारी रामप्रसाद बिस्मिल की आत्मकथा सन 1928 में गणेशशंकर विद्यार्थी द्वारा सम्पादित ग्रन्थ 'काकोरी के शहीद' के एक अंश के रूप में प्रताप प्रेस कानपुर से प्रकाशित हुई। इसके दूसरे संस्करण का प्रकाशन बनारसीदास चतुर्वेदी ने सन 1962 में आत्माराम एंड सनस दिल्ली द्वारा करवाया। इस कृति में काकोरी घटना के बाद का वर्णन है। यह कृति फाँसी पर लटकने के कुछ समय पूर्व ही लिखी गई थी। इस कृति को 'क्रान्तिकारी की आत्मकथा' भी कहा जाता है। यह आत्मकथा 4 भागों में विभक्त है। प्रथम भाग में जीवन-चरित्र, द्वितीय में स्वतन्त्रता प्राप्ति के लिए बनाई गई योजनाओं का विवरण, तृतीय भाग में व्यक्तिगत जीवन-प्रसंग एवम चतुर्थ भाग में स्वतन्त्रता संग्राम में भाग लेने सम्बन्धी विवरण है। वस्तुतः बिस्मिल की आत्मकथा में निर्भीकता और नैतिकता जैसे गुण विद्यमान हैं। एक ऐसे व्यक्तित्व का वर्णन है जिसके लिए देश सर्वोपरि है। वे देश के लिए अपने प्राण न्योछावर करने के लिए तत्पर हैं। उन्हें मात्र 30 वर्षों की छोटी आयु में फाँसी की सजा सुनाई गई। अंग्रेजों ने इस आत्मकथा को विवादित मानते हुए जब्त कर लिया था।

इस काल में आत्मकथा विधा को समृद्ध बनाने का श्रेय कथा-शिल्पी मुन्शी प्रेमचन्द को जाता है। सन 1932 में प्रेमचन्द ने संयुक्तांक के रूप में 'हंस' का 'आत्मकथांक' प्रकाशित किया। इसने साहित्यकारों को आत्मकथा-लेखन के लिए प्रेरित ही नहीं किया अपितु पत्र-पत्रिकाओं के लिए भी नए मार्ग खोले। 'हंस' में हिन्दी के 50 से अधिक प्रसिद्ध लेखक व कवियों ने आत्मकथापरक प्रसंग लिखे। छायावाद के प्रसिद्ध कवि जयशंकर प्रसाद ने आत्मकथांक में 'आत्मकथा' शीर्षक से कविता लिखी। इसमें प्रसाद जी ने मानसिक पीड़ा को व्यक्त किया। साथ ही अपने प्रति समाज के उपहास, व्यंग्य और आलोचनात्मक रवैयों का भी चित्रण किया। आत्मकथांक में स्वयं प्रेमचन्द की 'जीवनसार' नाम से महत्त्वपूर्ण आत्मकथा मिलती है। इसमें प्रेमचन्द ने अपने बाल्यावस्था से लेकर गोरखपुर तक की घटनाओं का रोचक शैली में वर्णन किया है। इसमें प्रेमचन्द के जीवन, गरीबी, बेबसी, साहित्यिक रुचि विषयक जानकारी मिलती है। आचार्य रामचन्द्र शुक्ल ने 'प्रेमघन की छाया स्मृति' नामक संस्मरण लिखा। बचपन में ही शुक्ल की मित्रता चौधरी प्रेमधन से हो गई थी। आचार्य रामचन्द्र

शुक्ल जी ने देवनागरी और हिन्दी के उपासक प्रेमघन के व्यक्तिगत जीवन के संस्मरण अंकित किए हैं। इसके अतिरिक्त आत्मकथांक में शिवपूजन सहाय की 'मतवाला कैसे निकला' (संस्मरण), विनोदशंकर व्यास कृत आत्मकथन 'मैं', कथाकार सुदर्शन की 'एक चित्र : दो आकृति', विशम्भरनाथ शर्मा 'कौशिक' की 'मेरा यह बाल्यकाल', अन्नपूर्णानन्द की 'कल की बात', श्री राय कृष्णदास की 'प्रसादिका की प्राप्ति' आदि रचनाओं का संकलन इस आत्मकथांक में है। आत्मकथा शैली की भिन्नता को समाहित किए हुए इस विशेषांक में समाज के विभिन्न पक्षों के जीवन की घटनाओं पर प्रकाश डाला गया है।

पंडित लज्जाराम मेहता की आत्मकथा सन 1933 ई. में 'आपबीती', खेमराज श्रीकृष्णदास, श्री वेंकटेश्वर स्टीम प्रेस मुम्बई से प्रकाशित हुई। लेखक ने अपने पूर्वजों का परिचय एवं आत्मकथा-लेखन के लक्ष्यों को स्पष्ट किया। इस आत्मकथा में लेखक ने अपनी स्मृति के आधार पर घटनाओं का वर्णन किया है इसमें क्रमबद्धता नहीं है।

बाबू गुलाबराय की आत्मकथा 'मेरी असफलताएँ' संस्मरणात्मक और निबन्ध की शैली में लिखी गई है, लेखक ने इसमें अपने जन्म और परिवार-सम्बन्धी विवरण दिया है। गुलाबराय के अनुसार आत्मकथा में दो व्यक्तित्व होते हैं-एक चरित नायक और दूसरा लेखक का। वह अव्यवस्था को ही जीवन की व्यवस्था मानते थे। लेखक ने अपने जीवन का गहराई से आत्मविश्लेषण किया है। वह अपने जीवन के संघर्षों से परिचित करवाते हैं तथा अपनी गलती और नाकामियों के बारे में भी वर्णन कर पाठकों को इन गलतियों को न करने की सलाह देते हैं। आत्मग्लानि के निवारण के लिए ही आत्मस्वीकृति की ओर प्रवृत्त हुए। इनकी आत्मकथा विषयवस्तु व शैली की दृष्टि से महत्त्वपूर्ण है। भाषा में मनोवैज्ञानिकता व दार्शनिकता के गुण परिलक्षित होते हैं। वस्तुतः यह आत्मकथा यथार्थवादी साहित्यिक रचना है।

इसी क्रम में बाबू श्यामसुन्दर दास की आत्मकथा 'मेरी आत्मकहानी' का पहला संस्करण सन 1940 ई. में इंडियन प्रेस लिमिटेड इलाहाबाद से प्रकाशित हुआ। इस कृति के साथ ही लम्बी और विस्तृत आत्मकथा-लेखन की परम्परा का आरम्भ होता है। यह आत्मकथा 'सरस्वती' में धारावाहिक रूप में प्रकशित हुई। लेखक ने प्रारम्भ में वंश-परिचय, बचपन, शिक्षा, विवाह आदि के बाद 'नागरी प्रचारिणी सभा' काशी की स्थापना सम्बन्धी अपने अनुभवों को शामिल किया है। इस आत्मकथा में लेखक के व्यक्तिगत जीवन के उतार-चढ़ाव, संघर्षों व अनुभवों के साथ आत्मनिरीक्षण की प्रवृत्ति के अभाव के कारण कृति में नीरसता आ गई है।

यह आत्मकथा हिन्दी भाषा और साहित्य के पूरे युग को प्रतिफलित करती है। वस्तुतः एक सफल लेखक, आलोचक, सम्पादक के रूप में यह श्यामसुन्दर दास की सर्वश्रेष्ठ साहित्यिक रचना है।

सन 1946 ई. में श्री हरिभाऊ उपाध्याय की आत्मकथा 'साधना के पथ पर' प्रकाशित हुई। इस कृति में उनका अहिंसाप्रेमी, समाज सुधारक, संयमी जीवन बितानेवाले व्यक्ति का रूप विन्यस्त है। उपाध्याय ने अपनी आत्मकथा में 1892 ई. से 1945 ई. तक की अपनी विशिष्ट अनुभूतियों को लिपिबद्ध किया है।

सन 1946 ई. में लाला लाजपत राय की 'आत्मकथा' लाहौर से निकलनेवाली पत्रिका 'पंजाब केसरी' में धारावाहिक रूप में प्रकाशित हुई थी। यह आत्मकथा पुस्तक के रूप में दो भागों में विभक्त है। 20-22 वर्ष की उम्र में लाला लाजपत राय की आत्मकथा में उनकी चारित्रिक विशेषता, साहस, सत्य, ईमानदारी और दयालुता के दर्शन होते हैं। लाला जी स्वतन्त्र विचारोंवाले व्यक्ति थे। वे आर्यसमाज के सिद्धान्तों को प्रधानता देते हुए देशप्रेम की ओर प्रवृत्त हुए। इस रचना में लाला जी ने व्यक्तिगत जीवन की घटनाओं की अपेक्षा देश को आज़ाद कराने के प्रयासों को महत्त्व दिया है। पारिवारिक जीवन-प्रसंगों का अभाव है परन्तु देश की तात्कालिक स्थिति को दर्शाने के लिए सफल अभिव्यक्ति है। देशप्रेम से ओतप्रोत समाज को प्रेरित करनेवाली आत्मकथा है।

भवानीदयाल संन्यासी की आत्मकथा 'प्रवासी की आत्मकथा' सन 1947 ई. में राजहंस प्रकाशन, दिल्ली से प्रकाशित हुई। हालाँकि 1939 ई. में यह विदेशों में प्रकाशित एवं चर्चित हो गई थी, जिस कारण भारत सरकार ने इसे जब्त कर लिया था। संन्यासी जी आर्यसमाज के सिद्धान्त मानते थे। संन्यासी जी की यह आत्मकथा एक संन्यासी, प्रवासी, कर्मयोगी एवं साहित्यिक की आत्मकथा है। उसका मुख्य उद्देश्य दक्षिण भारतीय प्रवासी भारतीयों की दुर्गति का हाल कहना है।

हिन्दी में स्त्री आत्मकथा-लेखन की परम्परा बहुत समृद्ध नहीं है। आज़ादी के बाद यह प्रक्रिया चलती रही, लेकिन उस समय भी बहुत कम लोगों ने आत्मकथा-लेखन में हाथ आजमाया। वर्तमान समय में दलितों और स्त्रियों की आत्मकथाएँ चर्चा का विषय हैं। बीसवीं सदी के छठे दशक के अन्त में जानकीदेवी बजाज की आत्मकथा 'मेरी जीवन यात्रा' का प्रकाशन हुआ। जानकीदेवी बजाज, जमनालाल बजाज की पत्नी और भूदान आन्दोलन से जुड़ी कार्यकर्ता रही हैं। उन्होंने अपने पति के सहयोग से आज़ादी की लड़ाई में बढ़-चढ़कर हिस्सा लिया था। 1882 ई॰ में एक अज्ञात हिन्दू महिला द्वारा लिखी 'सीमन्तनी उपदेश : एक हिन्दू विधवा की कहानी' के बाद स्फुरना देवी का 'अबलाओं का इन्साफ' (1927 ई॰) किसी स्त्री की स्वतन्त्र रूप से लिखी गई पहली आत्मकथा है।

जब हम स्वतन्त्रतापूर्व की आत्मकथा के विषय में बात करते हैं तो सबसे पहले तत्कालीन समय का संघर्ष दृष्टिपटल पर आता है। उस समय देश स्वाधीनता संग्राम के संघर्ष रूपी यज्ञ में अपने जीवन की आहुतियाँ दे रहा था। इन्ही आहुतियों से निकली अग्नि का प्रकाश उस समय लिखी गई आत्मकथाओं की कथावस्तु एवं विषयवस्तु को प्रकाशित कर रहा था। उस समय की आत्मकथाओं में हम स्वाधीनता की चेतना देखते हैं, जहाँ लेखक अपनी आत्मकथाओं में अपने जीवन के प्रसंगों को अधिक महत्त्व न देकर स्वाधीनता आन्दोलन के अनुभव को अपनी आत्मकथाओं में अधिक उजागर कर रहे थे। वे अपनी आत्मकथा के बहाने क्रान्तिकारियों में नई उमंग, जोश और नवचेतना का जागरण कर रहे थे। व्यंग्यात्मक शैली का प्रयोग स्वतन्त्रतापूर्व की आत्मकथाओं में देखने के लिए मिलता है।

हिन्दी की प्रारम्भिक आत्मकथाओं में सिर्फ साहित्यकारों की आत्मकथाओं की प्रधानता थी लेकिन इसके पश्चात तथा स्वतन्त्रतापूर्व की आत्मकथाओं को यदि हम देखते हैं तो पाते हैं कि यहाँ गैर साहित्यकारों की आत्मकथाओं को भी उतना ही महत्त्व दिया गया है जितना कि साहित्यकारों की आत्मकथा को। हिन्दी की प्रारम्भिक आत्मकथाओं में जहाँ हम भारतीय समाज को थोड़ा दबा-कुचला देखते हैं वही स्वतन्त्रतापूर्व की आत्मकथाओं में हम उनमें स्वाधीनता हेतु चेतना का प्रवाह देखते हैं। प्रारम्भिक आत्मकथाओं में समाज अंग्रेजों के अत्याचार के साथ-साथ, सामन्तों के अत्याचारों व सामाजिक विषमताओं के दौर से गुजर रहा था, वहीं हम स्वतन्त्रतापूर्व की आत्मकथाओं में पाते हैं कि समाज विषमताओं की व्यवस्थाओं को त्यागकर समता की व्यवस्था की ओर आगे बढ़ने के लिए आकुल है।

## स्वातन्त्र्योत्तर हिन्दी आत्मकथा

स्वतन्त्रता प्राप्ति के पश्चात आत्मकथा विधा में भी महत्त्वपूर्ण परिवर्तन हुए। आत्मचरित एवं आत्मकथात्मक उपन्यासों की परम्परा विकसित होने लगी। स्वतन्त्रता प्राप्ति का प्रभाव साहित्य लेखन में स्पष्ट रूप से परिलक्षित होने लगा। अनेक क्रान्तिकारियों एवं शहीदों की जीवन गाथाओं का लेखन होने लगा। कथ्य और शिल्प में साहित्य की सभी विधाओं में परिवर्तन होने लगे। स्वतन्त्रता प्राप्ति के बाद का काल आत्मकथा-लेखन का उत्कृष्ट काल कहा जाता है। इस काल की चर्चित आत्मकथाओं को दो भागों में बाँटा गया है-मौलिक और अनूदित आत्मकथाएँ।

स्वतन्त्रता पश्चात इन मौलिक आत्मकथाओं के क्रम में सर्वप्रथम श्री वियोगी हरि की आत्मकथा 'मेरा जीवन प्रवाह' पर चर्चा कर लेना उचित है। इसका प्रकाशन सस्ता साहित्य मंडल, नई दिल्ली से सन 1948 में हुआ। उन्होंने अपनी आत्मकथा में 'मेरा परिवार' नामक अध्याय में अपने पारिवारिक जीवन के सन्दर्भ

में संक्षिप्त वर्णन किया है। लेखक गाँधी-दर्शन से अत्यन्त प्रभावित थे। उन्होंने अपने जीवन में सत्य और त्याग को सर्वोपरि रखा। वे आजीवन अविवाहित रहे। उन्होंने अपनी आत्मकथा में स्वाभाविक रूप से तत्कालीन साहित्यिक कृतियों का उल्लेख किया है। हिन्दी साहित्य के प्रति उपेक्षाभाव एवं दलितों के प्रति हीनभावना का प्रबल विरोध किया। जीवन के सामान्य अनुभवों का सहजता से चित्रण किया है। इस कृति का अन्तिम अध्याय 'सिंहावलोकन' है जिसमें लेखक के जीवन का सार तत्त्व विद्यमान है। इस आत्मकथा की भाषा शैली भी विशिष्ट है। लेखक खड़ीबोली के साथ ब्रजभाषा से भी प्रेम करते हैं। इस दृष्टि से दोनों भाषाओं के काव्यात्मक एवम प्रतीकात्मक रूपों का सुन्दर प्रयोग हुआ है। यह आत्मकथा संस्मरणात्मक शैली में रचित है। इसमें लेखक के अभिव्यंजना कौशल की स्पष्ट झलक मिलती है। वस्तुतः प्रस्तुत आत्मकथा को वियोगी हरि जी के जीवन-दर्शन का सार कहा जा सकता है।

भारत के प्रथम राष्ट्रपति डॉ॰ राजेन्द्र प्रसाद के बचपन के तत्कालीन सामाजिक रीति-रिवाजों का, संकुचित प्रथाओं से होनेवाली हानियों का, तत्कालीन गँवई जीवन का, धार्मिक व्रतों, उत्सवों और त्योहारों का, शिक्षा की स्थितियों का सही हूबहू चित्र उनकी 'आत्मकथा' में अंकित है। तत्कालीन हिन्दू-मुसलमानों के बीच की असाम्प्रदायिक, सहज, सामान्य सामाजिक समन्वय की भावना का चित्र भी यह आत्मकथा अनायास ही उकेरती है। सरदार वल्लभभाई पटेल 'आत्मकथा' को मात्र कृति ही नहीं इतिहास मानते हैं।

1951 में प्रकाशित स्वामी सत्यदेव परिव्राजक की 'स्वतन्त्रता की खोज में अर्थात मेरी आत्मकथा' हिन्दी की अत्यन्त महत्त्वपूर्ण आत्मकथा है। स्वतन्त्रता की खोज में भटकते पथिक की यह कथा मानवता से जुड़ी आत्मा की छटपटाहट एवं तत्कालीन भारतीय राजनीतिक स्थितियों से सम्बद्ध है।

यशपाल की आत्मकथा 'सिंहावलोकन' का प्रकाशन लखनऊ से तीन खंडों में हुआ है। प्रथम खंड में लेखक के बाल्यकाल, शिक्षा तथा क्रान्तिकारी दल के कार्यों का उल्लेख होने से वैयक्तिक जीवन पर प्रचुर प्रकाश पड़ा है। कृति में आन्दोलन की घटनाओं की रहस्यात्मकता और रोमांचकता के साथ-साथ अपनी विशिष्ट क्रान्तिकारी विचारधारा के महत्त्व को लेखक ने निरूपित किया है। व्यक्ति, परिवार और राजनीतिक दासता की स्थितियाँ और उनमें पनपती और विकसित होती क्रान्तिकारी चेतना को एक साथ अंकित करती आत्भकथा शैली में लिखी गई है।

हिन्दी के प्रसिद्ध नाटककार और हिन्दी सेवी सेठ गोविन्ददास की आत्मकथा के तीन भाग-'प्रयत्न', 'प्रत्याशा' आदि उपशीर्षकों सहित 'आत्म-निरीक्षण' शीर्षक से 1957 ई. में प्रकाशित हुए। तथ्यात्मकता, विश्लेषणात्मकता, निर्भीकता एवं स्पष्टवादिता आदि गुणों के कारण यह आत्मकथा महत्त्वपूर्ण है। लेखक ने अपने

किए प्रेम और पिता की वेश्यासक्ति तक को छुपाया नहीं है। लेखक का सजग व्यक्तित्व उसकी आत्मकथा में सर्वत्र मुखर है। गाँधी तथा नेहरू तक की आलोचना करने में उन्होंने झिझक नहीं दिखाई। सेठ गोविन्ददास की आत्मकथा की भाषा-शैली की सृजनात्मकता इस विशिष्ट विधा को एक और आयाम देती है।

छठे दशक के प्रारम्भ में ही पांडेय बेचन शर्मा 'उग्र' की आत्मकथा 'अपनी खबर' प्रकाशित हुई। दूषित गृहस्थ परिवेश, पितृ-प्रेम का अभाव तथा उन्मुक्त एव क्रोधी भाई साहब का नियन्त्रण, 'उग्र' की नियति थी। 'अपनी खबर' में पाण्डेय बेचन शर्मा 'उग्र' ने मुक्तिबोध से आत्मीय और आकुल आवेग के साथ अपनी अजीब जिन्दगी में आए कुछ प्रमुख व्यक्तियों के चरित्र की गहरी छानबीन की है।

हरिवंश राय बच्चन की आत्मकथा अत्यन्त लोकप्रिय है। आत्मकथा का प्रथम खंड 'क्या भूलूँ क्या याद करूँ' 1969 ई. में प्रकाशित हुआ। द्वितीय खंड 1970 ई. में 'नीड़ का निर्माण फिर' नाम से प्रकाशित हुआ। प्रथम खंड में जहाँ बच्चन ने अपने भाव-जगत और यौवनारम्भ के प्रथम अभिसारों का चित्रण किया है, वहाँ अपने कुल, परिवेश तथा पूर्व प्रसंगों का भी अत्यन्त रोचक तथा सरस शैली में वर्णन किया है। द्वितीय खंड अपेक्षाकृत अधिक अन्तर्मुखी और आत्म विश्लेषणात्मक प्रवृत्ति से युक्त है। तृतीय खंड 'बसेरे से दूर' में प्रयाग विश्वविद्यालय में अंग्रेजी का अध्यापक बनने और सहायक अध्यापक से द्वेष का चित्रण है। चतुर्थ खंड में मूल निवास 'दशद्वार' से मुम्बई के घर 'सोपान' तक की यात्रा का सुरुचिपूर्ण वर्णन लेखक ने किया है।

1970 में प्रकाशित 'निराला की आत्मकथा' सूर्यप्रसाद दीक्षित द्वारा संकलित, संयोजित एवं सम्पादित है। इस आत्मकथा में निराला के बाल्यकाल की स्मृतियाँ, विवाह, दाम्पत्यभाव, राजा की नौकरी, हिन्दी पढ़ना एवं वंश क्षति आदि से सम्बन्धित घटनाओं के साथ रचना-प्रक्रिया तथा साहित्यिक जीवन का भी विस्तृत विवेचन है।

शान्तिप्रिय द्विवेदी जी की आत्मकथा 'परिव्राजक की प्रजा' सन 1952 में 'इंडियन प्रेस' इलाहाबाद से प्रकाशित हुई। इसकी कुल पृ. संख्या 278 है। यह आत्मकथा 2 भागों में विभक्त है तथा इसमें कुल 33 अध्याय हैं। लेखक आत्मकथा के आरम्भ में अपने पूर्वजों का परिचय देते हुए व्यवस्थित घटनाक्रम में वर्णन करता है। पुस्तक के अन्तिम अध्याय 'सिंहावलोकन' में आत्मकथा का सौन्दर्य, औचित्य और प्रभाव स्पष्ट रूप से दिखाई देता है। आत्मकथा की भाषा काव्यमय और शैली भावात्मक है।

आज़ादी के बाद हिन्दी भाषा में आत्मकथा विधा अनुवाद के रूप में भी समृद्ध हुई। कन्हैयालाल माणिकलाल मुन्शी की आत्मकथा सन 1950 व 1951 में तीन भागों में राजकमल प्रकाशन दिल्ली से प्रकाशित हुई थी। यह आत्मकथा मूल रूप

से गुजराती भाषा में लिखी गई है तथा इसके तीनों भागों का अनुवाद अलग-अलग व्यक्तियों ने किया है। प्रथम भाग का नाम 'आधे रास्ते', दूसरे भाग का नाम 'सीधी चढ़ान' तथा तीसरे भाग का नाम 'स्वप्न सिद्धि की खोज में' है।

प्रसिद्ध क्रान्तिकारी शचीन्द्रनाथ सान्याल की आत्मकथा 'बन्दी जीवन' का सम्पादन 1963 में बनारसीदास चतुर्वेदी ने किया। इस आत्मकथा का प्रकाशन आत्माराम एंड सनस दिल्ली से हुआ। यह आत्मकथा मूल रूप से बाँग्ला भाषा में है। प्रसिद्ध शायर जोश मलीहाबादी की आत्मकथा 'यादों की बारात' सन 1972 में प्रकाशित की गई। इसका अनुवाद श्री हंसराज रहबर ने किया है।

पंजाबी लेखिका अमृता प्रीतम की आत्मकथा 'रसीदी टिकट' का अनुवाद बटुक शंकर भटनागर ने किया। इन्हें 1977 में ज्ञानपीठ पुरस्कार दिया गया। वस्तुतः स्वातन्त्र्योत्तर काल में लिखी गई आत्मकथाएँ विशिष्ट हैं। संख्या की दृष्टि से नहीं अपितु गुणवत्ता की दृष्टि से श्रेष्ठ, मौलिक एवं अनूदित आत्मकथाओं का सृजन इस काल में हुआ। यह आत्मकथा की दृष्टि से उत्कृष्ट काल है।

इन आत्मकथाओं की जमीन स्वतन्त्रता के तुरन्त पूर्व के संघर्ष और स्वतन्त्रता प्राप्ति के बाद के हर्ष एवं देश विभाजन की त्रासदी से निर्मित हुई है। इन आत्मकथाओं की विषयवस्तु की बात करें तो इनमें स्वतन्त्रता संग्राम के क्रान्तिकारियों का बलिदान, साम्प्रदायिक हिंसा, धार्मिक दंगे, देश विभाजन और स्वतन्त्रता प्राप्ति के बाद के एकीकरण और राजनीतिक उथल-पुथल को शामिल किया गया है। इस समय की आत्मकथाओं में कल्पना का पुट कम और मौलिक, व्यावहारिक तथा वास्तविकता के सृजन की प्रधानता ज्यादा देखने को मिलती है।

इस काल में साहित्यकारों की आत्मकथा के साथ-साथ, महामानवों व विशिष्ट व्यक्तित्व की आत्मकथाएँ भी लिखी जाने लगीं। यदि आत्मकथा के तत्त्वों के आधार पर भी बात की जाए तो दोनों युगों में देशकाल में भी परिवर्तन देखने को मिलता है। स्वतन्त्रता प्राप्ति के बाद की आत्मकथाओं में वैज्ञानिक दृष्टिकोण को अधिक महत्त्व दिया गया है और स्वतन्त्रतापूर्व की आत्मकथाओं की भाषा-शैली की अपेक्षा परिवर्तन लक्षित होता है। अब आत्मकथाएँ जनमानस के हृदय की भाषा को महत्त्व देकर लिखी जाने लगीं। पहले भाषा को लेखक की बौद्धिकता ने क्लिष्ट बना दिया था परन्तु अब जनमानस की भाषा में आत्मकथाएँ पाठकों तक पहुँचने लगीं।

## नई सदी की हिन्दी आत्मकथाएँ

नई सदी या उसकी शुरुआत से ठीक पहले के दशक में सब भारतीय भाषाओं में आत्मकथा-साहित्य ने नया रूप लिया। इससे पहले यह समझा जाता था कि आत्मकथा का नायक कोई 'महापुरुष' होना चाहिए। सम्भवतः यही कारण रहा

है कि आत्मकथाएँ अपेक्षाकृत कम लिखी जाती थीं। परन्तु 1990 के दशक के लगभग महान नायक की यह परम्परा टूटी और अतीत तक जिन्हें छोटा, तुच्छ, हीन कहकर किनारे पर रखा गया था, उन सरल व्यक्तियों ने अपनी पहचान की खोज करते हुए अभिव्यक्ति की राह तलाशी। उनका दर्द, खटास, खिन्नता, संघर्ष और क्रोध को व्यक्त करने के लिए आत्मकथा उपयुक्त विधा साबित हुई। महिला, दलित, आदिवासी समुदायों से सम्बन्ध रखनेवाले इन रचनाकारों के अन्दर सदियों का जो हाहाकार समाया हुआ था, उसे प्रकट होने के लिए किसी काल्पनिक वृत्त की आवश्यकता नहीं थी, उसकी सीधी, ईमानदार, बेबाक अभिव्यक्ति ने आत्मकथा की जो राह चुनी वह उसकी विश्वसनीयता की खुद गारंटी है।

रामनरेश प्रसाद की 2013 में प्रकाशित पुस्तक 'दलित स्त्रीवाद की आत्मकथात्मक अभिव्यक्ति' में पराधीन भारत में दलित आत्मकथा का मार्मिक चित्रण किया गया है। लेखक के अनुसार हिन्दी साहित्य में अस्मिताओं के आगमन की शुरुआत नवजागरण काल से मानी जाती है। वैसे तो इसकी गूँज इसके पहले भी सुनाई देती है। दलित-विमर्श ने जहाँ ब्राह्मणवादी संस्कृति के खिलाफ एक संस्कृति का निर्माण किया, साहित्य में स्थापित पुरोहितवाद के वर्चस्व को चुनौती दी, वहीं स्त्री-विमर्श ने न केवल पुरुष-वर्चस्व और पितृसत्ता की सनातनी संस्कृति की जड़ों को उखाड़ने की शुरुआत की बल्कि ब्राह्मणवादी संस्कृति के बरक्स नए आदर्श और मूल्य स्थापित करने के गम्भीर प्रयास किए।

अपनी आत्मकथा 'जो कहा नहीं गया' (1996) में कुसुम अंसल ने अपनी जिन्दगी का अकेलापन, वह भी सभी रिश्तेदारों के रहते हुए प्रस्तुत किया है। लेकिन अपने इस अकेलेपन और प्रतिकूल परिस्थितियों के होने पर भी वे एक सफल और प्रतिष्ठित लेखिका बन जाती हैं। कुसुम अंसल अपनी आत्मकथा में आसक्ति-विरक्ति को भी दिखाती हैं।

जब किसी समाज में बड़ी सामाजिक क्रान्ति हुई है, उसका जीवन-दर्शन भी बदला है। सन 1956 में बाबा साहब अम्बेडकर द्वारा बौद्ध धर्म ग्रहण करना एक ऐसी परिघटना है, जिससे दलित समाज का जीवन-दर्शन प्रभावित हुआ। जीवन-दर्शन के बदले बगैर कोई सामाजिक क्रान्ति सम्भव नहीं है। दलित साहित्य ने जीवन-दर्शन का नया मानदंड गढ़ा। बौद्ध धर्म की बाईस प्रतिज्ञाओं में हिन्दू जीवन-दर्शन की आलोचना और निषेध है। दलित-विमर्श केवल साहित्य आन्दोलन भर नहीं है बल्कि वह संस्कृति और सामाजिक आन्दोलन से सीधे जुड़ा हुआ है।

केशर अहिरवार ने दलित आत्मकथा और सवर्ण आत्मकथा की तुलना में लिखा है कि हिन्दी साहित्य में पहले भी आत्मकथाएँ लिखी गई हैं। किन्तु दलित आत्मकथाएँ सवर्ण आत्मकथाओं से अलग अनुभव देती हैं।[6]

नई सदी की आत्मकथा के अन्तर्गत रामदरश मिश्र की 'फुरसत के दिन' जो (सन 2000), रवीन्द्र कालिया की 'गालिब छुटी शराब' (सन 2000), राजेन्द्र यादव की 'मुड़ मुड़ के देखता हूँ' (सन 2001), अखिलेश की 'वह जो यथार्थ था' (सन 2001), भीष्म साहनी की 'आज के अतीत (सन 2003), अशोक वाजपेयी की 'पावभर जीरे में ब्रहमभोज' (सन 2003), विष्णु प्रभाकर की 'पंखहीन' (सन 2004), कृष्ण बिहारी की 'सागर के इस पार से उस पार तक' (सन 2008), मिथिलेश्वर की 'कहाँ तक कहें युगों की बात' (सन 2012), नरेन्द्र मोहन की 'कमबख्त निन्दर' (सन 2013) महत्त्वपूर्ण कृतियाँ हैं। नई सदी की आत्मकथाओं में डॉ. तुलसीराम की आत्मकथा दो खंडों में आई है-'मुर्दहिया' जो कि 2010 में आई और 'मणिकर्णिका' जो कि 2014 में प्रकाशित हुई। दोनों ही आत्मकथाएँ स्त्री-विमर्श और दलित-विमर्श के प्रकरण के अनुरूप अत्यन्त महत्त्वपूर्ण हैं। मैत्रेयी पुष्पा की भी क्रमशः 'कस्तूरी कुंडल बसे' और 'गुड़िया भीतर गुड़िया' 2003 और 2008 में प्रकाशित हुई। दोनों लेखकों की आत्मकथाएँ विशिष्ट हैं। ये दोनों ही लेखक अपने संघर्ष के धरातल पर सामान्य दलित और सामान्य स्त्री हैं।

मैत्रेयी पुष्पा और डॉ. तुलसीराम की ये आत्मकथाएँ एकदम खरी हैं, क्योंकि यहाँ मैत्रेयी पुष्पा 'व्यक्ति मैत्रेयी पुष्पा' नहीं हैं बल्कि उनका 'स्त्री होना' पूरी आत्मकथा के मध्य में है। इसी प्रकार डॉ. तुलसीराम यहाँ 'व्यक्ति तुलसीराम' के रूप में नहीं हैं बल्कि अपने पूरे समुदाय के 'दालित्य-भाव' को आगे प्रस्तुत करते हैं। निष्कर्ष रूप में पहले के महापुरुषों की आत्मकथाओं की आपसी तुलना में 21वीं सदी के इन आत्मकथाकारों की आत्मकथाएँ, साधारण दलित और साधारण स्त्री की ऐसी आत्मकथाएँ हैं जिनमें समाहित स्त्री-पीड़ा और दालित्य-भाव साधारणीकृत होकर पाठक को विचलित कर देते हैं। ये आत्मकथाएँ पाठक में केवल प्रेरणा स्थापित करने के लिए ही नहीं हैं प्रत्युत बदलाव की तड़प पैदा करने के लिए हैं। ऐसे कई उदाहरण दोनों आत्मकथाओं से दिये जा सकते हैं, जहाँ ये लेखक अपने आत्म को प्रकट करने के बहाने समाज में व्याप्त घटिया चेहरे का राजफाश करते हैं।

आत्मकथाएँ प्रेरणा का भाव पैदा करने से अधिक परिवर्तन के लिए बेचैनी पैदा करती हैं। ये केवल आलोचनात्मक रचनाएँ ना होकर अपने आपको खतरे में डालकर किए गए कार्य हैं। पंकज चतुर्वेदी नई सदी की हिन्दी आत्मकथाओं के बारे में लिखते हैं-"आत्मकथा विधा में व्यवस्थित लेखन का सिलसिला आधुनिक काल में शुरू होता है। पराधीन भारत में अंग्रेजी शिक्षा, साहित्य और संस्कृति के प्रचार-प्रसार की बदौलत कुछ नए जीवनमूल्य अस्तित्व में आए। एक नई वैज्ञानिक चेतना के प्रति आत्मीयता बढ़ी। आत्मकथा-लेखन के लिए अनिवार्य कुछ सांस्कृतिक परिस्थितियाँ निर्मित हुईं। इतिहास को ज्ञान के एक

स्वायत्त और विशिष्ट अनुशासन के रूप में मान्यता मिली। ऐतिहासिक सत्य, अतीत की स्वायत्तता और अतीत की रोशनी में वर्तमान की व्याख्या सरीखी अवधारणाओं को भारत में जबर्दस्त स्वीकृति प्राप्त होने लगी। पाश्चात्य संस्कृति से हिन्दुस्तानी संस्कृति के घात संघात की व्यापक प्रक्रिया में पड़कर भारतीय जनों को लगा कि उनके समक्ष पहचान का संकट खड़ा हो गया है। इसलिए अप्रत्याशित रूप से बदल गए समय सन्दर्भों की कसौटी पर रखकर 'आत्म' को विश्लेषित करने की, उसे ठीक से समझने और उसकी दिशाएँ तय करने की जरूरत आन पड़ी।''[7] भीखू पारेख ने आत्मकथा-लेखन के लिए जिम्मेदार तत्कालीन स्थितियों का यह समग्र प्रामाणिक चित्र खींचा है-''ब्रिटिश शासन ने आधुनिक व्यक्तिवाद और विवेकवाद का भी समारम्भ किया। भारतीय जनों ने जीवन तथा चिन्तन के नए रूपों के साथ प्रयोग करना और पारम्परिक मूल्यों तथा रीति-रिवाजों पर सवाल उठाना शुरू कर दिया। नए को पूर्णतः अंगीकार करने की अनिच्छा और परम्परा से अलगाव की अक्षमता के बीच फँसकर वे अपने आपके लिए पहेली बन गए। इससे उनकी आत्म सजगता बढ़ गई और आत्म-विचार उद्वेलित हो गया। वे दूसरों के साथ अपनी नई पाई हुई स्वतन्त्रता के भावावेश और उससे जुड़ी समस्याओं के एहसास बाँटने के लिए बेचैन हो उठे। चूँकि हिन्दू समाज सामान्यतः उनके प्रति शत्रुतापूर्ण रवैया रखता था, इसलिए वे एक-दूसरे के अनुमोदन और अच्छी राय की आकांक्षा करते थे।''[8]

नई सदी की आत्मकथाएँ, आत्मकथा के तत्त्वों पर अधिक बल देती नजर आ रही हैं। इससे पूर्व लिखी गई आत्मकथाएँ भी आत्मकथा लिखने के नियमों का पालन तो कर रही थीं परन्तु आंशिक रूप से वह जीवनी विधा के करीब होती नजर आ रही थीं। इस समय लिखी जा रही आत्मकथाओं में पहली बार दलित आत्मकथाएँ उभरकर नजर आने लगीं, जो पहले हाशिये पर नजर आ रही थीं। नई सदी की आत्मकथाओं में युग-बोध और युग का विश्लेषण जिन तरीकों से उभरकर आया है वैसा शायद ही पूर्व की आत्मकथाओं में उभरा हो। पूर्व की आत्मकथाओं में सिर्फ साहित्यकारों के जीवन-प्रसंगों की प्रधानता नजर आती थी। मगर नई सदी की आत्मकथाओं में व्यक्तित्व व गुण प्रधान आत्मकथाएँ भी नजर आने लगीं।

## निष्कर्ष

आत्मकथा सबसे स्वतन्त्र विधा के रूप में सामने आती है। समकालीन सृजनात्मक परिप्रेक्ष्य में यह समय की प्रासंगिकता के लिहाज से सर्वश्रेष्ठ साबित हुई है। आत्मकथा वर्तमान साहित्य की कठिन विधा है। अन्य विधा से अलग इसकी अपनी विशेष पहचान है। वर्तमान सन्दर्भ में दलित और महिला रचनाकारों ने साहित्य में क्रान्तिकारी बदलाव किए हैं। इन आत्मकथाकारों ने अपनी स्थिति

का उल्लेख कर समाज को विचार करने पर मजबूर किया है। आत्मकथा के माध्यम से यथार्थ की सच्चाई को प्रकट किया है। वस्तुतः कहा जा सकता है कि आत्मकथा शुरुआती समय में विशिष्ट भले न रही हो परन्तु स्वातन्त्र्योत्तर काल में विशिष्टता की ओर उन्मुख हुई। इस प्रकार आत्मकथा विधा ने उत्कृष्ट साहित्य की रचनात्मकता में महत्त्वपूर्ण योगदान दिया है।

सारांश रूप में यह कहा जा सकता है व्यक्ति और साहित्य का सम्बन्ध प्राचीन काल से ही चला आ रहा है। अपनी भावनाओं को व्यक्ति सदैव विभिन्न रूप और शाब्दिक अभिव्यक्ति के द्वारा व्यक्त करने के लिए हमेशा उद्यत रहता है। व्यक्ति जब अपने बीते जीवन की यादों को लेखबद्ध करना चाहता है, तो उसका परिणाम आत्मकथा के रूप में सामने आता है। आत्मकथा साहित्य हिन्दी साहित्य की नव्यतम एवं स्वतन्त्र विधा है। यह विधा हमारी उस लालसा को तृप्त करती है जो मनुष्य के चरित्र एवं तत्सम्बन्धी अनुभवों के लिए उत्पन्न होती है। अन्य विधाओं की अपेक्षा आत्मकथा विधा के द्वारा आत्मकथाकार का वास्तविक प्रतिबिम्ब हमारे समक्ष प्रस्तुत हो जाता है। अपनी आत्मकथा के द्वारा आत्मकथा लेखक एक साथ कई प्रयोजनों की सिद्धि कर लेता है। यह अतीत की स्मृतियों को जाग्रत ही नहीं करता अपितु वर्तमान बोध के आलोक में उन्हें परखता भी है। सत्य के आविष्कार का तात्पर्य केवल आत्म जीवन के रहस्यों का उद्घाटन ही नहीं होता है अपितु जीवनमूल्यों की विशिष्ट व्यवस्था को प्रस्तुत करना होता है। आत्मकथा के सन्दर्भ में यही विचार सत्य का विचार होता है जिसके द्वारा किसी भी आत्मकथा का सही मूल्यांकन हो पाता है। आज जो स्तरीय आत्मकथाएँ लिखी जा रही हैं उनका प्रभाव भावी आत्मकथाकारों पर पड़ेगा। अगर प्रकृति की सर्वोतम कृति मनुष्य है तो निस्संकोच रूप में है जिसके माध्यम से वह अपनी अनुभूतियों, मृदुल संवेदनाओं, अनुभवों, प्रत्यक्षीकृत घटनाओं की शुरुआत करता है। आत्मकथा की सहजता और सरलता विशिष्ट है, जो बिना किसी आवरण के यथार्थ दर्शन का विश्वास जागृत करती है।

आत्मकथा-लेखन करने का निश्चय करना स्वयं में जीवन की एक निर्णायक और महत्त्वपूर्ण घटना है क्योंकि आत्मकथा 'स्व-परीक्षण' का निर्मम कार्य है। एक ओर आत्मकथा खुद की स्मृतियों को अंकित करने की मन्शा है तो दूसरी ओर विसंगतियों और उलझनों से भरे संसार में निजी 'स्व' को प्रक्षेपित करने का प्रयास भी है। निश्चित ही पराधीन भारत में पाश्चात्य शिक्षा, साहित्य और संस्कृति के प्रचार के परिणामस्वरूप नए जीवनमूल्य और वैज्ञानिक चेतना के प्रति आत्मीयता बढ़ी, कुछ महत्त्वपूर्ण सांस्कृतिक परिस्थितियाँ बनी, जिसने आत्मकथा-लेखन में सहायक के रूप में अपनी भूमिका निभाई। औपनिवेशिक काल में भारतीयों के सामने अपनी अस्मिता का खतरा प्रकट हुआ। 'आत्म' को विश्लेषित करने, समझने

और उसकी दिशाएँ तय करने की जरूरत पड़ी। आत्मकथाकारों ने यह भूमिका निभाने की सफल कोशिश की। भारतीय स्वतन्त्रता संग्राम की पृ.भूमि में प्रस्फुटित आत्मकथाओं ने बड़े परिप्रेक्ष्य में व्यक्ति को रखकर वातावरण के कोलाहल तथा अन्तर्मन के एकालाप को एक साथ जोड़ने का प्रयास किया। निरन्तर पीढ़ी दर पीढ़ी व्यापक मूल्यों से जुड़ती हुई उन सारी राष्ट्रीय स्थितियों क. अपने लक्ष्य के साथ जीवन-सन्दर्भ में आत्मकथा की विधा को एक निश्चित स्वरूप देने में समर्थ हुई। किसी भी परिस्थिति में आत्मकथाकार अपने जीवन को वर्तमान के नजरिये से देखता है। इस तरह से इतिहास को देखने, परखने और बनाने का प्रयास एक ऐसी स्थिति है, जो अनेक शिल्पगत सीमाओं से गुँथी हुई है। इतिहास की प्रस्तुति को लगातार वर्तमान से नियन्त्रित करती हिन्दी आत्मकथाओं ने खतरों के बीच अपनी अस्मिता को स्थापित करने का पुरजोर प्रयास किया है। एक ओर उसके निर्माण पर वर्तमान का असनतुलित झुकाव मिलता है, रचनाकार के वर्तमान विवेक से वह भारयुक्त हो जाती है और दूसरी ओर आकर्षक अतीत-स्मृति के सम्मोहन में वर्तमान उपेक्षित भी हुआ है। वर्तमान से अतीत और अतीत से वर्तमान की ओर जानेवाली लकीरों को लगातार विशेष प्रौढ़ मानसिकता से सनतुलित करते आत्मकथाकारों के प्रयास स्पष्ट हैं, लेकिन यह ध्यान रखना होगा कि जीवन की अपनी सहज सुगन्ध और छोटी-छोटी अनुभूतियाँ कहीं गुम न जाएँ। इस प्रकार नि:सनदेह 'अर्धकथानक' से वर्तमान तक आत्मकथा की विकास-यात्रा कठिन रही है परन्तु समय के साथ इस विधा में परिपक्वता का संचार हुआ है।

### सन्दर्भ


1. आनन्द सिन्दल : आत्मकथा साहित्य, सिद्धान्त और समीक्षा, पृ. 1
2. पंकज चतुर्वेदी, आत्मकथा की संस्कृति, पृ. 57
3. आनन्द सिन्दल : आत्मकथा: साहित्य, सिद्धान्त और समीक्षा, पृ. 13
4. पंकज चतुर्वेदी : आत्मकथा की संस्कृति, पृ. 19
5. मृदुला गर्ग : 'आत्मकथा नहीं आत्मकथ्य और उत्तर कथा खंड-3 (सं. राजेन्द्र यादव, पृ. 175)
6. पंकज चतुर्वेदी, आत्मकथा की संस्कृति, पृ. 36
7. अहिरवार : दलित आत्मकथाओं में सामाजिक एवं आर्थिक असमानता, दलित साहित्य, वार्षिकी 2017, पृ. 1
8. पंकज चतुर्वेदी : आत्मकथा की संस्कृति, पृ. 52

# अपनी खबर : संघर्ष की नोक अनुभव की पलक

डॉ. आशुतोष कुमार सिंह

'अपनी खबर' पांडेय बेचन शर्मा 'उग्र' की एक महत्त्वपूर्ण एवं दिलचस्प आत्मकथा है। विषय प्रवेश के अन्तर्गत उग्र ने इस बात की स्वीकारोक्ति दी है कि जब एक दिन मेरे घर पर आचार्य श्री शिवपूजन सहाय, आचार्य नलिन विलोचन शर्मा एवं जैनेन्द्र कुमार जी पधारे हुए थे, बातचीत का सिलसिला चल ही रहा था कि श्री शिवपूजन सहाय ने मुझसे कहा-"उग्र अब तुम अपने संस्मरण लिख डालो।"

मैंने कहा, "लिख तो डालूँ लेकिन जीवित महाशयों की बिरादरी-अन्ध-भक्त बिरादरी का बड़ा भय है। बहुतों के बारे में सत्य प्रकट हो जाए तो उनका यश और जीवन का चिराग लुप्-लुप् करने लगे। कुछ तो मरने-मारने पर भी आमादा हो सकते हैं।"[1]

पांडेय बेचन शर्मा उग्र का जन्म मिर्जापुर के चुनार तहसील के सरयूपुर नामक मुहल्ले में बैजनाथ पांडे (सरयूपारीण ब्राह्मण) के घर में हुआ था। अपने जन्म से जुड़ी स्मृतियों का वर्णन बड़ी सनतुलित और यथार्थपरक दृष्टि से करते हैं। इनके दर्जनों भाई-बहन हुए मगर सब-के-सब भगवान को प्यारे हो गए। अपने जन्म से जुड़ी हुई एक घटना का जिक्र उन्होंने बहुत रोचक एवं दिलचस्प शैली में किया है "जन्मते ही मुझे यारों ने बेच डाला और किस कीमत पर! महज टके पर एक। इसका भी गुड़ मँगाकर मेरी माँ ने खा लिया था। अपने पल्ले इस टके में से एक छदाम नहीं पड़ा था, जो मेरे जीवन का सम्पूर्ण दाम था। अलबत्ता 'जनमजात बिका' का बिल्ला जैसा नाम तौक की तरह गले मढ़ा गया-बेचन।"[2]

जब उग्र जी ने 'अपनी खबर' लिखना प्रारम्भ किया तो उस समय उनकी आयु साठ साल की हो चुकी थी। उग्र जी का बचपन सामान्य बच्चों की तरह सहज न होकर संघर्ष से भरा हुआ था। बचपन में पिता के दिवंगत होने की वजह से दुनियादारी के यथार्थ रूपों का दिग्दर्शन जीवन के प्रारम्भिक समय में बड़े भाई के सान्निध्य में ही हो गया।

जैसा कि हर गाँव का एक इतिहास भूगोल होता है ठीक उसी तरह इनका गाँव भी था। ब्राह्मणों के साथ-साथ तेली, कोरियों आदि जाति के लोग भी रहते थे। इस गाँव के अधिकतर ब्राह्मणों का जीविकोपार्जन यजमानी वृत्ति से होता था। एक भानुप्रताप तिवारी ही ऐसे व्यक्ति के रूप में वर्णित हैं जिनका इस वृत्ति से कुछ लेना-देना नहीं था। वे ब्राह्मणवादी वर्चस्ववादी मनोवृत्ति पर शुरू से ही करारा प्रहार करते रहे। उनकी स्पष्ट मान्यता थी कि कोई भी व्यक्ति जन्म से तो शूद्र होता है पर अपने कर्मों के द्वारा द्विजत्व को प्राप्त कर सकता है।

उन्होंने स्पष्ट रूप से इसकी घोषणा संस्मरण में करते हुए कहा-"जब से पैदा हुआ तब से आज तक शूद्र का शूद्र हूँ। ब्राह्मण-ब्राह्मणी से मुझे शूद्र-शूद्राणी अधिक् आकर्षक, अपने अंग के मालूम पड़ते हैं।"[3]

उनके मन की बनावट एवं बुनावट बिलकुल स्वच्छन्द है। जीवन के इस पड़ाव पर भी जब कभी खानाबदोश, बनजारा तथा घुमन्तू जातियों का कारवाँ देखते हैं तो वे उसमें विलीन होकर शहर-दर-शहर बेरोकटोक घूमना चाहते हैं।

अपने भाई के मनचलेपन को उजागर करने में उन्होंने तनिक संकोच नहीं किया। इनके भाई साहब मिर्जापुर की वेश्याओं के यहाँ यथा अवसर आते जाते रहते थे। उग्र जी लिखते हैं-"जब मेरे घर में मिर्जापुर की एक टकैल वेश्या का प्रवेश हुआ था, पुरुष वेश में चूड़ीदार चपकन और पगड़ी पहनकर वह बाहरवाली कोठरी में रात में आई और तब तक रही जब तक मेरे चाचा जी हाथ में खड़ाऊँ लेकर इसे मारने को झपटे नहीं।"[4] घर की स्त्रियों के बारे में बड़ी साफगोई के साथ उग्र जी इस बात को रेखांकित करते हैं कि माँ अथवा भाभी में से किसी के अन्दर इतनी हिम्मत नहीं थी कि भाई के इस अनैतिक कृत्य का विरोध कर सकें। उग्र का घर जुआ खेलने का मुख्य अड्डा हुआ करता था। सभी शातिर जुआरियों का जमावड़ा अकसर उनके घर हुआ करता था। चरस, गाँजा तथा शराब की बोतलें अकसर वहाँ खुला करती थीं। लेखक ने इसमें अपनी भूमिका को भी बड़े रोचक अन्दाज में बताते हुए लिखा है-"भाई की आज्ञा से दरवाजे पर बैठकर मैं गली के दोनों नाके ताड़ता रहता कि पुलिसवाले तो नहीं आ रहे हैं। जरूर इस ड्यूटी के बदले पैसा दो पैसा मुझे भी किसी परिचित जुआरी से मिलता रहा होगा।"[5]

जुए, गाँजे और शराब की लत ने बड़े भाई की सम्पूर्ण बुद्धि भ्रष्ट कर दी थी। उन्होंने पत्नी के आभूषणों के साथ-साथ माँ के भी जो गहने थे बेच डाले। यहीं तक नहीं रुके, घर के जो भी बर्तन वगैरह थे, सबकुछ बेच डाला। घर में जो दो-चार धर्मग्रन्थ थे-भागवत पुराण, गरुड़पुराण, रामायण, गीता एक-एक कर सबको बेच डाला। दान दक्षिणा में मिली जो जमीन थी, उसे भी स्वाहा कर डाला।

जब घर पर खाने-पीने के लिए शेष कुछ भी न बचा तब बड़े भाई जाकर रामलीला-मंडलियों में अभिनय करने लगे। पहले अयोध्या फिर बनारस और

साधुओं की रामलीला-मंडली में लेखक को भी शामिल कर लिया। इसका कारण बताते हुए उग्र ने लिखा है "भाई साहब की नजर में मेरे उनके संग रहने में अनेक फायदे थे। पहले तो घर में कोई बाराती नहीं रहेगा, दूसरे उनकी निगरानी में रामलीला वालों की बुरी हवा से मैं बचूँगा।"[6]

इस संस्मरण में उग्र जी बचपन की कई घटनाओं एवं प्रसंगों को सहज रूप से बिना किसी लाग-लपेट के रखते हैं। एक घटना में उन्होंने हनुमान चालीसा चुराने का उल्लेख किया है। वह भी इस वजह से कि इसका पाठ करने से, पढ़ने से मुक्ति मिल जाएगी।

जिस परिस्थिति तथा परिवेश में लेखक जीने के लिए अभिशप्त था, वह बेहद तनावपूर्ण और संघर्षों से भरा हुआ था। जिन्दगी कदम-दर-कदम इन्तहा ले रही थी। पेट के लिए कितना कुछ कष्ट उठाना पड़ता है, इसका अनुभव उसे बचपन में हो गया था। दर-दर की ठोकरों ने बाल-मन पर ऐसा प्रभाव डाला कि वह स्मृति में लेखक को जीवन भर सालती रही। भाई के द्वारा लात-घूँसों की बरसात अक्सर होती रहती थी। एक प्रसंग को याद करके लेखक बहुत भावुक हो जाता है। एक बार रामलीला-मंडली में भरत का अभिनय करनेवाला साथी बीमार पड़ गया। मालिक 'महन्त' बहुत चिन्तित था कि आखिरकार इस पात्र को किससे कराया जाए। बड़े भाई ने बेचन की इच्छा को जाने बिना महन्त से कह दिया कि बेचन इस अभिनय को बखूबी कर लेगा। साथ-ही-साथ भाई को धमकाते हुए कहा "भरत के काम में जरा भी भूल की तो याद रहे, लीला भूमि से ही पीटते-पीटते तुझे डेरे पर ले चलूँगा।"[7]

'चुनार' शीर्षक के अन्तर्गत अपने शहर की भौगोलिक तथा प्राकृतिक सौन्दर्य की अनुपम छटा का वर्णन करते हुए उग्र जी ने उसे त्रेतायुग के अयोध्या नगरी से भी बढ़कर बताया है। वह तुलना करने के क्रम में इस तथ्य की ओर ध्यान आकृष्ट करते हैं कि एक समय रहा होगा जब अयोध्या नगरी में हरिश्चन्द्र, अज, दिलीप, रघु, भगीरथ तथा राजा दशरथ थे। पर वर्तमान अयोध्या तो केवल कंक्रीट के जंगल में तब्दील हो चुकी है जहाँ न तो प्राकृतिक सुषमा का कोई चिह्न दृष्टिगोचर होता है और न ही त्रेतायुगीन सरयू का ही सौन्दर्य। इस सन्दर्भ में उन्होंने अपनी जन्मभूमि का वर्णन बहुत रोचक और सहज भाषा में किया है। "चुनार में आदमी रहे या न रहे, उसे प्रकृति-प्रदत्त शोभा सुलभ है। आदमी आएँगे, आदमी जाएँगे, आदमी क्या, कोई भी जीव चुनार के आगे आएगा तो वहाँ वह कुछ दिन तक बसना रमना चाहेगा।"[8]

बीसवीं सदी का प्रारम्भिक दशक का चुनार प्राकृतिक छटा से न केवल भरपूर था अपितु देश के अन्यान्य क्षेत्रों से भी लोग स्वास्थ्य-लाभ करने की दृष्टि से वहाँ आते रहते थे। चारों तरफ से पहाड़ियों और उपत्यकाओं से घिरे होने की वजह

से स्वास्थ्य लाभ की दृष्टि से यहाँ की जलवायु बहुत अनुकूल थी। इसी कारण बंगाल से बहुत सारे बंगाली परिवार स्वास्थ्य-लाभ करने तथा कुछ समय प्रकृति के सान्निध्य में बिताने हेतु चुनार का रुख करते थे। इसमें तो बहुत सारे ऐसे परिवार होते थे जो सदा के लिए यहीं के निवासी हो जाते थे। जीविकोपार्जन के लिए वे होम्योपैथ-पद्धति से इलाज वगैरह करते थे।

इस अध्याय के अन्तर्गत ताड़कावध के प्रसंग का वर्णन है और लेखक ने इस तरह के प्रसंगों की क्यों उद्‌भावना की, यह समझ से परे है। इसमें यह वर्णन आया है कि विश्वामित्र ने राम और लक्ष्मण को लेकर विन्ध्याचल की उपत्यकाओं में ताड़का का वध किया था। जबकि तमाम साक्ष्य इस बात की ओर संकेत करते हैं कि यह घटना बक्सर (बिहार) में घटित हुई थी। लेखक ने अपनी जन्मभूमि की महत्ता को प्रतिपादित करने के लिए शायद इस नवीन प्रसंग को शामिल किया हो।

जन्म-स्थान की महिमा के वर्णन में लेखक का मन खूब रमा है। उसका विश्लेषण करते हुए वे इस बात को रेखांकित करते हैं कि यह सामान्य भूमि नहीं है अपितु इसकी एक गौरवशाली समृद्ध परम्परा है जिसे न जाने कितने पुरुषार्थी मनुष्यों ने अपनी कर्मस्थली बनाई। राजा भर्तृहरि से लेकर आल्हा-ऊदल की शौर्यगाथा का प्रेरक स्थान भी चुनार रहा है।

शेरशाह सूरी, हुमायूँ, वॉरेन हेस्टिंग्स, चेतसिंह, पेशवा की रानी के गहरे ताल्लुकात चुनार की मिट्टी से रहे हैं। इनके अलावा कई अन्य सन्दर्भों को रेखांकित करते हुए उन्होंने यह दिखाने का प्रयास किया है कि यह कोई सामान्य जगह नहीं है। 1905 के आसपास बहुत सारे परिवर्तन के चिह्न यहाँ दृष्टिगोचर होते हैं। उस समय के चुनार में बहुत सारे अंग्रेज अधिकारी तथा कर्मचारी निवास करते थे। इस वजह से भी भौतिक सुख-सुविधाओं की दृष्टि से यह शहर बहुत समृद्ध और उन्नत था। देवकीनन्दन खत्री ने अपने उपन्यास 'चन्द्रकान्ता में जिन गढ़ों की लड़ाइयों तथा प्रेम कहानियों का उल्लेख किया है, वे सब स्थल चुनार में ही मौजूद हैं। कई मिथकों तथा मान्यताओं का जिक्र भी उग्र जी की पुस्तक में आया है। समाज-जीवन की बहुत सारी हलचलों का समावेश सहज ही इसके अन्दर हुआ है।

'लोअर लाइन्स' अंग्रेजों की साफ-सुथरी बस्ती थी जिसका जिक्र बार-बार इस संस्मरण में आया है। उसके कई चरित्रों का वर्णन लेखक ने बहुत दिलचस्प अन्दाज में किया है। एक आयरिश बूढ़ा क्लर्क था जो हिन्दुस्तानियों से खूब हिन्दी में बातें किया करता था। मिस्टर कूम का जिक्र आया है जो सेना के रिटायर्ड अधिकारी हैं। इस तरह से लेखक ने यह दिखाने या समझाने का प्रयास किया है कि उस समय के जो अन्य भारतीय शहर या बस्तियाँ थीं उनसे कई मायनों में यह शहर समृद्ध और उन्नत था। बस्ती का वर्णन करते हुए लेखक कहता है-''बम्बई और कलकत्ते के किसी स्वच्छ भाग की तरह तत्कालीन आधुनिकता से मंडित था।

नोटिफाइड एरिया की ओर से सारे चुनार में अगर दो सौ लैम्प पोस्ट खड़े किए गए होंगे, तो उसमें से सौ से ऊपर केवल 'लोअर लाइन्स' में लगाए गए होंगे, जहाँ गोरे बसते थे। छोटी बस्ती, सुथरी सड़कें, शान्ति-सुख निवास की तरह छोटे-छोटे हरे-भरे बँगले, वजनी और हलके-फुलके फर्नीचर, फैशनदार परदे, दरियाँ, गलीचे, अच्छी तरह पहन खा-पीकर लोआपोआ गोरे बच्चे।''[9] इस तरह से गार्हस्थियक साजो-सामान की एक लम्बी फेहरिस्त दिखाई पड़ती है।

उग्र का बचपन कितने अभावों और कष्टों में व्यतीत हुआ उसका जिक्र स्थान-स्थान पर हुआ है। एक जगह लेखक ने इस प्रकार से उल्लेख किया है-''मेरी स्थिति तो कुछ पूछिए मत! सिवाय मैली मारकीन, मुफ़्त मिली धोती और एकमात्र कुर्ते के बन्दे के सिर पर तो दो पैसेवाली दुपलिया भी मुहाल न थी! न ही चरणों में चमरौधा ही।''[10]

ऐसे ही 'भागवतदास' शीर्षक के अन्तर्गत उन्होंने जीवन के उस पक्ष पर प्रकाश डाला है जब रामलीला-मंडलियों के साथ देशाटन किया करते थे। तब देश का बँटवारा नहीं हुआ था और आज का पाकिस्तान भारत में था। 1910 के आसपास की घटनाएँ जो उनकी जीवनयात्रा में अहम महत्त्व रखती हैं, का जिक्र उन्होंने बड़े मनोयोग और रोचक शैली में किया है। तत्कालीन समय में रामलीला-मंडलियों की माँग पूरे देश में थी। जहाँ-जहाँ मंडली के लोग जाते थे, लोगों का हुजूम दर्शन करने हेतु उमड़ पड़ता था। जनता में रामलीला-मंडलियों का बहुत आदर एवं सम्मान था। उसका उदाहरण इस प्रकार से आया है-''ये लीलाधारी जब स्टेशन पर उतरे तभी मिंटगुमरी के दर्शनार्थियों की भीड़ सी लग गई थी। कितना सामान! दस बड़े-बड़े काठ के बक्से, बीसियों लोहे के ट्रंक। सब में रामलीला की आवश्यक वस्तुएँ।''[11] इस मंडली का नेतृत्व नागा साधु महन्त भागवतदास किया करते थे। जो सभी प्रकार की व्यवस्था के नेता होते थे। इनकी अनुमति के बगैर कोई भी कार्य सम्पादित नहीं होता था। इन मंडलियों का भार वहाँ के स्थानीय आम लोग ही वहन करते थे। वे सहर्ष अपने घर पर भोजन, मिठाई वगैरह की व्यवस्था करते थे। एक प्रसंग का उल्लेख करते हुए लेखक ने लिखा है कि भोजन करने के पहले जयकारा लगाने की पद्धति की इतनी लम्बी फेहरिस्त होती थी कि घंटों लग जाते थे। इतने देर में खाना ठंडा हो जाता था। महन्त की आज्ञा से जमात को सादर भोजन देनेवाले भक्त के नाम की जय भी बुलाई जाती। मालपुए ठंडे हो जाते, मलाई पर मक्खी भिनकने लगती, बढ़िया से बढ़िया बना हुआ सालन भी इस घंटे भर की जयकारी में ठंडा पड़कर सचमुच साग बन जाता था।''[12]

रामलीला के दौरान घटनेवाले कई रोचक प्रसंगों का जिक्र किया गया है। एक बार जब इनके बड़े भाई परशुराम के अभिनय के लिए मंच पर पधारे, तो उनकी वेशभूषा तथा हाव-भाव को देखकर इनकी सिट्टी-पिट्टी गुम हो गई। संवाद करना

तो दूर उनका सामना भी नहीं कर पाते थे। इसका परिणाम यह होता कि परदा गिरते ही भाई इनकी खूब पिटाई करते थे। घूम-घूमकर रामलीला मंचन करने की वजह से एक तो खाने-पीने की व्यवस्था अच्छी हो जाती थी; दूसरे, भक्तों द्वारा प्रदान किए गए चढ़ावे तथा दक्षिणा से अच्छी खासी कमाई हो जाती थी।

सबसे महत्त्वपूर्ण तथ्य यह है कि ये मंडलियाँ केवल मनोरंजन ही नहीं करतीं, अपितु इनसे मध्य देश की युगीन परिस्थितियों को लेकर भी चर्चाएँ हुआ करती थीं। हम कह सकते हैं कि उसके सदस्यगण राजनीतिक चेतना से अछूते नहीं थे। एक घटना की याद करते हुए लेखक ने लिखा है, ''यह सब सन 1911-12 की बात होगी। मेरा खयाल है उन्हीं दोनों वर्षों में कभी दिल्ली में वायसराय लार्ड हार्डिंग पर बम फेंका गया था, उसकी चर्चा रामलीला-मंडलीवालों में भी कम गरम नहीं रही।''[13]

भागवतदास की मंडली में कुछ समय व्यतीत कर उग्र जी वापस मिर्जापुर आ गए पर इनका बीचवाला भाई वापस नहीं हुआ और वह राममनोहरदास की मंडली में शामिल हो गया था। कुछ दिन घर में रहने के बाद जब कर्ज हद से ज्यादा बढ़ जाता तो पुनः ये रामलीला-मंडलियों में शामिल हो जाते थे। सीता और लक्ष्मण के चरित्रों के अभिनय करते हुए भारत के लगभग सम्पूर्ण क्षेत्रों में अपने पाँव पुजवाए।

राममनोहरदास के व्यक्तित्व को लेकर लेखक ने कई रहस्योद्घाटन किए हैं। कैसे महन्त छोटे वय के बच्चों के साथ व्यभिचार करते थे उसका वर्णन इस प्रकार से आया है, ''महन्त लँगोट के कच्चे थे-भद्दे ढंग से। वह किसी-न-किसी सुन्दर 'स्वरूप' पर रीझकर पहले सोने के गहनों से उन्हें लाद देते। फिर उसी को लोहे की कैश बॉक्स की कुंजी भी देते। सेक्रेटरी और शिष्य के बीच का काम इतना लेते कि अकसर थककर वह उन्हीं के गुदगुदे गदले पर रात काट देता था और सवेरे मंडलीवालों में अनैतिक कानाफूसी चलती।''[14]

लेखक ने इसमें स्पष्ट रूप से स्वीकार किया है कि मैं बिगड़ा नहीं ऐसा नहीं है। इस मंडली को उन्होंने जबर्दस्त पाप-पार्टी के रूप में याद किया है। संस्मरण में अपने प्रेम-प्रसंग का वर्णन भी बिना किसी लाग-लपेट के किया है। 12 साल की कम उम्र में ही इन्हें इश्क का ऐसा चस्का लगा कि एक सत्रह साल की अभिरामा श्यामा के लिए दिल बेचैन और तड़प उठा। उसे वे अपने प्रथम और अन्तिम प्रेम के रूप में याद करते हैं।

बाराबंकी की एक घटना का जिक्र करते हुए महन्त की कारस्तानियों को बहुत बेबाक ढंग से बताते हैं। रामायण के पुनीत-पवित्र पात्रों की एक झलक पाने के लिए लोग बेताब रहते थे। इसी का नाजायज फायदा ऐयार और पथभ्रष्ट मंडली के सदस्य उठाते थे। सीता के अभिनय में ये भी मंच से ही एक लड़की के साथ नैन मटक्का करते थे और वह भी खूब देखती थी। एक दिन हुआ यूँ कि राम के दर्शन

के बहाने उस लड़की को परदे के अन्दर लाया गया फिर महन्त ने उसके साथ पापाचार किया। उसे एक बनारसी साड़ी भी भेंटस्वरूप दिया। बाद में मंडली के सभी सदस्यों ने यही काम किया। उसका पति दस-ग्यारह महीने बम्बई में रहकर जीविकोपार्जन करता था। जब लौटकर आया तो उसे अपनी पत्नी पर शक हुआ और इतना मारा कि उसकी पत्नी मर गई पर मरने से ठीक पहले उसने बयान दिया कि "उसे रामलीलावालों ने बरबाद किया है।"[15]

उग्र जी के बाल मन पर दो व्यक्तियों का जबर्दस्त प्रभाव था-एक का नाम भानुताप तिवारी तथा दूसरा व्यक्ति महादेव मिश्र उर्फ 'बच्चा जी' महाराज था। भानुप्रताप तिवारी की चरित्र की विशेषता बताते हुए वे कहते हैं-उन्होंने रामायण, महाभारत के विविध प्रसंगों की अपने हिसाब से तर्कसंगत व्याख्या प्रस्तुत की है। रामायण के प्रसंगों में यथा अवसर ऋषि-मुनियों की खूब खिल्ली भी उड़ाई है। ब्राह्मणों की दृष्टि से वे नास्तिक हो चुके थे। लेखक ने याद करते हुए इस बात की तसदीक भी की है कि जब बनारस में हिन्दी के मूर्धन्य विद्वान भारतेन्दु रहे होंगे, ठीक उसी समय भानुप्रताप तिवारी के जवानी के दिन रहे होंगे।

इस संस्मरण में एक रोचक प्रसंग हरसू ब्रह्म का आता है और उग्र स्वयं अपने वंश को उससे सम्बद्ध करते हुए भानुप्रताप तिवारी की पुस्तक के हवाले से अपनी बात को प्रमाणित करते हैं। हरसू ब्रह्म बिहार तथा उत्तर प्रदेश के लोगों के लिए देवी-देवता से बढ़कर हैं। बुरा से बुरा भूत-प्रेत-बाधित व्यक्ति हरसू ब्रह्म जाकर चंगा हो जाता है। हरसू ब्रह्म के मेले में सारे देश से प्रेत-बाधित-प्राणी, प्राय : स्त्रियाँ हर साल आती हैं। इसका वर्णन पुस्तक में उग्र इस प्रकार से करते हैं-"वीरान उजाड़ में पचास हजार आदमियों की भीड़ लगती है। लाखों का व्यापार धन्धा होता है, दसों हजार रुपया वहाँ के पंडे प्राप्त करते हैं। ऊपर से माल-मलाई, रेशम, कम्बल, रजाई भी। मैं पांडेय बेचन शर्मा 'उग्र' हरसू ब्रह्म के कुल का हूँ।"[16]

इसका वर्णन करते हुए भी उग्र ने इस तथ्य की ओर संकेत किया है कि इन अवैज्ञानिक और तथ्यहीन बातों में उसका विश्वास जरा भी नहीं है। इस सन्दर्भ में उनकी स्पष्ट मान्यता है कि संसार का सबसे बड़ा भूत पंचभौतिक आदमी होता है।

वे भानुप्रताप तिवारी को बड़े आदर के साथ याद करते हैं। प्राय : हम देखते हैं कि आज भी गाँवों में इस तरह के लोग मिल जाते हैं जो ज्ञान के बल पर अपनी प्रतिष्ठा समाज में अर्जित क़रते हैं। वैसे ही तिवारी जी को चुनार में विश्वकोश माना जाता था। कबीर, दादू, दरिया, मूलकदास, रैदास आदि अब्राह्मण सनतों के प्रति उनका विशेष अनुराग था। शायद स्वान्तः सुखाय ही उन्होंने पचास से अधिक पुस्तकें लिखीं।

उग्र ने 14 साल की उम्र में चुनार के चर्चमिशन स्कूल में थर्ड क्लास में दाखिला लिया। तब तिवारी जी ने इन्हें एक डिक्शनरी उपहारस्वरूप प्रदान की थी।

मगर भानुप्रताप तिवारी के वंश का ऐसा हाल हुआ जिसको पढ़ने के बाद हृदय द्रवित हो उठता है। उनके बेटे रामगुलाम की जुआ की आदत ने पूरे परिवार को कंगाली के द्वार पर लाकर खड़ा कर दिया। जिस परिवार का आदर और सम्मान सम्पूर्ण चुनार में था, उसका सितारा आखिरकार गुम हो गया।

उग्र जी ने महादेव मिश्र उर्फ 'बच्चा महाराज' का उल्लेख भी बड़े दिलचस्प और रोचक अन्दाज में किया है। सबसे महत्त्वपूर्ण बात यह है कि इस तरह के जुआरी, भँगेड़ी, शराबी और वेश्याओं के शौकीन, रंगीन मिजाजवाले आदमी का वर्णन भी लेखक ने तल्लीनता से किया है। बच्चा महाराज के व्यक्तित्व का रेखांकन लेखक इस प्रकार से करता है-"पौने छह फुट लम्बे, छरहरे, गेहुआँ रंग, बड़ी-बड़ी भावुक आँखें, हमेशा मुखरित होने को फड़कते ओष्ठाधर, साधारण मूँछें, घुटी दाढ़ी, सिर पर इंगलिश-कट केश। बच्चा गुरु फ़ेल्ट टोपी, बनियान, कड़े कालर-कफ़ की कमीज़, शेरवानी, नफ़ीस धोती, जुराब और पम्प शू या विलायती कट-बूट पहना करते थे। नाक पर हमेशा चश्में, हाथ में बराबर घड़ी।"[17]

बच्चा गुरु शुरू से ही आवारा मिजाज व्यक्ति थे। जितनी बुरी आदतों का ऊपर की फेहरिस्त में जिक्र किया गया है उनमें से किसी एक का व्यसन किसी को लग जाए तो जीवन बिखर जाएगा। मगर मजेदार बात यह रही कि बच्चा गुरु 90 की उम्र तक जीवित रहे पर उनके मिजाज और व्यवहार में कोई अन्तर नहीं आया। जीवन के अन्तिम समय में वे दालमंडी की वेश्याओं के यहाँ रहने लगे थे। वेश्याओं के यहाँ इनकी बहुत पूछ होती थी। कारण यह था कि पूजा-पाठ, तन्त्र-मन्त्र के बहुत जानकार थे। अकसर किसी-न-किसी वेश्या के घर से सत्यनारायण भगवान की कथा के लिए बुलावा आता रहता था। एक प्रसंग का जिक्र लेखक ने किया है जिससे पता चलता है कि ये कितने रसिक शिरोमणि तथा रंगीन मिजाज व्यक्ति थे, "गुरु जी जिस भी वेश्या के घर में कुछ दिन टिककर रहे होंगे, जरूर कोई न कोई बहुत खूबसूरत देख लेने के बाद। वह वेश्या की नवोढ़ा बेटी को मद्देनजर रख उसकी माता से मुहब्बत करते थे।"[18] पत्नी के प्रति इनका व्यवहार बहुत क्रूर और निर्दयी था। वे अकसर उन्हें बहुत मारा-पीटा करते थे। बहुत गन्दी-गन्दी गालियाँ बका करते थे।

हालाँकि लेखक ने इस तथ्य की ओर भी इशारा किया है कि बच्चा महाराज किसी का भी बुरा नहीं चाहते थे। पर उनके इस विचित्र स्वभाव एवं आचरण की वजह से मुहल्ले के कई तरुण बर्बाद हो गए।

चौदह वर्ष तक आते-आते उग्र का रामलीला-मंडलियों के घुमन्तू जीवन से सम्बन्ध विच्छेद हो गया। कारण यह था कि महन्त राममनोहरदास से इनके भाई का किसी मसले पर विवाद हो गया सो भाई के साथ ये भी चुनार आ गए। लेखक कहता है कि जिस वय का वह है उस वय में तो जवाहरलाल नेहरू और श्रीप्रकाश

जैसे लोगों की शिक्षा-दीक्षा लन्दन से हो रही थी। दुर्भाग्य है कि यहाँ तो जीवन की गाड़ी ही मुश्किल से चल रही थी। जहाँ खाने के लाले पड़े हों, उसके लिए ही संघर्ष करना पड़ रहा हो तो फिर शिक्षा की व्यवस्था को पाना तो रेगिस्तान में पानी निकालने जैसा था।

चुनार के चर्चमिशन में एडमिशन होने के साथ पढ़ाई का श्रीगणेश हुआ। इन्हें पढ़ाने का दायित्व चाचा ने अपने ऊपर ले रखा था। कारण था कि चाचा को कोई पुत्र नहीं था इस वजह से बेचन पांडे को गोद ले लिये थे। मगर उग्र के दुर्दिन तब प्रारम्भ हुए जब छठवीं दर्जा जाते-जाते चाचा-चाची को एक रत्न की प्राप्ति हुई। जिस स्कूल में पढ़ाई करते थे उसमें लियाकत अली नामक एक मुल्ला जी उर्दू पढ़ाया करते थे पर वे कट्टर मुस्लिम थे और हिन्दू रीति-रिवाजों और परम्पराओं के घोर आलोचक। कई बार क्लास में पढ़ाते-पढ़ाते कई ऐसी बातें कह जाते थे जो हिन्दू विद्यार्थियों की भावनाओं को चोट पहुँचाती थीं। एक दिन सेवेन्थ की क्लास में मौलवी ने कह दिया कि ''हिन्दुओं के देवता तो मेरे पाजामे में बन्द रहते हैं।''[19] फिर क्या था बेचन को तो जैसे मौलवी को सबक सिखाने की धुन सवार हो गई। लियाकत अली की शिकायत बनारस के जयनारायण स्कूल के प्रिन्सिपल साहब से कर दी और स्कूल से मौलवी साहब की छुट्टी हो गई। इस प्रकरण में इन्हें भी स्कूल से निकाल दिया गया। उग्र के जीवन के खेवनहार बने इनके चाचा। अपने यहाँ रहकर अध्ययन करने की अनुमति दे दी और बनारस के विख्यात हिन्दू (कालिजिएट) स्कूल में छठे दर्जे में एडमिशन करा दिया। छठी तथा सातवीं दर्जे की पढ़ाई इन्होंने अपने चाचा के अनुग्रह की वजह से प्राप्त की।

इसके बाद शिक्षा प्राप्त करने के लिए लगातार संघर्ष का सामना करते रहे। कभी रामानन्द जी की कृपादृष्टि तो कभी शिवप्रसाद गुप्त के अनुग्रह से। खाना-पीना से लेकर शिक्षा हेतु पैसे एवं राशन प्राप्त होते रहे। आठवीं के बाद बहुत समस्या सामने आने के बाद ये पुनः चुनार आ गए, पर यहाँ भी ज्यादा न टिक पाए। जब इनके हाथ में दस रुपये का नोट आता है तो ये पुनः ट्रेन से कलकत्ता भाग जाते हैं जिसका कि बहुत रोचक वर्णन इसमें हुआ है-''कलकत्ता शहर में पहली बार मैं भूखे, निराश्रित, भगोड़े की तरह पहुँचा था। कलकत्ते में मेरे पड़ोसी भाई विश्वनाथ त्रिपाठी रहते थे।''[20] मगर विश्वनाथ त्रिपाठी का पता मालूम करने में नाको चने चबाना पड़ा। बहुत खोजबीन के बाद तो उन्हें वह पता प्राप्त हो सका था।

उग्र के व्यक्तित्व को गढ़ने और उन्हें चमकाने में गुरुओं का महत्त्वपूर्ण योगदान रहा है। काशीपति त्रिपाठी, कमलापति त्रिपाठी, पंडित बाबूराव विष्णु पराड़कर एवं कृष्णदत्त पालीवाल जी के योगदान को उन्होंने बहुत आदर और

सम्मान से याद किया है। कमलापति जी के आवास पर अकसर साहित्यिक गोष्ठियों का आयोजन होता रहता था। बड़े-बड़े साहित्यकारों से जान-पहचान यहीं पर हो जाती थी। विख्यात नाटककार लक्ष्मीनारायण मिश्र भी उन दिनों कमलापति जी के यहाँ सम्भवत: किराएदार की तरह रहा करते थे। इस प्रसंग को लेखक ने इस तरह से याद किया है-''मेरा ठौर कहाँ ठिकाना कहाँ; सो बरसों मैं कमलापति ही के द्वार पर पड़ा रहता।''[21]

लाला भगवानदीन के साथ इनका रिश्ता गुरु-शिष्य की तरह था। कई-कई बार लेखक की रचनाओं को सुधारकर लाला जी ने उसे व्याकरणसम्मत और त्रुटिहीन बनाया। खुद लेखक ने उनके महत्त्व पर प्रकाश डालते हुए कहा है-''यदि मुझमें कुछ प्रतिभा थी तो उसे लाला जी के मात्र आशीर्वाद का पोष प्राप्त हुआ।"[22] लाला भगवान दीन के बारे में बताते हुए उनके जीवन के बहुत सारे अनछुए पहलुओं से हमें रूबरू कराते हुए विस्तार से चर्चा करते हैं। लाला भगवान 'दीन' हमेशा तम्बाकू जयशंकर प्रसाद की दुकान से खरीदते थे। प्रसाद जी जब-जब दुकान पर होते तो उनसे गाहे-बगाहे खूब चर्चाएँ होती रहती थीं। उग्र जी शुरुआत में घनाक्षरियाँ खूब लिखा करते और इनकी लेखनी को चमकाने का कार्य लाला जी किया करते थे।

अपनी पहली कविता छपने के प्रसंग को उन्होंने बड़े ही रोचक अन्दाज में बयाँ किया है। आयरलैंड के महात्मा मैक्स्विनी शहीद हुए थे। उस समय लेखक का मन भी राष्ट्रीयता की भावधारा में डूब-उतरा रहा था। अत: उस शहीद के ऊपर एक जोरदार कविता लिख डाली। हिन्दी स्कूल के तेजस्वी हिन्दी शिक्षक पं. साँवली जी को सुनाया। कविता साँवली जी को इतनी पसनद आई कि तुरन्त ही इन्हें आज के दफ्तर ज्ञानमंडल लेकर गए। उन दिनों ज्ञानमंडल भाड़े के बँगले में दुर्गाकुंड मुहल्ले में स्थित था। अन्दर शिवप्रसाद गुप्त जी एवं श्रीप्रकाश जी बैठे किसी विषय पर बातचीत कर रहे थे। साँवली जी पहले अन्दर गए और श्रेष्ठजनों की आज्ञा लेकर लेखक को अन्दर ले गए। उन दोनों महानुभाव के सामने पुन: कविता पढ़कर सुनाई गई और 'आज' अखबार के सातवें पृ. पर छपी। लेखक ने इस बात को स्वीकार किया है कि यह उसकी पहली कविता थी।

उनकी पहली कहानी 'गाँधी आश्रम' के छपने का किस्सा भी रोचक और दिलचस्प है। हुआ यह कि 'आज' में कविता छप जाने के बाद उनका मनोबल बढ़ा हुआ था। उन्होंने 'आज' के सहकारी सम्पादक श्री हरिहरनाथ जी को कहानी की पांडुलिपि दिखाई। मगर हरिहरनाथ जी के प्रयत्नों के बावजूद श्रीप्रकाश जी ने कहानी छापने से साफ-साफ इनकार कर दिया। हरिहरनाथ ने वह कहानी बेचन शर्मा को लौटाई नहीं अपितु एक अन्य नाम 'शशि मोहन शर्मा' के नाम से वह कहानी बाद में छप गई।

उग्र नाम के पीछे के उद्‌देश्य पर भी लेखक ने एक जगह प्रकाश डाला है। ''उग्र उपनाम तो मैंने राष्ट्रीय गान-द्वन्द्व में सम्मिलित होने से पूर्व चुना था। आज मुझे अपने लिए उपनाम चुनना हो तो, सम्भव है बुरा न होने पर भी उग्र मैं न चुनूँ।''[23]

पांडे बेचन शर्मा के लेखकीय व्यक्तित्व को उभारने और तराशने में पराड़कर जी का अविस्मरणीय योगदान है। लेखक जब-जब कहानी या निबन्ध लिखते तब-तब पराड़कर जी उसकी अशुद्धियों का न केवल परिष्कार करते अपितु भाषा को व्याकरणसम्मत बनाने का स्तुत्य कार्य करते थे।

राष्ट्रीय स्वाधीनता संघर्ष के गरमदल के नेताओं से पराड़कर जी के बहुत गहरे ताल्लुकात थे। शचीन्द्रनाथ सान्याल, राजेन्द्र लाहिड़ी, मन्मथनाथ गुप्त आदि से उग्र जी की मुलाकात पराड़कर जी के कार्यालय पर होती रहती थी।

उस समय के एक और महान देशप्रेमी तथा पुरुषार्थी व्यक्तित्व का जिक्र उन्होंने बहुत मनोयोग से किया है-बाबू शिवप्रसाद गुप्त जिनकी काशी ही नहीं अपितु सम्पूर्ण भारतवर्ष में ख्याति थी। समाज, राष्ट्र और मानवता की सेवा के लिए वे सदैव तत्पर रहते थे। उनके व्यक्तित्व की विशेषता लेखक ने कुछ इस तरह से बताई है-''किसी भी तरह का गुणी हो, गुप्त जी के मन में उसके लिए उदार, आदर-भाव सुरक्षित था। विद्यार्थियों को, विद्यालयों को, समाज सेवकों को, राष्ट्रप्रेमियों को, नेताओं को, मालवीय जी को, गाँधी जी को, बाबू शिवप्रसाद गुप्त मुक्तहस्त दान दिया करते थे। कई बड़ी-बड़ी संस्थाएँ जो आज भी हमारे बीच मौजूद हैं उनको स्थापित करने का श्रेय गुप्त जी को जाता है। ज्ञानमंडल, आज अखबार, भारत माता मन्दिर आदि की परिकल्पना को साकार करने में लक्ष-लक्ष रुपये अलक्ष हो गए। काशी विद्यापीठ जैसे महत्त्वपूर्ण संस्थान के संस्थापक के रूप में गुप्त जी की महत्त्वपूर्ण भूमिका थी।''

इसी क्रम में उग्र जी कमलापति त्रिपाठी के प्रारम्भिक जीवन के संघर्सों का वर्णन करते हैं। एक बार गाँधी जी जब बनारस में पधारे थे तो ये दोनों लोग गाँधी जी के एक-एक पैर को पकड़कर आशीर्वाद लिये। उन दिनों की स्मृतियों के वातायन से याद करते हुए उल्लेख करते हैं कि सामान्य जीवनचर्या में रहते हुए परिश्रम तथा भाग्य के बल पर वे उत्तर प्रदेश की राजनीति के सूत्रधार के तौर पर उभरते हैं। अच्छे सम्बन्ध होते हुए भी कमलापति जी के प्रति लेखक ने कई तल्ख टिप्पणियाँ की हैं।

कुल मिलाकर हम कह सकते हैं कि उग्र का सम्पूर्ण जीवन संघर्षों और चुनौतियों का सामना करते हुए व्यतीत हुआ। रामलीला-मंडलियों की शागिर्दी से लेकर वेश्याओं के मोहल्ले तक के अनुभव का वैविध्य उनके जीवनानुभव में शामिल है। बचपन में ही गरीबी की पाठशाला से गुजरते हुए जीवन के कई कटु अनुभव के पड़ाव से न केवल गुजरना पड़ा अपितु उसका डटकर सामना करते

हुए उन चुनौतियों से पार पाने की जीवटता भी लेखक के व्यक्तित्व में स्पष्ट रूप से दृष्टिगोचर होती है। इनकी सम्पूर्ण जीवन-यात्रा कई मोड़ों एवं कई सन्दर्भों को समेटे हुए है। इस यात्रा की एक खास विशेषता है कि उग्र को सामाजिक जीवन के किसी भी विषय या वस्तु से गुरेज नहीं है अपितु वे विविध आयामों में जाकर सकारात्मकता और नकारात्मकता को बिना किसी लाग-लपेट के प्रस्तुत करते हैं। सामाजिक दृष्टि से जिन विषयों को वर्जित माना गया है, उनके वर्णन में भी इनका मन खूब रमा है।

उनकी लेखन-कला में कहीं कोई दुराव या छिपाव नहीं है। उन्होंने बहुत ईमानदारी के साथ उस युग के महत्त्वपूर्ण नेताओं और लेखकों के व्यक्तिगत जीवन के कई आयामों को उकेरा है।

### सन्दर्भ ग्रन्थ


1. पांडेय बेचन शर्मा 'उग्र' : अपनी खबर, राजकमल प्रकाशन, प्रथम संस्करण, 1984
2. वही, पृ. 7
3. वही, पृ. 8
4. वही, पृ. 25
5. वही, पृ. 23
6. वही, पृ. 27
7. वही, पृ. 29
8. वही, पृ. 35
9. वही, पृ. 49
10. वही, पृ. 61
11. वही, पृ. 64
12. वही, पृ. 66
13. वही, पृ. 68
14. वही, पृ. 79
15. वही, पृ. 91
16. वही, पृ. 92
17. वही, पृ. 96
18. वही, पृ. 100
19. वही, पृ. 104
20. वही, पृ. 107
21. वही, पृ. 113
22. वही, पृ. 120
23. वही

# जीवन के संघर्षों एवं अनुभूतियों का मार्मिक दस्तावेज़ 'क्या भूलूँ क्या याद करूँ'

महेन्द्र प्रसाद कुशवाहा

'आत्मकथा' हिन्दी की कथेतर गद्य विधाओं में से एक महत्त्वपूर्ण विधा है। यह हिन्दी साहित्य की आधुनिक विधा है। इसकी शुरुआत बनारसीदास के 'अर्ध कथानक' से मानी जाती है, जो मूलतः ब्रजभाषा में पद्यात्मक रूप में लिखी गई आत्मकथा है। खड़ीबोली हिन्दी में आत्मकथा-लेखन की शुरुआत हिन्दी की अन्य आधुनिक विधाओं की तरह भारतेन्दु-युग से मानी जाती है। स्वयं भारतेन्दु हरिश्चन्द्र ने 'कुछ आपबीती कुछ जगबीती' शीर्षक से अपने बारे में लिखा है। इसी समय सुधाकर द्विवेदी और अम्बिकादत्त वाजपेयी ने भी क्रमशः 'आत्मकहानी' एवं 'निजवृत्तान्त' शीर्षक से आत्मकथा लिखकर इसे विकसित करने में अपना योगदान दिया है। 1932 में प्रेमचन्द ने हंस पत्रिका का आत्मकथा विशेषांक निकाला और उस समय के लगभग सभी महत्त्वपूर्ण लेखकों से आत्मकथा लिखवाकर प्रकाशित किया। हिन्दी आत्मकथा के विकास में यह विशेषांक मील का पत्थर माना जाता है। कालान्तर में इस विधा को विकसित करने में जिन लेखकों का नाम आदर के साथ लिया जाता है, उनमें श्यामसुन्दर दास, बाबू गुलाबराय, राहुल सांकृत्यायन, डॉ. राजेन्द्र प्रसाद, वियोगी हरि, यशपाल, शान्तिप्रिय द्विवेदी, देवेन्द्र सत्यार्थी, सत्यदेव परिव्राजक, पांडेय बेचन शर्मा उग्र, हरिवंशराय बच्चन, वृन्दावनलाल वर्मा, देवराज उपाध्याय, शिवपूजन सहाय, रामविलास शर्मा, रामदरश मिश्र, अमृतलाल नागर, डॉ. नगेन्द्र, हंसराज रहबर, कन्हैयालाल मिश्र प्रभाकर, मनोहर श्याम जोशी, कमलेश्वर, रवीन्द्र कालिया, राजेन्द्र यादव, विष्णु प्रभाकर, ओमप्रकाश वाल्मीकि, मोहनदास नैमिषराय, शिवानी, मैत्रेयी पुष्पा, रमणिका गुप्ता, प्रभा खेतान, मन्नू भंडारी, मृदुला गर्ग, निर्मला जैन, मृदुला सिन्हा, ममता कालिया, ऋता शुक्ला आदि महत्त्वपूर्ण हैं।

आत्मकथा में लेखक अपने जीवन के महत्त्वपूर्ण पक्षों को वस्तुनिष्ठ तरीके से पाठकों के समक्ष रखने की कोशिश करता है। इस वस्तुनिष्ठता में उससे यह अपेक्षा की जाती है कि वह तटस्थ होकर जीवन के महत्त्वपूर्ण उतार-चढ़ाव को मनोरंजक

तरीके से प्रस्तुत करे। इस कथेतर गद्य विधा के विकास में हिन्दी के विशिष्ट कवि और अनुवादक हरिवंशराय बच्चन का योगदान अविस्मरणीय है। इनकी आत्मकथा चार खंडों में 'क्या भूलूँ क्या याद करूँ', 'नीड़ का निर्माण फिर', 'बसेरे से दूर' और 'दशद्वार से सोपान तक' शीर्षक से प्रकाशित है। हिन्दी आत्मकथा-लेखन में जितनी ख्याति हरिवंशराय बच्चन की आत्मकथा को मिली, उतनी अभी तक किसी आत्मकथाकार को नहीं। इसके कई कारण हैं, जिनमें स्पष्टवादिता, स्वाभाविकता, सत्यता, रोचकता और संक्षिप्तता महत्त्वपूर्ण है। शीर्षक भी इस आत्मकथा के बेहद आकर्षक और अविस्मरणीय हैं। जीवन के विकासक्रम के साथ जैसा शीर्षक बच्चन जी ने अपनी आत्मकथा का दिया है, वैसा शायद ही हिन्दी की किसी आत्मकथा का आपको मिले। मसलन उन्होंने बचपन से लेकर शिक्षा-दीक्षा और अपनी पहली पत्नी के साथ के महत्त्वपूर्ण पलों को क्या 'भूलूँ क्या याद करूँ' शीर्षक के अन्तर्गत रखा है। हम सभी जानते हैं कि बहुत कम उम्र में बच्चन जी की पहली पत्नी श्यामा का निधन हो गया था। बच्चन जी और श्यामा एक-दूसरे से बेइन्तहा मुहब्बत करते थे। वे एक-दूसरे के गाढ़े के दिनों के साथी थे। जाहिर सी बात है कि उनके निधन के पश्चात बच्चन जी को अपनी नई गृहस्थी बसाने में बहुत मशक्कत करनी पड़ी होगी। जितना परिश्रम और कष्ट किसी चिड़िया को टूटे हुए घोंसले को फिर से बनाने में लगता है, वैसा ही बच्चन जी को पुनः अपनी गृहस्थी को बसाने में लगा जिसे उन्होंने 'नीड़ का निर्माण फिर' शीर्षक से दर्ज किया है। उनके जीवन का एक महत्त्वपूर्ण मोड़ विदेश पढ़ने जाना है, जिसे उन्होंने 'बसेरे से दूर' शीर्षक से लिपिबद्ध किया है। उनकी आत्मकथा का चौथा और आखिरी हिस्सा विदेश से लौटकर भारत आने पर इलाहाबाद के अपने घर 'दशद्वार' से दिल्ली के अपने 'सोपान' तक के जीवन की महत्त्वपूर्ण घटनाओं पर आधारित है जिसे उन्होंने 'दशद्वार से सोपान तक' शीर्षक से अभिव्यक्त किया है। इन चारों खंडों के शीर्षकों पर यदि आप ध्यान से विचार करेंगे तो आपको एक गजब का प्रवाह दिखाई देगा, जैसे जीवन रूपी मकान की सीढ़ियों को क्रम से आप चढ़ रहे हों। इसकी अनुभूति मात्र से आप रोमांचित हो जाते हैं और आत्मकथा को पढ़ने का संकल्प बना लेते हैं। इस संकल्प के तहत जैसे ही आप इसे हाथ में उठाते हैं इसमें कथा की रोचकता, कहन की अद्‌भुत शैली, पाठकों को पूरी तरह से बाँधने में सक्षम भाषा इसे आपको छोड़ने ही नहीं देती। इसकी पठनीयता बेजोड़ है। जीवन के संघर्षों और अनुभूतियों से जैसे-जैसे परिचित होते जाते हैं, आपको वह संघर्ष एक आम आदमी का संघर्ष लगता है जिसका सबकुछ जानने के लिए आप सबकुछ छोड़कर बैठ जाते हैं। यही तो इस आत्मकथा की लोकप्रियता और ख्याति का आधार है। किसी आत्मकथा के लिए इतना काफ़ी होता है लोकप्रिय और ख्यात होने के लिए। बच्चन जी उन सौभाग्यशाली लोगों में से हैं जिन्हें पाठकों का अपार स्नेह मिला।

इसका सबसे बड़ा उदाहरण है कि 1969 से, जब उनकी आत्मकथा का पहला खंड प्रकाशित हुआ था, आज तक पाठकों के लिए यह पसनदीदा आत्मकथा रही है। लगातार आ रहे इसके नए-नए संस्करण इसके प्रमाण हैं।

'क्या भूलूँ क्या याद करूँ' में बच्चन जी ने अपने पूर्वजों से लेकर अपने तक के वृत्तान्त को बड़े रोचक और स्पष्ट रूप में कहा है। बच्चन जी हिन्दी के उन लेखकों में से हैं जो साहित्य को जीवन की आलोचना के रूप में स्वीकार करते हैं। यह बात उनकी आत्मकथा पर भी लागू होती है। इस खंड में उन्होंने अपने जीवन की स्मृतियों को आलोचनात्मक रूप में प्रस्तुत किया है। इस क्रम में उनकी प्रेरणा बनती है फ्रान्स के महान लेखक मानतेन की आत्मकथा। बड़ी श्रद्धा से उन्होंने इसकी भूमिका में मानतेन को याद करते हुए लिखा है, "मैं यह भी बताना चाहता हूँ कि यह आत्म-चित्रण मैंने किस मनोवृत्ति से किया है, पर जिन शब्दों में उसे बता सकता था उनसे कहीं अधिक समर्थ और सशक्त शब्दों में आज से लगभग चार सौ वर्ष पूर्व फ्रान्स का एक महान लेखक, मानतेन, अपना आत्म-चित्रण करते समय उसे व्यक्त कर चुका है। जब-जब मैंने इस आत्म-चित्रण के लिए लेखनी उठाई है तब-तब मैंने उसे स्वस्ति वाचन की श्रद्धा से पढ़ लिया है और आपसे प्रार्थना करना चाहूँगा कि जब-जब आप इस आत्म-चित्रण को पढ़ें, आप उसे भी पढ़ लें। (पृ. 7) बच्चन जी जिस मानतेन की आत्मकथा के उद्धरण की चर्चा यहाँ कर रहे हैं उसका पहला वाक्य ही है, 'पाठको, यह क़िताब ईमानदारी के साथ लिखी गई है।" (पृ. 8) जाहिर है कि इस ईमानदारी का पालन बच्चन जी ने भी अपनी आत्मकथा-लेखन में किया है। इस ईमानदारी के कई प्रमाण इस आत्मकथा में आपको देखने को मिलेंगे। शुरुआत में ही बच्चन जी को जब यह बताना होता है कि वे कायस्थ हैं तो इसके लिए जैसे-जैसे कहावतों और लोकोक्तियों का सहारा लेते हुए वह कायस्थों से सम्बन्धित किंवदन्तियों का रस लेकर वर्णन करते हैं, वह पाठकों को बहुत भाती है। वर्णन की शैली के साथ बच्चन जी की टिप्पणी बहुत महत्त्वपूर्ण और मौलिक है। उदाहरण के लिए कायस्थों का चित्रगुप्त से सम्बन्ध का विश्लेषण करने के क्रम में उन्होंने जो टिप्पणी की है वह बड़ी मौलिक जान पड़ती है "किसी भी व्यापक, विकसित और संगठित व्यवस्था में बहुत से तथ्यों का हिसाब-किताब रखने की आवश्यकता पड़ती है; किसी समय यह कार्य कायस्थ लोग करते होंगे, उनकी अपनी लिपि भी होगी, शायद यह राज्य व्यवस्था क्लर्क की है जिसे अभिनव शब्दावली में 'लिपिक' कहा गया है। इस प्रत्याशा से कि वह तथ्यों के अंकन में पूरी ईमानदारी बरते, किसी प्रकार की गड़बड़ी न करे, उसका सम्बन्ध धर्मराज से जोड़ा गया होगा जो प्रत्येक मनुष्य के पाप-पुण्य का ठीक-ठीक लेखा-जोखा रखते हैं। सब वर्णों के प्रति निष्पक्ष और सबके प्रति निरपेक्ष, एकमात्र व्यवस्था के प्रति निष्ठावान रखने के लिए उसे किसी वर्ण में स्थान न दिया गया

होगा-वह ब्राह्मण नहीं है, वह क्षत्रिय नहीं है। वह वैश्य नहीं है, वह शूद्र नहीं है-गो ब्राह्मण उसे शूद्रवत मान रहे हैं। वह ब्राह्मण के समान ब्रह्म के मुख से नहीं निकला, न क्षत्रिय के समान बाहु से, न वैश्य के समान उदर से और न शूद्र के समान चरण से; वह कायस्थ था। पूरी काया में था; और पूरी काया से काया के रूप में निकलने का तो एक ही स्वाभाविक-सप्रमाण स्थान है। हिन्दू मनीषा, प्राय : अपने खुले स्वभाव के लिए विख्यात, उसे कहने में क्यों संकोच कर गई? मैं समझ नहीं पाता।'' (पृ. 13) इसमें 'काया में था' से कायस्थ की व्युत्पत्ति महत्त्वपूर्ण है। ऐसे ही कई उदाहरण 'क्या भूलूँ क्या याद करूँ' में हैं जो इसे पठनीय बनाते हैं। बच्चन जी चाहते तो इन पचड़ों से पिंड छुड़ाते हुए सीधे बताते कि वे कायस्थ जाति के हैं जिस जाति के इस देश के पहले राष्ट्रपति राजेन्द्र प्रसाद हुए थे आदि। लेकिन वे ऐसा नहीं करते, बल्कि विस्तार से कायस्थों के बारे में पहले लिखते हैं, फ़िर बताते हैं कि वे भी इसी कायस्थ कुल में पैदा हुए हैं। अपने कायस्थ कुल का बताने के बाद वे विस्तार से अपनी वंश-परम्परा को बताते हैं जिसमें वह यह दर्शाने की कोशिश करते हैं कि वह भी एक सामान्य मनुष्य के परिवार में जन्मे थे, जिसकी पूरी ताक़त रोटी, कपड़ा और मकान जैसे जीवन के मूलभूत सुविधाओं के जुगाड़ में बीत जाती है। पर तीनों चीजें कभी ठीक ढंग से नसीब नहीं हो पातीं। इसके लिए जिस तरह का संघर्ष एक आम इनसान को करना पड़ता है, वैसा ही संघर्ष उनके पूर्वजों का भी रहा है। इसके बाद वे अपने कुल के बारे में बताते हैं। वे बताते हैं कि ''हमारे पूर्वजनों में मनसा पहले व्यक्ति हैं जिन्हें हम नाम से जानते हैं'' उनके परबाबा का नाम मिट्ठूलाल था जो बाद के दिनों में नायब हो गए थे। उनकी एक बेटी थी-भवानी और एक बेटा जिसका नाम भोलानाथ था। राधा मिट्ठूलाल की बहन थी जो विवाह के उपरान्त ससुराल में हुई दिक्कतों से आजिज आकर अपने भाई मिट्ठूलाल के साथ ही उनके घर में रहती थी। यही भोलानाथ उनके बाबा थे और यही राधा बुआ थी जिसने बचपन में अपने दादा-परदादा की कहानियाँ उन्हें सुनाई थीं। उनके अनुसार, मैं जिस राधा की चर्चा करने जा रहा हूँ वे इन तीनों से निराली थीं-असम्भावना, कल्पना और कविता की राधा से भिन्न हाड़-मांस की राधा वे थीं मेरे पिता के पिता के पिता के पिता की पुत्री मेरे जन्म के समय बीस कम सौ की बूढ़ों की बुआ, अधेड़ों की बुआ-दादी, बच्चों की बुआ-परदादी-सन से बालोंवाली, झुर्री-भरे गलोंवाली।...मैंने इस राधा के जीवन के अन्तिम दस वर्षों को देखा और उसमें मुझे उनसे जो कुछ सुनने को मिला उसे सहेजा भी। उनकी पीठ पर चढ़कर घुमाने की याद तो नहीं है, पर उनकी उँगली पकड़कर चलने की, और इलाहाबाद के उन गली रास्तों की भी, जिनमें होकर वे मुझे ले जाती थीं, मुझे याद बनी है। राधा निरक्षर थीं पर स्वयं उनकी स्मृति कितनी सजग, समृद्ध और सुस्पष्ट थीं, कितना उन्होंने सुना-देखा, भोगा-झेला और सँजो रखा था, और हर

विषय पर उनकी प्रतिक्रियाएँ कितनी अलग, सुनिश्चित और निर्भीक होती थीं, इसे सोचकर आज मैं आश्चर्यचकित हो उठता हूँ।" (पृ. 32 एवं 33) वह अद्‌भुत किस्सागो थीं। कहीं-न-कहीं उनका गहरा प्रभाव बच्चन जी के जीवन पर रहा है। उनकी आत्मकथा के पहले खंड को पढ़कर इसे आसानी से लक्षित किया जा सकता है। बाबा भोलानाथ दारोगा थे। प्रताप नारायण भोलानाथ के पुत्र थे। प्रताप नारायण की शादी सुरसती से हुई थी। इसी प्रताप नारायण और सुरसती की छठी सनतान के रूप में हरिवंशराय बच्चन का जन्म 27 नवम्बर, 1907 को हुआ था। बालक बच्चन शुरुआत में तो पढ़ने में बहुत अच्छे थे लेकिन बाद में परिस्थितियों से विवश होकर पढ़ाई में बहुत मन नहीं लगा पाए और दसवीं बोर्ड की परीक्षा में फेल हो गए। बाद में दुबारा परीक्षा देकर द्वितीय श्रेणी से उत्तीर्ण होकर आगे की पढाई काफ़ी संघर्षों के साथ पूरी की। उनकी शादी श्यामा से उन्नीस से कुछ अधिक की आयु में हो गई।

बच्चन जी ने 'क्या भूलूँ क्या याद करूँ' में स्पष्ट रूप से अपने जीवन के उतार-चढ़ाव का वर्णन किया है। अपने जीवन के संघर्षों, बुराइयों, अच्छाइयों आदि का जिस बेबाकी से वर्णन करते हैं वह अन्यत्र दुर्लभ है। उदाहरण के लिए उन्होंने इसमें अपने एक मित्र कर्कल और उसकी पत्नी चम्पा का विस्तार से वर्णन किया है। इस वर्णन के क्रम में वे कुछ भी नहीं छिपाते, सबकुछ साफ-साफ पाठकों के बीच रख देते हैं-किस प्रकार विवाह के उपरान्त वे तीनों एक हो गए। कर्कल की अकाल मृत्यु के उपरान्त चम्पा से उनके कैसे सम्बन्ध रहे, कैसे-कैसे ख्याल उनके मन में उन दिनों चम्पा को लेकर आते थे और किस तरह से इस घटना ने पढ़ाई से उनका मुँह मोड़ दिया आदि। बच्चन जी चाहते तो इस घटना को छिपा जाते या इसे थोड़ा दूसरे रूप में प्रस्तुत कर देते जिससे उनकी अच्छी छवि पाठकों के बीच उपस्थित होती, लेकिन वह ऐसा नहीं करते क्योंकि उन्हें पता है कि वह आत्मकथा लिखने बैठे हैं और इस काम में उनके आदर्श फ्रान्सीसी कवि मानतेन हैं। जहाँ बच्चन जी इसमें कृत्रिमता लाने की कोशिश करते, इसका प्रवाह बाधित होता जिसका पाठक पर प्रभाव बहुत अच्छा नहीं पड़ता। ऐसे ही कई उदाहरण हैं इस खंड में जो इसे अन्य आत्मकथाओं से भिन्न और महत्त्वपूर्ण बनाते हैं।

बच्चन जी की आत्मकथा के इस खंड से यह पता चलता है कि बच्चन जी बचपन से अन्धविश्वासों के विरोधी रहे हैं और अपने जीवन में जब-जब मौका मिला है उन्होंने अपने-आपको अन्धविश्वासों से अलग रखते हुए उन अन्धविश्वासों का खुलकर विरोध किया है। जैसे जाति प्रथा में उनका विश्वास नहीं रहा है। समाज की इस बुराई के विरोध में न केवल अपने नाम के साथ जातिसूचक शब्द के इस्तेमाल से स्वयं को मुक्त रखते हैं बल्कि वे ताउम्र समाज में नीची कही जानेवाली जाति को अपना कुक रखते हैं। उन्होंने इस सम्बन्ध में लिखा है, "यह संस्कार

का प्रभाव था कि देश के समाज सुधारक नेताओं के उपदेश का, कि मेरे अपने मानवतावादी उदार विचारों का, कि मेरे मन से बहुत पहले ही अछूतों को अछूत समझने की बात बिलकुल उठ गई थी। जब स्वतन्त्र रूप से मेरा अपना घर हुआ तो अकसर चमार ही मेरे खाना बनानेवाले रहे। मुझे आश्चर्य और क्रोध तो तब आता है जब घर की कहारिन चमार के छुए बर्तनों को माँजने से इनकार कर देती है।'' (पृ. 97) इसके अन्तिम वाक्य से हमें यह पता चलता है कि हमारे समाज में अछूतपन की कितनी श्रेणियाँ हैं। हर जाति अपने से नीचे कोई-न-कोई जाति खोज लेती है और उसके साथ वह वैसा ही अछूत सा व्यवहार करती है जैसा लोग उसके साथ करते हैं तो उसे बुरा लगता है। समाज की इस बुराई को मिटाने के लिए उनका जो सुझाव है, वह महत्त्वपूर्ण है, "इधर मैं सोचने लगा हूँ कि अछूतों के साथ या उनके हाथ का खाना-पीना अथवा उनके लिए मन्दिरों का द्वार खोल देना केवल रूमानी औपचारिकताएँ अथवा प्रदर्शन हैं। समाज में उनको अपना यथोचित स्थान तभी मिलेगा जब उनमें शिक्षा का व्यापक प्रचार हो और उनका आर्थिक स्तर ऊपर उठे। साथ ही जाति की श्रृंखला को ऊपर से नीचे तक टूटना नहीं तो ढीली होना होगा। जाति की जड़, अर्थहीन और हानिकारक रूढ़ियों से निम्नवर्ग के लोग उतने ही जकड़े हैं जितने उच्चवर्ग के लोग, एक छोटा-सा कदम उठाया जा सकता है कि लोग अपने नाम के साथ अपनी जाति का संकेत करना बन्द कर दें।'' (पृ. 98) ऐसे ही जब मुहल्ले के खत्रानी परिवार का लड़का राजा की संगत मुसलमान लड़कों से होती है तो समाज के लोग राजा को जबरन मुसलमान घोषित कर देते हैं और घर से निकल जाने के लिए मजबूर करते हैं। इसकी बड़ी कारुणिक व्याख्या बच्चन जी ने इसमे की है और विरोधस्वरूप बड़ी कड़ी प्रतिक्रिया दी है, "हिन्दुओं की छुआ-छूती नीति ने कितने अनर्थ किए हैं, और उनकी सामाजिक रूढ़ियाँ कितनी क्रूर और निर्मम हो सकती हैं।'' (पृ. 117) इसी तरह एक घटना गोसाइयों से जुड़ी है। जब एक बार मन्दिर में प्रसाद लेने के लिए अनजाने वह कायस्थों की पंक्ति को छोड़कर अग्रवालों की पंक्ति में बैठ गए तो एक गोसाईं उनके सामने आए और कहा, ''यह अग्रवालों की पंक्ति है, तुम अलग बैठ जाओ तो उन्हें बहुत बुरा लगा और उन्होंने कहा, भगवान के मन्दिर में या तो भगवान है या भक्त। जात-पाँत बाहर के लिए हैं। भगवान के दरबार के लिए नहीं, यहाँ भी जाति-पाँति, ऊँच-नीच का भेद-भाव किया जाता है तो यह भगवान का मन्दिर नहीं. गोसाईंखाना है।'' (पृ. 154) और विरोधस्वरूप उन्होंने प्रसाद ही नहीं लिया। एक और प्रसंग इस सम्बन्ध में बहुत महत्त्वपूर्ण है। घटना मोहतशिमगंज की है। एक कायस्थ परिवार की औरत एक सरदार के घर जा बैठी और दुर्भाग्य से कुछ ही दिनों में सरदार की मौत हो गई। इस घटना से समाज ने उस परिवार को समाज से बहिष्कृत कर दिया। उस परिवार में किसी सयानी लड़की का विवाह एक अच्छे कायस्थ परिवार में लगा तो उन

लोगों ने शर्त रखी कि अगर दो-चार अच्छे कायस्थ घरों के लोग उनके यहाँ रोटी खा लें तो वे शादी मंजूर कर लेंगे। अब समस्या थी कि कौन उसके घर रोटी खाएगा ? वह तो समाज से बहिष्कृत परिवार है। जब बच्चन जी को पता चला तो उन्होंने अपने कुछ सम्बन्धियों के साथ उसके घर जाकर उस परिवार में रोटी खाई। इसका खामियाजा उन्हें समाज में तब भोगना पड़ा जब अपने छोटे भाई की शादी में उन्होंने कुछ लोगों को भोजन पर बुलाया और कोई उनके घर खाने नहीं आया। बावजूद इसके वह ऐसी कुरीतियों और अन्धविश्वासों का विरोध करते रहे, परिणाम की चिन्ता किए बगैर। इस सम्बन्ध में भी उनकी जो टिप्पणी है, वह महत्त्वपूर्ण है-''मैंने पिता जी को समझाया कि हमें बिरादरी ने छोड़ दिया है तो अब हम मानव-परिवार के सदस्य हैं। मुझे हिन्दू समाज का सारा ढाँचा इतना रुग्ण, सड़ा, गला, दुर्गन्धित इससे पहले कभी नहीं दिखा।'' (पृ. 196) ऐसा नहीं है कि सिर्फ जाति-भेद को लेकर ही वे विद्रोही रहे हैं, बल्कि जहाँ कहीं भी उन्हें कोई ग़लत परिपाटी दिखी है, अन्धविश्वास और रूढ़ियाँ दिखी हैं, उन्होंने उसका पुरजोर विरोध किया है और उससे अपने-आपको बचाकर रखने का हर सम्भव प्रयास किया है।

बच्चन जी ने अपनी आत्मकथा के इस पहले खंड में अपने जीवन के आरम्भिक संघर्षों को तटस्थ होकर चित्रित किया है। परिवार में हो रही लगातार मौतों और आर्थिक संकटों के बीच किसी भी इनसान को स्वयं को बचाए रख पाना बहुत कठिन होता है। बच्चन जी का इससे बड़ा घना रिश्ता था। आर्थिक संकट और पारिवारिक कर्ज का स्वरूप इतना विकराल था कि उन्हें नौकरी के साथ तीन-तीन ट्यूशन पढ़ाना पड़ता था। सुबह 4 बजे से रात के 11 बजे तक वह लगातार काम करते थे और किसी तरह परिवार की गाड़ी को आगे खींचे जा रहे थे। इसी में पत्नी श्यामा की बीमारी थी। शुक्र है कि इस मसले पर उन्हें ससुराल पक्ष से मदद मिल जा रही थी। फिर भी एक पति के पास अपनी पत्नी का इलाज कराने का पैसा न हो तो उसके दर्द और पीड़ा का कोई भी सहज अनुमान लगा सकता है। बच्चन जी इसके बावजूद जीवन से संघर्ष करते रहे और अपनी अनुभूतियों को कविता की पंक्तियों में पिरोते रहे। यही कालान्तर में उनकी प्रसिद्धि का आधार बना। हम सब निराला के जीवन के संघर्षों से परिचित हैं-पारिवारिक और साहित्यिक भी। कुछ ऐसा ही संघर्ष जीवन के शुरुआती दिनों में बच्चन जी का भी रहा है, जिसे उन्होंने बहुत ही कारुणिक रूप से 'क्या भूलूँ क्या याद करूँ' में दर्ज किया है। निराला और बच्चन जी के संघर्षों में अन्तर यह है कि जहाँ निराला जीवन भर इन संघर्षों से जूझते रहे वहीं बच्चन जी के जीवन का उत्तर काल उतना संघर्षपूर्ण नहीं रहा है, जितना पूर्व काल। इस बीच वे अपनी सर्जनात्मकता से जुड़े रहे और 'मधुशाला', 'मधुबाला' और 'मधुकलश' लिखकर हिन्दी साहित्य जगत में अपनी अलग पहचान बनाई। बच्चन जी ने इन अनुभूतियों के कविता बनने की प्रक्रिया का

बड़ा मार्मिक वर्णन इस खंड में किया है। इस सन्दर्भ को स्पष्ट करने के लिए ये पंक्तियाँ पर्याप्त हैं, "लगभग चार वर्ष अपने विविधतापूर्ण स्वाध्याय के अतिरिक्त मैं कहानियाँ भी लिखता रहा, कविताएँ भी लिखता रहा-जैसे कवि और कहानीकार दोनों मेरे अन्दर परस्पर संघर्ष कर रहे हों और अभी तक मैं निश्चय न कर सका हूँ कि विजय का सेहरा किसके माथे बाँधूँ। कुछ कविताएँ-कहानियाँ पत्रों में भी छपीं। मैंने कहानियों का एक संग्रह तैयार किया। जैसे नए लेखकों के मन में प्राय : यह कमज़ोरी होती है कि कोई बड़ा आदमी उनकी कृति की भूमिका लिख देगा तो प्रकाशक उसे फौरन छाप देगा, मुझमें भी थी। मैंने उसकी भूमिका डॉ. धीरेन्द्र वर्मा से लिखवाई। ज़मीन से उड़कर मैं पेड़ की डाल पर, फुनगी पर नहीं, एकदम पहाड़ की चोटी पर बैठकर चहकना चाहता था। मैंने अपना संग्रह प्रकाशित करने के लिए प्रस्तुत किया 'हिन्दुस्तानी अकादमी' को। कुछ दिनों बाद अकादमी ने प्रकाशित करने में असमर्थता व्यक्त करके संग्रह लौटा दिया। निराश होना स्वाभाविक था। पहले तो मैंने डॉ. धीरेन्द्र वर्मा की भूमिका फाड़ी, फ़िर कहानियाँ फाड़कर रद्दी की टोकरी में डाल दीं। ... शायद उसी दिन मेरे मन ने यह निर्णय लिया था कि मैं कहानीकार नहीं बन सकता, अब कविता की दिशा को अपनाऊँ। संग्रह प्रकाशित हो जाता तो उसका प्रोत्साहन शायद मुझे कहानी, उपन्यास के क्षेत्र में बढ़ने को प्रेरित करता।" (पृ. 197) इस तरह से हिन्दी को एक कहानीकार तो नहीं मिल सका, लेकिन एक सफल कवि और अनुवादक जरूर मिला। कविता के क्षेत्र में भी उन्होंने सर्वाधिक अपनी अनुभूतियों को प्राथमिकता दी है। इसलिए बच्चन जी की कविताओं से परिचित लोगों को यह पता है कि उनकी कविताएँ एक तरह से उनके जीवन की कथाएँ कहती हैं। स्वयं बच्चन जी का भी यही मानना रहा है। इसका यह मतलब कतई नहीं निकाला जाना चाहिए कि ऐसा करने से किसी की कविताएँ कमज़ोर होती हैं। कोई भी कलाकार अपनी कला के लिए आधार जीवन से ही ग्रहण करता है। बाद में अपनी कल्पना के पंख से उसे एक नई ऊँचाई प्रदान करता है। बच्चन जी ने भी अपनी कविताओं में यहीं किया है। 'क्या भूलूँ क्या याद करूँ' में उन्होंने अपनी कविताओं के ढेर सारे सूत्र दिये हैं। कौन सी पंक्ति जीवन की किस घटना से प्रभावित है और कैसे मधुशाला की पंक्तियों को बनाने में उनका व्यक्तिगत जीवन, कर्कल-चम्पा का जीवन, कृष्ण और प्रकाशो का जीवन मददगार हुआ है, इसे जानने के लिए पाठकों को एक बार उनकी आत्मकथा के पहले खंड यानी 'क्या भूलूँ क्या याद करूँ' से जरूर गुजरना चाहिए।

इस पुस्तक में बच्चन जी ने अपने जीवन के साथ-साथ अपने समय के समाज, राजनीति और विश्वविद्यालय के अध्यापकों पर भी कुछ रोचक टिप्पणियाँ की हैं। राजनीति में गाँधी का प्रवेश हो चुका था। गाँधी के प्रभाव को संक्षेप में इसमें रेखांकित किया गया है। नेहरू भी इसमें आते हैं। देश की आज़ादी के लिए काम

कर रहे वीर क्रान्तिकारियों की चर्चा भी वे करते हैं श्रीकृष्ण और प्रकाशो के बहाने। यशपाल के बारे में संक्षिप्त चर्चा है। हिन्दी और अंग्रेजी के अध्यापकों पर कुछ तल्ख तो कुछ महत्त्वपूर्ण टिप्पणियाँ भी इसमें हैं। इसके अलावा इस पुस्तक की एक महत्त्वपूर्ण विशेषता है कि इसमें अपने जीवन के अनुभव और अध्ययन के आधार पर बच्चन जी ने कुछ महत्त्वपूर्ण पंक्तियाँ लिखी हैं। इन पंक्तियों में बच्चन जी का तजुर्बा और समझ स्पष्ट रूप में हमारे सम्मुख उपस्थित होता है। कुछ पंक्तियाँ इस प्रकार हैं-

1. स्त्री के आँसुओं के सामने पुरुष बेबस हो जाता है। (पृ. 40)
2. जो मर्द कमाता नहीं वह औरत पर मुश्किल से हाबी हो पाता है। (पृ. 40)
3. जीवन की मूलभूत माँगों के सामने जो स्वाभाविक रूप से नहीं झुकता उसे अस्वाभाविक रूप से झुकना पड़ता है। (पृ. 41)
4. जीवन में कुछ चीजें कोमल तन्तुओं से बँधी रहने पर ही संगठित रहती हैं; जब उन्हें अधिकार की लौह शृंखला से बाँधने का प्रयत्न किया जाता है तब वे बिखर जाती हैं। (पृ. 42)
5. मानव जीवन बड़ा बेहया है, उसे गहरा से गहरा दर्द कुछ समय के बाद सह्य हो जाता है। (पृ. 43)
6. पुरुष के ऐसे काम-धन्धे को नारी का समर्थन कम ही मिल पाता है जिससे चार पैसे की आमदनी न हो। पुरुष भावना पर जी सकता है, नारी नहीं। (पृ. 44)
7. ज़िन्दगी और औरत उसी आदमी का सिक्का मानती है जो झिंझोड़कर फेंक दे। (पृ. 45)
8. कर्म स्वभाव का प्रतिबिम्ब है। (पृ. 45)
9. जीवन में ज्यादातर टूटे हुए लोग वे हैं जो अपने स्वभाव और कार्य में साम्य नहीं स्थापित कर पाते। (पृ. 46)
10. मुसलमानी राज में जिसे 'इलाहाबाद' नाम दिया गया वह पहले 'इलावास' था। (पृ. 47)
11. मेरी ऐसी धारणा है कि कल्पना तभी सजीव और सबल हो सकती है जब उसका आधार यथार्थ में हो-यथा बाहरी मात्र नहीं, बल्कि जो अनुभूति का अंग बनकर भीतरी बन गया हो। कोरी कल्पना भी कम आकर्षक नहीं होती, चाहे हृदय न छुए। बहुतों की दृष्टि में मात्र कल्पना-प्रवणता कवि की शक्ति का द्योतक है। जो बिना सूत-कपास खेमा खड़ा कर देने की ताकत रखते हों उन जादूगरों में स्पर्धा न करना चाहूँगा। (पृ. 49)

12. जब औरत अपनी ज़बान चलाती है तब मर्द अपनी तलवार म्यान में रख लेता है। (पृ. 53)
13. मनुष्य का बचपन जिस माटी पर लोटता है, मनुष्य का लड़कपन जिस धूलि में खेलता है, वह उसके व्यक्तित्व में इतनी रस-बस जाती है कि उसे अलगाना, झाड़ देना या भुला देना असम्भव होता है। मुखर भावुकों में यही मिट्टी बोलती है। प्रतिभावान इसी मिट्टी को कितना सजीव बना जाते हैं। (पृ. 58)
14. आत्मा की अमरता पर सनदेह किया जा सकता है, पर संस्कारों की अमरता स्वयंसिद्ध है। (पृ. 59)
15. लड़के-लड़की के ब्याह के लिए समाज की सामूहिक चिन्ता, विकलता, बेसब्री आज भी मेरे लिए कम आश्चर्य का विषय नहीं है। सत्तर-अस्सी बरस पहले समाज का जो दृष्टिकोण था वह हमारे पुराने मुहल्लों में किसी-न-किसी रूप में आज भी वर्तमान है। परिवर्तनों के बीच अपरिवर्तित रहना, धारा के विरुद्ध तैर सकना, हिन्दू समाज में गुण समझा जाता है। (पृ. 74)
16. जब तक परिवार प्रथा विघटित नहीं हो जाती और कृत्रिम गर्भाधान समाज स्वीकृत नहीं हो जाता तब तक पुरुष-स्त्री के सनतुलित सम्बन्ध की खोज बराबर जारी रहेगी। (पृ. 82)
17. खड़ीबोली की कविता मैं घंटे-भर भी पढ़ूँ तो मेरी जीभ ऐंठने लगती है, उर्दू के साथ यह बात नहीं है। खड़ीबोली कविता ने, कहते हुए खेद होता है, मानस की सूक्ष्म शिराओं को अभी कम ही छुआ है। वह जीवन से उठी हुई कम लगती है, कोप से उतरी हुई अधिक। (पृ. 89)
18. जहाँ शब्द हार जाते हैं, वहाँ मौन बोलता है। (पृ. 160)
19. अपनी बात कहने में, पूरी तरह कहने में, जितनी वचन-प्रवीणता कला में अनिवार्य रूप से सम्बद्ध होकर, जुड़कर आए, मेरे लिए उतनी ही पर्याप्त है, जैसे मांस के साथ त्वचा। त्वचा के ऊपर रंग-रोगन लगाने, क्रीम पाउडर पोतने की न मुझमें क्षमता है और न वह मेरी रुचि के अनुकूल है, त्वचा में, गांस में दौड़ते स्वस्थ रक्त की जितनी आभा है कविता में उतनी ही कला मुझे सह्य है। जो कवि है, यानी जो भावों का धनी है, अनुभूतियों से विदग्ध है उसे 'कवित्त विवेक की आवश्यकता नहीं-'कबित बिबेक एक नहिं मोरें, सत्य कहउँ लिखि कागद कोरे' और इसकी अन्तिम परिणति इसी आत्मानुभूति में होती है, 'कबि न होउँ' इसको कई तरह से संसार के बड़े कवियों ने कहा है, कीट्स ने कहीं लिखा है, कविता ऐसे ही सहज रूप से कवि के पास आनी चाहिए जैसे

पेड़ में पत्तियाँ, पर पेड़ धरती के भीतर-भीतर जो भोगता जीता-सहता-खटता-खपता-मरता-चुरता है वही तो पत्तियों के निकलने की सहजता बनता है।

20. मेरे जीवन और मेरे काव्य दोनों के विकास में 'रूबाइयत उमर खैयाम और उसके मेरे अनुवाद विशेष स्थान रखते हैं। (पृ. 200)

इस तरह से हम कह सकते हैं कि 'क्या भूलूँ क्या याद करूँ' न केवल हरिवंशराय बच्चन के जीवन-संघर्षों की मार्मिक अभिव्यक्ति है, बल्कि उनकी सृजन प्रक्रिया की अनुभूतियों का भी प्रामाणिक दस्तावेज़ है। बच्चन जी की तटस्थता, स्वाभाविकता, स्पष्टवादिता, कहन की शैली, वर्णन की भाषा आदि की जितनी तारीफ़ की जाय कम है। इन्हीं कारणों से आज भी इसके पाठकों की संख्या में कमी नहीं आई, बल्कि लगातार वृद्धि होती रही है।

### सन्दर्भ

1. क्या भूलूँ क्या याद करूँ : हरिवंशराय बच्चन, राजपाल एंड सनज़, नई दिल्ली, संस्करण-2023

# यशपाल की आत्मकथा 'सिंहावलोकन'

श्वेता सिंह

यशपाल की आत्मकथा 'सिंहावलोकन' उनके जीवन की महत्त्वपूर्ण घटनाओं को समेटती हुई स्वतन्त्रता संग्राम में क्रान्तिकारियों के अवदान को भी रेखांकित करती है। चार खंडों में विभाजित इस पुस्तक का प्रथम तथा द्वितीय भाग 1952 में, तृतीय भाग 1955 तथा चतुर्थ भाग (अधूरा) उनके मरणोपरान्त प्रकाशित हुआ। भारतीय स्वाधीनता-संग्राम से जुड़े रहे क्रान्तिकारियों के इस प्रकार के विवरण दुर्लभ हैं। यशपाल ने 'सिंहावलोकन' द्वारा इस अभाव की पूर्ति कर आत्मकथा विधा को एक नया आयाम दिया है। आत्मकथा गद्य साहित्य की नवीन, स्वतन्त्र तथा एक विशिष्ट विधा के रूप में प्रतिष्ठित है। इसके द्वारा लेखक अपने जीवन-संघर्ष, गुण-अवगुण, उतार-चढ़ाव, सफलता-असफलता, योग्यता-अयोग्यता कमियों-उपलब्धियों तथा अपने समय की पारिवारिक, सामाजिक, आर्थिक, राजनैतिक और धार्मिक परिस्थितियों को अपनी विशिष्ट दृष्टि से चित्रित करता है। जहाँ एक ओर धार्मिक व्यक्तियों, राजनीतिज्ञों, समाज-सेवकों तथा क्रान्तिकारियों जैसे विशिष्ट लोगों ने इस विधा को पल्लवित कर इस परम्परा को अत्यन्त सुदृढ़ तथा विकसित करने में महत्त्वपूण भूमिका निभाई वहीं दूसरी ओर महिला लेखिकाओं ने अपने दमन व्यथा की अभिव्यक्ति के सशक्त माध्यम के तौर पर इस विधा का चयन किया। आत्मकथा विधा का स्वरूप व्यक्ति-केन्द्रित होता है। 'सिंहावलोकन' यशपाल के इर्द-गिर्द अवश्य घूमती है पर उन्होंने स्वयं से ज्यादा तत्कालीन परिस्थितियों एवं क्रान्तिकारियों के आत्मसंघर्ष को जिस निष्पक्ष तथा निःसंकोच भाव से उकेरा है उससे यह आत्मकथा बेहद रोचक एवं सजीव बन पड़ी है।

कई रहस्यों से पर्दा उठाती एक रोमांचकारी तथा ऐतिहासिक ताने-बाने में गुथी आत्मकथा है 'सिंहावलोकन'। सिंहावलोकन का अर्थ है 'सिंह की तरह पीछे देखते हुए आगे बढ़ना। यशपाल का जो व्यक्तित्व उनकी अन्य विधाओं की रचनाओं से उभरकर आता है उससे अलग यह आत्मकथा उनके निर्भीक क्रान्तिकारी व्यक्तित्व से रूबरू कराती है। उन्होंने स्वयं को नायक के रूप में

प्रस्तुत करने के स्थान पर सच को सच की तरह प्रस्तुत किया है। भगतसिंह, सुखदेव जैसे महान देशभक्तों के सहपाठी तथा आज़ाद जैसे निडर क्रान्तिकारी के सहयोगी रहे यशपाल का निर्भीक स्वतन्त्रता-सेनानी का चरित्र बहुत ही सहज ढंग से पाठकों के मन में अपनी जगह बना पाने में सक्षम है। चार खंडों में लिखी इस आत्मकथा की शुरुआत ही 'जोखिम की ओर प्रवृत्ति' नामक अध्याय से होती है, जिसमें यशपाल ने सशस्त्र क्रान्ति के आन्दोलनों की विवेचना करते हुए दो बातों की ओर संकेत किया है। "पहली बात ऐसी क्रान्ति के लिए विद्रोह भावना और विचार उत्पन्न करनेवाली देश की परिस्थितियाँ, और दूसरी बात नवयुवकों के ऐसे संगठन जिनके द्वारा यह विद्रोह प्रकट हो सका। विद्रोह उत्पन्न करनेवाली परिस्थितियाँ तो देश भर में सदा ही मौजूद रही हैं, परन्तु ऐसे विद्रोह के प्रयत्न करनेवाले युवकों के संगठन कहीं-कहीं ही प्रकट हुए। इसलिए ऐसे युवकों को संगठन का अवसर और प्रोत्साहन देनेवाली, ऐसे युवकों से सम्बन्ध रखनेवाली विशेष परिस्थितियों और इन युवकों के व्यक्तिगत अनुभवों, आचार-व्यवहार और प्रवृत्तियों का परिचय और विश्लेषण सशस्त्र क्रान्ति के प्रयत्न की कहानी को सुलझाने में सहायक हो सकते हैं।" (सिंहावलोकन, पृ. 7) उन्होंने क्रान्तिकारियों के जोखिम से न डरने की प्रवृत्ति को अपने देश और समाज के प्रति अत्यन्त ममता, लिप्ति और अनुराग का ही परिणाम माना है, वैराग्य का नहीं। "किसी वस्तु के लिए अपने-आपको बलिदान कर देने की इच्छा त्याग नहीं है, बल्कि स्वयं उसमें डूब जाना या लिप्ति की पराकाष्ठा ही है। अन्यथा नितान्त भौतिकवादी (कम्युनिस्ट) लोग व्यक्तिगत रूप से निस्वार्थ होकर अपने उद्देश्य के लिए त्याग की भावना कैसे पाते।" (सिंहावलोकन, पृ. 9)

एक अति साधारण खत्री परिवार में 3 दिसम्बर, 1903 को पंजाब के फ़िरोज़पुर छावनी में जन्मे यशपाल, हीरालाल तथा प्रेमदेवी के पुत्र थे। अपने पारिवारिक परिवेश का वर्णन करते हुए वे लिखते हैं "मेरी माँ का विवाह पिता की पक्की अवस्था में हुआ था। इस विवाह की जड़ में कोई पारिवारिक षड्यन्त्र था। मेरी माँ एक ऊँचे समझे जानेवाले परिवार की थीं। यह लोग अपने पूर्वजों को शामचौरासी के राजाओं के राजमन्त्री बताते थे। अपने पिता के परिवार के बारे में गर्व की ऐसी कोई बात नहीं सुनी। कुछ लोगों का ख्याल था-लाला हीरालाल (मेरे पिता) के पास काफी रुपया है, लेकिन वह बहुत कंजूस हैं। मैंने इस रुपये का कोई प्रमाण कभी नहीं देखा... काँगड़े से पंजाब में आ बसनेवाले हमारे कुछ सम्बन्धी यदि आर्यसमाज के प्रभाव में न आ गए होते और उनकी कृपा से मेरी माँ को अक्षर ज्ञान नसीब न हो गया होता तो मैं सम्भवत: काँगड़े के दूसरे गरीब खत्री नौजवानों की तरह पीठ पर गठड़ी में दुकान बाँधे कुछ कारोबार करता या लाहौर, अमृतसर में बर्तन माँजने की ही नौकरी करता।" (सिंहावलोकन, पृ. 40)

अंग्रेजों द्वारा सर्वसाधारण जनता से सलामी लेते तथा अंग्रेजों के आगे गिड़गिड़ाते, भय खाते देखना उन्हें स्वयं को अपमानित होने जैसा अनुभव होता था। अंग्रेजों के प्रति विद्रोह भावना को उपजने के क्रम में दो घटनाओं का जिक्र उन्होंने किया है। पहली घटना तब की है जब उनकी आयु 4-5 वर्ष की थी। वे अपनी माँ के साथ अपने सम्बन्धी जो उत्तर प्रदेश के गंज इडुआरा के एक कारखाने में रहते थे उनके यहाँ आकर ठहरे थे जहाँ अंग्रेजों के दो-चार बँगलों में से एक में मुर्गियाँ पली हुइ थीं। सड़क पर से गुजरते हुए इन मुर्गियों से छेड़खानी करते देख अंग्रेज महिला ने फटकारते हुए 'गधा' या 'उल्लू' गाली तथा मारने की धमकी दी तो उन्होंने भी गाली से ही इसका प्रत्युत्तर दिया। शिकायत उनके सम्बन्धी के यहाँ पहुँची। "इन्होंने क्रोध और आशंका से नेत्र लाल करके वह शिकायत मेरी माँ से की। घर में ऐसा वातावरण छा गया कि मैंने कोई ऐसी हरकत कर दी है जिससे घर या कारखाने के लोगों पर भयंकर संकट पड़ सकता है। मेरी माँ ने एक छड़ी लेकर मुझे खूब पीटा। उस मार से मैं जमीन पर लोट-पोट गया। इस घटना के परिणाम से मेरे मन में अंग्रेजों के प्रति कैसी भावना उत्पन्न हुई होगी, यह अनुमान कठिन नहीं।" (सिंहावलोकन, पृ. 16)

दूसरा घटना तब की है जब वे छह वर्ष के थे। नैनीताल जिले की तराई के कस्बे से कुछ दूर स्थित 'द्रोण सागर' में घर की स्त्रियाँ स्नान कर रही थीं तभी वहाँ अंग्रेज़ों की पलटन दिखाई दी जिसे देख स्त्रियाँ भय से चीख-चीखकर एक-दूसरे से लिपटने लगीं और उसी अवस्था में अपने कपड़े उठाकर भाग निकलीं। "अंग्रेज से वह भय ऐसा ही था जैसे बकरियों के झुंड को बाघ देख लेने से भय लगता होगा अर्थात अंग्रेज कुछ भी कर सकता था, उससे डरकर रोने और चीखने के सिवाय दूसरा कोई उपाय नहीं था।" (सिंहावलोकन, पृ. 26)

प्रथम तीन अध्यायों में कांग्रेस से मोहभंग होने से लेकर एच.एस.आर.ए. के सदस्य बनने तथा स्वाधीनता आन्दोलन के उस पूरे दौर की चेतना, संघर्ष और अनुभवों का वर्णन है। चौथे अध्याय में यशपाल ने अपनी साहित्यिक यात्रा और विचारों को अभिव्यक्ति प्रदान की है। सिंहावलोकन के अलग-अलग अध्यायों में सभी चरित्रों के बाह्य तथा आन्तरिक खामियों तथा खूबियों के साथ उनके व्यक्तित्व को ईमानदारी से चित्रित किया गया है। भगतसिंह नवीं कक्षा में ही स्कूल छोड़कर कांग्रेस के स्वयंसेवकों में शामिल हो राष्ट्रीय कार्य करने लगे थे किन्तु असहयोग आन्दोलन स्थगित किए जाने की बात से कांग्रेस के प्रति उनके मन में असनतोष की भावना उत्पन्न होती चली गई। इस आत्मकथा के माध्यम से भगतसिंह के पारिवारिक, धार्मिक, आर्थिक एवं राजनैतिक संघर्ष का विस्तृत विवरण प्राप्त होता है। सुखदेव के व्यक्तित्व का परिचय देते हुए यशपाल लिखते हैं— "सुखदेव को मुकदमा लड़ना भी शत्रु से एक प्रकार का सहयोग ही जान

पड़ता था। उसका दृष्टिकोण था, विदेशी सरकार से हमारी लड़ाई है। हम लड़ रहे हैं। उन्हें जो करना है, कर लें! उसका आरम्भिक बयान अपने काम की स्वीकृति के रूप में इसी भावना का परिणाम था। उसके दृष्टिकोण में चाहे गलती हो, परन्तु कायरता या जान बचाने की भावना नहीं थी।'' (सिंहावलोकन, पृ. 410) भगवतीचरण वोहरा की तीक्ष्ण प्रतिभा तथा कर्तव्यनिष्ठा से लेकर उनकी शहादत का बड़ी ही सहजता से वर्णन मिलता है जो हृदय की कोमल भावनाओं को स्पन्दित कर देने के लिए काफी है तथा इसमें आज़ाद के व्यक्तित्व को भी बहुत करीब से देखा और समझा जा सकता है। इनके अलावा लाला लाजपत राय, शहीद शालिग्राम, राजगुरु, इन्द्रपाल, लेखराम, शिव वर्मा, विजय सिंह, बैकुंठ शुक्ल, कुन्दनलाल, महावीर, जय गोपाल, वकील श्यामलाल जैसे तमाम स्वतन्त्रता सेनानियों का परिचय यह आत्मकथा कराती है, जिन्हें इतिहास में उचित स्थान नहीं मिल पाने की वजह से आम लोग उनसे अभिज्ञ रह गए। धन्वन्तरि, सुखदेव राज, विजय विद्यालंकार, कृष्ण श्रीवास्तव, जैसे कुछ सनदिग्ध चरित्र भी उभरकर आते हैं जिनकी मानसिकता रहस्य ही बनकर रह जाती है।

'सिंहावलोकन' द्वारा स्वतन्त्रता संग्राम में स्त्रियों की सहभागिता का भी उल्लेख मिलता है। इसमें दुर्गा भाभी, प्रकाशवती, सुशीला दीदी, प्रेमवती जैसी प्रमुख स्त्रियों के व्यवितत्व को रेखांकित किया गया है। प्रेमवती ने लड़कियों और स्त्रियों का ऐसा संगठन तैयार किया जो अपने क्षेत्रों से सौ-डेढ़ सौ रुपये इकट्ठा कर प्रचार के लिए हिन्दी-उर्दू साहित्य खरीद देतीं और शेष रुपये सुखदेव को दे देतीं। "लड़कियों को उन पर इतना भरोसा था कि उनके इशारे पर अपना कोई छोटा-मोटा जेवर दे डालना भी लड़कियों के लिए बड़ी बात नहीं थी। अनेक बार उनके रुपये के लिए आग्रह करने पर लड़कियाँ अपने घर से चोरी करके भी रुपया ला देती थीं। लड़कियाँ भी खूब समझती थीं कि वे क्या और किसलिए कर रही हैं। आठ-दस लड़कियों का तो उनका खासा विश्वासपात्र दल था जो बाद में लाहौर षड्यन्त्र केस आरम्भ हो जाने पर अभियुक्तों की बहन-भतीजी बन-बनकर जेल में उनसे भेंटकर आतीं और सनदेश लाने ले जाने का काम नियमित रूप से करती रहती थीं।'' (सिंहावलोकन, पृ. 134) दुर्गा भाभी द्वारा भगतसिंह को उनके फरारी के दिनों में लाहौर से कलकत्ता पहुँचाने तथा एक वरिष्ठ अधिकारी को गोली मारने के साहसपूर्ण कार्य का भी उल्लेख मिलता है। प्रकाशवती ने यशपाल को आजीवन कारावास की सजा सुनाए जाने के बाद भी उनसे जेल में ही विवाह किया। सजा कम करवाने के लिए वे सदा प्रयासरत रहीं। अन्ततः अपने प्रेम और विश्वास की विजय सुनिश्चित की। इनके अलावा यशपाल, भगतसिंह तथा बिस्मिल की माताओं की ममता, त्याग, संघर्ष और सहयोग के प्रसंग भी इन स्त्रियों के साहसी व्यक्तित्व के द्योतक हैं।

यशपाल ने तत्कालीन सामाजिक-राजनैतिक परिवेश, आर्थिक विपन्नता तथा धार्मिक मान्यताओं को सिंहावलोकन के माध्यम से प्रकट किया है। अंग्रेजी शासन के दुर्व्यवहार से आम जनता त्रस्त थी। कई तरह के कर किसानों पर उनके द्वारा थोप दिये जाते और अफसरों द्वारा मनमाने ढंग से रिश्वत भी लिया जाता था। "यह अफसर स्वयं दो हजार रुपये माहवार पाकर भी रिश्वत लेकर पेट भरते हैं और अपनी तनख्वाह जुटाने के लिए लगान देनेवाले किसानों के लिए दो आना मजदूरी ही काफी समझते हैं।" (सिंहावलोकन, पृ. 215) क्रान्तिकारियों के लिए उस समय की परिस्थितियाँ और भी विकट थीं। एक बार पकड़े जाने पर उन्हें कई तरह की यातनाएँ सहनी पड़ती थीं। मुखबिरों को छोड़ देशभक्त क्रान्तिकारियों के लिए फाँसी की सज़ा ही तय मानी जाती थी। कहीं-कहीं हिन्दू-मुस्लिम दंगों के प्रसंग तथा उनके बीच एकता बनाए रखने के क्रान्तिकारियों के प्रयत्नों के भी उल्लेख मिलते हैं। साम्प्रदायिकता के सन्दर्भ में यशपाल अपने विचार व्यक्त करते हुए लिखते हैं, "मैं और मेरे जैसे लोग जो साम्प्रदायिक दृष्टिकोण को छोड़ चुके थे, इस समस्या को केवल मूर्खता ही समझ रहे थे, परन्तु यह समस्या निश्चय हमारे देश की सबसे बड़ी समस्या थी। हम लोग साम्प्रदायिक वैमनस्य को मिटाने के लिए लाहौर में मुसलमानों और हिन्दुओं की सभी जातियों के संयुक्त भोजों का आयोजन किया करते थे।" (सिंहावलोकन, पृ. 230)

यह आत्मकथा उस समय की नीतियों की कमियों तथा त्रुटियों को भी बेहतर ढंग से उभारती है चाहे वह नीति महात्मा गाँधी जैसे महापुरुष की ही क्यों न हो। "सन 1922 में चौरीचौरा कांड के कारण गाँधी जी के सत्याग्रह स्थगित कर देने पर राष्ट्रीय आन्दोलन फिर दब गया। जो विद्यार्थी राष्ट्र की पुकार पर स्कूल-कॉलेज छोड़कर आए थे, वे ठगे गए से अनुभव कर रहे थे। गाँधी जी की सन 1921 के 31 दिसम्बर तक स्वराज्य प्राप्त कर लेने की प्रतिज्ञा पर विश्वास करके जनता बहुत उत्साहित और मरने-मारने के लिए तैयार हो चुकी थी।" (सिंहावलोकन, पृ. 21) जब धन्वन्तरि गाँधी जी से यह प्रार्थना करने पहुँचे कि उन लोगों के कार्यों की सार्वजनिक निन्दा न किया करें, बड़ी कृपा होगी। इस पर गाँधी जी का उत्तर था "मुझे तो यह आदमी खुफिया पुलिस का जान पड़ता है।" (सिंहावलोकन, पृ. 142) भगतसिंह और उनके साथियों की गिरफ्तारी के बाद जनता को इस बात का भी विकट क्षोभ हुआ कि गाँधी जी ने इन शहीदों को फाँसी दिये जाने सम्बन्धी प्रश्नों को जरूरी नहीं समझा। "कांग्रेस के सर्वसाधारण लोगों की गाँधी जी से यह माँग थी कि सरकार से समझौते की शर्तों में भगतसिंह और उनके साथियों की फाँसी की सजा रद्द की जाने की माँग भी रखी जाय। गाँधी जी ने इस माँग को समझौते की शर्त बनाने से इनकार करके इस प्रसंग में वाइसराय से केवल प्रार्थना भर करना ही स्वीकार किया। जो भी हो, जनता को

बहुत आशा थी कि उनकी भावना की उपेक्षा नहीं की जाएगी। भगतसिंह आदि की फाँसी की सजा मंसूख़ हो जाएगी।'' (सिंहावलोकन, पृ. 404)

क्रान्तिकारियों को राजनैतिक षड्यन्त्रों तथा आपसी वैमनस्य का भी सामना करना पड़ता था। प्रकाशवती को लेकर यशपाल के खिलाफ आज़ाद और अन्य साथियों को भड़काया गया। यहाँ तक कि दुर्गा भाभी के प्रति यशपाल के चरित्र पर प्रश्नचिह्न लगाया गया जिसके कारण उन्हें जिन कठिन परिस्थितियों से गुजरना पड़ा उसका वर्णन करते हुए वे लिखते हैं, "अब तक विदेशी सरकार और उसकी पुलिस के हाथों, जिन्हें मैं शत्रु समझता था, प्राणों की आशंका थी। इसके लिए मैं गौरव अनुभव करता था। अब अपने साथियों की दृष्टि में अपमानित होकर प्राण-रक्षा के लिए और अपने-आपको निर्दोष प्रमाणित करने के लिए भागते फिरने की मेरी स्थिति थी। यह परिस्थिति मुझे बहुत ही अपमान की जान पड़ी।'' (सिंहावलोकन, पृ. 313) इस तरह के राजनैतिक षड्यन्त्र का शिकार भगवतीचरण वोहरा भी हुए जिन पर जयचन्द्र द्वारा खुफिया पुलिस का आदमी होने का इलज़ाम लगाकर उनके खिलाफ दुष्प्रचार किया गया। "जयचन्द्र जी यह जानते हुए भी कि भगवतीचरण वारंटों के कारण फरार हैं, उनके विरुद्ध विष-भरे प्रचार किए ही जा रहे थे। जयचन्द्र जी जैसे चतुर व्यक्ति से इतनी मूर्खता की आशा नहीं की जा सकती कि वे खुफिया पुलिस व्यक्ति के फरार हो जाने की बात सोचें। बम विस्फोट से भगवती भाई का देहान्त हो जाने पर भी जयचन्द्र जी यही कहते रहे कि भगवतीचरण कहीं छिप गया है, उसने अपने मरने की झूठी खबर फैला दी है।'' (सिंहावलोकन, पृ. 82)

क्रान्तिकारियों को राजनैतिक वैमनस्य के साथ ही आर्थिक अभावों का भी सामना करना पड़ता था उन्हें दल की आर्थिक कठिनाई को दूर करने के लिए मनी एक्शन (डकैती) भी करना पड़ता पर "वह डकैती चाव नहीं, मजबूरी थी।'' और कभी साधनों के अभाव में मनी एक्शन के विफल होने की सम्भावना भी बनी रहती थी। "बैंक में पहुँचे हुए लोग पसीना-पसीना हो रहे थे, परन्तु भगतसिंह और महावीरसिंह टैक्सी लेकर न पहुँच सके। बैंक का खजाना बन्द होने का समय निकट आ रहा था। आखिर महावीरसिंह एक ताँगे पर बैंक पहुँचा और आज़ाद को सूचना दी कि टैक्सी नहीं मिल सकी। आज़ाद के इशारे पर सब लोग बैंक से बाहर निकल आए। यह असफलता कोई बड़ी बात नहीं थी। साधनों के अभाव में ऐसी असफलताएँ तो बहुत बार हुआ करती थीं।'' (सिंहावलोकन, पृ. 107) आर्थिक कठिनाइयों का उल्लेख करते हुए वे लिखते हैं, "उन्हें पेट में अन्न और शरीर पर वस्त्र के लिए थोड़े बहुत पैसे की आवश्यकता ही थी। तिस पर लम्बे-लम्बे सफर करने और हथियार खरीद सकने के लिए रुपये की जरूरत थी। जनता से माँग न सकने की अवस्था में धन पाने का एक ही उपाय

था, राजनैतिक डकैती करना... परन्तु अब दल के लोग डकैती को अपने और जनता के बीच घृणा की खाई पैदा करनेवाली चीज समझ रहे थे। इस समय क्रान्तिकारियों ने छात्रवृत्ति या पढ़ा-पढ़ाकर स्वयं थोड़ा बहुत कमाकर जैसे-तैसे काम चलाया।'' (सिंहावलोकन, पृ. 95) भले ही क्रान्तिकारियों पर ऐयाशी और फिजूलखर्ची जैसे आरोप लगाए जाते रहे पर कम साधनों में वे किस प्रकार गुज़ारा किया करते इसका सजीव चित्रण यशपाल के इस प्रसंग के माध्यम से समझा जा सकता है-"गर्मियों में मैं और भगवती भाई अपनी-अपनी चादर या धोती ओढ़कर एक ही चटाई पर सो जाते थे। जाड़ा आने पर एक कम्बल में निर्वाह कठिन हो गया। आरम्भ में तो दोनों बिलकुल सीधे लेटकर न्यायपूर्वक आधा-आधा कम्बल लेते, परन्तु किसी एक के करवट लेते ही दूसरा उघड़ जाता। दूसरा कम्बल लाना फिजूलखर्ची जान पड़ रही थी, क्योंकि हमारे विचार में घटना में अधिक विलम्ब न था। उसके बाद तो एक ही आदमी के शेष रह जाने की आशा थी।'' (सिंहावलोकन, पृ. 216)

जहाँ तक धार्मिक विश्वास की बात है, यशपाल का परिवार भले ही आर्यसमाजी रहा हो पर उन्होंने स्वयं को सनातनी हिन्दू, बौद्ध या नास्तिक न कहकर 'रेशनलिस्ट' बताया जिसका अर्थ है बुद्धिवादी। ज्यादातर क्रान्तिकारियों में नास्तिक भावना ही प्रबल रही पर आम जनता धार्मिक आस्था से पूर्ण थी। साधु-सनतों के प्रति उनके मन में अटूट श्रद्धा थी। इस सन्दर्भ में एक प्रसंग उल्लेखनीय है, "पुलिस ने इन्द्रपाल के बयानों के अतिरिक्त और भेद जानने के लिए इन सभी लोगों की खूब पिटाई की थी। यह जान लेने पर भी कि इन्द्रपाल केवल बना हुआ 'बाबा जी' था, इन लोगों का विश्वास उस पर से कम न हुआ। वे उसे करामाती बाबा जी ही समझते रहे। विश्वास के प्रभाव का इससे अधिक विकट उदाहरण और क्या हो सकता है!'' (सिंहावलोकन, पृ. 213)

'सिंहावलोकन' की भाषा विषय, पात्र, प्रसंग तथा भाव के अनुकूल है। परिवेश के अनुसार ही इसमें हिन्दी के साथ पंजाबी, उर्दू, अंग्रेजी शब्दों, वाक्यों तथा मुहावरों का प्रयोग देखा जा सकता है। मजना, बारीक, खुशखत कातिब, लहीम-शहीम, एहतियात, मेदा, जमियाना, तहजीबयाफ्ता, कारिन्दे, शहीद, वैलियों, नुकताचीनी, बालिस्त, अलसी, स्टिक, मनी एक्शन आदि जैसे पंजाबी, उर्दू, अंग्रेजी आदि शब्दों का प्रयोग बहुलता से हुआ है। यशपाल ने भावात्मक, विवेचनात्मक, वर्णनात्मक, ऐतिहासिक तथा संवाद आदि शैलियों का प्रयोग अपनी इस आत्मकथा में किया है। चौथे भाग में भाषा के साथ कहानी विधा सम्बन्धी विचारों को व्यक्त करते हुए यशपाल लिखते हैं, "मैं मानता हूँ कि सभी भाषाओं के साथ हिन्दी में भी कहानी विषय-विचारों के क्षेत्र की व्यापकता, शैली की विविधता, अभिव्यक्ति की सूक्ष्मता और कथानक के कौशल की दृष्टि से

उन्नति कर रही है। नए लेखकों की अनेक ऐसी कहानियाँ पढ़ी हैं जो कथानक, शैली, अभिव्यक्ति के विचार से मुझसे पहले के और मेरी पीढ़ी के कथा लेखकों से आगे बढ़ी हुई है।'' (सिंहावलोकन, पृ. 518)

क्रान्तिकारियों के संघर्ष, बलिदान, शौर्य, द्वन्द्व, प्रेम, विश्वास और उनके दृढ़ निश्चय तथा गुण-अवगुण को अतिशयोक्ति का जामा पहनाने की बजाय सच्चाई और सहजता से उकेरना ही इस आत्मकथा का मूल उद्देश्य है। इसे आपबीती के तौर पर प्रस्तुत करने से ज्यादा हि. स. प्र. स. से सम्बन्ध रखनेवाली घटनाओं को विवरण के रूप में प्रस्तुत करना यशपाल का मुख्य ध्येय रहा है। तृतीय भाग की भूमिका में वे अपनी आत्मकथा के उद्देश्य को स्पष्ट करते हुए लिखते हैं, "हि० स० प्र० स० के सम्बन्ध में मेरे संस्मरण मेरी या मेरे साथियों की आपबीती जरूर हैं, परन्तु मेरी सम्पूर्ण आपबीती इन संस्मरणों में नहीं आ सकती; आनी भी नहीं चाहिए। महत्त्व हि० स० प्र० स० आन्दोलन के लिए किए प्रयत्नों का है। उन प्रयत्नों का महत्त्व इसलिए नहीं कि वह किसी व्यक्ति विशेष के अनुभव हैं। हि० स० प्र० स० से सम्बन्ध रखनेवाली अनेक ऐसी घटनाओं का उल्लेख इन संस्मरणों में है जो मेरे व्यक्तिगत अनुभव तो नहीं है, परन्तु उनका सम्बन्ध मुझसे इसलिए है क्योंकि मैं हि० स० प्र० स० के संगठन के अन्तर्गत था।'' (सिंहावलोकन, पृ. 349) इस आत्मकथा के ऐतिहासिक महत्त्व को रेखांकित करते हुए वे आगे लिखते हैं, "जब भी कभी स्वतन्त्रता प्राप्ति के प्रयत्नों का इतिहास लिखा जाने का समय आएगा, यह उल्लेख उपयोगी हो सकेंगे। मेरे अनेक अनुभव ऐसे भी रहे हैं जिनका हि० स० प्र० स० के लक्ष्य और क्षेत्र से सम्पर्क नहीं था। उनका उल्लेख आन्दोलन के इतिहास के प्रसंग में अनुपयुक्त होता, इसलिए मैंने उन्हें इन संस्मरणों में नहीं लिखा है।'' (सिंहावलोकन, पृ. 349)

यह आत्मकथा संघर्षों से भागने की बजाय उनसे जूझने की प्रेरणा देती है। यदि दृढ़ निश्चय के साथ किसी बड़े लक्ष्य को पाने की कोशिश की जाए तो उस अभीष्ट लक्ष्य की प्राप्ति अवश्य होती है। यह युवाओं को आज़ादी के लिए अपना सर्वस्व न्योछावर करनेवाले देशभक्तों के संघर्ष, बलिदान तथा अवदान को स्मरण कराती हुई देशभक्ति की लौ सदा जलाए रखने के लिए प्रेरित करती है। आज़ादी तथा क्रान्ति का सही अर्थ, उद्देश्य तथा आवश्यकता को समझने के क्रम में यह आत्मकथा अत्यन्त महत्त्वपूर्ण सिद्ध हो सकती है। यशपाल 'नेशनल हेराल्ड' के संवाददाता को एक साक्षात्कार के दौरान क्रान्तिकारियों के उद्देश्य को समझाते हुए कहते हैं—"क्रान्तिकारियों ने हिंसा को कभी अपना लक्ष्य नहीं माना। क्रान्तिकारियों का लक्ष्य और ध्येय विदेशी दासता और शोषण की हिंसा से मुक्ति, राष्ट्रीय आत्मसम्मान की भावना को जागृत रखना और राष्ट्रीय

राजनैतिक-आर्थिक आत्मनिर्णय के अधिकार के अवसर की अहिंसा प्राप्त करना था। क्रान्तिकारियों को शस्त्र प्रयोग सदा अपने प्राणों के मोल से करना पड़ा है। हिंसा का लक्ष्य सदा वैयक्तिक सामूहिक स्वार्थ होता है। निस्वार्थ और हिंसा में अन्तर्विरोध है।'' (सिंहावलोकन, पृ. 497)

यशपाल एक रचनाकार के तौर पर साहित्यप्रेमियों के हृदय में बेहद खास स्थान रखते हैं लेकिन इस आत्मकथात्मक संस्मरण द्वारा युवा क्रान्तिकारी यशपाल के व्यक्तित्व की निर्भीक, आक्रोशित तथा उत्साही प्रवृत्ति हमारे मानसिक पटल पर एक अलग छाप छोड़ जाती है। आरम्भ में वे साहित्यिक महत्त्वाकांक्षा के स्वप्न में डूब जाने के कारण दल के कार्य के प्रति कुछ शिथिल अवश्य होते जान पड़े लेकिन 1930 में भगतसिंह और सुखदेव की गिरफ्तारी के बाद उन्होंने एक के बाद एक दुस्साहसपूर्ण काम किए जिस पर भगतसिंह ने जेल से ही उनके लिए सनदेश भेजा, "उसे कहो कुछ दिन बैठकर पढ़े और कहानियाँ लिखे।'' इस प्रकार सच्चे देशभक्त की तरह उनके चरित्र में समर्पण तथा साहस की कोई कमी नहीं थी और समय आने पर उन्होंने अपना कर्तव्य पूरी निष्ठा और ईमानदारी से निभाया। उन्होंने प्रत्येक क्रान्तिकारी की कमियों और खामियों को निष्पक्षता के साथ चित्रित किया है इसलिए इस आत्मकथा को पढ़ते हुए कुछ पाठकों को अवश्य लग सकता है कि यशपाल के मन में भगतसिंह, सुखदेव तथा आज़ाद के प्रति शायद कुछ ईर्ष्या की भावना रही हो। लेकिन आज़ाद के साथी और भगतसिंह तथा सुखदेव के सहपाठी होने के नाते वे दोनों को बेहद करीब से जानते थे, उनके स्वभाव को बखूबी समझते थे। यदि उन्हें भगतसिंह, सुखदेव के आचरण में कोई दोष दिखा तो उसे व्यक्तिगत रूप से दर्शाया लेकिन उनके साधारण व्यक्तित्व से लेकर महान बनने की यात्रा को भी यथोचित स्थान दिया। उन्होंने यह बताने का प्रयास किया कि कोई व्यक्ति अपने जन्म से नहीं मेहनत, निष्ठा और कर्म से महान बनता है। कमियाँ सभी व्यक्तियों में होती हैं पर एक समय ऐसा आता है जब कोई घटना या परिस्थिति उसमें ऐसा परिवर्तन ला देती हैं जो उसके व्यक्तित्व को निखारती चली जाती हैं। यशपाल ने यदि सुखदेव के सनकी स्वभाव से अवगत कराया तो उनके साहसपूर्ण कारनामों का भी वर्णन करने में कमी नहीं दिखाई। यदि उन्होंने भगतसिंह के अंग्रेजी ज्ञान की अल्पज्ञता का उल्लेख किया तो स्वाध्याय द्वारा भगतसिंह के अंग्रेजी सीखने से लेकर अदालत में उनके द्वारा दिये महान अंग्रेजी वक्तव्य की प्रशंसा भी की। आज़ाद के स्वभाव की कमियों और खूबियों को भी उन्होंने एक सजग लेखक की तरह उकेरा।

हि.स.प्र.स. में विवाह करने पर कठोर पाबन्दियाँ थीं इसलिए जब यशपाल और प्रकाशवती के प्रेम की चर्चा हुई तो संगठन ने उनके खिलाफ फतवे जारी

कर देखते ही गोली मार देने के आदेश दे दिये। यशपाल ने बड़ी मुश्किल से इस पूरी स्थिति को सँभाला और अपनी तार्किक अभिव्यक्ति द्वारा इस फतवे को निरस्त करवाया साथ ही, स्त्रियों तथा विवाह के सम्बन्ध में आज़ाद के विचारों में भी परिवर्तन लाने में सफल हुए। आज़ाद का आक्रोश में आकर स्पष्टीकरण का अवसर दिये बगैर यशपाल को मृत्युदंड की सजा का निर्णय ले लेना या किसी अन्य साथी को विवाह कर लेने के कारण उसके मुखबिर बन जाने की आशंका से उसे गोली मार देने की सजा सुनाना उनके कठोर तथा आक्रोशित स्वभाव का परिचय अवश्य देती है लेकिन ऐसे कई प्रसंग इस आत्मकथा में मिले जिनमें उनके व्यक्तित्व की सादगी और मन की सरलता झलकती है। इसके अलावा इन सभी क्रान्तिकारियों के संघर्ष और शौर्य के कई उदाहरण मिलते हैं जो इनके असाधारण व्यक्तित्व को दर्शाते हैं। जब यह आत्मकथा लिखी गई उस समय सत्ता कांग्रेस के हाथ थी। इसके बावजूद इन्होंने पार्टी से जुड़े नेताओं के दृष्टिकोण तथा नीतियों पर सवाल उठाते हुए जिस निडरता से सही-गलत का विवेचन कर अपने विचारों को तार्किक ढंग से रखा वह उनकी बौद्धिक कुशलता तथा उनके साहस का ही परिचायक है।

आत्मकथा-लेखन को काफी हिम्मत का काम माना जाता है क्योंकि हर व्यक्ति में इतना साहस नहीं होता कि वह अपनी कमजोरियों को समाज के सामने रख सके। 'सिंहावलोकन' के माध्यम से यशपाल ने अपने सम्पूर्ण व्यक्तित्व को आधार बनाते हुएं आत्मालोचन, आत्मविश्लेषण तथा आत्मावलोकन पूरी निष्पक्षता तथा पारदर्शिता के साथ किया है। उन्होंने उन तथ्यों को भी उजागर किया है जिनसे उनके जीवन में सकारात्मक अथवा नकारात्मक प्रभाव पड़े। जिसने उनके जीवन को नई दिशा दी, एक महान लक्ष्य दिया। आत्मकथा में लेखक का समाज से भी परिचय होता है। पाठक वर्ग उनकी आत्मकथा को पढ़कर उनके तथा क्रान्तिकारियों के जीवन से जुड़े कई ऐसे तथ्य प्राप्त कर सकेंगे जिनसे लोग आज तक अनभिज्ञ थे। ये तथ्य समाज को संघर्ष करते रहने के लिए सदा प्रेरित करते हैं।

बम और पिस्तौल बनानेवाले हाथों में कलम भी अपनी धार से नहीं चूकी। परिणामस्वरूप आत्मकथा के सभी तत्त्वों पर खरी उतरती यशपाल की 'सिंहावलोकन' एक रोमांचकारी, अद्‌भुत तथा ऐतिहासिक ज्ञान को पुष्ट करनेवाली शानदार पठनीय आत्मकथा के रूप में हमारे समक्ष है। 'हिन्दुस्तान समाजवादी प्रजातन्त्र सेना' के निर्माण और विघटन के सफर को दर्शाती इस आत्मकथा का महत्त्व इस बात से लगाया जा सकता है कि यह व्यक्तिगत तथा आत्मकेन्द्रित होने की अपेक्षा समष्टि सापेक्ष तथा तत्कालीन परिस्थितियों का अन्त:साक्ष्य बनकर उभरती है जो स्वाधीनता सेनानियों के संघर्ष तथा बलिदान

के प्रामाणिक यथार्थपूर्ण दस्तावेज प्रस्तुत करती है। जिन्हें इतिहास की पुस्तकों में यथोचित न मिल पाया और मिल पाने की उम्मीद भी कम है उन गुमे हुए आज़ादी के दीवानों के व्यक्तित्व, प्रेम, दंड, आर्थिक राजनैतिक, धार्मिक तथा सामाजिक संघर्ष, त्याग एवं समर्पण, आपसी वैमनस्य, मित्रता के साथ यशपाल के साहित्यिक जीवन का भी परिचय कराती हुई कई उतार-चढ़ाव के बावजूद यह आत्मकथा एक यात्रा के समान अपने गन्तव्य को पा लेने का आभास कराती है। यह समस्त आत्मकथात्मक प्रवृत्तियों का समाहार है जो पाठकों तथा समालोचकों को नव्य दिशा में प्रवृत्त होने के सुअवसर तथा सम्भावनाएँ प्रदान करने में सहायक सिद्ध हो सकती है।

# अतीत-आतुरता से मुक्त 'आज के अतीत'

## कुमार वीरेन्द्र

निर्वैयक्तिकता का गुण होने के कारण 'आत्मकथा' अन्य गद्य विधाओं की अपेक्षा थोड़ी कठिन विधा है। बनारसीदास जैन ने 'अर्धकथा' (1641) में लिखा कि 'गर्भित कथा कहौं हिय खोल।' छिपाए जानेवाले या कहें कि गोपन प्रसंगों को भी दिल खोलकर अथवा खुलकर बताना आत्मकथा को प्रसिद्धि दिलाता है, निर्वैयक्तिक बनाता है। आत्मकथा चर्चित विधा है और आत्मकथा-लेखन की एक समृद्ध परम्परा है, लेकिन यह आलोचना से परे विधा हो, ऐसा भी नहीं है। बाबू बनारसीदास चतुर्वेदी ने आत्मकथा लेखक की पात्रता का सवाल उठाया था। चतुर्वेदी जी ने 'जागरण' में यह सवाल उठाया था कि आत्मकथा किसे लिखनी चाहिए। भाव यह था कि आत्मकथा किसे नहीं लिखनी चाहिए। उनकी मन्शा आत्मकथा लेखक होने के लिए पात्रता या शर्तें तय करने की थी। हालाँकि उनके द्वारा तय की गई शर्तों पर आगे लोगों ने आत्मकथा लिखी, ऐसा भी नहीं है। जब प्रेमचन्द ने 'हंस' का आत्मकथांक (1932) निकाला तो नन्ददुलारे वाजपेयी ने यह कहकर विरोध किया था कि इससे आत्म-विज्ञापन का भाव बढ़ेगा जो कि हिन्दी के हित में नहीं होगा। 'हंस' का आत्मकथा अंक निकला, चर्चित हुआ। इसमें हिन्दी के तमाम सक्रिय और चर्चित लेखकों ने आत्मकथात्मक आलेख लिखे। इसी अंक में प्रेमचन्द ने अपना 'जीवन-सार' लिखा। प्रेमचन्द ने जयशंकर प्रसाद से भी आत्मकथात्मक निबन्ध या आलेख लिखने का आग्रह किया था। प्रसाद ने आलेख तो न दिया, पर प्रेमचन्द का दिल रखने के लिए एक आत्मकथात्मक कविता भेजी, जिसे प्रेमचन्द ने अंक के प्रारम्भ में ही लगाया था, जिसमें प्रसाद ने लिखा कि 'छोटे से जीवन की कैसे बड़ी कथाएँ आज कहूँ?/ क्या यह अच्छा नहीं कि औरों की सुनता मैं मौन रहूँ?' भाव यही कि आत्मकथा लिखना क्या जरूरी है ? जिन आत्मकथा लेखकों को गोपन से गोपन प्रसंगों या वर्जित विषयों को खुलकर लिखने-बताने में तनिक झिझक न हुई, उनकी आत्मकथाएँ अत्यन्त प्रसिद्ध हुईं। ऐसी प्रसिद्ध आत्मकथाओं में महात्मा गाँधी की 'सत्य के प्रयोग', हरिवंशराय

बच्चन की 'क्या भूलूँ क्या याद करूँ' और पांडेय बेचन शर्मा उग्र' की 'अपनी खबर' आदि प्रमुख हैं।

आत्मकथा एक ऐसी विधा भी है जिसमें संस्मरण और यात्रा वृत्तान्त मिले हुए रहते हैं। यूँ तो संस्मरण और यात्रा वृत्तान्त स्वतन्त्र विधाएँ हैं, लेकिन इनकी आवाजाही आत्मकथा में देखने को मिल जाती है। भीष्म साहनी की आत्मकथा 'आज के अतीत' में यह आवाजाही प्रबल है। 'आज के अतीत में अतीत' नॉस्टेल्जिक नहीं है। नॉस्टेल्जिया या अतीत-आतुरता या अतीत-मोह को आत्मकथा का निकटस्थ शत्रु माना जाता है। सम्भव है कि अतीत-आतुरता आत्मकथा लेखक को दिली सुख, आत्मिक सुख, गौरवानुभूति प्रदान करे, लेकिन पाठक के वर्तमान को वह जोड़ न पाए तो फिर क्या मतलब? भीष्म साहनी के अनुभव में अतीत तो है पर उसकी आतुरता नहीं है, उनके अनुभव में समय-सार्थकता है, जो कि पाठकों को सहज स्वीकार्य है। भीष्म साहनी की आत्मकथा में समय-सार्थकता ने अतीत-बन्धन से मुक्ति के मार्ग तय किए हैं। इसलिए सन 2003 में प्रकाशित 'आज के अतीत' महत्त्वपूर्ण आत्मकथा की श्रेणी में परिगणित है।

संस्मरण में तो नहीं, पर आत्मकथा में आत्मालोचना की गुंजाइश रहती है। आत्मालोचना आत्मकथा को 'मैं-पन' से मुक्त कर वस्तुपरक बनाती है। 'आज के अतीत' में यह तत्त्व है। एक अंश देखिए-''यह भी मेरी मानसिकता का अंग बनता जा रहा था-बेसुध होकर अन्य व्यक्तियों की विशिष्टता से प्रभावित होना। जिस अनुपात में मैं अन्य व्यक्तियों की विशिष्टता से प्रभावित होता, उसी अनुपात में मैं अपने को नगण्य समझने लगता'' (पृ. 48)। ऊनी कपड़े के वितरण का अधिकार हासिल करने के लिए उन्हें टेक्सटाइल कमिश्नर ने दिल्ली बुलाया था। दफ्तर में उनकी मुलाकात सहायक टेक्सटाइल कमिश्नर मि. मुखर्जी से होती है, हाथ मिलाते हैं, पुलकित होते हैं, घर लौटते हैं। कुछ दिनों के बाद उनके एक रिश्तेदार ने सहायक टेक्सटाइल कमिश्नर को दस हज़ार रुपये रिश्वत देने को कहा। उन्होंने रिश्वत नहीं दी, तो वितरण के क़ागज का अधिकार भी कभी घर के पते पर नहीं पहुँचा। इस घटना के सन्दर्भ में वह पिता का, समाज का और अपना पक्ष रखते हैं। 'आत्मालोचन' की आवश्यकता किसे है, यह भी मायने रखता है। दोषी कौन और दोष किसके मत्थे ? साहनी लिखते हैं-''कुछ देर बाद जब (पिता जी) मुझसे मिले तो अपने ही ढंग से बोले : कुत्ते के मुँह में हड्डी दे देते तो क्या बुरा था ?''

असल में एम.ए. तक की पढ़ाई करने के बाद ऐसा काम करने में भीष्म साहनी के मन में उत्साह नहीं होता था। वह तो भाई बलराज साहनी के घर छोड़ जाने के बाद बड़ी तत्परता के साथ अपने पिता के व्यापार-कार्य में योग देने लगे थे ताकि उनके पिता को बलराज साहनी की अनुपस्थिति का भास न हो। भीष्म साहनी तो बाजार के क़ायदे-कानून से भी अपरिचित थे। उनका मुख्य काम बाज़ार

से नमूने दिखाकर आर्डर लेना था। एक तरह से वह केवल कमीशन एजेंट थे, नमूने दिखाकर बाज़ार से आर्डर लेते और जब माल आ जाता और व्यापारी बैंक में अदायगी करके माल छुड़ा लेता तो वह कमीशन के हक़दार बन जाते। अपनी कमजोरी को वह छुपाना नहीं चाहते, व्यापार कार्य में अपनी नासमझी का वह जिक्र करते हैं-''मुझे चाहिए था कि नमूने दिखाने का काम दलाल पर छोड़ देता और जब यह बुनियादी काम हो जाता तो आर्डर लेने के लिए दुकानदार के पास स्वयं पहुँच जाता'' (पृ. 94)। असल में उन्होंने अपने पिता को आश्वस्त करने के लिए अत्यधिक उत्साह दिखाया था, पर बाजार-व्यापार की दुनिया हृदय और भावना से दूर-दूर तक ताल्लुक नहीं रखती। फिर उन्हें विलायती माल बेचने से भी चिढ़ थी।

भीष्म साहनी की ज़िन्दगी का काँटा तब बदला जब उन्होंने भाई बलराज साहनी के सुझाव पर ऑर्नल्ड रिडले के नाटक 'घोस्ट ट्रेन' का हिन्दी अनुवाद किया और उसका मंचन रावलपिंडी के उसी कॉलेज में किया, जहाँ से उन्होंने इंटरमीडिएट की पढ़ाई की थी। नाटक से विद्यार्थियों का जुड़ाव हो और साहनी को भी लड़कों का सहयोग मिले, इसका ख़्याल करते हुए प्राचार्य जसवन्त राय के सुझाव पर उन्होंने इस कॉलेज में दो-दो घंटे रोज अवैतनिक अध्यापन करना शुरू कर दिया। दो घंटे पढ़ाने के बाद अपने व्यापार-कार्यस्थल पर जाना और शाम को नाटक का रिहर्सल कराना, यह उनके लिए सनतोषजनक स्थितियाँ थीं। एक और दृष्टि से नाटक की प्रस्तुति निर्णायक साबित हुई। नाटक देखनेवालों में शीला भी थीं, अपने पिता के साथ नाटक देखने आई थीं। साहनी लिखते हैं-'उसे नाटक कैसा लगा, यह तो मैं नहीं जानता पर उसके पिता जी को मैं जरूर पसनद आ गया। और इस तरह मेरे भावी जीवन का रास्ता भी साफ होने लगा। नाटक देखने के बाद जरूर पिता ने अपनी बेटी से पूछा होगा, ''तुम्हें नाटक कैसा लगा?'' और बेटी ने कहा होगा, ''अच्छा लगा है'' और इसी को पिता ने उसकी स्वीकृति मान लिया होगा। कम से कम बाद में शीला मुझे ऐसा ही कुछ बताया करती थी-''मैंने तो कहा था मुझे नाटक पसनद आया। न जाने उन्होंने कैसे समझ लिया कि मुझे तुम पसनद आए हो।'' वह कहा करती' (पृ. 99)।

भीष्म साहनी के जीवन में उत्साह बढ़ा और उन्होंने अपनी 'रुचियों के सूत्र में से एक सूत्र' साहित्य को फिर से पकड़ा, शरत-साहित्य को पढ़ा, महादेवी की 'यामा' को पढ़ा, 'अतीत के चलचित्र' को पढ़ा। वह गाहे-बगाहे लिखने भी लगे। उन्होंने 'विशाल भारत' और 'सरस्वती' में लिखा।

श्रेष्ठ आत्मकथा में गुण होना चाहिए कि वह जीवन की रणनीति बताए, मनुष्य की अपराजेयता में विश्वास जगाए, प्रेरणा प्रदान करे। यह गुण भीष्म साहनी की आत्मकथा में है। इससे सम्बद्ध एक दृष्टान्त या उदाहरण देखिए-''मैं रेलगाड़ी में इलाहाबाद से बैठा था। दिन का सफर था, डिब्बे में दो-तीन ही और मुसाफिर

थे, मैं आराम से बैठकर एक उपन्यास पढ़ता आ रहा था। डिब्बे में मेरे अतिरिक्त दो सिख सरदार और मुसाफ़िर थे, एक बड़ी उम्र का, दूसरा जवान। वे दोनों बड़े खुशमिजाज जान पड़ते थे, बड़े मगन होकर तरह-तरह की बातें कर रहे थे, जिनमें अकसर जंग के किस्से ही थे। बर्मा की लड़ाई में अंग्रेज फ़ौजों को मुँह की खानी पड़ रही थी, वे इसकी चर्चा करते हुए खिल्ली उड़ा रहे थे, और भी तरह-तरह की बातें कर रहे थे। एक और मुसाफिर ऊपर की बर्थ पर लेटा सो रहा था। बस डिब्बे में इतने ही मुसाफिर थे। एक और मुसाफिर बन्द गले का कोट और सिर पर चुस्त सी पगड़ी बाँधे एक ओर को बैठा था पर वह कुछ देर बाद गाड़ी से उतर गया था। लम्बे सफर के बाद गाड़ी रावलपिंडी स्टेशन पर पहुँची और मैं गाड़ी से उतर आया। गाड़ी में और सवारियाँ भी चढ़ती-उतरती रही थीं, वे सरदार भी कहीं उतर गए थे, मैंने ध्यान नहीं दिया'' (पृ. 111)। अब आगे भीष्म साहनी के साथ जो होता है और जो वह करते हैं, वह मनुष्य की अपराजेयता में विश्वास जगानेवाला है, चुनौतियों से मुकाबले के लिए हौसला अफ़ज़ाई करनेवाला है। जब साहनी सफर समाप्त कर घर लौटे तो महीने भर बाद पुलिस की ओर से एक आदमी आया और एक पर्चा हाथ में दिया। पर्चे में उपर्युक्त रेल यात्रा का जिक्र था कि जिस डिब्बे में साहनी सफर कर रहे थे उसमें दो सरदार भी बैठे थे और वे सारा वक्त ब्रिटिश सेना की खिल्ली उड़ाते रहे थे और बर्मा के महाज़ (युद्ध के मोर्चे) पर ब्रिटिश फ़ौजी टुकड़ियों की बुज़दिली की चर्चा करते रहे थे। पुलिस का आदमी इस ब्यौरे की तसदीक के लिए आया था। साथ ही यह भी कहा कि, 'टुँडला रेलवे स्टेशन पर, फर्स्ट क्लास मजिस्ट्रेट की अदालत में यह मुकदमा चल रहा है। दोनों सरदार हिरासत में हैं। आप गवाह की हैसियत से अमुक दिन वहाँ पहुँचें। सरकार आपको सेकेंड क्लास का रेल किराया और भत्ता देगी' (पृ. 111)। यह सही था कि दोनों सरदार फ़ौजी महाज़ की चर्चा करते रहे थे और हँसते, खिल्ली उड़ाते रहे थे। पर साहनी ने तसदीक करने से इनकार कर दिया। साहनी ने यह तो स्वीकारा कि वह रेलगाड़ी के उसी डिब्बे में सफ़र कर रहे थे, जिसमें दोनों सरदार भी थे, लेकिन वे क्या बातें कर रहे थे इसकी जानकारी होने से उन्होंने इनकार कर दिया। डिप्टी सुपरिंटेंडेंट ने बुलाया, समझाया, धमकाया, पर उन्होंने फिर से इनकार कर दिया। बकौल साहनी ''फिर उस अफसर ने मेरी वह खिंचाई की, मुझे ऐसी-ऐसी धमकियाँ दीं कि अल्लाह मालिक है। उस अनजान रेलवे स्टेशन पर, जनाना वेटिंग रूम में जहाँ हम दोनों अकेले बैठे थे, वह कभी धमकाता, कभी समझाता, कभी चिल्लाता, कभी मेरा हाथ गीता पर रखता रहा। मेरा गला सूख रहा था, पर मैंने अपनी 'गरदान' नहीं छोड़ी। लगभग घंटे भर बाद वह उठ खड़ा हुआ और बड़बड़ाता-धमकाता हुआ बाहर निकल गया (पृ. 113)।'' फिर मजिस्ट्रेट ने भी यह कहकर गवाही नहीं ली कि "We have nothing to do with those who are against the interests of His Majesty's Court". (पृ. 113-114) चूँकि साहनी के सिवाय कोई गवाह नहीं था और साहनी ने उस पुलिस अधिकारी की बातों में आकर कह दिया होता कि हाँ, मैंने सरदार को ब्रिटिश फौज की खिल्ली उड़ाते सुना है तो बदअमली फैलाने के जुर्म में न जाने उसे और कितनी सजा दी जाती। कई बार न्यायप्रियता की दुहाई देनेवाली व्यवस्था वास्तव में क्रूरता और नृशंसता की हदें पार कर जाती है। कितना हैरतजनक है कि कोई सरकार इतनी निष्ठुर भी हो सकती है कि कोई साधारण नागरिक ब्रिटिश सेना की किसी टुकड़ी के खदेड़ दिए जाने की बात करे और वह उस पर मुकद्दमा ठोक दे, महीनों तक जेल के अन्दर रखे। साहनी की रणनीति, तसदीक न करने का साहस भरोसे का भाव बढ़ानेवाला था। इनसान होने और इनसान के साथ होने के इस उदाहरण से आत्मकथा लेखक की दृढ़ता, वैचारिकता और दृष्टि का पता मिलता है।

'आज के अतीत' को आप ऐसी आत्मकथा कह सकते हैं जो निबन्धात्मक भी है और कथात्मक भी। निबन्ध-सी व्यक्तिनिष्ठता, विचारप्रवणता, विषयनिष्ठता और कथा-सी परस्परता, रोचकता, औत्सुक्य आदि इसमें समाविष्ट हैं। इसमें डायरी, संस्मरण, यात्रा-वृत्त आदि विधाओं की आवाजाही भी मिलती है। देश के अन्दर और देश के बाहर की यात्राओं और परिवेश को साहनी ने अपने अनुभवों में जिस तरह से जगह दी है, वह वर्णन योग्य है।

सन 1970 के आसपास भीष्म साहनी अफ्रो-एशियाई लेखक संघ के कार्यकलाप में भी भाग लेने लगे थे। इस दौरान उन्हें अफ्रो-एशियाई लेखक समुदाय के लिए निकट आने, उनके साहित्य से परिचय प्राप्त करने और उनके जीवन की धड़कनों को महसूस करने का मौका मिला। इस दौरान वह मशहूर शायर फ़ैज अहमद फ़ैज, फिलिस्तीनी कवि महमूद दरवेश, दक्षिण अफ्रीका के ऐलेक्स ला गूमा, अंगोला के आगस्टीनो नेटो आदि के सम्पर्क में आए। अपने-अपने देश में औपनिवेशिक दासता के विरुद्ध संघर्ष करनेवाले ये लेखक जेलों में रहकर शासन की यातनाएँ झेल चुके थे, पर झुके नहीं थे, ओजस्वी साहित्य रचने में लगे हुए थे।

इस क्रम में उन्होंने अनेक अफ्रो-एशियाई देशों की यात्राएँ कीं-मिस्र, ट्यूनीसिया, सीरिया, यूनान, अफ़गानिस्तान, मोजाम्बीक, अंगोला, मेडागास्कर, टर्की, वियतनाम, कम्पूचिया, उत्तरी कोरिया आदि। इन देशों में औपनिवेशिकता के चिह्न अभी भी जगह-जगह उन्हें देखने को मिले-हाकिमों के नाचघर, शराबनोशी के बार और नाइट क्लब। इन देशों में बहुत कुछ ऐसा था जो प्रेरणाप्रद और अविस्मरणीय था। इस दृष्टि से वियतनाम की यात्रा को साहनी ने तीर्थयात्रा की संज्ञा दी है। उन्होंने वियतनाम के परवर्ती शासकों के विलासगृह देखे, साइकिलों पर सवार असंख्य आम नागरिकों को देखा, देश के महान नेता हो ची मिन्ह की

'पर्णकुटी' देखी और उस 'पर्णकुटी' के भीतर हो ची मिन्ह की छड़ी, छाता, टोपी और लबादा।

साहनी लेखकों के दल के साथ वियतनाम के पड़ोसी देश कम्पूचिया जाते हैं। बस में सवार होकर नॉमपेन्ह शहर के बाहर स्थित संग्रहालय देखने जाते हैं। संग्रहालय जाने के रास्ते और संग्रहालय के बनावट का उल्लेख जिस भाषा में करते हैं, रोंगटे खड़ी करनेवाली है। वृत्तान्त का एक टुकड़ा दखिए-'कुछ ही कदम बढ़ाए होंगे कि मेरे पाँव किसी चीज़ से उलझ जाते हैं। मैं झुककर देखता हूँ, फटा-पुराना कोट है, धूसर रंग का, जर्जर, पर उसका कुछ हिस्सा अकड़ा हुआ है और बदरंग हो रहा है, लगता है यह भाग ख़ून से सना रहा होगा जो बाद में सूखकर अकड़ गया है। कुछ क़दम और आगे बढ़ता हूँ तो जगह-जगह बिखरी हड्डियों से पाँव टकराते हैं। फिर तो आगे बढ़ने पर यही कुछ बार-बार देखने को मिलता है-हड्डियाँ, कहीं फटे-पुराने कपड़े, कहीं टोपियाँ, कहीं बूट, चिथड़े, हड्डियाँ... ये इनसानों की हड्डियाँ हैं, मौत के घाट उतारे गए बेगुनाह, कम्पूचियावासियों की, जिन्हें उन्हीं के देश के शासकों, पॉल पॉट के उग्रपन्थी शासकों ने हजारों-हजारों की संख्या में मरवा डाला था।' और संग्रहालय भी क्या था ?' अस्थि-पंजरों का संग्रहालय कम्पूचियानिवासियों के ही अस्थि-पंजरों का। संग्रहालय की बाहरी दीवारें काँच की बनी थीं, शायद यह सोचकर बनाई गई थीं कि दर्शक इसके अन्दर जाने की हिम्मत न जुटाने पाएँ, बाहर से ही अन्दाजा हो जाए कि अन्दर क्या है और क्यों है? साहनी के इस रेखांकन से कम्पूचिया या कहें कि शासन और जनता के सम्बन्ध और युग को समझने में सहायता मिलती है। इतिहास के ऐसे प्रसंगों से हमें स्वयं अपनी संवेदना और अपनी प्रवृत्तियों को समझने का विवेक उत्पन्न होता है, हमारी मूल्य-दृष्टि का विकास होता है और एक नैतिक आधार का सृजन होता है। किसी सहयात्री की टिप्पणी मायने रखती है-"अब ऐसे ही संग्रहालय देखने को मिलेंगे। मैं जर्मनी में Auschwitz के अग्निकुंड देख चुका हूँ जहाँ हज़ारों-हज़ार यहूदियों को गैस-चैम्बरों में मारा गया था। हिटलर ने भी अपने ही देशवासियों का नर-संहार किया था।" इस पर एक अन्य सहयात्री की पूरक टिप्पणी द्रष्टव्य है-"अब ऐसी ही सैरगाहों की यात्रा करने को मिलेंगी।"

साहनी एक अन्य संग्रहालय का जिक्र करते हैं। वास्तव में जिसे अब संग्रहालय के रूप में प्रदर्शित किया जा रहा है, वह लड़कियों की पाठशाला हुआ करती थी। पॉल पॉट के शासनकाल में इसे यातनागृह का रुतबा हासिल था। कक्षाएँ, यातनाकक्षों में बदल दी गई थीं। अब इतिहास में की गई क्रूरता के निशान शेष हैं, चीत्कारें टूटती-बिखरती ध्वनियों के साथ हवा में उपस्थित हैं। फिर एक संग्रहालय की चर्चा करते हुए भीष्म साहनी लिखते हैं कि 'यदि पॉल पॉट जैसे शासक किसी देश को मिलें तो उस देश में संग्रहालय-ही-संग्रहालय देखने को मिला करेंगे।'

विडम्बनाओं से भरी इस नगरी के जिस एक अन्य संग्रहालय का जिक्र साहनी करते हैं, वह भिन्न है। संग्रहालय में बुद्ध की सोने से निर्मित खड़ी मूर्ति है। जिस देश में यातना के चिह्नोंवाले संग्रहालय हों, वहाँ बुद्ध की मूर्ति, मानो सौम्यतापूर्वक दर्शकों-पर्यटकों से यह पूछती हुई शान्त खड़ी है कि-'देख आए अपनी सभ्यता के अवशेष ? क्या मुझे भी अवशेष मानकर ही देखने आए हो ?' यह आत्मकथा लेखक की विशेषता है कि वह संरचना के भीतर देखता है, अपनी स्थिति और मनुष्य-कर्म को देखता है। साहनी इतिहास-लेखक होते तो संरचना के बाहर, मूर्ति-निर्माण शैली आदि देखते, लेकिन वह आत्मकथा-लेखक हैं, आत्मकथा-लेखक की संवेदना उन्हें भीतर तक मथती है, सभ्यता-समीक्षा करने की दृष्टि देती है।

एक आत्मकथा-लेखक अपनी पक्षधरता स्पष्ट कर सकता है। साहनी ने भी किया है। साहनी की पक्षधरता मनुष्यता के पक्ष में है, किसी भी क्रूरता के खिलाफ। देश बँटवारे के बाद पत्रकारिता करनेवाले साहनी ने 'आज के अतीत' में उन संघर्षों को भी याद किया है, जिनसे जूझकर वे आगे की ओर बढ़ते गए। इप्टा नाटक मंडली में काम, बम्बई में बेकारी, अम्बाला में तथा अमृतसर में अध्यापन, फिर दिल्ली विश्वविद्यालय के जाकिर हुसैन कॉलेज में साहित्य के प्राध्यापन के दौरान के खट्टे-मीठे अनुभवों को बिना किसी दुराव-छुपाव के उन्होंने प्रकट किया है। अपनी आत्मकथा में उन्होंने मास्को में बिताए गए दिनों, लगभग दो दर्जन रूसी पुस्तकों के किए गए अनुवाद, तकरीबन ढाई साल 'नई कहानियाँ' के सौजन्य-सम्पादन, प्रगतिशील लेखक संघ और अफ्रो-एशियाई लेखक संघ से अपने सम्बन्धों आदि के हर पक्ष को उन्होंने उद्‌घाटित किया है। भाई बलराज साहनी से अपने गहरे सम्बन्धों की पोटली, वह बार-बार पाठकों के सामने खोलते हैं। वह रेखांकित करते हैं कि कॉलेज की हॉकी टीम के सदस्य बने, फिर हॉकी खेलना छोड़ दिया, बड़े भाई बलराज साहनी की नीयत पर कॉलेज बोट क्लब के अध्यक्ष प्रो. मैथाई द्वारा शक किए जाने पर बलराज साहनी ने बोट क्लब से इस्तीफा दिया और भाई के पदचिह्नों पर चलते हुए भीष्म साहनी ने हॉकी टीम से इस्तीफा दिया। पर ग़ालिब का शेर है न कि 'गालिब छुटी शराब पर अब भी कभी-कभी/ पीता हूँ रोज़-ए-अब्र-ओ-शब-ए-माहताब में।' ग़ालिब कहते हैं कि अब उन्होंने शराब पीना छोड़ दिया है। लेकिन कभी-कभी जब आसमान में बादल छा जाते हैं या जिस रात चाँद अपने पूरे शबाब पर होता है तो पी लिया करता हूँ। भीष्म साहनी लिखते हैं-"आज भी कभी-कभी नींद में अपने को सपने में हॉकी खेलते देखता हूँ। इतना बढ़िया खेलता हूँ कि सपने में स्वयं ही अश-अश कर उठता हूँ। ऐसे दाँव खेलता हूँ कि ध्यानचन्द क्या खेलता रहा होगा।" (पृ. 83)

रवीन्द्रनाथ टैगोर, महात्मा गाँधी, जवाहरलाल नेहरू, मुन्शी दयानारायण निगम आदि से अपनी मुलाकातों का जिक्र करनेवाले भीष्म साहनी ने अपनी तमाम

कृतियों, मसलन-तमस, हानूश, कबीरा खड़ा बाज़ार में, माधवी, मय्यादास की माड़ी आदि की रचना-प्रक्रिया अत्यन्त सरल अन्दाज में पाठकों से साझा करते हैं और पाठकों को सबकुछ बता देना चाहते हैं, बता देते हैं। इस कदर वह पीढ़ी-दर-पीढ़ी पाठकों से जुड़ते हैं और जोड़ते हैं। सबकुछ कह चुकने के बाद महाकवि निराला ने 'सरोज स्मृति' के अन्त में कहा था-'दुख ही जीवन की कथा रही/क्या कहूँ आज जो नहीं कही ?' साहनी सबकुछ कह चुकने के बाद अन्त में कहते हैं-"जिन्दगी से कुछ हासिल कर पाने की अपेक्षाएँ तो अब दिल में नहीं उठतीं, वे दिन तो बीत गए, पर जीवन प्रवाह पर, चलती सड़क पर हमारी आँखें लगी रहें यह उत्कट इच्छा बनी रहती है। यादों का सिलसिला तो कभी खत्म नहीं होता, पर ज़िन्दगी की रफ़्तार धीमी पड़ गई है।" फिर भी वह दम लगाकर ज़िन्दगी के अखाड़े में बने रहना चाहते हैं- "क्या खोया, क्या पाया, इसका भी लेखा-जोखा करता रहूँगा, अपने भाग्य को सराहता-कोसता भी रहूँगा, साथियों-सहकर्मियों के साथ उलझता भी रहूँगा, ताकि किसी-न-किसी तरह ज़िन्दगी के अखाड़े में बना रहूँ। ऐसा ही मन करता है" (पृ. 311)। इस कदर जिन्दगी के अखाड़े में बने रहने की चाहत साहनी को सहज बनाए रखती है और उनकी आत्मकथा को आम आदमीपन की संवेदना से लैस किए रखती है।

# झोपड़ी से राजभवन : न सताइश की तमन्ना न सिले की परवा

आशुतोष पार्थेश्वर

*"मैं बहुत सुखी और सनतुष्ट हूँ। तीनों लड़के अपने बल पर हो गए हैं। समाज में, राजनीतिज्ञों में मेरा सम्मान बना है। मुझे कोई चोर या बेईमान नहीं कहता। मेरे राजनीतिक विरोधी भी इसे मानते हैं। मेरे लिए यह सबसे बड़ा सम्मान है।"*—('झोपड़ी से राजभवन' से उद्धृत)

माताप्रसाद की आत्मकथा 'झोपड़ी से राजभवन' उत्तर भारत में दलितों, वंचितों और ग़रीबों के जीवन-संघर्ष का प्रामाणिक और संवेदनशील दस्तावेज है। वह जीवन-संघर्ष, जो औपनिवेशिक दौर में था, और जो आज भी है। वह संघर्ष जिसमें जीवन की सफलता और ऊँचाई से बड़ा प्रश्न वजूद और जीवन की बुनियादी जरूरतों का है; संघर्ष ऐसा कि लोकतन्त्र, शिक्षा और वोट के अधिकार ने दलितों को भले 'ताकत' दी हो; बावजूद अमानवीय और वीभत्स जीवन स्थितियाँ उनका पीछा नहीं छोड़ रहीं; जाति और पेशे के कारण तिरस्कार, अपमान और भेद-भाव उनके साथ सदैव चिपका रहता है।

'झोपड़ी से राजभवन' एक 'ट्रेंड' साहित्यकार की रचना नहीं है। लेखक ने अपनी जिन्दगी को इस किताब में अनलंकृत रूप में पेश करने की कोशिश की है। इसी में लेखक की सफलता भी है। निश्चय ही, लेखक का पूरा जीवन इस किताब में नहीं है; किसी एक किताब से इसकी अपेक्षा भी नहीं की जा सकती। आत्मकथा लिखने के पीछे माताप्रसाद का यह लक्ष्य है भी नहीं कि दुनिया उनके जीवन के रेशे-रेशे को जाने! यह स्वान्त: सुखाय रचना भी नहीं है। यह तो एक सोद्देश्य रचना है। उद्देश्य यह है कि, "इससे समाज के दलित, असहाय, गरीब लोगों को प्रेरणा मिलेगी और उनमें उत्साह पैदा होगा।" दूसरा यह कि, "जिन कठिनाइयों, परिस्थितियों को मैंने भोगा है, उसे हमारे लड़के, पौत्र-पौत्रियाँ या दूसरे दलित जाति के युवकों को हमेशा याद रखना चाहिए। अपने को जातीयता

की हीन ग्रन्थि से बाधित नहीं रखना चाहिए।" वह इसलिए कि, जाति की सत्ता स्वाभाविक और नैसर्गिक नहीं है, बल्कि "वर्ण-व्यवस्था और जातियाँ कुछ लोगों ने अपने स्वार्थ में बनाई हैं इसलिए उनकी परवाह न करते हुए हम सम्मान अर्जित करेंगे और उच्च पदों पर पहुँचने में जाति की बाधा को तोड़ देंगे।" बड़ा से बड़ा उद्देश्य भी खोखला और निरर्थक हो सकता है यदि वह ज़मीनी सच्चाई पर खड़ा न हो। इसलिए 'झोपड़ी से राजभवन' के ज़रिये लेखक का उद्देश्य यह भी है कि दलित समाज अपनी कमियों को भी जाने, वे कमियाँ नहीं जो जाति-व्यवस्था के कारण हैं, बल्कि वे कमियाँ जो शिक्षा और सफलता पाने के बाद आई हैं।

यह किताब, एक हद तक मछलीशहर का सामाजिक और राजनीतिक इतिहास भी है। आज़ादी के पहले और आज़ादी के बाद का मछलीशहर, अपनी व्यापक पहचान के साथ इस किताब में मौजूद है। और, केवल मछलीशहर ही क्यों कहें, जिस काल और परिवेश की उपस्थिति इस आत्मकथा में है, वह कमोबेश दूसरी जगहों का भी यथार्थ है।

इस किताब में घटनाएँ और स्मृतियाँ सिलसिलेवार नहीं हैं। स्मृतियाँ सिलसिलेवार होती भी नहीं हैं। आत्मकथाओं में उन स्मृतियों को दर्ज करते हुए कई लेखक सचेत बेतरतीबी का भी इस्तेमाल करते हैं। इस किताब में न तो वैसी सावधानी है और न लेखकीय चालाकी। किताब के अनुक्रम में घटनाओं की फेहरिस्त है, गो कोई चाहे तो सीधे उस प्रसंग-विशेष को देख ले। आत्मकथाओं में अमूमन यह नहीं मिलता। यह आत्मकथा चार भागों में विभक्त है-दलित जीवन के दर्द, राजनीति के अखाड़े में, राजभवन में, राजभवन के बाद। भारत में दलित समाज से आनेवाले व्यक्ति के लिए राजभवन तक पहुँचना सामान्य बात नहीं है। उसका संघर्ष बहुस्तरीय होता है। वह जीवन की बुनियादी जरूरतों के लिए संघर्ष करता है। वह सपने बुनने की आज़ादी के लिए संघर्ष करता है और फिर उन्हें पाने के लिए संघर्ष करता है। इस संघर्ष का एक चेहरा और है, जो माताप्रसाद की आत्मकथा में मौजूद है, वह है व्यक्तिगत सफलता के साथ-साथ समाज के उत्थान के लिए संघर्ष। यह आर्थिक उत्थान के लिए तो है ही, उससे कहीं अधिक वैचारिक उत्थान के लिए है।

जाति-व्यवस्था भारतीय समाज की सबसे बड़ी और तिक्त सच्चाई है। यह एक श्रेणीक्रम है। इस श्रेणीक्रम को संरक्षण 'धर्म' से मिलता है। धार्मिक बाह्याचार और कर्मकांड इसकी अनुमति नहीं देते हैं कि इस श्रेणीक्रम पर प्रश्न उठाया जाए। इस पर प्रश्न न उठे-भारत में इसकी गहरी कंडिशनिंग है। इस कंडिशनिंग का ही खतरनाक प्रभाव है कि जाति-व्यवस्था की क्रूरता को झेलते हुए भी दलित समाज प्राय: विरोध नहीं करता। आत्मकथा के आरम्भ में ही माताप्रसाद इस चिन्ता और

चुनौती को व्यक्त करते हैं, "वर्ण व्यवस्था, जाति व्यवस्था से पीड़ित लोग शिक्षा से पूर्णतः वंचित थे वहीं आर्थिक दरिद्रता से जकड़े थे। अपमानजनक जीवन को ही उन्होंने भाग्य मान लिया था इसलिए वे जातिवाद के विरुद्ध आवाज भी नहीं उठा सकते थे।"

अभावग्रस्त समाज अधिक भाग्यवादी होता है। उसकी गरीबी उसे विकल्प तलाशने नहीं देती। उसे अन्धविश्वासी और यथास्थितिवादी बनाती है। अशिक्षा और तंगहाली उसे उसके तथाकथित रिवाजों से बाहर निकलने नहीं देतीं। यह जकड़न पहली बार ब्रिटिश राज में ढीली होती है। ब्रिटिश शिक्षा मॉडल ने माताप्रसाद जैसों के लिए शिक्षा की सम्भावना पैदा की। इस शिक्षा ने समाज की तत्कालीन स्थिति से असनतोष व्यक्त करने का साहस दिया। लेकिन बदलाव इतना आसान न था। माताप्रसाद ने लिखा है, "जब मैं पढ़ने लगा तो बस्ती के लोगों को मरे पशु का मांस खाने से मना करता तो औरतें बहुत नाराज होतीं। कहतीं न खाने से हम कोई ठाकुर-ब्राह्मण थोड़े न हो जाएँगे। यह तो हमारा जनेऊ है। हमारी बातों का कोई असर ही नहीं पड़ता था।"

असर न पड़ने के पीछे गरीबी और कंडिशनिंग, दोनों कारण थे। मरे हुए पशु का मांस खाने के लिए तैयार रहना यह दर्शाता है कि विकल्पहीनता किस हद तक रही है। भूख का यह संघर्ष दलित आत्मकथाओं का बेहद मार्मिक पक्ष है। निश्चय ही, भूख की उनकी आग तुलसी की 'बाड़वाग्नि' से बड़ी है। क्योंकि भारत में भूख की भी 'जाति' होती है! दलित आत्मकथाओं ने यह दिखाया है कि एक सवर्ण और एक दलित की भूख में अन्तर है। एक की भूख मात्र आर्थिक कारणों से उपजती है तो दूसरी भूख में गरीबी के साथ जाति भी नत्थी होती है। 'जाति' भारत की संरचना इस कदर प्रविष्ट है कि यहाँ हँसने, रोने और गाने की भी 'जाति' होती है। उससे बाहर कुछ भी नहीं है। 'झोपड़ी से राजभवन' में यह 'भूख', जाति और अभाव दोनों के साथ मौजूद है; अचरज नहीं कि इन्हें पढ़कर उच्च भ्रूवर्ग को मितली आ जाए, "बिरादरी के लोग मरे हुए पशुओं का मांस खाते थे। मरे पशु बस्ती के पास से उठाकर लाए जाते, तब वहाँ पर बस्ती की औरतों की भीड़ इकट्ठी हो जाती। सभी बर्तन लेकर आतीं। चमड़ा निकाले जाने पर उसके गोश्त के लिए झगड़े होते। औरतें शोर करतीं, झगड़तीं, कोई उसके किसी अच्छे भाग की माँग करती, कोई किसी की, एक तरफ इनकी भीड़, उसके कुछ दूर पर कुत्तों और गिद्धों की भीड़ लगी होती। अगर चर्बीदार मांस होता तो उसकी चर्बी आग पर पकाकर निकाली जाती। घड़े और हंडियों में चर्बी घी की ही तरह रखी जाती। इससे दीया जलाने का काम लेते। पशुओं के मांस को रस्सियों पर टाँगकर सुखाया जाता। कभी उसमें कीड़े पड़ जाते। उनको गिराकर दाल में डालकर खाया जाता।"

माताप्रसाद के अनुसार मरे हुए पशुओं का मांस खाने के अतिरिक्त जो दूसरी बुराई थी-वह थी बच्चों को न पढ़ाना। तीसरी बुराई थी-समाज का अन्धविश्वास। चौथी कमी थी-सफाई का अभाव।

इस आत्मकथा में लेखक का बचपन है, उसका घर-परिवार है, उसके किस्से हैं, कुछ उम्मीदों से भरे और कुछ तनिक विषाद भरे। लेखक ने जहाँ अपने माता-पिता और पत्नी की उपस्थिति दर्ज़ की है, वे अंश विशेष रूप से ध्यान देने लायक हैं। लेखक ने उन अंशों को प्रभावी, मार्मिक या करुण बनाने की कोई सचेत कोशिश नहीं की है। हाँ, उनमें एक परिचित सी सादगी है, और है जीवन की उष्मा। पिता किसी अलौकिक या दिव्य रूप में याद नहीं आते; वैसे भी दलित आत्मकथाओं में ऐसा कोई लोभ होता नहीं है; "मेरे पिता बड़े सीधे स्वभाव के थे। लम्बी मूँछें और पगड़ी उनकी निशानी थी। सवेरे वे पैदल ही चमड़े की खोज में निकल जाते। 10-12 किलोमीटर जाते, कोई चमड़ा मिलता तो उसको सर पर लादकर लाते फिर उसे सौदागर के यहाँ ले जाकर बेचते। तम्बाकू वह बहुत पीते थे। हमलोगों को चिलम भरनी पड़ती थी। शाम के वक्त जब थके होते थे कस्बे के ताड़ीखाने में जाकर ताड़ी पीते थे। गाँजा भी वे खूब पीते थे। गाँजा पीने के लिए एक-दो लोग सुबह-शाम दरवाजे पर आते, दम वहीं लगता, फिर अपने काम में चले जाते। कभी त्योहार पर वे कच्ची शराब लाते वे और बड़े भाई पीते। एक बार मुझे भी शराब दी। जब मैंने उसे पिया तो मालूम हुआ आग की धारा गले में जा रही है। उसके बाद मैंने कान पकड़ लिये कि अब कभी शराब नहीं पिऊँगा फिर उसे आज तक नहीं पिया।" एक पिता अपने बेटे को शराब पीने के लिए दे—समाज के बड़े हिस्से के लिए यह खटकनेवाली बात हो सकती है। माताप्रसाद यह चर्चा छोड़ सकते थे, ऐसी सतर्कता दिखा सकते थे, किन्तु उन्होंने वैसी सतर्कता नहीं बरती। क्या इससे पिता की छवि धूमिल नहीं होती! पिता का शराब पीना एक सामान्य बात हो सकती थी; किन्तु शराब पीने के लिए बेटे को शामिल करना—क्या यह एक सामान्य बात है? भद्रलोक तो इसे एक अनहोनी चीज मानेगा। तब, क्या पिता-पुत्र के रिश्ते का यह 'खुलापन'; जो उच्चवर्णीय समाज में आज भी दुर्लभ है, हमारे पारिवारिक-सामाजिक ताने-बाने को फिर से व्याख्यायित करने की माँग नहीं करता। पिता की 'दबंग' छवि से यह एक भिन्न छवि है। खास बात यह है कि, बेटा भी ऐसा कि जिसने जीवन में एक ऊँचाई हासिल कर ली, तब वह किसी संकोच के बिना इस स्मृति को दर्ज़ कर रहा है! स्मृतियों की यही अकृत्रिमता 'झोपड़ी से राजभवन' को उल्लेखनीय बनाती है।

इस आत्मकथा में माँ का उल्लेख भी कई बार है। और जहाँ वह है, पिता की ही तरह सादेपन के साथ है। माँ के हिस्से केवल मेहनत और मेहनत है, लेकिन इसे बताने के लिए लेखक ने भावोच्छ्वास का सहारा नहीं लिया है। गद्य ऐसा कि मानो

पुराना गवैया कोमल गान्धार में गा रहा हो, "माँ बड़ी मेहनत करती थीं। प्रात: 4 बजे उठकर घर की चक्की में अनाज डालकर उसे पीसतीं और आटा बनाती थीं। घर-द्वार की सफाई, बर्तन माँजना, कुएँ से पानी भरकर लाना, कहीं जाकर मजदूरी करना, शाम को खाना बनाना आदि काम उन्हें ही करने पड़ते थे।"

माताप्रसाद ने पत्नी की स्मृति को किसी अन्य परिवारी पात्र की तुलना में अधिक स्पेस दिया है, और यह स्वाभाविक है। ध्यान देनेवाली बात है कि पूरे संस्मरण में लेखक ने अपनी पत्नी का उल्लेख आदरसूचक रूप में ही किया है। मसलन, 'उन्हें', 'श्रीमती जी', 'वे' आदि। एक ऐसे घर में जहाँ भूख केवल श्रम से दूर हो सकती है, पत्नी ने पति के हिस्से का श्रम भी स्वीकार कर लिया था, "श्रीमती जी ने कहा उनके हिस्से का काम मैं करूँगी। इसलिए घरेलू काम जैसे घर-द्वार की सफाई, पशुओं के नाँद में पानी डालना और उनके लिए घास छीलकर लाना, चारे की कटाई करना, गोबर उठाकर उपले बनाना, गेहूँ को घर की चक्की में पिसाई तो तीनों औरतों में बारी-बारी बँटा था, लेकिन घर के बाहर का काम जैसे रबी की फसल की कटाई, मक्के की निराई, गुड़ाई, ईख के खेत की गुड़ाई, रबी के फसल की ढुलाई, आदि कामों को अपने और मेरे बदले में श्रीमती जी को ही काम करना पड़ता था। मजा यह है कि कभी मुझसे इसकी शिकायत तक नहीं की।" पत्नी के उल्लेख के क्रम में माताप्रसाद ने एक कटु सच्चाई की ओर ध्यान खींचा है, "उस समय हमारे समाज के लोगों में यह प्रवृत्ति चल रही थी कि पढ़े-लिखे लोगों की स्त्रियाँ यदि अशिक्षित हैं तो उन्हें छोड़कर दूसरी पढ़ी-लिखी लड़कियों से विवाह कर लेते रहे। इनमें अध्यापक, अधिकारी, नेता व दूसरे कर्मचारी भी थे। मैं समझता हूँ यह बहुत खराब बात थी। किसी की पत्नी अनपढ़ है तो उसका परित्याग करना अपनी जिम्मेदारी से भागना है, यह झूठा दिखावा है। मैं तो इस विचार का हूँ कि पत्नी के त्याग और तपस्या से ही मैं आज ऐसा बना हूँ।"

यह दुहरानेवाली बात नहीं है कि भारत में जाति से बाहर कुछ भी नहीं है। भारतीय सामाजिक संरचना को चाहे क्षैतिज रूप में देखें या लम्बवत, जाति कण-कण में प्रविष्ट है। एक दलित होने के कारण एक ब्राह्मण की गालियाँ तो मिलती ही हैं, अवर्णों से भी भेद-भाव की जिल्लत सहनी पड़ती है। ब्राह्मण की गालियाँ इसलिए कि, "एक दिन मैं अपने रास्ते से जा रहा था, वह रास्ता अरूवाँवा की दलित बस्ती से जाता था। उस बस्ती के आगे अपने खेत में एक ब्राह्मण काम कर रहा था। मुझे देखकर बिना किसी कारण के गाली देने लगा। मैं कुछ बोला नहीं। एकान्त था, मैंने सोचा कि यदि कुछ बोलता हूँ तो यह मेरी पिटाई भी कर देगा। कोई यहाँ सुननेवाला नहीं। मैं चुपचाप चला गया। उस ब्राह्मण को लगा कि मैं ब्राह्मण होकर खेत में काम कर रहा हूँ और यह चमार होकर पढ़ाने जा रहा है। इसी हीनता के कारण उसने मुझे गाली दी।" यह घटना 1946 की है। भारत की

आज़ादी के ठीक पहले। यह शिक्षा, उससे उपलब्ध नौकरी और आर्थिक संरक्षण की ताकत थी, जिसने हजारों वर्षों से शीर्ष पर कब्जा जमाए एक जाति को भले अपदस्थ न किया, किन्तु 'हीनता' से अवश्य भर दिया। गौर करनेवाली बात है कि सवर्ण जातियों में हीनता भरे और बढ़े—इसकी अपेक्षा न तो इस आत्मकथा में है और न ही किसी अन्य दलित आत्मकथा में। हमें यह स्वीकारने में कतई संकोच नहीं करना चाहिए कि आज़ादी के इतने वर्षों बाद भी दलित समाज की तरक्की, उसका शिक्षित होना, आर्थिक रूप से सशक्त होना—सवर्ण समाज अपवाद रूप में ही खुले मन से स्वीकारता है। संविधान भले कहता हो कि सभी समान हैं, पर 'जाति' है कि मानती नहीं, और 'हीनता' ऐसी है कि जाती ही नहीं।

माताप्रसाद ने यह भेद-भाव राजनीतिक जीवन में प्रवेश के बाद भी भोगा। सवर्ण या कांग्रेस नेता के यहाँ जब घर में खाने की व्यवस्था होती तब माताप्रसाद के लिए दलित बस्ती से बर्तन मँगाए जाते। माताप्रसाद को यह बात खटकती। पर, प्रतिरोध या शिकायत की जगह उनका तरीक़ा भिन्न होता, "बाद में जब मुझे मालूम हुआ कि मेरे लिए दूसरी जगह से बर्तन मँगाए जाते हैं तो मैं उस गाँव की दलित बस्तियों में किसी चौधरी या पढ़नेवाले लड़कों के घरों में चला जाता। इसके लिए मैं सवर्ण सज्जनों से कह देता आपके यहाँ रहने में तो सारी सुविधाएँ हैं। मैं बस्ती में रात में रहकर लोगों से बात करूँगा जिससे उनके मन में यह भावना पैदा न हो कि बड़ों के ही यहाँ यह रहते हैं। हम ग़रीबों के यहाँ नहीं रहते। इस पर वे कहते ठीक है, आप वहीं रहिए।" मेजबान तो यही सुनना चाहते होंगे! प्रश्न यह उठता है कि माताप्रसाद ने कभी तीखा प्रतिरोध क्यों नहीं किया? या, जब वे आत्मकथा में यह सब दर्ज करते हैं, तब भी कोई गुस्सा, किसी प्रकार का आक्रोश क्यों नहीं दिखाई देता? इसके जवाब में क्या कहा जाए—क्या बस यही कि, माताप्रसाद ने दूसरे की लकीर छोटी करने से बेहतर अपनी लकीर बड़ी करने में ऊर्जा लगाई। या, यह कहें कि कांग्रेस से जुड़ाव ने उन्हें राजनैतिक पहचान दी तो बदले में विरोध और भेद-भाव से उपजे असनतोष को शान्त कर दिया।

यह आत्मकथा बार-बार दिखाती है कि दलितों से भेद-भाव करनेवाले सवर्ण नहीं हैं, अवर्ण भी हैं। लेखक की स्मृति में दर्ज़ है कि, "यह स्थिति सन 1935 की है जब मैं कुछ जानने-समझने लगा था। मुसलिम तो खाने-पीने में भेद नहीं करते थे, हाँ, कोइरी जो आज अपने को मौर्य कहते हैं, वे अवश्य खान-पान में भेद-भाव करते थे।" इस भेद-भाव की चुभन अगर कम होती थी तो इसलिए कि 'मेरा क्लास में पढ़ाई में अच्छा स्थान था।' पढ़ाई से आत्मविश्वास मिलता था और 'अच्छी दोस्ती' भी। प्रश्न है कि अवर्ण और श्रमशील जातियाँ भेद-भाव के दलदल में क्यों धँसी हुई हैं। क्या इसीलिए कि उनकी भी कंडिशनिंग है? कंडिशनिंग ऐसी है कि अपनी जाति में भी भेद-भाव है, "एक बार शाहगंज के पास ताखा गाँव में अपनी

जाति की बस्ती में गया, मैं विधायक था। उस बस्ती के लोग कबीरपन्थी थे। मेरे पहुँचने पर सब लोगों ने मुझे बैठाया फिर पानी पीने के इन्तजाम के समय पूछा कि आप भक्त हैं या सकत। मैंने कहा मैं भक्त नहीं हूँ। इस पर अलग से रखे गए एक बर्तन को लाकर उसमें मुझे पानी पीने को दिया गया।"

जाति प्रसंग के सम्बन्ध में अन्तिम और निर्णायक बात; माताप्रसाद भेद-भावमूलक इस व्यवस्था का निचोड़ जिस तरह बताते हैं उसमें कुछ और जोड़ने की ज़रूरत नहीं है, "जहाँ अछूतों के बिना छुए काम आसानी से हो जाता वहाँ भेद-भाव, लेकिन जहाँ बिना उनके छुए काम नहीं हो सकता था, वहाँ भेद-भाव नहीं किया जाता था। चमार औरतें सवर्ण घरों की औरतों के बच्चा होने पर शिशु की नाल काटतीं। दस-बारह दिन बच्चे के साथ रहतीं। जच्चा का दूध न उतरने तक बच्चे को दूध भी पिलातीं। उस समय नर्स या डॉक्टर नहीं थे। लेकिन बाद में उसी दाई को छूने से परहेज किया जाता था।" यह पढ़ते हुए प्रेमचन्द की कहानी 'दूध का दाम' की भूंगी की याद आना स्वाभाविक है। इस आत्मकथा में लेखक ने प्रेमचन्द को याद भी किया है; किन्तु एक अफसोस के साथ! माताप्रसाद ने नॉर्मल स्कूल गोरखपुर से टीचर्स ट्रेनिंग पाई थी। प्रेमचन्द वहाँ काम कर चुके थे और वहीं काम करते हुए उन्होंने सरकारी नौकरी से इस्तीफा दिया था। माताप्रसाद की स्मृति में दर्ज़ है कि, "नार्मल स्कूल में और तो कहीं भेद-भाव नहीं था, किन्तु भोजन के बाद अछूत छात्रों को अपनी खाई हुई थाली स्वयं साफ करनी पड़ती थी। कहार औरों की थाली तो धो देता था, लेकिन हम लोगों की नहीं।...अछूत जाति के छात्र भी कम थे अन्य छात्र अधिक। दूसरे वहाँ झगड़ा करने पर हॉस्टल से निकाल दिये जाने का डर था, इसलिए हम कुछ कह नहीं सकते थे। हमारे सीनियरों ने भी उसके लिए कोई कदम नहीं उठाया इसलिए जैसे चला आ रहा था वैसे ही चला। यद्यपि हमारे वहाँ जाने के कुछ वर्षों पूर्व माननीय प्रेमचन्द जी प्रसिद्ध साहित्यकार उक्त नॉर्मल स्कूल के हेडमास्टर रह चुके थे, किन्तु उन्होंने भी इस व्यवस्था को खत्म करा सकने के लिए कोई कदम नहीं उठाया था।" सम्भव है माताप्रसाद की शिकायत सही हो, प्रेमचन्द ने ऐसा कोई सवाल नौकरी में रहते हुए न उठाया हो। प्रेमचन्द ने वह नौकरी 1921 में छोड़ी थी। लेकिन वे नॉर्मल स्कूल के हेडमास्टर कभी न रहे। यों उनका लेखन इस बात का संकेत देता है कि जाति-प्रश्न उन्हें तब तक परेशान न करता था और अगर करता भी होगा तो वह लेखन का विषय नहीं बन पाया। माताप्रसाद 1944 में नॉर्मल स्कूल में दाखिल हुए थे, प्रेमचन्द के स्कूल छोड़ने के वर्षों बाद। इसलिए प्रेमचन्द से उनकी शिकायत को सिरे से खारिज करने या प्रेमचन्द को डिफेंड करने से बेहतर इस शिकायत को एक अपेक्षा के रूप में देखना चाहिए कि अदीब और कलाकार या कोई भी जो सार्वजनिक जीवन में है, जो समाज का रोल मॉडल है, उसके विचार और कार्य में एकता होनी चाहिए।

'राजनीति के अखाड़े में' इस आत्मकथा का दूसरा हिस्सा है। लेखक के राजनैतिक जीवन के कई छोटे-बड़े ब्योरे इसमें दर्ज़ हैं। उन विवरणों से गुजरकर आज़ादी के बाद के राज और समाज में दलितों के दखल और उनके साथ हुए धोखे दोनों की पहचान हो सकती है। जमीन्दारी प्रथा के खत्म होने पर शिकमी काश्तकारों, जो दलित थे, की ज़मीनों पर प्रभावशाली किसानों का कब्जा भय और धोखे से ही सम्भव हुआ। इस खंड में संकलित पत्र संख्या-3, 4, 5 एवं 6, भारतीय राजनीति में पिछड़ों और दलितों के कांग्रेस से अलग होने, जनता दल और बहुजन समाज पार्टी के उभार, फलत: कांग्रेस के पिछड़ते जाने के ठोस कारणों की निशानदेही करते हैं। माताप्रसाद ने जिन कारणों की पहचान कराई है, उनमें पहला कारण है भूमि-वितरण कार्यक्रम का असफल कार्यान्वयन, दूसरा कारण कांग्रेस के अन्दर अनुसूचित जाति-अनुसूचित जनजाति का प्रकोष्ठ न होना, तीसरा कारण डॉ. अम्बेडकर की उपेक्षा और जनता दल सरकार द्वारा उन्हें 'भारतरत्न' की घोषणा से जनता दल के प्रति आकर्षण, चौथा कारण आरक्षण की घोषणा, पाँचवाँ कारण मंडल कमीशन पर ढुलमुल रवैया। वे अपने तईं इस संकट से निकलने का सुझाव भी देते हैं। वे सुझाव बहुत स्पष्ट थे। मसलन, भू-आवंटियों को कब्जा दिलाया जाए, मंडल कमीशन की काट के लिए कर्पूरी ठाकुर फार्मूले का पक्ष लिया जाए, दो-तीन प्रमुख समुन्नत पिछड़ी जातियों की बजाय सर्वाधिक पिछड़ी जातियों पर ध्यान केन्द्रित किया जाए, देश से लेकर जिला स्तर पर अम्बेडकर जयन्ती मनाई जाए, आरक्षण का विरोध न किया जाए आदि। इतिहास गवाह है कि नब्बे के दशक में क्षेत्रीय पार्टियों के उभार और कांग्रेस के पराभव के पीछे यही कारण थे। जो क्षेत्रीय पार्टियाँ उभरीं, उनका नेतृत्व प्रभुत्वशाली पिछड़ी जातियों के पास रहा। सर्वाधिक पिछड़ी जातियों की ओर कांग्रेस ने ध्यान नहीं ही दिया। आगे चलकर इक्कीसवीं सदी में भारतीय जनता पार्टी और उसके सहयोगियों ने इसका लाभ उठाया।

आत्मकथा का तीसरा खंड है—'राजभवन में'। इस खंड में अरुणाचल प्रदेश का राज्यपाल बनने, राज्यपाल के रूप में काम करने, पद से हटाने के लिए किए गए छल-छद्म और पद से विदाई की कहानी है। वह कहानी जिसमें अरुणाचल और दिल्ली की राजनीति की उठापटक का लेखा-जोखा है, पर उससे महत्त्वपूर्ण है अरुणाचल प्रदेश का परिचय देनेवाली टिप्पणियाँ; जैसे शपथ ग्रहण समय का यह विवरण—"सभी लोगों को अपोंग गिलासों में दी जा रही थी। यह चावल की बनी शराब होती है, जो अरुणाचलवासियों के खान-पान का अंग होती है। लोगों को अंग्रेजी शराब भी गिलासों में आधा-आधा डालकर फिर उसमें पानी मिलाकर दी जा रही थी। मुझे भी वह पेश की गई। मैंने विनम्रता से उसे न पीने को कह दिया। मेरे लिए सनतरे का रस आया। मुख्यमन्त्री ने पीने की इजाजत माँगी, मैंने

वहाँ के रस्म को देखते हुए उन्हें तथा अन्य लोगों को उसे पीने की अनुमति दे दी। लड़कियों के बाद कुछ आफिसरों ने बाजे की धुन पर नाचना शुरू कर दिया। मुख्यमन्त्री भी नाचने लगे। अन्य कई जनप्रतिनिधि भी उसमें शामिल हो गए।" या, यह अंश—"नृत्य और गान यहाँ की संस्कृति का मुख्य भाग है जिसमें सभी जनजाति के युवक और युवतियाँ अपनी परम्परागत पोशाक में विभिन्न पर्वों और अवसरों पर ख़ूब नाचते-गाते हैं। विभिन्न अवसरों पर अतिथियों को उपहार देते हैं। वह दिल के स्वच्छ हैं। यहाँ जाति-पाति का झंझट नहीं है।" अरुणाचल में जाति की याद! यकीनन दुखी, अपमानित, उदास या चिन्तित होने के लिए नहीं, कुछ सीखने के लिए। और, सीखना किसे है, सीखना हिन्दी पट्टी को है। सीखना यह है कि 'जाति' के झंझट के रहते दिल के स्वच्छ होने की गारंटी नहीं दी जा सकती।

'राजभवन के बाद' आत्मकथा का चौथा खंड है। हिन्दी-प्रोत्साहन के लिए किए गए काम का परिचय, दो चुनाव लड़ने और हारने का उल्लेख और बाबासाहेब डॉ.बी.आर. अम्बेडकर कॉलेज खोलने का सनतोष के साथ यह आत्मकथा समाप्त होती है। जीवन में यह सनतोष हासिल हो जाए तो उससे बढ़कर और क्या चाहिए। कहना न होगा कि यह ठोस और संक्रामक सनतोष है। कॉलेज खुलने का अर्थ है शिक्षा की ताकत का प्रसार। वह ताकत जिसने माताप्रसाद को 'झोपड़ी से राजभवन' पहुँचाया; वही ताकत सब तक पहुँचे, लेखक के लिए इसे बड़ा सामाजिक सनतोष और क्या होगा।

# स्वामी श्रद्धानन्द वाया 'कल्याण मार्ग का पथिक'

डॉ. अमृता

भारत के महान शिक्षाविद, स्वतन्त्रता संग्राम सेनानी, आर्यसमाज के उद्‌भट योद्धा, गुरुकुल काँगड़ी समविश्वविद्यालय के संस्थापक, निर्भीक पत्रकार, उच्चकोटि के वकील, समाज सुधारक, स्वामी दयानन्द सरस्वती की शिक्षाओं का प्रचार-प्रसार करनेवाले स्वामी श्रद्धानन्द का जन्म विक्रम संवत 1913, फाल्गुन मास, कृष्ण त्रयोदशी के दिन जालन्धर के समीप तलवन नामक ग्राम में हुआ था।[1] 'जन्मनाम बृहस्पति था, फिर भी पाधाजी ने प्रसिद्ध नाम मुन्शीराम रख दिया।'[2] उनका विवाह श्रीमती शिव देवी के साथ हुआ था। जब आप 35 वर्ष के थे तभी शिव देवी दुनिया से विदा हो गईं। उस समय उनके दो पुत्र और दो पुत्रियाँ थीं। 1917 ई. में आपने संन्यास ग्रहण कर लिया और स्वामी श्रद्धानन्द के नाम से विख्यात हुए। स्वामी श्रद्धानन्द के पिता लाला नानकचन्द मूर्तिपूजक, अत्यन्त श्रद्धालु और धार्मिक प्रवृत्ति के पुरुष थे। लाला नानकचन्द ईस्ट इंडिया कम्पनी द्वारा शासित यूनाइटेड प्रोविन्स (वर्तमान उत्तर प्रदेश) में पुलिस अधिकारी थे। पिता का स्थानान्तरण जगह-जगह होने के कारण स्वामी श्रद्धानन्द की प्रारम्भिक शिक्षा अच्छी तरह नहीं हो सकी। स्वामी श्रद्धानन्द ने वैदिक धर्म और आर्यसमाज का प्रचार-प्रसार करने तथा जनसामान्य तक अपने क्रान्तिकारी एवं सुधारवादी विचारों को पहुँचाने के उद्‌देश्य से हिन्दी, उर्दू और अंग्रेजी भाषा में छोटी-बड़ी कई किताबों की रचना की और उन्हें स्वयं प्रकाशित भी करवाया। इसके अतिरिक्त उन्होंने कतिपय साप्ताहिक पत्र भी प्रकाशित किए। प्रारम्भिक वर्षों में उन्होंने जो कुछ लिखा वह प्राय : उर्दू भाषा में था, परन्तु गुरुकुल की स्थापना के साथ उन्होंने राष्ट्रभाषा हिन्दी में लिखना प्रारम्भ कर दिया और हिन्दी वाड्मय की श्री वृद्धि की। हिन्दी की किताबों में आर्य संगीत माला, ऋषि दयानन्द का पत्र-व्यवहार, वेदानुकूल संक्षिप्त मनुस्मृति, पारसी मत और वैदिक धर्म, मातृभाषा का उद्धार, वेद और आर्यसमाज, आर्यों की नित्य कर्म पद्धति, पंच महायज्ञ विधि, विस्तारपूर्वक सनध्या, आचार अनाचार और छूआछूत, ईसाई पक्षपात और आर्यसमाज, उत्तराखंड की महिमा अर्थात गढ़वाल प्राचीन और अर्वाचीन, मानव धर्मशास्त्र तथा शासन पद्धति, आदिम सत्यार्थ प्रकाश

और आर्यसमाज के सिद्धान्त, गढ़वाल में 1975 विक्रमी का दुर्भिक्ष और उसके निवारणार्थ गुरुकुल दल का कार्य, बन्दीघर के विचित्र अनुभव, कल्याण मार्ग का पथिक (आत्मकथा), हिन्दुओ सावधान तुम्हारे धर्म दुर्ग पर रात्रि में छुपकर धावा बोला गया, वर्तमान मुख्य समस्या अछूतपन के कलंक को दूर करो, आर्य पथिक लेखराम, मुक्ति सोपान, आर्यों के नित्य कर्म, धर्मोपदेश, उर्दू की किताबों में वर्ण व्यवस्था, एक मांस प्रचारक महापुरुष की गुप्त लीला का प्रकाश, छात्र धर्म पालन का गैर मामूली वाक्य, यज्ञ का पहला अंग, उपदेश मंजरी, आर्यसमाज के खानाजाद दुश्मन, सुबह-ओ-मीद, पुराणों की नापाक तालीम से बचो, सद्धर्म प्रचारक पर पहला लायबल केस, महात्मा मुन्शीराम के सात लेक्चरों का मजमुआ, दुखी दिल की पुरदर्द दास्तान, मेरी जिन्दगी के नशेबोफराज (आत्मकथा). हिन्दू मुस्लिम इत्तहाद की कहानी, अन्धा एतकाद और खुफिया जिहाद, मुहम्मदी साजिश का इनकशाफ, अछूतोद्धार का फौरी मसला, मेरा आखिरी मशवरा, दाइये इस्लाम या तबाहिये इस्लाम आदि प्रमुख हैं। अंग्रेजी की किताबें हैं-द फ्यूचर ऑफ आर्यसमाज, द आर्यसमाज एंड इट्स डिक्टेटर्स रेस, हिन्दू संगठन, इनसाइड कांग्रेस (लिबरेटर में प्रकाशित 26 लेखों का संग्रह)। इसके अतिरिक्त सद्धर्म प्रचारक (उर्दू) सद्धर्म प्रचारक (हिन्दी), श्रद्धा (हिन्दी), लिबरेटर (हिन्दी) पत्र-पत्रिकाओं का प्रकाशन किया।

स्वामी श्रद्धानन्द की आत्मकथा 'मेरी जिन्दगी के नशेबोफराज (उर्दू) 1911 ई. में प्रकाशित हुई थी। हिन्दी में यह 'कल्याण मार्ग का पथिक' शीर्षक से 1924 ई. में प्रकाशित हुई। यह आत्मकथा जन्म की घटनाओं से शुरू होकर 1892 ई. तक की घटनाओं को समेटे है। स्वामी श्रद्धानन्द के सम्पूर्ण व्यक्तित्व को जानने के लिए हमें दो महत्त्वपूर्ण किताबों से गुजरना होगा क्योंकि उनकी लिखी आत्मकथा केवल सार्वजनिक जीवन की तैयारी के साथ समाप्त हो जाती है जिसमें बाल्यावस्था, किशोरावस्था और युवावस्था का वर्णन है। जीवन के उत्तरार्ध का पता हमें स्वामी श्रद्धानन्द के कनिष्ठ पुत्र पं. इन्द्र विद्यावाचस्पति द्वारा लिखी गई संस्मरणात्मक जीवनी 'मेरे पिता' से मिलता है। कल्याण मार्ग का पथिक आत्मकथा के प्रथम परिच्छेद 'अन्धकार और प्रकाश का युद्ध' में बाल्यावस्था का वर्णन है। स्वामी जी के प्रथम तीन वर्ष जालन्धर में व्यतीत हुए उसके उपरान्त वे तीन वर्ष बरेली में रहे। बरेली के बाद उनके पिता का स्थानान्तरण बदायूँ हो गया। बदायूँ की कचहरी के वातावरण का ऐसा प्रभाव रहा कि बिना स्कूल जाए वे कागजों पर शब्द उकेरने लगे। एक दिन पिता जी ने मुझे संजीदगी से एक पुस्तक की जिल्द पर कागज रखकर लिखते देख, मेरा कागज का सारा कोष छान मारा। उन्हें आश्चर्य हुआ जब उन्होंने फारसी हरूफ बने हुए पाए "अरे! यह कहाँ से सीखा? जब पास ही करीमा और खालिकबारी के पन्ने-पन्ने अलग देखे तो मालूम हुआ कि मक्खी की मक्खी

मारते हुए मैं डार्विन के सिद्धान्त का क्रियात्मक प्रमाण दे रहा हूँ और मनुष्य की नकल करनेवाले बन्दर की औलाद होना सिद्ध कर रहा हूँ।''[3] बदायूँ के बारे में एक लोकोक्ति प्रसिद्ध थी-पाँव बदौओं लीजे साथ, तब करिए झगड़े की बात'[4] अर्थात झगड़ा तब करना जब बदायूँ के जात शरीफ को पैरवी करने के लिए साथ ले लेना। अंग्रेजों की नीति भी रही थी कि लड़ाकू जातियों को मुकद्दमे में उलझा दो। "मोहतमिम बन्दोबस्त ने परमेश्वर का धन्यवाद किया था कि लड़ाकू सिक्ख जाटों की कौम मुकद्दमेबाजी में मग्न हो रही है, इसलिए उनसे कोई भय नहीं रहा।''[5]

पिता जी का स्थानान्तरण बदायूँ से काशी हुआ और मुन्शीराम भी काशी पहुँच गए। काशी में पहुँचकर उनका पहला अनुभव छूआछूत के विद्रूप से हुआ शौच नग्न होकर जाओ, नहाकर धोती पहनो, पैर यदि नाली में पड़ जाए तो तुरन्त नहाओ, चलते-फिरते छींटा पड़ जाए तो कपड़े बदलने का नादिरशाही हुक्म। यहीं पर स्वामी श्रद्धानन्द का यज्ञोपवीत संस्कार हुआ। उस समय काशी और कश्मीर दोनों विद्या के केन्द्र थे। विद्योपार्जन के लिए यज्ञोपवीत संस्कार में अपने शहर से अलग जाने का विधान था। काशी में रहने के कारण प्रतीकात्मक कहलवाया गया कि 'काश्मीर पढ़ने को जाता हूँ'। बनारस में विद्यार्थी बनकर संवत 1930 के पौष मास से लेकर संवत 1934 ज्येष्ठ मास तक रहे। उनका असली विद्यागृह क्वीन्स कॉलेज था। उस समय संयुक्त प्रान्त में कोई यूनिवर्सिटी न थी और न पंजाब में ही। दोनों प्रान्तों के विद्यार्थी एँट्रेन्स से लेकर एम.ए. तक की परीक्षा कलकत्ता यूनिवर्सिटी के अधीन देते थे। हाँ संस्कृत विद्यालय विभाग अपने-आपमें अवश्य स्वतन्त्र था।''[6] क्वीन्स कॉलेज के अरबी, फारसी के उपाध्याय मौलवी साहब का "पैतृक प्रेम स्मरण आता है तो अब भी दिल भर आता है और हिन्दू-मुसलमानों के झगड़ों को देखकर बड़ा कष्ट होता है। जिस पवित्र भूमि ने दोनों को जन्म दिया, जिसके अन्न-जल ने उन्हें पाला, जिस गंगा के शीतल जल ने शान्ति देने में हिन्दू, मुसलमान, ईसाई में कोई भेद नहीं किया उस मातृभूमि के पुत्र आपस में लड़-झगड़कर माता को सताते हैं यह कैसे कष्ट की बात है।''[7] काशी पहुँचकर बाह्य परिवर्तन के साथ-साथ आन्तरिक परिवर्तन भी होने लगा। मुन्शीराम सुबह चार बजे डलिया-झारी लिये विश्वनाथ की सारी पृथ्वी परिक्रमा व देवपूजन करने लगे। एक दिन मुन्शीराम के हृदय को ऐसी ठेस लगी कि इनकी धार्मिक कट्टरता तिरोहित हो गई। जब यह काशी विश्वनाथ के दर्शन को गए तो इन्हें बाहर ही रोक दिया गया क्योंकि उस समय मन्दिर में रीवा की महारानी दर्शन कर रही थी। बालक मुन्शीराम को मूर्तिपूजा से इतनी विरक्ति हो गई कि वह रात भर सो न सके। "मुझे वह रात जागते बीती। मन की विचित्र व्याकुल दशा थी। प्रश्न पर प्रश्न उठते थे क्या सचमुच यह जगत स्वामी का दरबार है जिससे एक रानी उसके भक्तों को रोक सकती है? क्या यह मूर्ति विश्वनाथ हो सकते हैं? या वे देवता कहला सकते हैं जिनके अन्दर

ऐसा पक्षपात हो? परन्तु मूर्ति को देवता बनाया किसने? नित्य मेरे सामने संगतराश ही तो मूर्तियाँ बनाते हैं। कभी व्याकुल होकर दस-बीस मिनट टहलता, फिर बैठ जाता। फिर दूसरी ओर प्रश्नावली की लहर-पर-लहर उठी जब सांसारिक व्यवहारों में पक्षपात है तो देवताओं के दरबार में उसका दखल क्यों न हो? क्या मनुष्य ने भी पक्षपात देवताओं से ही सीखा है ?''[8] इस तरह मुन्शीराम मूर्तिपूजक से नास्तिक हो गए। शराब, नाच-रंग और पिता की पुलिस की नौकरी का रोब, सभी ने जीवन के कई महत्त्वपूर्ण वर्ष बर्बाद कर दिये। अब काशी में निचली श्रेणी के बच्चों के साथ पढ़ने में संकोच पैदा हो गया। संवत 1935 वि. में इलाहाबाद के म्योर सेंट्रल कॉलेज में दाखिला ले लिया। उस समय कॉलेज का अपना भवन न था, एक कोठी में कॉलेज लगता था जिसे लाउदर कासल कहते थे। अब वह कोठी अहाते सहित महाराज दरभंगा ने खरीदी हुई है।''[9]

म्योर सेंट्रल कॉलेज में प्रवेश के साथ जीवन में परिवर्तन आया। मद्यपान से मुक्त हो गए। अंग्रेजी प्रिन्सिपल हैरिसन पढ़ाते थे, गणित प्रो. वूफ्लावर, जिनकी नजाकत की धूम थी। उनका रेशम का रूमाल लेवेंडर की सुगन्ध से सुगन्धित रहता था। प्रो. हिल रसायन पढ़ाते थे, फारसी मौलवी जकाउल्ला देहलीवाले, संस्कृत आदित्यराम भट्टाचार्य। उपाध्याय मंडल बहुत उत्तम था।[10] उस समय बड़े-बड़े व्याख्यान हुए जिनमे मिस्टर सय्यद महबूब, पंडित अयोध्यानाथ, प्रतापचन्द्र मजूमदार प्रमुख थे। एफ.ए. के तीन विषयों में 70 प्रतिशत अंक आए, चौथे प्रश्नपत्र के मध्य भयंकर ज्वर के कारण आधा प्रश्नपत्र ही कर सके उसमें 50 प्रतिशत और अन्तिम पेपर न दे पाने न के कारण शून्य रहा। और इस तरह म्योर कॉलेज से एफ.ए. उपाधि तो पूरी न हो सकी लेकिन त्रिवेणी पार झूँसी के जंगल में एक साधु के वश में शेर है यह सुनकर मुन्शीराम रात के तीन बजे साधु के दर्शन करने झूँसी पहुँच गए। जैसे ही साधु समाधि से जगे, शेर आया उनके पैर चाटने लगा। साधु से वार्ता करने पर पता चला कि उन्होंने उस घायल शेर की सेवा की थी, तभी से वह उनसे प्रेम करने लगा था। इस घटना ने मुन्शीराम को 'अहिंसा की प्रबल विजय' के मर्म को समझा दिया।

बरेली आर्यसमाज में स्वामी दयानन्द सरस्वती का भाषण सुनकर मुन्शीराम नास्तिक से आस्तिक हो गए और उम्रभर आर्यसमाज के सिद्धान्तों का प्रचार-प्रसार किया। यहाँ से उनका जीवन सामाजिक और राजनैतिक होना शुरू हो गया। लाहौर से कानून की पढ़ाई पूरी की। उन्होंने सत्यार्थ प्रकाश को पढ़ डाला, मांस भक्षण का परित्याग कर दिया, लाहौर और जालन्धर आर्यसमाज से जुड़ गए। रौलेट एक्ट का विरोध किया। प्रयाग के पायनियर और लाहौर के ट्रिब्यून पत्र के नियमित पाठक होने के कारण नेशनल कांग्रेस के विषय में पूरी जानकारी थी। पंजाब में प्रत्येक जिले में कांग्रेस कमेटी बनाने का निश्चय हुआ और इस तरह कांग्रेस के साथ जुड़

गए। स्त्री-शिक्षा के महत्त्व को अच्छी तरह समझते थे, इसलिए सद्धर्म प्रचारक पत्र के दूसरे ही अंक से एक लेखमाला आरम्भ की, जिसका शीर्षक था-'अधूरा इन्साफ' इस लेख में लिखा कि स्त्रियों को भी पुरुषों की तरह शिक्षा प्राप्त करने का पूर्ण अधिकार है। फिरोजपुर में पुत्री पाठशाला खोलने का प्रस्ताव दिया लेकिन उस समय वह पूर्ण न हो सका। पत्नी की मृत्यु के बाद सार्वजनिक जीवन की तैयारी में जुटने के साथ 'कल्याण मार्ग का पथिक' आत्मकथा समाप्त हो जाती है। मुन्शीराम के सहपाठियों में पं. मोतीलाल नेहरू और पं. अम्बिकादत्त व्यास व अभिन्न मित्रों में पं. गुरुदत्त, आर्यपथिक पं. लेखराम, दीनबन्धु सी. एफ. एंड्रयूज और महात्मा गाँधी प्रमुख थे। स्वामी श्रद्धानद ने मैकाले की शिक्षा नीति के विपरीत 4 मार्च, 1902 को शिवालिक पर्वत की पावन उपत्यका में पतित पावनी भागीरथी के तट पर काँगड़ी ग्राम, हरिद्धार में गुरुकुल काँगड़ी के रूप में तपोवन की स्थापना की। बाद में गुरुकुल काँगड़ी भरतीय ज्ञान परम्परा और विज्ञान के संयोजन की एक उच्च संस्था बनी। भारतीय स्वाधीनता संग्राम में पत्रकारिता के माध्यम से नवीन चेतना का संचार किया। गुरुकुल के पत्रकार कुल ने भारतीय पत्रकारिता के गौरव को अक्षुण्ण रखा। महात्मा गाँधी ने अपनी आत्मकथा 'सत्य के साथ मेरे प्रयोग' में लिखा है कि "सन 1915 कुम्भ के मेले का समय था, जो हरिद्धार में हर बारहवें वर्ष में एक बार होता है। मैं कुम्भ के मेले में जाने के लिए इतना उत्सुक नहीं था, जितना मैं महात्मा मुन्शीराम जी से मिलने के लिए उत्सुक था। जो अपने गुरुकुल में थे। गुरुकुल पहुँचकर और इतने ख्याति प्राप्त महात्मा मुन्शीराम से मिलकर मुझे बहुत बड़ी राहत महसूस हुई। उसी समय मैंने गुरुकुल के शान्त वातावरण और हरिद्धार के शोरगुल में अद्‌भुत अन्तर देखा। महात्मा जी ने अपने वात्सल्य से मुझे भावविभोर कर दिया। सभी ब्रह्मचारी चौकस थे। वहाँ मैं पहली बार आचार्य रामदेव से मिला और मैं तुरन्त भाँप गया कि वह कितने शक्तिशाली और बल से युक्त हैं। हमारे कई विषयों पर अलग-अलग दृष्टिकोण थे, फिर भी हमारी यह मुलाकात एक दोस्ती में परिवर्तित हो गई।"[11] सरदार वल्लभभाई पटेल ने स्वामी श्रद्धान्द को याद करते हुए लिखा है, "स्वामी श्रद्धानन्द जी की याद आते ही 1919 का दृश्य मेरी आँखों के सामने खड़ा हो जाता है। सरकारी सिपाही फायर करने की तैयारी में हैं। स्वामी जी छाती खोलकर सामने जाते हैं और कहते हैं, "लो चलाओ गोलियाँ। उनकी उस वीरता पर कौन मुग्ध नहीं हो जाता ? मैं चाहता हूँ कि उस वीर संन्यासी का स्मरण हमारे अन्दर सदैव वीरता और बलिदान के भावों को भरता रहे।"[12] स्वामी श्रद्धानन्द का राजनीति सम्बन्धी चिन्तन बहुत स्पष्ट था-"स्मरण रखो, यह संसार सत्य पर आश्रित है। सत्य के बिना राजनीति धिक्कार के योग्य है, सत्य के बिना समाज के नियम पददलित करने योग्य हैं। यह सत्य तुम्हारे जीवन का अवलम्बन है।"[13] ब्रिटेन के तत्कालीन प्रधानमन्त्री रैम्जे मैकडॉनल्ड ने गुरुकुल

काँगड़ी की यात्रा के उपरान्त संस्मरण : में लिखा है-"एक उन्नतकाय, दर्शनीय मूर्ति (प्रभावपूर्ण सौन्दर्य की प्रतिमा) हमसे भेंट करने आती है। आधुनिक सम्प्रदाय का कलाकार ईसा की प्रतिकृति गढ़ने के लिए आदर्श के रूप में उसका स्वागत करता है और मध्यकालीन रुचि का चित्रकार इसमें सनत पीटर का रूप देखता है। महात्मा जी हमें नमस्कार करते हैं और हम उनके अभ्रकजटित ओऽम नाम से अलंकृत सादी सज्जावाले कमरे में प्रवेश करते हैं।''[14] 23 दिसम्बर, 1926 को स्वामी जी शहीद हो गए।

अब्दुल रशीद नाम के व्यक्ति ने स्वामी श्रद्धान्द को चाँदनी चौक, दिल्ली में गोली मार दी। "शुद्धि सभा का प्रधान पद स्वीकार कर लेने के कारण धर्मान्ध मुसलमानों में पिता जी के प्रति क्रोध की भावना उत्पन्न की जा रही थी, जिसका प्रकाशन धमकियों के रूप में होता रहता था। इस असनतोषाग्नि पर उन दिनों चलाए गए प्रसिद्ध शान्तिदेवी केस ने घी का काम कर दिया। केस चोटी से एड़ी तक बनावटी था। असरी बेगम (शान्तिदेवी) को दिल्ली लाने, वनिता आश्रम में प्रविष्ट कराने या धर्म परिवर्तन कराने में पिता जी या अन्य किसी हिन्दू आर्य कार्यकर्ता का हाथ नहीं था। परन्तु दिल्ली के कुछ मुसलमानों ने शान्तिदेवी के पिता और मुसलमान पति को प्रेरणा देकर बिलकुल झूठा मुकदमा दायर करवा दिया, जिसकी दो-तीन पेशियों में ही असलियत प्रकट हो गई और हम लोगों की निर्दोषता का अदालत ने फैसला कर दिया हैं, परन्तु अदूरदर्शी मदान्ध लोगों ने जो विष बिखेरा था, वह अपना काम कर गया। नासमझ मुसलमानों का पिता जी के प्रति विद्वेष भाव चरम सीमा तक पहुँच गया।''[15] जबकि स्वामी श्रद्धानन्द की सोच थी-"On Hindu & Muslim unity depends future wellbeing of India" अर्थात भारत का भावी सुख हिन्दू-मुस्लिम एकता पर आश्रित है। उनके हिन्दू संगठन का अभिप्राय मुस्लिम-विरोधी नहीं था अपितु जाति के आन्तरिक दोषों को दूर करना था।''[16] "यदि भारत को महान राष्ट्र होना है तो देश के विश्वकर्माओं का स्मरण नए जमाने के सामने लाना होगा। इसीलिए यह आवश्यक है कि स्वामी जी के पवित्र जीवन, उनकी सेवा-भावना, उनकी वीरता और कार्य दक्षता को हम हमेशा स्मरण रखें जिस युग में स्दामी जी ने अपना कार्य किया, उस युग में जो निडर नेता थे, उनमें स्वामी जी अग्रगण्य थे जो नेता उत्साही थे, उनमें स्वामी जी आगे थे। जिन महापुरुषों ने ऋषिग्रों के जीवन पर अपनी जीवनचर्या बनाई, उनमें भी स्वामी जी अग्रगण्य थे। "

## सन्दर्भ सूची

1. स्वामी श्रद्धानन्द, कल्याण मार्ग का पथिक : श्रद्धानन्द अनुसनधान प्रकाशन केन्द्र, गुरुकुल काँगड़ी विश्वविद्यालय, हरिद्वार, 2006, पृ. 13
2. वही, पृ. 14

3. वही, पृ. 20
4. वही
5. वही
6. वही, पृ. 40
7. वही, पृ. 45
8. वही, पृ. 65
9. वही, पृ. 94
10. वही, पृ. 97-98
11. महात्मा गाँधी, सत्य के साथ मेरे प्रयोग की कहानी, प्रकाश बुक्स इंडिया प्राइवेट लिमिटेड प्रकाशन, 2022. पृ. 369-371
12. स्वामी श्रद्धानन्द, कल्याण मार्ग का पथिक : सरदार वल्लभभाई पटेल की भावाभिव्यक्ति
13. गुरुकुल काँगडी समविश्वविद्यालय में दिये दीक्षान्त भाषण का अंश
14. स्वामी श्रद्धानन्द, कल्याण मार्ग का पथिक : रैम्जे मैकडॉनल्ड ब्रिटिश प्रधानमन्त्री की भावाभिव्यक्ति
15. स्वामी श्रद्धानन्द, कल्याण मार्ग का पथिक : महात्मा गाँधी की भावाभिव्यक्ति
16. इन्द्र विद्यावाचस्पति, मेरे पिता (स्वामी श्रद्धानन्द), सत्यार्थ प्रकाशन न्यास, कुरुक्षेत्र, हरियाणा, 2005, पृ. 162.

# स्वामी सहजानन्द सरस्वती :'मेरा जीवन संघर्ष'

डॉ. अनिल कुमार यादव

स्वामी सहजानन्द सरस्वती एक संन्यासी, राष्ट्रवादी, किसान नेता के साथ महान स्वतन्त्रता सेनानी, लेखक, बुद्धिजीवी और समाज सुधारक भी थे। उनकी लिखी नौ छोटी-बड़ी आत्मकथाओं में 'मेरा जीवन संघर्ष' प्रमुख है।

स्वामी सहजानन्द सरस्वती की आत्मकथा 'मेरा जीवन संघर्ष' का सम्पादन राघव शरण शर्मा द्वारा किया गया है। इस पुस्तक में 'क्यों और किसलिए' शीर्षक से अपनी बात स्वामी सहजानन्द सरस्वती द्वारा की गई है जो कि सेंट्रल जेल, हजारीबाग से लिखी गई थी। यह पुस्तक, पुस्तक प्रतिष्ठान, नई दिल्ली से 2019 में छपी है। यह पुस्तक आठ (08) भागों में लिखी गई है। पूर्व भाग में जन्म से लेकर संन्यास तक की बातें लिखी गई हैं। दूसरे भाग में संन्यास के उपरान्त काशी आगमन तक की बातों को लिखा गया है। तीसरे भाग में स्वामी जी के शास्त्र अध्ययन से लेकर उनके द्वारा किए गए तमाम कार्यों को बताया गया है। चौथा भाग मध्य भाग है जिसे उत्तर खंड भी कहा जाता है जिसमें स्वामी जी के सामाजिक जीवन से लेकर राजनीति में आगमन तक की बात की गई है। पाँचवें भाग में गाँधी जी से स्वामी जी की वार्ता से बात शुरू होती है। कांग्रेस अधिवेशन, चम्पारण, जेल यात्रा और लोक संग्रह तक की बातों को स्पष्ट रूप से लिखा गया है। छठे भाग में स्वामी जी की पश्चिम पटना किसान सभा से बात शुरू होती है और बिहार प्रान्तीय किसान सभा के सर गणेश से उनके मनमुटाव, सरदार पटेल का दौरा, हजारीबाग सेंट्रल जेल की कहानी, टेनेन्सी, गाँधी से इनके अलगाव, सरकार से इनके भिड़न्त और सोशलिस्ट दोस्तों को किसान सभा से जोड़ने आदि की बात लिखी हुई है। स्वामी जी की जीवनी के सातवें भाग में उत्तर खंड है जिसमें जमींदारी खत्म होने की बात, धर्म की बात, बिहटा के चीनी मिल, केन्द्रीय असेम्बली का चुनाव, उनकी कश्मीर यात्रा, प्रान्तीय किसान कान्फ्रेन्स, वामपक्ष और अन्त में उपसंहार लिखा गया है। जीवनी में एक भाग अवशिष्ट भाग के नाम से लगा है जिसमें जीवनी की पृ.भूमि और जेल में उनके दो सालों के अनुभव को बताया गया है।

स्वामी जी की आत्मकथा का अध्ययन कर इस आलेख में उनकी जीवनयात्रा को संक्षिप्त रूप से आपके समक्ष रखा गया है। स्वामी सहजानन्द सरस्वती का जन्म महाशिवरात्रि के दिन 1899 ई. में गाजीपुर, उत्तरप्रदेश में हुआ था। स्वामी जी के पूर्वज बुन्देलखंड से गाजीपुर के देवगाँव आए थे और यहीं पर आकर बस गए थे। इनका परिवार निम्न मध्यवर्गीय किसान परिवार था। स्वामी जी ने अपनी प्रारम्भिक शिक्षा गाजीपुर के जर्मन मिशन स्कूल से प्राप्त की। 1907 ई. में स्वामी जी ने अपनी मैट्रिक की पढ़ाई पूर्ण कर ली। स्वामी जी का विवाह 1904 ई. में हो गया था। विवाह के दो वर्ष बाद 1906 ई. में इनकी पत्नी का देहान्त हो गया। पत्नी की मृत्यु के बाद स्वामी जी अठारह वर्ष की उम्र में संन्यासी हो गए।

संन्यास ग्रहण करने के बाद स्वामी जी ईश्वर और सच्चे योगी की खोज में निकल गए। इस समय में स्वामी जी ने वेदान्त मीमांसा एवं न्यायशास्त्र का गहन अध्ययन किया। इस गहन अध्ययन के उपरान्त स्वामी जी इस निष्कर्ष पर पहुँचे कि यज्ञ, बुद्धि और श्रम तीनों मनुष्य को पूर्ण बनाने के लिए एक साथ जरूरी हैं।

इस प्रकार बदलते हुए समय एवं परिस्थितियों के चलते स्वामी जी को सामाजिक कार्यों की तरफ मुड़ना पड़ा। समाज में व्याप्त सामाजिक कुरीतियों का विरोध स्वामी जी के द्वारा किया गया। पुरोहितवाद, कथावाचन और इस पर ब्राह्मण जाति के एकाधिकार के खिलाफ इन्होंने अपना आन्दोलन शुरू कर दिया। इसी समय में स्वामी जी द्वारा ब्राह्मण समाज की स्थिति, ब्राह्मण वंश का विस्तार, झूठा भय, मिथ्या अभिमान इत्यादि पुस्तकों का लेखन किया गया था, जिसमें उन्होंने समाज में व्याप्त अन्य सामाजिक कुरीतियों का विरोध भी किया। शादी-विवाह, पूजा-पाठ, सोलह संस्कार आदि को सरल बनाने के लिए इन्होंने 'कर्मकलाप' नामक पुस्तक लिखी और इनको कर्मकांडों आदि से मुक्त कर सरल बनाने का प्रयास किया।

सामाजिक कुरीतियों का विरोध करने और सामाजिक कार्यों के इस जुड़ाव के चलते स्वामी जी ने राजनीति की तरफ अपना रुख अख्तियार किया। यह वह समय था जब बाल गंगाधर तिलक (1916) की मृत्यु हो गई थी। इस प्रखर राष्ट्रवादी नेता की मृत्यु से उपजी संवेदना के चलते स्वामी जी सक्रिय राजनीति में आ गए और इन्होंने 'तिलक स्वराज्य फंड' के लिए धन इकट्ठा करना शुरू कर दिया। इसी दरम्यान असहयोग आन्दोलन के समय इनको जेल भी जाना पड़ा। जेल में जाने के बाद स्वामी जी जेल में कांग्रेसी नेताओं की विलासिता, भोगवादिता और उनके कारनामों से परिचित हुए। कांग्रेस के ऐसे नेताओं से इनका विश्वास उठ गया। जेल से आने के बाद स्वामी जी का सम्पर्क गणेशदत्त से हुआ। गणेशदत्त दानी, ऋषि तुल्य आदरचेता जमींदार राजनेता थे।

इस समय तक स्वामी जी की लोकप्रियता दिन-प्रतिदिन बढ़ती जा रही थी। इसका अनुमान इस बात से लगाया जा सकता है कि बिहार के लोकप्रिय नेता डॉ. राजेन्द्र प्रसाद के विरोध के बावजूद स्वामी जी ने अपनी लोकप्रियता के प्रभाव के चलते गणेशदत्त को चुनाव जितवा दिया था। चुनाव जीतने के बाद गणेशदत्त अंग्रेजों के अधीन लोकल बोर्ड में मन्त्री भी बने। गणेशदत्त बिहार के जमींदार ब्राह्मणों के नेता माने जाते थे।

स्वामी जी इस तरह सामाजिक आन्दोलन में सक्रिय रहते हुए राजनीति में कुशल सहभागिता देने लगे। किसानों की दुर्दशा और उनकी स्थितियों से प्रभावित होकर स्वामी जी ने 1927 ई. में पश्चिमी किसान सभा की नींव रखी। इसी क्रम में आगे बढ़ते हुए स्वामी जी ने सोनपुर मेले के अवसर पर 1929 ई. में बिहार प्रान्तीय किसान सभा की नींव रखी। स्वाभी सहजानन्द इसके अध्यक्ष एवं डॉ. श्री कृष्ण सिंह इसके सचिव बनाए गए। इस कार्य में रामदयाल बाबू एवं यमुनाकार्सी स्वामी जी के प्रमुख सहयोगी थे।

स्वामी जी किसानों की समस्याओं को लगातार उठाते रहे और उनकी समस्याओं के लिए आन्दोलन और विरोध करते रहे। किसानों के संघर्ष के मुद्दे को लेकर स्वामी जी के महात्मा गाँधी से भी वैचारिक मतभेद थे। स्वामी सहजानन्द सरस्वती सामन्त विराधी थे और किसानों के हित की बात करते थे। 1917 ई. में चम्पारण के जमींदार एवं किसान नेता राजकुमार शुक्ल के बुलावे पर जमींदार वर्ग द्वारा किसानों के शोषण के खिलाफ लड़ने को गाँधी जी तैयार नहीं थे, सिर्फ अंग्रेजी सरकार के खिलाफ ही आवाज उठाने की बात कर रहे थे। स्वामी जी ने इस आन्दोलन में गाँधी जी के किसान-संघर्ष और अपने किसान-संघर्ष के सिद्धान्तों में अन्तर पाया जो कि गाँधी से उनके वैचारिक टकराव का कारण बना। स्वामी जी यह चाहते थे कि गाँधी जी चम्पारण में किसानों के हितों की बात करें न कि जमींदारों के हितों की, क्योंकि स्वामी जी यह मानते थे कि भारतीय किसान अंग्रेजों के नियम कानून से तो परेशान हैं ही, जमींदारों के शोषण के भी शिकार हैं जबकि महात्मा गाँधी जमींदारों के शोषण के मुद्दे पर एकदम चुप थे। इसी तरह गाँधी जी और स्वामी जी के बीच किसानों के मुद्दों को लेकर दूसरा टकराव उस समय देखने को मिला जब खेड़ा और बारदोली में किसान आन्दोलन 1922 ई. एवं 1928 ई. के मुद्दे को लेकर हुआ। यहाँ पर किसान आन्दोलन का नेतृत्व अब जमींदारों के हाथों से फिसलकर गरीब किसान जातियों के हाथों में जाने लगा तब महात्मा गाँधी और सरदार पटेल ने छोटे जमींदारों के हितों से जुड़े मुद्दे को लेकर सरकार से समझौता कर लिया और किसानों को बेहाल छोड़ दिया। गाँधी और पटेल के इस कार्य ने स्वामी जी को बहुत आहत किया। इनके इस कार्य का विरोध स्वामी जी द्वारा किया गया।

स्वामी जी किसानों के हित के साथ किसी भी प्रकार के समझौते को मानने को तैयार नहीं होते थे। इसी तरह स्वामी जी किसानों के हितों के लिए लगातार आवाज उठाते रहे। बिहार में डॉ. राजेन्द्र प्रसाद, डालमिया के बिहटा चीनी मिल के डायरेक्टर थे। मिल की स्थापना के समय किसानों से यह वादा किया गया था कि अंग्रेजों की तुलना में देशी मिल ईख का ज्यादा दाम किसानों को देगा पर मिल खुल जाने के बाद ठीक इसका उलटा किया गया। किसानों को उनके वाजिब मूल्य का सिर्फ आधा मूल्य ही दिया गया। स्वामी जी द्वारा इस मामले को गम्भीरतापूर्वक लिया गया और उन्होंने विरोध करने का निर्णय लिया। स्वामी जी ने मजदूर नेता अनिल मित्रा को बिहटा किसान फ्रंट पर रखा और किसान नेता श्यामसुन्दर सिंह को मजदूर फ्रंट पर लगाकर एक साथ किसानों और मजदूरों के सहयोग से हड़ताल करवा दिया। इस हड़ताल ने डालमिया और डॉ. राजेन्द्र प्रसाद दोनों लोगों को परेशानी में डाल दिया। डालमिया खुद स्वामी जी से मिलने गए और उनको यह प्रस्ताव दिया कि स्वामी जी एक बड़ा विद्यापीठ बनाएँ, मैं पूरी धनराशि दूँगा पर स्वामी जी ने डालमिया के इस प्रस्ताव को ठुकरा दिया और डंडा लेकर उन्हें अपने आश्रम से बाहर खदेड़ दिया। स्वामी जी यह मानते थे कि सेठ किसानों का शोषण करता है। इनके शोषण से जो धन इकट्ठा करता है, उसका कुछ हिस्सा नेताओं को चन्दा, कुछ आश्रम को और कुछ संघों को दे देता है। इस प्रकार से सेठ अपनी स्थिति मजबूत कर पाता है और किसानों का लगातार शोषण करता रहता है।

स्वामी जी ने यह भी बताया कि देश के बड़े सेठों का सम्बन्ध भारत के बड़े-बड़े राजनेताओं से है और उनके सहयोग से उनका काम चलता है। इन्होंने बताया कि पुरुषोत्तमदास सेठ से सरदार वल्लभ भाई पटेल का काम, घनश्यामदास सेठ से गाँधी जी का काम, टाटा से नेहरू जी का काम होता है। गाँधी के प्रभाव का लाभ उठाकर सेठ अंग्रेजों से ठेका लेकर भारी-भरकम मुनाफा कमाते थे। सेठ मुनाफे का एक हिस्सा अपने इन चहेते नेताओं को भी देते थे जिससे नेता अपनी राजनीति करते और मीडिया में शोहरत पाते थे। स्वामी जी ने यह बड़ा आरोप इन नेताओं पर लगाकर उनको कटघरे में खड़ा कर दिया था जो काफी हद तक सच्चाई के निकट भी प्रतीत होता है। स्वामी जी ने ऐसे धन प्राप्त करने के तरीकों का हमेशा विरोध किया। स्वामी जी कहते थे कि "मैं ऐसे पैसों पर पेशाब करता हूँ, ऐसा धन मुझे नहीं चाहिए जिसमें लोगों का शोषण खून चूसकर किया गया हो।"

स्वामी जी ने अपने कर्तव्य एवं मूल्यों से कभी भी समझौता नहीं किया। जिस जगह पर लोगों के ऊपर अन्याय उनको दिखाई पड़ा वे लोगों के सहयोग हेतु उनके साथ खड़े हो जाते थे। सन 1934 ई. में उत्तरी बिहार में भूकम्प आया जिसमें

लोगों को भारी तबाही का सामना करना पड़ा था। इस समय दरभंगा जिला के आसपास के इलाके में महाराजाधिराज कामेश्वर नारायण सिंह द्विजराज का शासन था। उनके प्रधानमन्त्री गिरीन्द्र मोहन मिश्र कांग्रेस के कार्यकर्ता और फंड देनेवाले लोगों में थे। भूकम्प की भयंकर तबाही के बाद भी इन लोगों ने किसानों को किसी प्रकार की राहत नहीं दी। दरभंगा राजा किसानों से कर दबाव के साथ वसूलते रहे। स्वामी जी ने गाँधी जी से इस उत्पीड़न और वसूली को बन्द कराने को कहा पर गाँधी जी के जमींदारों के हित में होने के कारण स्वामी जी अवाक रह गए और इस तरह गाँधी जी से उनका मोह भंग हो गया। स्वामी जी को गाँधी की विचारधारा और उनके तौर-तरीकों से नफरत हो गई।

स्वामी जी यह मानते थे कि जमींदार जातीय सभा बनाकर किसानों की चेतना तोड़ना चाहते हैं, उन्हें विभक्त करते हैं और उनका शोषण करते हैं। जमींदारों का झुकाव ब्रिटिश ताज एवं झंडे के प्रति है। जनता को यह चाहिए कि वे इनसे सावधान रहे। स्वामी जी यह मानते थे कि भारत में साम्राज्यवाद को सहारा देनेवाली चीज जमींदारी है।

गाँधीवाद से मोह भंग होने के बाद स्वामी जी बिहार में समाजवादी पार्टी की स्थापना के साथ उसमें शामिल हो गए। स्वामी सहजानन्द सरस्वती के सहयोगी राहुल सांकृत्यायन, रामवृक्ष बेनीपुरी और बसावन सिंह रहे। 1934 ई. अंजुमन इस्लामिया हॉल पटना में एक सम्मेलन किया गया। इस सम्मेलन में जयप्रकाश नारायण ने भी भाग लिया। इस पार्टी ने भगतसिंह की हत्या से नाराज युवाओं को अपने पक्ष में करने का प्रयास किया और बड़े पैमाने पर नौजवानों को पार्टी का सदस्य बनाया गया। स्वामी जी की भूमिका इस मामले में सबसे महत्त्वपूर्ण थी।

स्वामी जी ने 1929 ई. में गठित बिहार प्रान्तीय किसान सभा के स्वरूप का विस्तार करके 11 अप्रैल, 1936 ई. में इसे अखिल भारतीय किसान सभा के रूप में पुनर्गठित किया। लखनऊ में इसके गठन के समय देश के बड़े नेता इनके साथ थे। स्वामी जी किसान आन्दोलन के साथ-साथ भारत के राष्ट्रीय आन्दोलन में भी अपनी सहभागिता देते रहे। भारत छोड़ो आन्दोलन में इनके तमाम सहयोगियों ने महत्त्वपूर्ण भूमिका निभाई। राष्ट्रीय आन्दोलन की लड़ाई के साथ ही स्वामी जी किसानों के हितों की लड़ाई लड़ते रहे।

किसान सभा के गठन के बाद इसके कई अधिवेशनों को बुलाया गया। किसान सभा के गठन से भारतीय राजनैतिक पार्टियों से कुछ मुद्दों पर इनका मतभेद रहा। कांग्रेस, समाजवादी पार्टी और कम्युनिस्ट पार्टी के साथ फारवर्ड ब्लॉक भी एक समय में किसान सभा का विरोधी हो गया था। इन सब पार्टियों का स्वामी जी की किसान सभा के विरोध का मुख्य कारण 'किसानों का हित और किसान विरोधी

लोगों का विरोध था' जिसके चलते स्वामी जी का तमाम ऐसे लोगों और संगठनों से वैचारिक मतभेद हो गया था।

निष्कर्षतः यह कह सकते हैं कि स्वामी सहजानन्द सरस्वती एक महान व्यक्तित्व थे और निस्सनदेह भारत में किसान आन्दोलन के बड़े नेता थे। स्वामी जी ने भारतीय सांस्कृतिक नव जागरण में महत्त्वपूर्ण भूमिका निभाई। स्वामी जी आजीवन किसानों के हितों की लड़ाई लड़ते रहे और अन्ततः 26 जून, 1950 ई. को मुजफ्फरपुर (उत्तर प्रदेश) में उनकी मृत्यु हो गई।

# विवाह-संस्था का औचित्य और सार्थकता का प्रश्न : बजरिये आत्मकथा

डॉ. सरोज सिंह

आत्मकथा जीवनपरक कथेतर गद्य रूप है। यह 'परात्म' न होकर 'आत्म' जीवन की विधा है। इसमें दूसरों के द्वारा जीवन सत्यों का उद्घाटन न होकर खुद के द्वारा अपने भोगे और जिये वास्तविक जीवन को व्यक्त किया जाता है। डॉ. शान्तिस्वरूप गुप्त के अनुसार-"आत्मकथा लिखना सुखद कार्य तो है, क्योंकि उसमें व्यक्ति को अपने विषय में कहने का अवसर मिलता है, पर वह कठिन इसलिए है कि उसमें लेखक को निष्पक्ष होना पड़ता है, अपने दोषों को भी प्रस्तुत करना पड़ता है, जो सहज कार्य नहीं।"[1] इसी तरह डॉ. गोविन्द त्रिगुणायत भी कहते हैं-"आत्मकथा लेखक के जीवन की दुर्बलताओं-सबलताओं आदि का वह सनतुलित और व्यवस्थित चित्रण है जो उसके सम्पूर्ण व्यक्तित्व के निष्पक्ष उद्घाटन में समर्थ होता है।"[2] आलोचना की दृष्टि से आत्मकथा का केवल आत्मकथा होना काफी नहीं, उसे साहित्य भी होना चाहिए। बुनियादी सवाल भी यहीं से खड़े होते हैं। स्त्री को मात्र देह, उसकी शक्ति, सौन्दर्य और उसकी मुक्ति वर्जनारहित मन को मानते हुए लेखक आत्मकथा की परिभाषा गढ़ता है। "स्त्री की हर आत्मकथा अपनी आत्मकथाओं की ऐसी निजी दास्तान है जो घर-घर में घटित होती है। पुरुषों की आत्मकथाएँ उनके निजी संघर्षों की विजय गाथाएँ हैं। .. मगर स्त्री की आत्मकथा समाज और परिवार की उन भीतरी सच्चाइयों से साक्षात्कार है, जिनकी चुभन जूते की कील की तरह सिर्फ पहननेवाला ही जानता है।"[3] वास्तव में स्त्री आत्मकथा उसकी देह, देह के सौन्दर्य और उसको लेकर घटित होनेवाले संघर्षों की दास्तान है। एक तरह से वह उसकी उपलब्धि है और वही उसकी मुक्ति। आत्मकथा की विधा से सम्बन्धित तीन शब्द प्रचलन में हैं, आत्मकथात्मक संस्मरण, आत्मकथा और आत्मकथात्मक उपन्यास। आत्मकथा अपने सम्बन्ध में एक समेकित संस्मरणात्मक कथन है जो स्मृति के आधार पर प्रस्तुत किया जाता है। इसमें हम केवल वह केन्द्रीय बिन्दु देख पाते हैं जो लेखिका के जीवन

में मुख्य स्रोत की भूमिका अदा करता है। जो लोग आत्मकथा नहीं लिखते वे भी, इस तरह के संस्मरण जरूर लिखते हैं। महादेवी जी के संस्मरण इसी प्रकार के हैं। आत्मकथात्मक उपन्यास दोनों तरफ खुली सुरंग हैं, उनमें यह पता लगाना मुश्किल है कि क्या सच है, कितना सच है। लेखिका या लेखक को सुरंग के दोनों तरफ निकलने की सुविधा रहती है। मैत्रेयी पुष्पा अपनी कृति की भूमिका में स्वयं यह प्रश्न उठाती हैं-"इसे उपन्यास कहूँ या आपबीती ...?" और ब्लर्ब पर लिखा गया है-"हर आत्मकथा उपन्यास है और हर उपन्यास एक आत्मकथा।" दोनों के बीच सामान्य शब्द 'फिक्शन' है। यानी दोनों ही कहीं न कहीं सर्जनात्मक कथा गढ़न्त हैं। इधर उपन्यास की निर्वैयक्तिकता और आत्मकथा की वैयक्तिकता मिलकर उपन्यासों का नया शिल्प रच रही हैं।" इस परिभाषा के साथ ही आत्मकथा की श्रेष्ठता के लिए जरूरी सामान भी बता दिया गया है, यानी वही 'अन्तरंग और लगभग अनछुए और अकथनीय प्रसंगों का अन्वेषण और संस्कृति जो व्यक्ति की कहानी को विश्वसनीय और आत्मीय बनाते हैं। इस प्रकार के 'अनछुए' वर्णन मैत्रेयी जी ने अपने ही नहीं अपनी माँ के भी किए हैं, "मैत्रेयी टुक-टुक औरतों को देखती हैं। अपने जैसी बीती रातें दिन में ही दिखने लगती हैं-माता जी की खाट से उसे गौरा ही उठाकर दूसरी खाट पर डाल देती थी। नींद टूटने पर दिखता कि उसकी जगह माता जी के संग गौरा सो रही है।"[4]

स्त्री का आत्मकथा लिखना सक्रिय सामाजिक भूमिका अदा करना है, वह अपने पाठक को सक्रिय करती है, आन्दोलित करती है, एक्शन के लिए तैयार करती है, इससे सामाजिक सक्रियता में इजाफा होता है। स्त्री आत्मकथा समाज और संस्कृति की आलोचना है, उसके साथ मुठभेड़ है, समाज और संस्कृति में अपनी जगह बनाने का प्रयास भी है। 'गुड़िया भीतर गुड़िया' मैत्रेयी पुष्पा द्वारा रचित आत्मकथा है, जो स्त्री जीवन का महाख्यान है। यह सिर्फ एक स्त्री की कथा नहीं है, समूची स्त्री जाति की ग्रन्थियों को खोलता एक आत्मीय संवाद है। मैत्रेयी पुष्पा की 'कस्तूरी कुंडल बसै' (2002 ई.) एवं 'गुड़िया भीतर गुड़िया' (2008 ई.)-दोनों आत्मकथाओं में शैली एवं घटनाओं की दृष्टि से स्त्री की कथा को साहित्य के कैनवस पर रोचक ढंग से उतारा गया है। 'कस्तूरी कुंडल बसै' की भूमिका में मैत्रेयी पुष्पा लिखती हैं-"यह माँ कस्तूरी की जीवनी भी है जो वैधव्य भार से दबकर बैठ नहीं जाती है। गाँव के वातावरण के विरुद्ध एवं नकारात्मक तत्त्वों से टकराते हुए निन्दा और उपहास की चिन्ता न करते हुए, शिक्षा की कठिन डगर पर चलते हुए आत्मनिर्भरता के लक्ष्य को प्राप्त करती है।"[5] 'गुड़िया भीतर गुड़िया' आत्मकथा में मैत्रेयी पुष्पा का रचनात्मक संघर्ष देखने को मिलता है। 'गुड़िया भीतर गुड़िया' आत्मकथा में लेखिका ने 'कस्तूरी कुंडल बसै' के शेष भाग को पूर्णता की ओर अग्रसर किया है। इस आत्मकथा में

मैत्रेयी पुष्पा के दो स्वरूप दिखाई देते हैं। एक लेखिका का तो दूसरा पत्नी का। दोनों स्वरूप एक-दूसरे को प्रभावित करते रहते हैं। मैत्रेयी पुष्पा ने आत्मकथा के प्रथम भाग 'कस्तूरी कुंडल बसै' के केन्द्र में अपनी माँ कस्तूरी के जीवन-संघर्षों का वर्णन किया है तो 'गुड़िया भीतर गुड़िया' में स्वयं के जीवन-संघर्ष को लेखनबद्ध किया है। मैत्रेयी जी 'गुड़िया भीतर गुड़िया' के बारे में लिखती हैं-"मैंने इस किताब में अपनी सम्पूर्ण सामर्थ्य लगाकर सुन्दर कम और सत्य ज्यादा लिखा है-इस बात का विश्वास कैसे दिला सकती हूँ।"[6] मैत्रेयी पुष्पा की आत्मकथा का केन्द्र बिन्दु मुख्यतः नारी अस्मिता और नारी चेतना है। अन्यों की तरह लेखिका का पति उसका शोषण नहीं करता, लेकिन उसकी पुरुषसत्तात्मक मानसिकता लेखिका को रास नहीं आती। लेखिका की माँ कस्तूरी में तो गजब का अभिमान और चेतना मिलती है। पति की मृत्यु के बाद वह डटकर संघर्ष करती हुई, सभी के विरोध के बावजूद शिक्षा हेतु घर की चहारदीवारी से कदम लाँघकर बाहर निकलती है। मैत्रेयी जी पर माँ के संस्कार बुनियादी हैं। इसी कारण, वे अपने लेखन के जरिये इन सभी बातों का पर्दाफाश करती हैं। जब-जब उनके अभिमान पर पति द्वारा चोट पहुँचती, तब-तब वह उसका दृढ़ता से विरोध करतीं। वह अपनी गुड़िया की छवि तोड़ने का भरपूर प्रयास करती हैं। हर स्त्री के भीतर की मैत्रेयी पुष्पा परिवार में यही तो पाती है-पति के नाम पर 'जलकुक्कड़ आदमी' (बेचारा बच्चा) जो खुद को 'खेल में हारते देखता है तो खेल बिगाड़ देता है।' बेटियाँ जनने के 'अपराध' में मातृत्व की अवमानना, बूँद-बूँद सम्मान बचाने के लिए रेशा-रेशा 'छीजने' की सतत यन्त्रणा हर स्त्री को मिलती है जहाँ की ऊसर जमीन पर खड़ी होकर वह अपनी दादी और पोती की नियति में कोई फर्क नहीं देख पाती। तो क्या पढ़ाई की सनदें बेकार हैं ? सिर्फ कुलीन-कमाऊ पति पाने का जरिया ? नहीं... लेकिन हाँ... हाँ भी। शायद यहीं गृहस्थी की चौखट में बँधी आम स्त्री से भिन्न हैं मैत्रेयी पुष्पा। ऐशोआराम के बीचोबीच ऐसी बेधक अकुलाहट कि अपने को ही नोच-चीथ डालने की व्यग्रता-"पता नहीं वह कौन थी जो दुल्हन के रूप में गहने-कपड़े पाकर डॉक्टर साहब की संगिनी होने का ख़्वाब देख रही थी और उनके घर की स्त्री होने में सौभाग्य तलाश रही थी। पति और घर को लेकर मैंने तमाम सपने बुने, आज रेशमी फन्दे टूटते क्यों हैं?"[7] दुख और ग्लानि से भरकर अपने आचरण पर फटकार भी कि "मैं ट्रेजडी क्वीन... आँसू बहाकर सनतुष्ट और हलकी होनेवाली। अपने दुःखात्मक प्रदर्शन पर वाहवाही जीतनेवाली।"[8] बाड़े में बन्द भेड़ बनना मैत्रेयी जी को स्वीकार्य नहीं था। अट्ठारह साल की उम्र में खुद आगे बढ़कर जब माँ से अपना ब्याह कर देने का आग्रह किया था तो बाड़े का वरण करने की लालसा नहीं थी जो कुँआरे बदन पर जुगुप्सा-भरी लिजलिजी अनुभूति जगाती थी। माँ या समाज पुरुष मन

के अँधेरे में पलती इस कामविकृति की भले ही अनदेखी कर दे, विक्टिम स्त्री मन कितनी ही कुंठाओं, वर्जनाओं, ग्रन्थियों, असुरक्षाओं और हीनताओं से बिंध-नुचकर अपने ही आत्मसम्मान को रौंदता चला जाता है। मैत्रेयी पुष्पा ने अबोध बचपन से ही कामविकृतियों के जिस सैलाब को झेला है, वह दैहिक शुचिता का पाठ पढ़ाकर उन्हें 'सती' कैसे बनाए भला ? दूर तक फैली स्मृतियों की जड़ों को उखाड़ फेंकना इतना सरल नहीं होता। यह मैत्रेयी पुष्पा की विद्रोही भंगिमा का पहला बीज था। स्त्री आत्मकथा मूलत: मर्द केन्द्रिकता से लड़ती है। वर्जीनिया वुल्फ का आदर्श रूसो की आत्मकथा थी, किन्तु लिखा एकदम भिन्न रूप में है। वुल्फ की आत्मकथा को स्त्री आत्मकथा का मानक कहा जाता है। वुल्फ ने अपनी आत्मकथा में स्त्री के हाशिये की चीजों को पेश किया। वुल्फ का 'अपना एक कमरा' इसका आईना है। उन्होंने अपनी आत्मकथा में पितृसत्ता के तन्त्र और उसकी भूमिका की तीखी आलोचना की है। वर्तमान की नारी अपनी दुर्दशा से वाकिफ हो चुकी है। अब वह अपनी बेटियों को अम्माँ की दी हुई रूढ़िवादी शिक्षा नहीं देती बल्कि अब वह अनुभूतिमूलक शिक्षा देती है, जिसकी अनुभूति उसने स्वयं की है। मैत्रेयी पुष्पा की माता कस्तूरी कहती हैं-"लाली न जमीन, न जल, न हवा, न इज्जत, न आबरू। सब हमारे आसपास घिरे मर्दों का है, जब चाहे बख्श दे, जब चाहे उतार ले। पर हम फिर भी लड़ेंगे अपनी जान के लिए, अपने इनसान होने के लिए।"[9] अपने इनसान होने की बात प्रमाणित करने के लिए अब स्त्री अपनी लड़ाई खुद ही लड़ रही है।

विवाह के समय जो पति, पत्नी के साथ जीवन व्यतीत करने और जीने-मरने की कसमें खाता है, वही पति विवाह के उपरान्त कुछ दिन पत्नी को भोगने पर, उसे छोड़कर उसका जीवन चौपट कर उसे छोड़ देता है। सात फेरों, कसमों, वादों के साथ ईश्वर की कसमें खानेवाला पति, पत्नी को बीच मँझधार में छोड़ देता है। इसी कारणवश आज विवाह-संस्था पर भी कुछ स्त्रियाँ विश्वास नहीं करना चाहतीं। विवाह के बाद स्त्री को सुहाग चिह्नों के द्वारा किस तरह कैदी बनाकर रखा जाता है, इसका भी मैत्रेयी पुष्पा उल्लेख करती हैं। वे कहती हैं कि, "सुहाग चिह्न मेरा वजूद रौंदने लगे। ...बिछिया घायल उँगली अच्छी हो जाने पर भी नहीं पहने। मंगलसूत्र वगैरह मुझे सदा उस गाय के घटमल्ला (रस्सी में लकड़ी की मोटी कड़ी बाँधकर गले में लटकाया जाता है) जैसा लगता है, जिसे भरखनी समझकर पहनाया जाता है।"[10] इस तरह, अब नारी बरसों से चलते आ रहे रीति-रिवाज, रूढ़ि, परम्पराओं आदि को समझ-बूझकर उनका प्रतिवाद कर रही हैं। अब स्त्री स्वर्ग-नरक की लोकरूढ़ियों के झाँसे में नहीं आती। उलटा मैत्रेयी जी कहती हैं-"सतीत्व के दम पर मुझे स्वर्ग मिल जाए (अगर मिलता हो तो), वह स्वतन्त्रता नहीं मिलेगी, जिससे मैं भविष्य की दिशाएँ और रास्ते तय

कर सकूँ।''[11] मैत्रेयी पुष्पा ने अपने बचपन में जिन कामविकृतियों के सैलाब को झेला है, वे स्मृतियों में जड़ों तक फैली हैं। पैंतालीस बरस की लम्बी उम्र तक गृहस्थी के प्रति मैत्रेयी पुष्पा का विकल्पहीन समर्पण स्त्री के भीतर जीती प्रकृति के इतिहास की आवृत्ति है-अपनी ही आँखों में धूल झोंककर 'सुखी' बने रहने का स्वाँग। 'सुख' के घुटन से भरी दो हमख्याला स्त्रियों के संग मुक्ति के मानस-गगन की लम्बी उड़ारी। एक सीधी रेखा या बिन्दु में मैत्रेयी पुष्पा के निष्क्रिय गृहस्थ जीवन का ग्राफ नहीं सिमटता। यह मैत्रेयी रोमांटिक सपनों में खोई आत्ममुग्धा बेवकूफ लड़की की तरह फिल्मों और फिल्मी गीतों के सहारे सपनों और कामनाओं को अभिव्यक्त करती है तो धानी रंग की साड़ी के साथ सुआपंखी ब्लाउज में लिपस्टिक और स्नो से लिपे-पुते कस्बाईपन को 'छुड़ाने' के लिए ऊँचे जूड़े में बड़ा सा पफ लगाने की बेजार कोशिशें भी करती है। अब वह पफ ऐन पार्टी में फर्श पर लुढ़कता चले तो कोई क्या करे ? गर्भावस्था से चिढ़ है कि वह पति के संग 'प्रणयकाल' छीन लेती है तो डान्स पार्टी में मन के मीत डॉ. सिद्धार्थ के आह्वान पर नाचने का जोखिम लेने को तैयार भी-''शादी के बाद से मुझे मेरे हिसाब से कारावास मिला जिसके लौह-कपाट मैं तभी से तोड़ने में लगी हूँ और देखना चाहती हूँ कि इस दुनिया के अलावा भी कोई दुनिया है ?''[12] अचार-पापड़ और किटी पार्टियों की तैयारी में दत्तचित, लेकिन मन में गहराता विश्वास भी कि, ''हम लोगों का मकसद दब जाता है, मर नहीं जाता।''[13] ज़्यादातर, स्त्री अपने ही अन्तर्विरोधों और अन्तर्द्वन्द्वों की शिकार होती है। 'गुड़िया भीतर गुड़िया' सतत बेचैनी से ज्यादा संघर्षपूर्ण सृजन की जिद का आलाप है। जिद के साथ जुर्रत भी-अपने उपन्यासों की सूरमा नायिकाओं की तरह सभ्य समाज की गौरवमयी संस्कृति की चूलें हिलाने की। गँवई या गँवार होने का जरा भी हीनताबोध लेखिका को नहीं है। बल्कि वे लिखती हैं-''शहरी स्त्रियों से ग्रामीण औरत को अपनी गुलामी का अहसास हुआ है ? नहीं, मुझे अच्छी तरह पता है, गुलामी के प्रति अहसास ही प्रतिरोध का आरम्भ है और मैंने अगर सारंग नैनी की कथा लिखी तो उन लोकगीतों को शामिल करूँगी, जिनमें कभी वह अपनी अभिव्यक्ति प्रार्थना की तरह पेश करती है तो कभी दया पाने के लिए इजहार जताती है। इसके बाद स्मृतियों की मालकिन अपने लिये मुक्ति की कल्पना में खुली दिशाओं का आह्वान करती है।''[14] मैत्रेयी पुष्पा रचनाकार की हैसियत से अपने कर्म क्षेत्र का निर्धारण करती हैं तो यह सवाल चुनौती बनकर मानो उनकी राह को ही प्रशस्त कर जाता है-''जो लिखूँगी, सच ही लिखूँगी, बेशक जिसे देखकर खुद ही सनन रह जाऊँ और सजा भी मिले। सजा इसलिए मिलेगी क्योंकि औरतों की ऐसी छवि बनेगी कि पुरुषों की इज्जत को खतरे... परिवारों के खम्भे हिल उठेंगे।''[15] वे विकार और वासना को उघाड़कर बड़ी

ईमानदारी से व्यक्त करती हैं-"उफ! बागी और वहशियाना सतियों की परम्पराएँ ध्वस्त हो जाएँगी।" भारतीय स्त्री प्राचीनकाल से ही रूढ़ियों और परम्पराओं से सीमाबद्ध है। उनका पालन करना स्त्री के लिए आवश्यक शर्त है। नैतिकता के सारे बन्धन और बेड़ियाँ केवल स्त्री के लिए ही होते हैं। पुरुष इन बेड़ियों से मुक्त है। राजेन्द्र यादव इस विषय में लिखते हैं-"हमारे समाज में नैतिकता के सारे मापदंड स्त्री शरीर से तय होते हैं, उस अनुभव को स्त्री ही जानती है। उम्मीद है, दलित स्त्रियाँ उस अनुभव को लिखेंगी।"[16] ईश्वर की परिकल्पना तथा पाप-पुण्य की परिकल्पना के कारण इन बन्धनों को स्त्री निभाती है। लेखिका मैत्रेयी पुष्पा को आभास है अपनी कथा-परिणतियों का— वे लिखती हैं-"स्त्री के लिए शास्त्रों द्वारा दी गई नैतिक संस्कृति, बताए जीवनमूल्य और शुचिता का पाठ हमारी सक्रिय जिन्दगी के अनुरूप नहीं, क्योंकि पुरुष जाति ही इसे खंड-खंड तोड़ डालती है। मर्दानगी ही हमारी शुचिता को क्षत-विक्षत करती है।"[17] स्त्री आत्मकथा में एक विलक्षण विभाजन यह दिखाई दे रहा है कि लेखिकाएँ अपने व्यक्तिगत और सामाजिक जीवन को व्यक्त कर रही हैं, किन्तु लेखकीय कार्य-व्यापार को छिपा रही हैं जबकि उनकी पहचान तो लेखन से ही बनी है। इससे लगता है कि लेखिकाओं ने साहित्यिक जीवन और व्यक्तिगत जीवन में बँटवारा कर लिया है। इस प्रसंग में जे.के. कॉनवे का जिक्र करना जरूरी है। उसने 'वेन मेमोरी स्पीक्स : एक्सप्लोरिंग दि आर्ट ऑफ ऑटोबायोग्राफी' (1999) लिखी है। लेखिका अपने आत्म का जब उद्घाटन करती है तो आत्म के पीछे सक्रिय सांस्कृतिक अनुमानों और परिस्थितियों का भी उद्घाटन करती है। इसी अर्थ में स्त्री आत्मकथा आत्म की कथा न होकर सांस्कृतिक कथा बन जाती है। वह अपने अतीत में झाँकते हुए अपनी जातीय अस्मिता की खोज करती है, साथ ही उन रहस्यमय क्षेत्रों का भी संकेत करती है अथवा उद्घाटन करती है जो उसकी आस्था ईश्वर, उपासना, तन्त्र-मन्त्र आदि से जुड़े होते हैं।[18] 'गुड़िया भीतर गुड़िया' आत्मकथा में मैत्रेयी पुष्पा पितृसत्तात्मक व्यवस्था द्वारा पोषित सती-सावित्री की परम्परा को नकारती हैं, विकल्प के रूप में त्रिया चरित्र दर्शाती स्त्री के स्वरूप को व्यक्त करती हैं। स्त्री शिक्षित हो या अनपढ़, पुरुष द्वारा उस पर शारीरिक तथा मानसिक उत्पीड़न होता ही रहा है। कुछ स्त्रियाँ यौन-शोषण होने पर इसके खिलाफ आवाज भी उठाती हैं, परन्तु कुछ स्त्रियाँ प्रतिष्ठा और सामाजिक बदनामी के डर से यौन-शोषण होने पर शान्तिपूर्वक रहने के लिए मजबूर दिखाई देती है। सीमोन-द-बोउवा ने 'द सेकेंड सेक्स' में कहा है कि "स्त्री का अपना शरीर ही उसकी गुलामी का मुख्य कारण है। अपनी शारीरिक सीमाओं से उबरकर ही औरत एक पूर्ण मनुष्य बन सकती है।"[19] मैत्रेयी पुष्पा ने आगे की शिक्षा के लिए डी.वी. इंटर कॉलेज में जब प्रवेश लिया था, वे सबसे

पहली लड़की थीं। यह बात कॉलेज के प्रिन्सिपल साहब को भी मालूम थी। लड़की बेचारी डरी-डरी सी रहती थी। इसलिए छोटा सा कमरा उसका कॉमन रूम था, जहाँ पर क्लास खत्म होने के बाद वह बैठती थी। एक दिन प्रिन्सिपल साहब ने एक्स्ट्रा क्लास रखा था। मैत्रेयी पुष्पा एक्स्ट्रा क्लास लेने के लिए कॉलेज में भी आ गई थी। कॉमन रूम में इन्तजार करने बैठ गई थी। आधा घंटा व्यतीत हो जाने पर लड़की प्रिन्सिपल के ऑफिस में आ गई और बोलने लगी-"सर एक्स्ट्रा क्लास!" जवाब में प्रिन्सिपल साहब उठकर चले आए। लड़की पर जबर्दस्ती करने लगे, लड़की को अपनी बाँहों में कसते हुए वे उसका चुम्बन लेने लगे। सिटपिटाई लड़की कहने लगी-'सर'! सर छोड़िए। छोड़िए...।[20] प्रिन्सिपल साहब को लड़की ने मारा, पीटा, नोचा और अत्यन्त निडरता से अपना बचाव खुद कर लिया। प्रिन्सिपल साहब ने ही मैत्रेयी पर कलंकित होने का दाग लगाया कि 'गुंडों के साथ रहनेवाली लड़की गुंडी। 'कस्तूरी कुंडल बसै' की मैत्रेयी कई बार यौन शोषण की शिकार बनी थी। परन्तु उन्होंने खुद को कई बार ऐसे लोगों से बचाया भी था। मैत्रेयी जी को पुरुषों के आचरण से नफरत हो गई थी। "नहीं यह कथा एक ऐसी स्त्री की आत्मस्वीकृति का आख्यान है, जो रिवाजों को स्त्री के लिए स्त्री की तरह बदलना चाहती है, वह भी स्त्री के उद्धार के लिए नहीं। उसके कर्म-क्षेत्र के विस्तार के लिए। ऐसा मैंने सोचा था।"[21] पुरुष सत्ता की नींव-हमारे समाज में बहुत गहरे तक धँसी हुई है। इसे तोड़ना, बदलना या सँवारना एक लम्बी लड़ाई है। साहित्य और शिक्षा हो या सामाजिक संगठन, हर क्षेत्र में स्त्रियाँ अपनी-अपनी तरह से अपनी बात रख रही हैं, लड़ाई लड़ रही हैं और स्त्रियों के पारम्परिक रास्ते में बदलाव लाने की कोशिश में रत हैं। वर्जीनिया वुल्फ लिखती हैं-'नेपोलियन और मुसोलिनी (यानी समूचा मर्दवादी तन्त्र) औरतों की हीनता पर इतना जोर देते हैं, क्योंकि अगर वे हीन नहीं होंगी तो मर्द बड़े नहीं बन पाएँगे। इससे यह व्याख्यायित होता है कि औरतें मर्दों के लिए अकसर क्यों जरूरी होती हैं और ... कि औरतों की आलोचना से मर्द इतने बेचैन क्यों हो जाते हैं ...।[22] अगर वह सच बोलना शुरू कर देगी तो दर्पण की आकृति सिकुड़ने लगेगी, जीवन की उसकी योग्यता क्षीण होने लगेगी। मर्द कैसे कसैले सुनाएगा, गँवारों को सभ्य बनाएगा, कानून बनाएगा, किताबें लिखेगा... वह वास्तव में जितना बड़ा है उसका दोगुना बड़ा सुबह-शाम अपने-आपको देख नहीं पाएगा। दर्पणवाली तसवीर की महत्ता अपार है क्योंकि इससे जीवन शक्ति भर जाती है, स्नायु-तन्त्र उत्तेजित हो जाता है। इसको हटा लीजिए और मर्द उसी तरह मर सकते हैं जैसे नशेड़ी को कोकीन न दीजिए तो वह मर जाता है।"[23] 'गुड़िया भीतर गुड़िया' में मैत्रेयी पुष्पा पितृसत्तात्मक व्यवस्था को नकारते हुए उसकी परम्परा को ध्वस्त करना चाहती हैं। वे कहती हैं-"मैं डरे हुए लोगों के बीच थी

(हूँ)। प्रबल विरोध के बावजूद जहाँ-जहाँ स्त्री मानस में अँकुराती चेतना और ईमानदारी है, वहाँ-वहाँ उनकी 'दुश्चरित्र' स्त्री अपनी सद्भावना और मनुष्यता के साथ पहुँची है-''बकने दो घर भर को। हम तो सब जानते हैं। बिटियन की जान से सँभारते ही बदफैली लग जाती है। अब देखो तो, जौन लांछन मायके में हमारे ऊपर, तौन ही इतै..."[24] अपने स्त्री पात्रों-मन्दा, सारंग, अल्मा के पक्ष और परिप्रेक्ष्य को समझाने के लिए जिस तत्परता और आवेग में स्पष्टीकरण और तर्क देती चलती हैं; हो सकता है वह आत्मकथा की परिधि से बाहर छिटककर अपनी रचनाओं के प्रचार की युक्ति लगे। मैत्रेयी जी बेपरवाह-सी त्रिया चरित्र के सहारे अपनी राहें खुद बनाती हैं, किसी पुरुष के हाथ का झुनझुना नहीं बनतीं। मैत्रेयी जी एक सशक्त कथाकार ही नहीं सशक्त आत्मकथाकार भी हैं। 'गुड़िया भीतर गुड़िया' एक स्त्री की दास्तान है जो कहीं विचलित नहीं होती। अपनी मूल संवेदना में यह रचना एक स्त्री की आत्मोपलब्धि का प्रामाणिक दस्तावेज है। भाषा में फैली स्त्रियों के प्रति हिकारत, हिंसा, नफरत और घृणा लिंगभेदी समाज का ही परिचायक है। समाज में लिंगभेद को बढ़ाने में भाषा ने बहुत योगदान दिया है।

## सन्दर्भ सूची


1. शान्तिस्वरूप गुप्त : पाश्चात्य काव्यशास्त्र के सिद्धान्त, अशोक प्रकाशन, दिल्ली, 1988, पृ. 356
2. गोविन्द त्रिगुणायतः, शास्त्रीय समीक्षा के सिद्धान्त, एस. चन्द एंड कम्पनी, पृ. 508
3. सुमन राजे : इतिहास में स्त्री, भारतीय ज्ञानपीठ, 2012, पृ. 102
4. वही, पृ. 104
5. सूरज प्रसाद मिश्र : हिन्दी लेखिकाओं की आत्मकथाएँ, अमन प्रकाशन, 2011, पृ. 112
6. मैत्रेयी पुष्पा : गुड़िया भीतर गुड़िया, राजकमल प्रकाशन, 2008, पृ. 332
7. वही, पृ. 21
8. वही, पृ. 24
9. मैत्रेयी पुष्पा : कस्तूरी कुंडल बसै, राजकमल प्रकाशन, 2002, पृ. 198
10. मैत्रेयी पुष्पा : गुड़िया भीतर गुड़िया, राजकमल प्रकाशन, 2008, पृ. 244
11. वही, पृ. 18
12. वही, पृ. 15
13. वही, पृ. 20
14. वही, पृ. 243
15. वही, पृ. 232
16. श्रवण कुमार मीणा : दलित साहित्य और सामाजिक सन्दर्भ, शैलजा प्रकाशन, कानपुर, 2009, पृ. 882
17. मैत्रेयी पुष्पा : गुड़िया भीतर गुड़िया, राजकमल प्रकाशन, 2008, पृ. 327

18. जगदीश्वर चतुर्वेदी : 'स्त्रीवादी साहित्य विमर्श', अनामिका पब्लिशर्स एंड डिस्ट्रीब्यूटर्स (प्रा.) लिमिटेड, 2018, पृ. 263-264
19. मैत्रेयी पुष्पा : गुड़िया भीतर गुड़िया, राजकमल प्रकाशन, 2008, पृ. 161
20. सीमोन-द-बोउवा, हिन्दी अनुवाद, प्रभा खेतान, स्त्री उपेक्षिता, हिन्दी पाकेट बुक्स, 2003, पृ. 12
21. मैत्रेयी पुष्पा : कस्तूरी कुंडल बसै, राजकमल प्रकाशन, 2002, पृ. 92
22. मैत्रेयी पुष्पा : गुड़िया भीतर गुड़िया, राजकमल प्रकाशन, 2008, पृ. 246
23. वर्जीनिया वुल्फ : अपना एक कमरा, अनुवाद मोजेज़ माइकेल, प्रस्तावना-तसलीमा नसरीन, पृ. 45
24. मैत्रेयी पुष्पा : गुड़िया भीतर गुड़िया, राजकमल प्रकाशन, 2008, पृ. 161

# एक लेखिका की संघर्ष गाथा : पिंजरे की मैना

डॉ. मिथिलेश कुमारी

आत्मकथा किसी एक व्यक्ति-विशेष के समग्र जीवन की रचना अवश्य है परन्तु उस व्यक्ति के साथ जुड़े समाज, स्थान, वर्ग और व्यक्ति-विशेष का परिचय भी हमें आत्मकथा में मिलता है। किसी के जीवन की घटनाएँ और परिस्थितियाँ अलग-अलग हो सकती हैं, संघर्ष और वर्गीय चरित्र अलग हो सकते हैं परन्तु उसमें समाज के दर्शन अवश्य होते हैं। आत्मकथा में कल्पना, स्मृति होती है और इतिहास होता है। जीवन के सुख-दुःख, संघर्षों के बीच ज़ीते-जागते मनुष्य की प्रतिक्रिया और उसका वजूद होता है। आत्मकथा में सामाजिक सम्बन्धों और आत्मकथाकार से जुड़े चरित्रों की शिनाख्त होती है। आत्मकथा के अध्ययन से संघर्ष करने की प्रेरणा और सामाजिक बुराइयों से मुक्ति का रास्ता भी मिलता है। इतिहास और स्मृति के सम्बन्ध के बारे में मैनेजर पांडेय लिखते हैं-"इतिहास उनका होता है जो विजयी होते हैं, जो पराजित होते हैं, वे और उनकी आवाज़ भी यहाँ तक कि उनकी चीख भी इस तरह दबा दी जाती है कि इतिहास और भविष्य उसे भूल जाएँ। स्मृति की जरूरत और सार्थकता उन दबी हुई आवाजों को खोजने, पहचानने और आमने-सामने लाने में है।"[1] स्मृति ही आत्मकथा का आधार होती है लेकिन कौन सी बात लेखक उजागर करता है, यह उस पर निर्भर करता है। हालाँकि विभिन्न विद्वानों ने आत्मकथा की अलग-अलग परिभाषाएँ दी हैं। "आत्मकथा-लेखन एक तरह से स्वकाया में पुनर्प्रवेश है।"[2] यह पुनर्प्रवेश स्मृतियों के आधार पर होता है। आत्मकथा का आधार स्मृतियाँ होती हैं। आत्मकथा का क्या महत्त्व है, वह क्यों लिखी जाए? नन्ददुलारे वाजपेयी की चिट्ठी का जवाब देते हुए प्रेमचन्द ने लिखा है "हिन्दी में ऐसे लिखनेवाले कितने हैं जिनकी जीवनी हिन्दी जनता की पथ नियामिका बन सकती है? आपका ख्याल है कि एक भी नहीं। मेरा ख्याल है मेरे घर में मेहतर के जीवन में भी कुछ ऐसे रहस्य हैं जिनमें हमें प्रकाश मिल सकता है। ... किसी भी मनुष्य का जीवन इतना तुच्छ नहीं है जिसमें बड़े-से-बड़े महाचरित्र के लिए भी कुछ-न-कुछ विचार की सामग्री न हो। महाचरित्र इसी तरह बनते हैं।"[3]

आत्मकथा साहित्य की एक ऐसी विधा है जिसमें जीवन सत्य उजागर होता है, जबकि अन्य विधाओं में सूत्र रूप में हम जीवन देख पाते हैं। मैनेजर पांडेय ने लिखा है- "मैं श्रेष्ठ आत्मकथा का एकमात्र गुण मानता हूँ-उन अन्तरंग, अनछुए और लगभग अकथनीय प्रसंगों का अन्वेषण जो व्यक्ति की कहानी को विश्वसनीय और आत्मीय बनाते हैं।"[4] मैनेजर पांडेय विश्वसनीयता, प्रामाणिकता और अन्तर्मन में दबी भावनाओं, विचारों के उजागर करने को आत्मकथा का गुण मानते हैं। आत्मकथा में कितना सच है इसकी प्रामाणिकता की जाँच तो अवश्य होनी चाहिए। चन्द्रकिरण सौनरेक्सा के अनुसार, "जीवन-यात्रा तभी समाज के लिए उपयोगी होगी जब इस यात्रा में पाठक को समाज, युग या मनुष्य का वर्णन रसमय और वास्तविक रूप से प्रतिबिम्बित मिले और उसे पढ़कर पाठक उन बुराइयों के प्रति सचेत हो जो समाज को पिछड़ापन देती हैं।"[5] सौनरेक्सा आत्मकथा की रोचकता और सामाजिकता की बात करती हैं। मनुष्य समाज में निर्मित होता है, मनुष्य का चरित्र आत्मगत कम सामाजिक ज्यादा है। व्यक्तित्व का विकास समाजीकरण की प्रक्रिया में होता है। पूर्वजों से मिले संस्कार अचेतन में जड़ जमाये रहते हैं। लिंग, जाति, धर्म, वर्ग, आर्थिक, सामाजिक स्तर व्यक्तित्व को भिन्न बनाते हैं। यहाँ तक कि दो स्त्रियों की आत्मकथा में कुछ समानता होते हुए भी भिन्नता होती है।

सौनरेक्सा की आत्मकथा ने ही इन्हें एक बार फिर साहित्यिक जगत में पुनर्जीवित किया। सौनरेक्सा की पहली कहानी 'अद्भुत' 11 वर्ष की उम्र में 1931 में बाल पत्रिका 'विजय' में छपी। मोटे तौर पर 1931 से 1980 तक इनका लेखन-काल मान सकते हैं। सौनरेक्सा ने अपनी आत्मकथा को बहुत ही सरल और सहज भाषा में प्रस्तुत किया है। जिस प्रकार गाँव का कोई बुजुर्ग अपने जीवन की कथा कह रहा हो, ठीक उसी प्रकार इन्होंने अत्यन्त साहस के साथ अपने जीवन के हर पक्ष को खोलकर सामने रख दिया है। "गहन साहस के साथ क्रूरतम सत्य को कह डालने की प्रवृत्ति को स्त्री-चेतना के प्रतिफल के रूप में देखा जाना चाहिए।"[6] अपने जीवन की छोटी-बड़ी हर घटना, परिस्थिति, अनुभव, संघर्ष, उलझन, परेशानी के बारे में इन्होंने लिखा है। इनकी आत्मकथा में रसोईघर से लेकर दूसरों के सुख-दुःख, सामाजिक क्रियाकलापों सभी का वर्णन है। इनकी आत्मकथा को पढ़कर ऐसा लगता है कि एक मध्यवर्गीय स्त्री का जीवन चलचित्र की तरह उपस्थित हो। बहुत ही बेबाकी और निष्पक्षता से इन्होंने अपने जीवन के हर छोटे ब्योरे का वर्णन करते हुए व्यापक चित्र खींचा है। दूसरी बात सारी घटनाएँ क्रमबद्धता से दर्ज हैं। इससे कथा में प्रवाह बना रहता है। इनकी आत्मकथा विविध पक्षों और

व्यापक सामजिक संरचना को समेटे हुए है। सबसे बड़ी बात, वे घरेलू स्थिति, पारिवारिक सम्बन्धों के ताने-बाने को भी उजागर करती हैं। "आत्मकथा स्वयं और अन्य के पारस्परिक सम्बन्ध को खोजने और विश्लेषित करने का सजग माध्यम हो सकती है। किसी की आत्मकथा दूसरे के नितान्त भिन्न-भिन्न अनुभव संसार से हमें जोड़ती है। वह संसार जिसे हम बिलकुल नहीं जानते। हम एक व्यक्ति के अस्तित्व के साथ-साथ सामूहिक अस्तित्व से जुड़ते चलते हैं। इस प्रक्रिया में निजी प्रसंग कब सामूहिक अवचेतन की वाणी बन जाते हैं पता ही नहीं चलता।"[7]

सौनरेक्सा का जीवन भी घर-परिवार के बन्धनों में बीता। उन्होंने संयुक्त परिवार की जिम्मेदारियों को निभाते हुए अपना साहित्यिक कर्म किया। सौनरेक्सा जी ने जो भी लिखा है वह उनकी दृष्टि से देखा गया और अनुभूत किया गया यथार्थ है। गौरतलब है कि चन्द्रकिरण के समकालीन रचनाकारों में से बहुत कम लोगों ने अपनी आत्मकथा लिखी। अपनी आत्मकथा में आन्दोलनों के दौर, सामाजिक सुधारों के काल, साम्प्रदायिक दंगे, भारत-विभाजन और उसके बाद के दौर तथा अपने सम्पर्क में आए अनेक कलाकारों, कवियों-कवयित्रियों, लेखकों का परिचय देते हुए अन्य सराहनीय और सद्भावपूर्ण प्रसंगों का भी जिक्र किया है। चन्द्रकिरण जी दादा के वंश-परिचय से अपनी आत्मकथा शुरू करती हैं फिर अपने माँ-पिता जी के साथ रहते हुए वह किस प्रकार पढ़ाई-लिखाई करती हैं, इसका वर्णन करती हैं। चन्द्रकिरण को बचपन से ही किताबें पढ़ने का बहुत शौक़ था। अपने पिता के रहते बड़े भाई के विरोध के बावजूद वह स्कूल में पढ़ती रहीं। आठवीं कक्षा में थीं कुछ दिन स्कूल गई थीं फिर माँ की बीमारी के कारण नहीं जा सकीं परन्तु मेरठ के दोनों पुस्तकालयों की सारी पुस्तकें पढ़ डालीं। ऊषाकाल, चन्द्रकान्ता, चन्द्रकान्ता सनतति, शरत का सम्पूर्ण अनूदित साहित्य, रवीन्द्रनाथ के अनूदित उपन्यास, गाँधी जी की आत्मकथा, बंकिम ग्रन्थावली और भी अन्य किताबें। अपनी माँ की मृत्यु के बाद उनका स्कूल जाकर पढ़ाई करने का स्वप्न भी अधूरा रह गया। "मैं मातृहीन हो गई। स्कूल पढ़ने जाने का स्वप्न भी उनके साथ ही जल गया। तेरहवींवाले दिन एक-दो शुभचिन्तकों ने चिन्ता व्यक्त की-बुढ़ापे में बाबू जी को इस लड़की के कारण बड़ी परेशानी उठानी पड़ेगी। सयानी हो चली है, घर में कोई स्त्री नहीं है।"[8] स्त्री की पवित्रता तथा यौन-शुद्धता के नाम पर हिन्दू समाज ने ऐसे सामाजिक नियम बना दिये कि वह स्त्री के सम्पूर्ण विकास को ही बाधित कर देता है। इसी कारण स्त्रियों को बहुत सीमित दुनिया देखने के अवसर मिलते हैं, उनके व्यक्तित्व का ही विकास नहीं हो पाता, न ही स्त्री-पुरुष सम्बन्धों में कभी समानता आ पाती है। बचपन से ही इस अन्तर

का बीज बोया जाता है जिससे एक स्वस्थ समाज विकसित होने की अपेक्षा दो अतिरेकों का निर्माण होता है। ऐसी कई घटनाओं का जिक्र इस आत्मकथा में आया है। मनुष्य की चेतना पर सामाजिक नियम इतने हावी हैं कि वह बन्दी होकर रह गया है, कुछ विवशता का अनुभव करते हैं, कुछ तो आजीवन जान ही नहीं पाते कि वे आत्महन्ता की स्थिति में हैं, परन्तु इसका सबसे विपरीत प्रभाव स्त्रियों पर पड़ता है। महादेवी वर्मा ने भी लिखा है-''शताब्दियों पर शताब्दियाँ बीती चली जा रही हैं, समय की लहरों पर परिवर्तन पर परिवर्तन बहते आ रहे हैं, परिस्थितियाँ बदल रही हैं, परन्तु समाज केवल स्त्री को जिसने दासता के अतिरिक्त और कुछ देना नहीं सीखा, प्रलय की उथल-पुथल में भी शिला के समान स्थिर देखना चाहता है। ऐसी स्थिरता मृत्यु का श्रृंगार हो सकती है, जीवन का नहीं।''[9]

महादेवी जी का यह कथन आज भी सत्य है, जिस प्रकार से स्त्रियों के लिए नए-नए रास्ते खुले हैं उसी के समानान्तर शोषण के तरीके भी बदलते रहे हैं। किसी एक के जीवन लक्षणों के आधार पर सभी के जीवन की सैद्धान्तिकी नहीं विकसित की जा सकती परन्तु कई आत्मकथाओं का अध्ययन करें और जीवन के अपने अनुभवों को भी देखें तो प्रतीत होता है कि स्त्री की स्वतन्त्रता पर हर क्षण पहरा है। चन्द्रकिरण ने स्वयं भारत भारद्वाज से बातचीत में कहा था कि "मेरी आत्मकथा पिछले आठ दशकों की महिलाओं के जीवन-संघर्ष का एक छोटा सा प्रारूप है।''[10] चन्द्रकिरण की आत्मकथा पढ़कर यह बात सत्य प्रतीत होती है क्योंकि उनकी आत्मकथा में उनसे जुड़े अन्य अनेक लोगों की विशेषताओं का उल्लेख हुआ है। बचपन में चन्द्रकिरण जी जितनी बेबाक होती हैं, बाद में उसी बेबाकी को स्वयं कुछ करने की कोशिश करनी पड़ी क्योंकि इस समाज ने लड़कियों को देश, समाज के बहुत से कार्यों में भाग लेने की मनाही कर रखी है। अपने पिता से यह कांग्रेस के जलसों में भाग लेने की इच्छा व्यक्त करतीं परन्तु वह तब बहुत छोटी थीं। उन्होंने महात्मा गाँधी पर एक गीत भी लिखा था। पिता के स्नेह से वह काफी कुछ पढ़ लीं लेकिन सबसे बड़े भाई रूढ़िवादी मानसिकता के थे। वह तो अपने माँ-पिता के रहते ही अपनी बहन के आठवीं कक्षा में रोज मँझले भाई के साथ साइकिल में बैठकर स्कूल जाने के विरोध में थे। उनका कहना था-"तो अब इतनी सयानी लड़की बाजार में साइकिल में बैठकर आया-जाया करेगी। लोग क्या कहेंगे?''[11] पिता ने साइकिल से ही अपनी बेटी को पढ़ने भेजा। उनके बड़े भाई ने स्वयं 'भारत नाटक समाज' संस्था की स्थापना की। इस नाट्य संस्था के कारण मेरठ में काफी प्रसिद्ध हो गए थे। शरत साहित्य, द्विजेन्द्रलाल राय के नाटक भी इन्होंने मंचित किए। इतने प्रगतिशील होने के बावजूद अपनी बहन के बारे में उनकी

सोच इतनी रूढ़िवादी थी जबकि उनके दो भाइयों के विचारों में रूढ़िवादिता नहीं थी। अपने माता-पिता की मृत्यु के बाद तो घर की जिम्मेदारियाँ निभाते हुए काफी काम करती थीं। ऐसे माहौल में तीन भाभियों के साथ रहते हुए भी वह स्वाध्याय से ही कुछ सीख पाईं। बड़ी भाभी की उपेक्षा उन्हें हमेशा झेलनी पड़ती थी। एक बार सोलह वर्ष की उम्र में देहरादून में 'सुभाषचन्द्र बोस के आने पर उन्होंने मंच पर जाकर कविता सुनाई थी इस बात पर उनके बड़े भाई इतना नाराज हुए कि उसके बाद इच्छा होते हुए भी वह कभी जलसों में नहीं गईं। "सन 1920 से ही सुभद्रा कुमारी चौहान इस तरह की सभाओं में पर्दे के विरोध में, अन्धी रूढ़ियों के विरोध, छूआछूत हटाने के पक्ष में और स्त्री-शिक्षा के प्रचार के लिए बराबर बोलती आ रही थीं।''[12] वहीं चन्द्रकिरण जी अपने पिता की मृत्यु के बाद देहरादून अपने बड़े भाई-भाभी के पास रहने आईं तो आगे पढ़ने-लिखने का तो कोई सवाल ही नहीं था फिर भी अपनी बड़ी बहन के प्रयास से उन्होंने विशारद की तैयारी घर पर ही की। वे अपनी बड़ी भाभी के बारे में लिखती हैं, "बड़े बेटे की बहू होने का पूरा रोब दिखा रही थीं, रात में उनका बच्चा कितना भी रोए, यह उठकर उसका लँगोट भी नहीं बदलती थीं। जब तक जीजी थीं उन्होंने रात का काम किया। उनके जाने के बाद बच्चे की रात की ड्यूटी मैंने ले ली। बच्चा रोता तो मैं उसे कन्धे लगाकर टहलाती, सामने के ताक में पाठ्य-पुस्तक खुली रखती और याद करती जाती।''[13] यह है घर की राजनीति और उसका अर्थशास्त्र। देहरादून में रहते हुए अपनी सहेलियों के लिए अपने हिस्से के फल मेवे भी बचाकर रखतीं ताकि वह उन्हें नाश्ते में दे सकें। उनकी बड़ी भाभी ईर्ष्या और दम्भ में चन्द्रकिरण को कुछ भी कह जाती थी। वह सबकुछ चुपचाप सहन कर जाती थीं। देहरादून में रहते हुए उन्होंने अपने बड़े भाई के एक मित्र से बँगला वर्णमाला और फिर बाद में अन्य पुस्तकें मँगाकर सीखीं।

अपने जीवन की नीरसता, बोझिलता और पढ़ने की ललक को अन्दर-ही-अन्दर घोटती, वह बहुत बेचैन रहतीं। ऐसे समय वह अपने पिता के नेह को याद करतीं। लड़कियों के लिए उनका अपना घर बिना माँ-बाप के जेलखाना बन जाता है। इस त्रासद स्थिति को उन्होंने बचपन में झेला। इसीलिए आगे जाकर अपने पति के अपमानजनक व्यवहार का घूँट भी पीती रहीं। उन्होंने लिखा है, "आज लगता है मेरे लिए जीवन रुक गया है न कुछ पढ़ने को, न कोई सारगर्भित देश-समाज या साहित्य सम्बन्धी चर्चा करनेवाला साथ, क्योंकि भाई-भाभी लोग अपने-अपने परिवार के साथ रम जाते, रह गई मैं पिंजरे की मैना, खाने-पीने, पहनने और कमाने की कोई चिन्ता नहीं, एक सामान्य लड़की को और क्या चाहिए। पर मेरी पढ़ने, घर-परिवार के

अतिरिक्त अन्य विषयों पर व्यक्तियों से चर्चा करने की ललक, घर की चारदीवारी से बाहर दुनिया देखने की इच्छा-मेरे अन्त:करण को बेचैन करती रहती। कहानी भी तब लिखी जाती, जब कोई घटना या समस्या मेरे सामने होती। बन्द पिंजरे में कैद मैना की फड़फड़ाहट का अनुमान लगाना हर एक के बस की बात भी नहीं। व्यक्तिगत रूप से मैं बहुत ही सादे लिबास में, सीधा-सादा, अपनी जिम्मेदारियों को निभाते हुए, एकाकी जीवनयापन कर रही थी। मेरा एक ही शौक़ था पढ़ना-लिखना, उसी से मैं वंचित थी।''[14] इस ऊब और अकेलेपन को झेलते तथा बड़े भाई के कड़े अनुशासन में रहते हुए वह अपना जीवनयापन कर रही थीं, परन्तु इस परिस्थिति में भी वह हमेशा अपने पढ़ने-लिखने के रास्ते तलाश करती रहतीं। कहानी लिखने से उनके भाई ने मना नहीं किया और वह कहानियाँ लिखकर विभिन्न पत्रिकाओं में भेजती रहीं। उन्हें अपनी बड़ी भाभी की ईर्ष्या का भी कोपभाजन बनना पड़ता। उनकी बड़ी भाभी ने तो चन्द्रकिरण के विवाह के लिए उनकी माँ ने जो गहने, कपड़े और बर्तन पहले से ही सहेजकर रखे थे, उसमें से भी आधा-अधूरा उन्हें दिया। चन्द्रकिरण को यह बहुत बुरा लगा परन्तु उन्होंने कुछ नहीं कहा क्योंकि घर की मालकिन अब वही थीं। अपने पिता के रहते उन्हें कभी पैसों की कमी नहीं हुई परन्तु देहरादून में रहते हुए पैसे की कमी उन्हें महसूस होती। उन्होंने तो कहानियों के पारिश्रामिक के लिए भी मना कर दिया था कि कहीं कहानी छपना न बन्द हो जाए। बहुत कठिन परिस्थितियों में भी उन्होंने अपनी सृजन क्षमता को बनाए रखा। सिर्फ़ भजन-कीर्तन गातीं और मन्दिर ही जा पाती थीं। उस समय के सामाजिक, आर्थिक, राजनीतिक परिवेश के भी प्रसंग आए हैं। उस समय लड़कियों की शिक्षा के प्रति सामाजिक दृष्टिकोण का एक उदाहरण देखिए, "उन दिनों पाँचवीं, छठी तक पहुँचते-पहुँचते लड़कियाँ पन्द्रह-सोलह की हो जाती थीं। अकसर तो चौथी के बाद ही ससुरालवाली बन जाती थीं, पाँचवीं तक वही लोग पढ़ाया करते थे, जो लड़कियों की शिक्षा के मामले में ठोस उदार दृष्टिकोणवाले होते थे (जिनकी गिनती उँगलियों पर की जा सकती थी।) या लड़का न मिलने के कारण, जिन्हें वक्त का सदुपयोग कराने के लिए स्कूल भेजना पड़ता था। उनकी संख्या भी कम होती थी क्योंकि यह समस्या कुछ जाने-माने प्रतिष्ठित रईस परिवारों तक ही सीमित थी।''[15]

चन्द्रकिरण जी 10 वर्ष में ही पाँचवीं कक्षा में पहुँच गई थीं क्योंकि वह पढ़ने में बहुत तेज थीं और गणित में तो बहुत अच्छी थीं। अत: एक साल में दो कक्षाओं का पाठ्यक्रम पूरा कर लिया लेकिन इस उदाहरण को देने का मकसद उस समय की स्त्री-शिक्षा की दशा को दिखाना है। चन्द्रकिरण सौनरेक्सा की आत्मकथा में वे सारे प्रसंग आए हैं जो स्त्रियों पर थोपी गई

पाबन्दियों को दिखाते हैं। वे हमेशा बड़ी भाभी के साथ रहते हुए पुस्तकों के लिए तरसती रहीं। ऐसा नहीं है कि उनके भाई समर्थ नहीं थे परन्तु वह साहस सौनरेक्सा में नहीं था, जो भाई से पुस्तकें लाने के लिए कहतीं। मध्यवर्गीय समाज में जब बड़े भाई से बात न करना संस्कार माना जाता है तो बात करने की सामर्थ्य वह कहाँ से लातीं? अपने पिता से वह अपने मन की सारी बातें कर लेती थीं क्योंकि वह अपनी बेटी का समर्थन करते थे। उनके पिता ने अपनी बेटी को पढ़ाने-लिखाने में कोई कोर-कसर नहीं छोड़ी थी। वह उनको बचपन में रसोई में भी नहीं जाने देते थे और अपनी बेटी की शादी भी जल्दी नहीं करना चाहते थे। चन्द्रकिरण लिखती हैं, ''घर पर माँ को बस एक बात सताती कि मुझे अब तक घर के काम, ख़ास तौर से खाना बनाने में कोई रुचि नहीं थी। उस वक्त घरों में बारह साल की लड़की, बड़ी सयानी समझी जाती थी, जिसे घर के सारे काम-काज आने चाहिए।''[16] चन्द्रकिरण को पिता ने बचपन में इन सब चीजों में उलझने नहीं दिया परन्तु अपनी माँ की मृत्यु के बाद उन्होंने पूरे घर का काम-काज सम्हाला। साहित्यरत्न की परीक्षा देने के लिए जब वह अपने मँझले भाई किशोरी के साथ प्रेमप्रकाश के यहाँ ठहरी हुई थी तभी उनके बड़े भाई का पत्र आता है, जिसमें उन्होंने किशोरी को डाँट लगाई थी कि एक लड़की को लेकर तुम प्रेम के साथ वहाँ रह रहे हो। चन्द्रकिरण ने पत्र पढ़ लिया था, और पढ़कर उन्हें बहुत दुःख हुआ। वह लिखती हैं-"मेरा सर चकरा रहा था। सारी धरती घूम रही थी। ...मेरी बुद्धि सोच नहीं पा रही थी कि बड़े भाई ने अभी तक के मेरे व्यवहार में ऐसा कौन सा चारित्रिक दोष देख लिया जो मुझपर उन्हें भरोसा नहीं है। बाबू जी के जाने के बाद मैंने खुद को एकदम घर में कैद कर लिया था-न किसी के घर जाना, न मुंडन, छेदन के उत्सव में शामिल होना, सहेलियाँ तो बड़े दूर की बात थीं। घर में हर वक्त रसोई का काम, बच्चों को सँभालना या फिर अकेलेपन की साथी किताबों में डूब जाना यह मेरी दिनचर्या बन गई थी। सफ़ेद धोती को छोड़ कभी रंगीन कपड़ा नहीं पहना, सीधे पल्ले की धोती, सर पर हमेशा पल्ला, टेढ़ी माँग नहीं निकाली, (जो तीनों भाभियों तक निकालती थीं) अब तो अंग्रेजी सीखने की बात भी मुँह से नहीं निकालती। इन सब बातों के बावजूद बड़े भाई का विश्वास मैं नहीं जीत पाई। मन कर रहा था इसी छज्जे से कूदकर मैं जान दे दूँ इतनी ऊँचाई से गिरकर मर तो जाऊँगी...भाई और सब लोगों की परेशानी खत्म हो जाएगी।''[17]

लड़की-लड़के में प्रेम हो जाना हमारे समाज में सबसे बड़ा अपराध माना जाता है। मध्यमवर्गीय संस्कारों में पली चन्द्रकिरण भी स्वयं हर सहजता का दमन करके एक अच्छी लड़की (तथाकथित समाज द्वारा) बनने का प्रयास

करती हैं, यहाँ तक कि रंगीन कपड़े भी नहीं पहनतीं, टेढ़ी माँग निकालना समाज में आधुनिकता और नए फैशन का प्रतीक समझा जाता था, उसे भी करने से बचती थीं। इस प्रकार घरवालों को बुरा न लगे इस नाम पर वह अपनी इच्छाओं का दमन करती जाती हैं। दरअसल यह हर लड़की के जीवन में घटित होता है। वे स्वयं आत्महन्ता की स्थिति में होती हैं। समाज में प्रेम का भय पैदा किया जाता है तथा पाप की तरह प्रस्तुत किया जाता है। बचपन की एक घटना का जिक्र वह करती हैं। उस समय वह बारह वर्ष की थीं। एक ड्रामे में एक लड़के यास्मीन ने बहुत अच्छा नृत्य किया था जो उनकी स्मृति में कई दिनों तक आता रहा। उन्होंने कहीं पढ़ रखा था कि जब कोई चीज बार-बार आँखों के सामने आए तब समझो कि तुम्हें उससे प्यार हो गया है और उन्होंने सोचा कि सभी लोगों को पता चलेगा कि मुझे एक मुसलमान लड़के से प्रेम हो गया है तो माँ-बाबू जी की बदनामी होगी। बाद में वह उस लड़के को साक्षात सामने देखती हैं तो मोह भंग हो जाता है और वह पापभय से मुक्त हो जाती हैं तथा इस प्रकार मूर्खता से बाहर निकलती हैं। तब उन्हें अहसास होता है कि उन्हें तो उसका नृत्य पसनद आया था। इस घटना से यह अनुमान लगाया जा सकता है कि कितने कम उम्र से ही लड़कियों को यह पता होता है कि प्रेम करना पाप है, कितनी भ्रामक धारणाएँ प्रेम के नाम पर विद्यमान हैं। लड़कियों के अन्दर बचपन से ही द्वन्द्व की स्थिति पैदा कर दी जाती है। प्रकृति और सामाजिक नियमों का द्वन्द्व जीवन भर चलता रहता है। बचपन से ही लड़कियों को यह सिखाया जाता है कि किस प्रकार वह दूसरों को खुश रखने के लिए स्वयं को कष्ट देती रहें। चन्द्रकिरण की आदत भी शादी के पहले से स्वयं को सीमित दायरे के भीतर रखने की लग जाती है जो बाद में भी बनी रहती है जिसके कारण उन्हें हमेशा स्वयं को ही सिकोड़ना पड़ता था। एक लड़की के लिए मायके में फिर भी आज़ादी रहती है परन्तु विवाह के बाद तो उसकी आज़ादी पर पूर्ण प्रतिबन्ध लगा दिया जाता है। चन्द्रकिरण का विवाह कान्तिचन्द्र सौनरेक्सा से 1940 ईसवी में हुआ। कान्तिचन्द्र ने यह विवाह बिना पिता की सहमति के अपनी मर्जी से किया था। अतः दो जीजा और कुछ मित्र ही बाराती बनकर आए थे। वह शादी के बाद पहली बार चन्द्रकिरण को लेकर किसी मित्र के यहाँ रहे। कान्तिचन्द्र की मासिक आय इतनी कम थी कि उससे महीने भर का खर्च चलाना भी मुश्किल था। आर्थिक तंगी दूर करने के लिए उन्हें जो भी काम मिलता गया, वह करती गईं, जैसे-ट्यूशन, ड्रामा, काव्य गोष्ठियाँ आदि। स्कूल में भी उन्होंने कुछ साल पढ़ाया। वह दिल्ली में 1940 से 1948 तक रहीं। इस बीच कई साहित्यकारों से उनका परिचय हुआ। दिल्ली आकाशवाणी पर काम करते हुए अश्क, मंटो, कृष्णचन्दर के सम्पर्क

में भी रहीं। कान्तिचन्द्र भी स्वयं मित्र प्रेमी और साहित्य की दुनिया से जुड़े रहे, अतः हर शनिवार साहित्यिक गोष्ठी का आयोजन उनके यहाँ होता। कई लेखक, साहित्यकार उनके घर पर इकट्ठा होते। साहित्यिक चर्चा के बीच चाय नाशते का प्रबन्ध भी सौनरेक्सा को करना पड़ता।

विवाह के तीन वर्ष बाद ही 'हंस' के सम्पादक अमृतराय के द्वारा उनकी कहानियों के प्रशंसा-पत्र से कान्तिचन्द्र सौनरेक्सा ने चन्द्रकिरण सौनरेक्सा को जो गाली दी उस अविश्वास ने उन्हें बहुत आहत किया, वह घर छोड़ने का इरादा बना चुकी थीं। यह जीवन में पहली बार था जब उन्हें किसी ने गाली दी थी। वह लिखती हैं-''मैं रसोई में बैठी सोच रही थी-क्या इस तरह गाली खाने के लिए मैं स्वयं को तिल-तिल खपा रही हूँ। मैंने एक ऐसे व्यक्ति का साथ चुन लिया था, जो शक के चश्मे से ही सबकुछ देखता हो। यहाँ मै दस-बीस रुपये बचाने के लिए मील भर पैदल चलती थी। अविश्वास के इस भयावह अन्धकार ने जैसे मुझे दिशाहीन कर दिया था। वह रात मेरे लिए मृत्यु से भी भयावह थी।''[18] इस अपमान, क्रोध को वह अपनी एक वर्ष की बेटी के लिए पी जाती हैं। उन्हें लगा कि कुन्तल को ननिहाल का प्यार मिलेगा परन्तु ददिहाल का नहीं। अतः वह घर छोड़कर जाने का निश्चय त्याग देती हैं। यह निर्णय सिर्फ़ बच्चों के कारण नहीं लिया गया था बल्कि मायके में भी किसी प्रकार का सहारा नहीं था। एकाकी जीवन चुनने की अपेक्षा जिन्दगी भर का दर्द उन्होंने चुन लिया। कितनी विचित्र बात है वह इस गाली के सम्बन्ध में एक शब्द भी नहीं कहतीं लेकिन इस तरह की स्थिति दुबारा न पैदा हो इसके लिए वह दूसरा निश्चय करती हैं कि कहानियाँ लिखकर अपने पति को दे देंगी जहाँ भेजना हो भेजें। यह ऐसा निर्णय था जो इनके लिए घातक सिद्ध हुआ। इस बात का एहसास इन्हें बाद में होता है परन्तु वे हमेशा अपने निश्चय पर कायम रहीं। वह लिखती हैं, "शायद यही वह सबसे आदर्शवादी, पतिव्रता पत्नी का निर्णय था जिसकी कीमत मेरे पूरे साहित्यिक जीवन ने चुकाई और लगभग गुमनामी के कगार पर अभिशप्त सरस्वती के वरदान सी मैं खड़ी हूँ।''[19] चन्द्रकिरण जी ने अपनी इस समस्या को सबके सामने रख दिया जबकि इस प्रकार की समस्याओं से लगभग सभी स्त्रियाँ जूझती हैं। हर वक्त उनसे चरित्र का प्रमाण माँगा जाता है। जिस चन्द्रकिरण की सृजनता को कान्तिचन्द्र अवरुद्ध करते हैं वही हर बुरे वक्त में कान्तिचन्द्र के साथ खड़ी रहीं। कान्तिचन्द्र के तीन-चार विवाहेतर सम्बन्धों को भी झेला और ये सारे सम्बन्ध उनके प्रादेशिक सरकारी नौकरी में रहते हुए बने। चन्द्रकिरण उनसे स्पष्ट बात भी करती हैं परन्तु फिर कान्तिचन्द्र माफी माँगकर ऐसा न करने का बार-बार आश्वासन देते हैं परन्तु ऐसा कुछ नहीं होता। यही चन्द्रकिरण की

विवशता है कि वह बार-बार इस अपमान के दंश को झेलने पर भी प्रतिरोध नहीं करतीं। जिस लड़की सावित्री को वह एक दिन रात में घर लेकर आते हैं और अपनी पत्नी को दूसरे कमरे में सोने के लिए भेजते हैं उस घटना के बारे में चन्द्रकिरण लिखती हैं- ''उस कमरे का एक दरवाजा गैलरी में खुलता था, क्रोध, अपमान और आत्मग्लानि से मेरा तन-मन जल रहा था। आँसू नहीं थे आँखों में। मैं किसी भी कमरे में जाती तो बात खुल जाती, गैलरी में अखबार रखे थे, उन्हीं को बिछाकर द्वार पर टेक लगाकर बैठ गई।''[20] इस प्रकार चन्द्रकिरण ही अपने बच्चों को इस प्रकार के प्रभावों से बचाती फिरती हैं और परिवार के इज्जत का दारोमदार वही उठाती हैं। कभी कान्तिचन्द्र को यह एहसास क्यों नहीं हुआ कि वह अपनी पत्नी की गरिमा का इतना ख्याल तो रखें ? चन्द्रकिरण द्वारा प्रतिरोध न करना और चुपचाप अपने पति की आज्ञा मान लेना उनकी कमजोरी है। हालाँकि जिन लड़कियों को बचपन से ही दूसरों की खुशी के अनुसार निर्णय लेना सिखाया जाता है उनमें प्रतिरोध करने की क्षमता नहीं आ पाती। लड़कियों को बचपन से ही दूसरों का ख्याल रखना, अपने पति की बात मानना और सेवा भावना सिखाई जाती है और यह अवचेतन में इस कदर पैठ बना लेता है कि इस सोच से बाहर निकलने का सोचने पर भी अपराध-बोध का अहसास उन्हें होने लगता है। प्रतिरोध करने का साहस बहुत कम स्त्रियाँ ही जुटा पाती हैं क्योंकि यह समाज तो उन्हें व्यवस्थागत नियमों से बाहर निकलने पर पल-पल दंड देता है।

प्रकाशदान चारण ने अपने लघु शोध प्रबन्ध में इस घटना को लेकर एक टिप्पणी की है- ''एक स्त्री का इस प्रकार निरपेक्ष रहना स्त्री स्वभाव के अनुकूल तो नहीं कहा जा सकता। अगर स्त्री ऐसा करती है तो वह स्वयं ही पत्नी की गरिमा को त्यागकर 'रखैल' की स्थिति में आ जाती है।''[21] प्रकाशदान चारण ने चन्द्रकिरण द्वारा प्रतिरोध न करने के कारण उन्हें 'रखैल' शब्द से सम्बोधित किया। ध्यान देने की बात है कि यह वही पितृसत्तात्मक सोच को इंगित करता है। रखैल शब्द ही सम्पत्तिसूचक और स्त्री के वस्तुकरण का सूचक है। प्रकाशदान चारण भी उसी सोच से ग्रस्त हैं। ये तो बात हो गई जिसके साथ बलात्कार होता है इज्जत उसकी लुटती है, जो बलात्कार करता है उसकी इज्ज़त के बारे में कोई बात ही नहीं होती। कान्तिचन्द्र ने जिन्होंने अपनी पत्नी के साथ इस प्रकार का व्यवहार किया दोषी वह हैं लेकिन इस पर प्रकाशदान ने कोई बात नहीं की। चन्द्रकिरण को बेहद दुःख हुआ लेकिन वह प्रतिरोध क्यों नहीं करती, इसका कारण वह यह बताती हैं कि बच्चे पड़ोसी सब जान जाते, जिससे कान्तिचन्द्र की नौकरी जा सकती थी, जो उस समय उन सबका सहारा था। यह चन्द्रकिरण की कमजोरी है, परन्तु स्त्रियों में साहस

कब भरा जाता है? बचपन से उन्हें पढ़ने लिखने के लिए भी तरसना पड़ता है, जहाँ बचपन से ही वह पुरुषों से बात नहीं कर सकतीं। अपमान सहना तो बचपन से सिखाया जाता है, जिन लड़कियों को सिर्फ दहेज के लिए जिन्दा जला दिया जाता है, वे भी कहाँ प्रतिरोध कर पाती हैं? प्रतिरोध करने की आदत बचपन से डाली जाती तब आता प्रतिरोध करना, लेकिन फिर भी कुछ स्त्रियाँ प्रतिरोध करती हैं तो पीटी जाती हैं और एक-दो लोगों के प्रतिरोध से व्यवस्था नहीं बदल जाती। अपने ही शोध प्रबन्ध में प्रकाशदान चारण बहुत ही विरोधाभासी तथ्य प्रस्तुत करते हैं वह आगे लिखते हैं कि "दूसरी स्त्रियों के साथ पुरुषों के सम्बन्ध बेवफाई का नहीं व्यापक अनुभूति का हिस्सा हैं।"[22] बेवफाई शब्द भी पितृसत्ता की देन है जो स्त्रियों के लिए इस्तेमाल किया जाता है। कई स्त्रियों के साथ सम्बन्ध बनाना पुरुषों के लिए अगर व्यापक अनुभूति का हिस्सा है तो उससे स्त्रियों को क्यों वंचित रखा गया है, उन्हें तो किताबों के सम्पर्क से भी बचाया जाता है? स्त्रियों को जिस व्यवस्था में डाला जाता है वह उसकी सहायक बन जाती हैं। चन्द्रकिरण अपने सृजन में चाहे जितनी मुखर हों परन्तु जीवन में वह भी सामान्य सामाजिक स्त्री की तरह ही रही हैं। स्त्रियों को अब सम्बन्धों के बोझ से मुक्ति पा लेनी चाहिए। सम्बन्ध आपसी विश्वास, प्रेम, सम्मान पर आधारित हो तभी ठीक है अन्यथा एकतरफा दायित्व कमजोरी बन जाता है। हमारा समाज स्त्रियों को हमेशा नियन्त्रित करता रहा है। स्त्रियों को हर चीज सहन करना सिखाया जाता है। किन चीजों को लेकर सहनशीलता हो तथा किन चीजों को लेकर नहीं, यह फर्क भी जरूरी है। चन्द्रकिरण हर सुख-दुःख, आर्थिक तंगी में भी अडिग रहीं। सावित्री के साथ सम्बन्धों को लेकर कान्तिचन्द्र पहले निलम्बित हुए फिर केस हारने पर नौकरी भी चली गई। उस समय चन्द्रकिरण ने लखनऊ आकाशवाणी में काम खोजा। आकाशवाणी में वह महिला एवं बाल विभाग में बतौर पटकथा-लेखिका नियुक्त हुई थीं। उन्होंने 1956 से 1980 तक आकाशवाणी लखनऊ में काम करके अपना घर चलाया तथा अपने बच्चों को पढ़ाया-लिखाया। नौकरी से बर्खास्त होने के बाद ही कान्तिचन्द्र ने चन्द्रकिरण से साफ़ कह दिया था कि वह खर्च के लिए उनसे पैसे की उम्मीद न करें। सौनरेक्सा का जीवन नौकरी-घर के चक्कर में ही चलता रहा, इसी के साथ उनका लेखन कार्य भी चलता रहा। घर, नौकरी, सारी जिम्मेदारियों को निभाते हुए पढ़ने-लिखने का समय कहाँ मिलता था। वह सुबह चार बजे से साढ़े पाँच बजे तक लिखतीं। "चूल्हे अँगीठी पर दाल चढ़ाकर वहीं बैठे-बैठे भी दो चार पृ. लिख लेतीं। दोबारा व्यवस्थित करने का समय न मिलता तो कहानी का पहला ड्राफ्ट ही पत्रों में भेज देतीं। बुक पोस्ट कर देतीं।"[23]

चन्द्रकिरण बहुत ही कम समय में बिना किसी अतिरिक्त सुविधा के कहानियाँ लिखती रहीं। रचनाशीलता ही एक ऐसा क्षेत्र था जहाँ वह पूरी तरह स्वयं को अभिव्यक्त कर पाती थीं। मन्नू भंडारी भी अपनी आत्मकथा में स्वीकार करती हैं कि किस प्रकार रचना-कर्म के लिए मुश्किल से वक्त मिलता था "बेटी और घर (जिसकी पूरी-पूरी जिम्मेदारी मेरे ऊपर थी) के साथ नौकरी (जो अपनी जिम्मेदारी को निभाने के लिए अनिवार्य था ) के बीच में से ही लिखने के लिए समय और सुविधा जुटानी पड़ती थी और मैंने जो कुछ लिखा इन सबके बीच ही लिखा इनकी कीमत पर कभी नहीं लिखा।''[24] हालाँकि मन्नू भंडारी चन्द्रकिरण की आगे की पीढ़ी की हैं, उनमें स्वयं के प्रति चन्द्रकिरण से कहीं ज्यादा चेतना थी। मन्नू जी ने प्रेम विवाह किया था। राजेन्द्र यादव ने कभी उनकी रचनाशीलता पर टिप्पणी नहीं की बल्कि मदद की परन्तु सम्बन्धों के स्तर पर वह हर कहीं अकेली खड़ी थीं। राजेन्द्र जी के लिए अपना कैरियर प्राथमिक था। मन्नू भंडारी लिखती हैं, " अपने प्रति हजार धिक्कार उठने के बावजूद मै ऐसा कोई निर्णय नहीं ले पाई। क्या मेरी जिन रगों में एक समय खून की जगह लावा बहा करता था अब पानी बहने लगा? या कि दो वर्षों की राजेन्द्र की मित्रता में मैं राजेन्द्र से इतने गहरे जुड़ गई थी कि उनको नकार देना मुझे अपने-आपको नकार देने जैसा लगने लगा था। ... या कि पिता जी की इच्छा के विरुद्ध हुई शादी को मैं किसी कीमत पर असफल नहीं होने देना चाहती थी?''[25] अपने मन से की हुई शादी में पुरुष का रवैया असहयोग का था, वह विवाह व्यवस्था में नहीं बँधता। इसी प्रकार प्रभा खेतान शादी नहीं करतीं परन्तु डॉक्टर के प्रेम से जीवन भर बँधी रहती हैं। जिस सम्मान और सहयोग की अपेक्षा स्त्री करती है वह उसे न विवाह में मिलता है और न ही प्रेम में शक की निगाह उस पर हमेशा रहती है और स्त्री-पुरुष सम्बन्धों में पुरुष वर्चस्व हावी रहता है। स्त्रियाँ चाहे जितनी भी बदल जाएँ जब तक पुरुषों की मानसिक प्रवृत्तियों में बदलाव नहीं आएगा, तब तक स्त्री-पुरुष सम्बन्धों में बराबरी नहीं आ सकती। स्त्रियाँ इस कदर प्रताड़ित हैं कि हर घटना के पीछे स्वयं में खामियाँ ढूँढ़ने लगती हैं। चन्द्रकिरण लिखती हैं- "कान्ति जी के आए दिन के प्रेम प्रसंगों के कारण, मैं सोचने लगी थी कि मेरे व्यक्तित्व में, गोरे रंग और प्रभावशाली हाव-भाव की कमी है जो ये सुन्दर स्त्री की ओर आकर्षित हो जाते हैं। शैदा के प्रेम-निवेदन ने मुझे, मेरी इस मनोग्रन्थि से मुक्त होने में मदद की-मैं असुन्दर नहीं हूँ, पैंतीस वर्ष की आयु में शैदा सदृश आकर्षित व्यक्ति को, अपनी ओर आकृष्ट करने की शक्ति है।''[26] इस प्रकार वह पति के प्रेम-सम्बन्धों का कारण भी स्वयं में खोजती हैं। उन्हें भी शैदा द्वारा प्रेम-निवेदन मिलता है जिसे वह नकार देती हैं। उनके लिए अपने

बच्चे सदैव प्राथमिक रहे। वह सौम्य, साहसी, मननशील रहीं। उन्होंने संयुक्त परिवार की जिम्मेदारियों को उठाते हुए नौकरी की। थोड़े-थोड़े पैसे बचाने के लिए पैदल चलीं। कान्तिचन्द्र की नौकरी चले जाने के बाद वह फोटोग्राफी के सिलसिले में छह-छह महीने बाहर रहते थे। प्रसिद्ध लेखकों एवं कलाकारों के छायाचित्र बनाने का उनका एक व्यक्तिगत प्रोजेक्ट था। चन्द्रकिरण को आकाशवाणी लखनऊ से दो बार विदेश जाने का अवसर मिला पर वह बच्चों को अकेले घर पर छोड़कर नहीं जा पाईं। उन दिनों कान्तिचन्द्र चाहते तो घर पर रुककर अपनी पत्नी को एक वर्ष के लिए बाहर भेज सकते थे परन्तु ऐसा नहीं हुआ। यही नौकरी करनेवाली स्त्रियों की नियति बन जाती है। उनके लिए घर की जिम्मेदारियाँ प्रथम हैं, उसके बाद नौकरी। चन्द्रकिरण अकेले ही अपने बच्चों की जिम्मेदारी उठाये रहीं। चन्द्रकिरण का व्यवहार अपने घर के सभी सदस्यों के प्रति प्रेमपूर्ण था। उनके ससुर अपने बेटे से ज्यादा बहू को मानते थे। बच्चे भी चन्द्रकिरण से जितने आत्मीय थे उतना पिता से नहीं। बच्चे अपनी हर बात माँ से ही कहते थे।

इन सारी परिस्थितियों के बीच चन्द्रकिरण का सृजनरत रहना उनके जीवन की सबसे बड़ी उपलब्धि है परन्तु रचनाकार के रूप में उनके निर्णय उन्हें पीछे ही ले गए। जब भी वह अपने पति से कहानियों का संग्रह निकालने की बात करतीं वह कहते ''कोई साला प्रकाशक तुम्हें नहीं पूछता तो मैं क्या करूँ?"[27] उस समय की प्रमुख पत्रिकाओं में चन्द्रकिरण की कहानियाँ छपती थीं लेकिन जब पति को ही कहानियाँ भेजने का दारोमदार सौंप दिया तो उनकी रचनाशीलता में कमी नहीं आई लेकिन उनके साहित्य का प्रकाशन रुक गया। वह अपनी रचनात्मकता के बारे में लिखती हैं, "मुझे लिखने के लिए कभी न विशेष मूड, न वातावरण और न सुविधा की अपेक्षा रही, जब भी किसी घटना, व्यक्ति अथवा परिस्थिति ने मेरे मन को छुआ, बस मेरी लेखनी निर्बाध स्वतः चलने लगती, न समय न कुछ और बाधक हो सकता था। बस कोरा कागज और कलम होना चाहिए हाथ में फिर चाहे रसोई घर हो, सोने का कमरा हो या बरामदा थोड़ी फुरसत मिली मैं लिखने बैठ जाती। मैंने लिखने के बाद अपना एक भी शब्द या वाक्य कभी काटा या दुबारा नहीं लिखा। भाव विचार और लेखनी पानी की तरह स्वयं ही प्रवाहित हुए-निश्छल सहज एक नवजात शिशु की तरह।''[28] उनकी रचनाएँ पढ़ने के बाद ऐसा नहीं लगता कि कोई प्रकाशक उन्हें पूछता नहीं। चन्द्रकिरण के बच्चों कुन्तल और कार्तिकेय ने जब बिना पिता को बताए 'जवान मिट्टी' पहला कहानी-संग्रह 1985 में छपवाया, उस समय कान्तिचन्द्र की प्रतिक्रिया बहुत ही विचित्र थी। उन्होंने दिल्ली जाकर सम्पूर्ण प्रकाशन रुकवा दिया, 'जवान मिट्टी' केवल इसलिए

रूप पा सका, क्योंकि वह प्रेस में चला गया था, उसके बाद चन्द्रकिरण ने जो भावनात्मक संघर्ष झेला वह कल्पना से परे है। वह चन्द्रकिरण पर चारित्रिक आक्षेप तक लगाने लगे। उनका पड़ोस में किसी शादी मुंडन में जाना भी दूभर हो गया। "मेरी उस कहानी की किताब का छपना कान्ति जी के लिए प्रतिरोध लेने का कारण बन गया। उन्हें चन्द्रकिरण सौनरेक्सा को बदनाम करने का बहाना मिल गया। घर में हर वर्ग का पुरुष उन्हें मेरा प्रेमी लगने लगा चाहे वह कोई सम्भ्रान्त परिचित हो या अखबार देनेवाला।''[29]

कान्तिचन्द्र ने विष्णुप्रभाकर को जाकर दो घंटे गालियाँ दीं क्योंकि उन्होंने कुन्तल को प्रकाशक श्यामसुन्दर से मिलाया था। चन्द्रकिरण के लिए उम्र के आखिरी पड़ाव पर इस समस्या का सामना करना बहुत कठिन था, "अपमान, आत्मग्लानि और घोर मानसिक पीड़ा के दौर से गुज़रते हुए, उम्र के इस पड़ाव पर मैं किंकर्तव्यविमूढ़ थी कि किस तरह झूठ के इस बवंडर का सामना करूँ?''[30] इन सबसे बचने के लिए उन्होंने एक निर्णय लिया, कहीं भी आना-जाना और पत्रिकाओं के लिए लिखना बन्द कर दिया। कान्तिचन्द्र जैसे बदतमीज और अहंकारी पुरुष के साथ उन्होंने सारा जीवन गुजार दिया। बार-बार हर मुक्के से स्वयं को बचाने के लिए उन्होंने अपने रचना-कर्म की बलि दी। हमारे निर्णय ही हमें प्रभावित करते हैं, हर जगह खुलकर बात करनेवाली चन्द्रकिरण ने अपने पति के अहंकारों का पोषण ही किया। हालाँकि कान्तिचन्द्र के अपने पिता और अपने बच्चों से भी अच्छे सम्बन्ध नहीं थे। अपनी गर्भवती बेटी कल्पना से वह झगड़ा करते हैं और बीमार पिता से भी। जीवन भर अन्तर्द्वन्द्व से चन्द्रकिरण जूझती रहीं क्योंकि उन्होंने परिवार बनाए रखने की जिम्मेदारी समझी जबकि कान्तिचन्द्र हमेशा ही अपने घर-परिवार के प्रति लापरवाह रहे। एक और घटना का वह अपनी आत्मकथा में जिक्र करती हैं, "मैं अभिशाप देता हूँ कि तुम जीवन भर भीख माँगोगी; तुम्हारे लड़के बेयरे बनकर होटलों की जूठन लाएँगे और तुम्हारी लड़कियाँ कोठों पर बैठेंगी?''[31] ये वाक्य उनके पति ने पत्र द्वारा प्रेषित किए थे और इस पूरे द्वन्द्व को उन्होंने अपनी आत्मकथा में व्यक्त किया है कि किस प्रकार उन्होंने स्वयं को सम्हाला। जो पिता क्रोधवश अपने बच्चों के लिए यह कामना कर सकता है, उससे संवेदनशीलता की उम्मीद रखना बेकार है। 'जवान मिट्टी' छपने के बाद कान्तिचन्द्र के अनर्गल प्रलाप और धाराप्रवाह गालियों को सहन करना चन्द्रकिरण के लिए बेहद असहनीय था। उनके जीवन की त्रासदी और द्वन्द्व आत्मकथा में हर कहीं हैं, परन्तु अपने पति के बारे में लिखते हुए कहीं भी उनकी भाषा में अपमानजनक शब्द नहीं हैं, बल्कि बहुत ही सम्मानजनक शब्द में वह लिखती हैं। उनके पति ने ही सबसे ज्यादा उन्हें

चोट पहुँचाई, कान्तिचन्द्र के हताशा और अहंकार ने चन्द्रकिरण की प्रतिभा की बहुत क्षति की। सुभद्रा कुमारी चौहान चन्द्रकिरण से उम्र में बड़ी हैं। सुधा चौहान ने 'मिला तेज से तेज' नाम से अपने माता-पिता की जीवनी लिखी है और चन्द्रकिरण भी अपनी आत्मकथा में सुभद्रा जी से मुलाकात का वर्णन करती हैं। सुभद्रा जी ने स्वयं अपने कार्य का निर्धारण किया। लक्ष्मण सिंह जी (उनके पति) बहुत सहयोगी और संवेदनशील व्यक्ति थे। पति-पत्नी ने सारा जीवन मित्रवत गुजारा, अपनी निजता को सुरक्षित रखते हुए भी वे सहयोगी बने रहे। दोनों कांग्रेसी कार्यकर्ता थे और देश-सेवा के लिए समर्पित थे। पंडित माखनलाल चतुर्वेदी ने उन्हें बताया था कि लक्ष्मण का व्यक्तित्व इतना ऊँचा था कि सुभद्रा के विकास में कहीं बाधा आ ही नहीं सकती थी। वह बिलकुल स्वतन्त्र या बिलकुल रिवाल्यूशनरी।''[32]

सुभद्रा जी को फ़िल्में देखना पसनद था गौरतलब है कि वह अकेले या किसी-न-किसी परिचित के साथ फ़िल्में देखने जाती थीं, अकेले भ्रमण करती थीं. अपने कविता-संग्रह को उन्होंने स्वयं छपवाया था। इस प्रकार के मित्रतापूर्ण सम्बन्ध से किसी का कुछ नहीं बिगड़ा बल्कि उन दोनों का जीवन सार्थक हुआ। स्त्री-पुरुष सम्बन्धों का स्वरूप ऐसा ही होना चाहिए। दूसरी तरफ कान्तिचन्द्र में प्रकृति और प्रवृत्ति दोनों का सनतुलन कम था साथ ही वह दिखावापसनद अहंकारी, गैर-जिम्मेदार और संवेदनहीन व्यक्ति थे। परिणामस्वरूप चन्द्रकिरण की जिन्दगी त्रासदी बनकर रह गई। दूसरी कमजोरी चन्द्रकिरण में स्वयं थी। वह समझदार होते हुए भी आत्मचेतस नहीं थीं। उन्होंने अपना अहित करनेवाले निर्णय ही लिये और बार-बार दुःखी, पीड़ित होती रहीं। वह कमजोर नहीं थीं। मजबूत थीं। परन्तु उनकी सारी दृढ़ता उनके किसी काम नहीं आई। हमारे समाज में अधिकांश मध्यवर्गीय स्त्रियाँ ऐसे ही निर्णय लेती हैं, अपनी प्रतिभाओं को कुन्द करती हैं। पितृसत्तात्मक व्यवस्था को पोषित करके उस व्यवस्था को मजबूत बनाना बुद्धिमानी नहीं मूर्खता है। ऐसा करना प्रगतिशीलता के विरुद्ध है। सुभद्रा कुमारी चौहान चेतनासम्पन्न स्त्री थीं। सुधा चौहान ने लिखा है, "स्त्री की अपनी एक लक्ष्मण-रेखा होती है जिसे बहुधा पुरुष समाज खींचकर स्त्री को दे देता है, सुभद्रा के लिए यह लक्ष्मण-रेखा स्वयं की निर्धारित एक रेखा थी। उसके परे उनके लिए हर दूसरा व्यक्ति केवल एक व्यक्ति था। स्त्री या पुरुष होने से उस व्यक्ति के प्रति सुभद्रा के व्यवहार में कोई अन्तर नहीं आता था।''[33] लक्ष्मण सिंह बहुत उदार विचारोंवाले थे और उन दोनों के बीच दृढ़ विश्वास था। सुभद्रा अन्य शहरों में भ्रमण भी अकेले करती थीं तथा जो भी लोग उनके सम्पर्क में थे उनसे मिलती-जुलतीं, उनके यहाँ रुकती थीं। जैनेन्द्र, मुक्तिबोध, सुमित्रानन्दन पन्त

आदि अनेक कवि और लेखक मित्र थे। जहाँ दोनों दम्पति में इतना प्रेम था वहीं कुंठाओं से जकड़े समाज में उन्हें निन्दा का भी सामना करना पड़ा। वह पर्दा नहीं करती थीं लेकिन इस प्रकार की निन्दा उनके मार्ग में कभी बाधक नहीं बनी। सुभद्रा पति की हर बात को भी आँख मूँदकर नहीं मान लेती थीं। पहली बात तो पति ने कभी रूढ़िवादी शर्तें नहीं रखीं, जबकि सिंह की माँ को बहू का पर्दा न करना, कांग्रेसी सभाओं-जुलूसों में आना-जाना पसनद नहीं था और उन्होंने लक्ष्मण सिंह से कहा भी था, परन्तु उन्होंने अपनी पत्नी पर कभी कोई प्रतिबन्ध नहीं लगाया। इन दोनों का सम्बन्ध एक आदर्श उदाहरण है। सम्बन्धों में स्वामित्व और नियन्त्रण की भावना से सम्बन्ध बिखर जाते हैं। ऐसा नहीं है कि सुभद्रा के माता-पिता बहुत खुले विचारों के थे, वह भी उसी मध्यवर्गीय समाज से थीं, परन्तु उदार पति ने उन्हें जो स्वतन्त्रता दी, उससे सुभद्रा के व्यक्तित्व का विकास ही हुआ जबकि कान्ति ने चन्द्रकिरण की बार-बार उपेक्षा ही नहीं की बल्कि उनकी प्रतिभा को नष्ट करने का कार्य किया। इसके बावजूद चन्द्रकिरण जी ने काफी कुछ लिखा, इस पूरी त्रासदी, द्वन्द्व को झेलते हुए भी वह अपनी रचनात्मकता के लिए वक्त निकाल पाती थीं यह उनकी बहुत बड़ी उपलब्धि है। अपनी व्यस्त दिनचर्या और पति के असहयोगी रवैये के बावजूद चन्द्रकिरण जी ने अपने अन्दर के रचनाकार को बचाए रखा यही, उनके जीवन की सार्थकता रही। उनकी कहानियाँ सिर्फ पत्रिकाओं में छप जाती थीं यही उनकी सीमारेखा थी। गोष्ठियों, सम्मेलनों में भाग लेने के लिए वे वक्त नहीं निकल पाईं फिर भी एक बार कहानी पर व्याख्यान देने गुजरात और एक बार हैदराबाद गईं। ज्यादा भ्रमण करने का अवसर उन्हें नहीं मिला। एक बार लेखकों के शिष्टमंडल के साथ 1947 में कश्मीर अवश्य गईं, जिसमें शिवदान सिंह चौहान, रामचन्द्र तिवारी, ख्वाजा अहमद अब्बास तथा अचला सचदेव थीं। इस दौरे के अनुभवों को उन्होंने अपनी आत्मकथा में दर्ज किया है। अपनी रिटायरमेंट के तीन साल पहले ही लखनऊ में 'साहित्य संघ' नामक संस्था की स्थापना शकुन्तला पांडे, सरोजनी अग्रवाल के साथ मिलकर की, जिसकी अध्यक्षा पद के लिए महादेवी वर्मा के नाम का प्रस्ताव भी चन्द्रकिरण जी ने दिया था। इस संस्था ने कई आयोजन भी कराए, परन्तु बाद में कुछ कारणों से संस्था की हालत खस्ता हो गई। इस संस्था में कान्तिचन्द्र ने भी थोड़ा बहुत सहयोग किया था। चन्द्रकिरण एक माँ के रूप में बेहद सफल रहीं। उनके सभी बच्चों ने अपनी योग्यतानुसार पढ़ाई की, नृत्य और संगीत की शिक्षा भी उन्होंने अपनी बेटियों को दिलाई। दूसरी बेटी कल्पना ने प्रेम-विवाह किया। बड़ा बेटा अमेरिका में इंजीनियर है, छोटा बेटा एयर इंडिया में पायलट के पद से सेवानिवृत्त होकर किसी कम्पनी में

कार्यरत हैं। दो बेटियाँ प्रवक्ता हैं। अपने बच्चों के कहने पर ही उन्होंने अपने जीवन के अन्तिम पड़ाव पर अपनी आत्मकथा लिखी। उन्हें अपने सभी बच्चों का स्नेह प्राप्त हुआ। बच्चों ने ही उनकी रचनाओं को प्रकाशित किया। वे स्वयं कमाते हुए भी अपनी जरूरतों को उपेक्षित करती रहीं। उन्होंने हमेशा दूसरों का ध्यान रखा, कम संसाधनों में उन्होंने गृहस्थी चलाई। कान्तिचन्द्र की आय भी इतनी नहीं थी कि घर का सामान्य खर्च भी चल सके, चन्द्रकिरण के काम करने के उपरान्त ही राशन, फल, सब्जी और मकान का किराया पूरा हो पाता था। कान्तिचन्द्र ने अपनी जरूरतों को कभी सीमित नहीं किया बल्कि कई बार अपने कार्यों से आर्थिक संकट ही खड़ा किया परन्तु इस त्याग, सहनशीलता के बदले चन्द्रकिरण को अपमान, पीड़ा और दु:ख मिला। वह मन में उड़ने की उमंग लिये भी कैदी रहीं। कान्तिचन्द्र-जैसे पुरुष हमारे समाज में अनगिनत हैं। चन्द्रकिरण मध्यवर्गीय स्त्री का प्रतिनिधि चरित्र प्रतीत होती हैं। इस प्रकार उनका रचना-कर्म जीवन-संघर्ष के साथ चलता रहा है। एक स्त्री को अगर त्याग, समर्पण, सहयोग के बदले देहरीकैद और अपमान ही पग-पग पर मिलता है तो सभी को सोचने की ज़रूरत है कि हम कैसा समाज निर्मित कर रहे हैं जहाँ स्त्रियों को कूड़े-करकट से भी तुच्छ समझा जाता है। ऐसी स्थिति में स्त्रियों को विकसित होने का अवसर दिये जाने की और पुरुषों को ज्यादा संस्कारित किए जाने की ज़रूरत है। हम 21वीं सदी में इससे भी कहीं ज्यादा त्रासद स्थितियों को देख रहे हैं जहाँ बलात्कार की समस्या ख़तरनाक क्रूरता में बदलती जा रही है। अनगिनत स्त्रियों/लड़कियों के साथ बलात्कार और हत्या की घटनाएँ घट रही हैं। यह इस बात का सबूत है कि न ही हमने बीमारी की सही शिनाख्त की, न ही इलाज। जेंडर अलग होने से किसी से भी ज़िन्दगी में आगे बढ़ने का अधिकार नहीं छीना जाना चाहिए। यह विडम्बना ही है कि स्त्रियों के शोषण का इतना ज्यादा सामान्यीकरण हो गया है। उसके शोषण को संस्कारों का नाम देकर आज भी जारी रखा जाता है। जिन्दगी पग-पग पर कठिन होती जा रही है। अगर सामाजिक बुराइयों को दूर किया जाता तो आज स्त्रियों की हत्याओं और बलात्कार की बाढ़ न आ गई होती।

### सन्दर्भ सूची


1. मैनेजर पांडेय, हंस, जुलाई, 2004, पृ. 34
2. गरिमा श्रीवास्तव, आलोचना, अक्टू-दिस., 2009. पृ. 23
3. पंकज चतुर्वेदी, आत्मकथा की संस्कृति, वाणी प्रकाशन, 2003, पृ. 23
4. मैनेजर पांडेय का लेख, हंस, जुलाई, 2004, पृ. 33.
5. चन्द्रकिरण सौनरेक्सा: पिंजरे की मैना, पूर्वोदय प्रकाशन, 2010. पृ. 6

6. गरिमा श्रीवास्तव का लेख आलोचना, अक्टू-दिस, 2009, पृ. 95
7. वही, पृ. 92
8. चन्द्रकिरण सौनरेक्सा : पिंजरे की मैना, पूर्वोदय प्रकाशन, 2010, पृ. 105
9. महादेवी वर्मा : शृंखला की कड़ियाँ, राधाकृष्ण प्रकाशन, 1995, पृ. 187
10. भारत भारद्वाज, उड़ गई पिंजरे की मैना, नया ज्ञानोदय, जून, 2009. पृ. 11
11. चन्द्रकिरण सौनरेक्सा : पिंजरे की मैना, पृ. 100
12. सुधा चौहान : मिला तेज से तेज, भार्गव प्रेस, इलाहाबाद, 1975, पृ. 168.
13. चन्द्रकिरण सौनरेक्सा : पिंजरे की मैना, पूर्वोदय प्रकाशन, 2010, पृ.118-119
14. वही, पृ. 152
15. वही, पृ. 76
16. वही, पृ. 95
17. वही, पृ.138
18. वही, पृ. 221-222
19. वही, पृ. 224
20. वही, पृ. 302-303
21. प्रकाशदान चारण : पिंजरे की मैना स्त्री जीवन की पीड़ा एवं संघर्ष (लघु शोध प्रबन्ध) 2010, जे. एन. यू., पृ. 67
22. वही, पृ. 68
23. वही, पृ. 214
24. मन्नू भंडारी, एक कहानी यह भी, राधाकृष्ण प्रकाशन, नई दिल्ली. पृ. 13
25. वही, पृ. 52
26. चन्द्रकिरण सौनरेक्सा : पिंजरे की मैना, पूर्वोदय प्रकाशन, 2010, पृ. 316
27. वही, पृ. 409
28. वही, पृ. 278-279
29. वही, पृ. 411
30. वही, पृ. 412
31. वही, पृ. 339
32. सुधा चैहान : मिला तेज से तेज, भार्गव प्रेस, इलाहाबाद, 1975, पृ. 89
33. वही, पृ. 89

# लिखने से थोड़े स्त्री-विमर्श होता है : मन्नू भंडारी

## (आत्मकथा के विशेष सन्दर्भ में मन्नू भंडारी से साक्षात्कार)

डॉ. अजित सिंह

सुख्यात कथाकार मन्नू भंडारी ने 'एक कहानी यह भी' शीर्षक से अपनी आत्मकथा लिखी है। 2011 में उनको अपनी आत्मकथा के लिए व्यास सम्मान भी मिला है। यह आत्मकथा वर्ष 2007 में राधाकृष्ण पेपर बैक्स, नई दिल्ली से प्रकाशित हुई है। उन्होंने इस आत्मकथा का लेखन 1992 में शुरू किया था लेकिन अस्वस्थ होने के कारण इसे पूरा होने में लगभग 15 वर्ष लग गए।

साक्षात्कार के दौरान मन्नू जी ने अपने जीवन के कई मुड़े हुए पन्ने खोले। जीवन के खट्टे-मीठे प्रसंग, राजेन्द्र जी के साथ सम्बन्ध, स्त्री-विमर्श और नई कहानी आन्दोलन पर स्पष्ट बातचीत की। यह साक्षात्कार दिनांक 18 दिसम्बर, 2011 को उनके निवास 1039, हौज खास अपार्टमेंट-हौज खास नई दिल्ली-16 में लिया गया। साक्षात्कार के प्रमुख अंश प्रस्तुत हैं :

**अजित :** 'एक कहानी यह भी' की शुरुआत कैसे हुई? इसे पूरा करने में इतना ज्यादा समय (1993-2006) क्यों लगा?

**मन्नू भंडारी :** अशोक महेश्वरी मेरी पचास कहानियों का एक संग्रह छाप रहे थे। उसकी भूमिका के लिए उन्होंने मेरे जीवन, भाई-बहन, शिक्षा, माता-पिता, किशोरावस्था के बारे में लिखने को कहा था, ताकि सबको मेरे बारे में जानकारी मिल सके। बहुत से रिसर्च करनेवाले स्टूडेंट प्रश्नावली भेजते हैं, इससे उनको सामग्री मिल जाएगी। इसलिए मैंने कौन सी रचना कब लिखी, सारी घटनाओं का हवाला देते हुए यह लिखा। इस सबके लिए लिखना शुरू किया और लिखते-लिखते दस साल लग गए। मैं बीमार हो जाती थी इसलिए इतना समय लग गया।

**अजित :** 'एक कहानी यह भी' में 'पूरक प्रसंग' की आवश्यकता क्यों हुई ?

**मन्नू भंडारी :** हमारे यहाँ 'तद्भव' के सम्पादक अखिलेश आए थे। 'तद्भव' में राजेन्द्र यादव के आत्मकथ्यांश तीन भाग में छपे थे। तभी अखिलेश ने कहा कि राजेन्द्र जी का तीसरा भाग छपने जा रहा है, इसके बाद आपको लिखना है। पहले नामवर जी का छपा, फिर राजेन्द्र का और अब आपका। मैंने अखिलेश से कहा कि मुझे नहीं लिखना है, लेकिन यह राजेन्द्रवाला लेख मुझे पढ़ने को दे दो तो उन्होंने उसको दे दिया तब पढ़कर मैंने उनको फोन किया, देखो और कुछ तो नहीं लेकिन इसका जवाब लिखना है क्योंकि यह व्यक्तिगत जीवन से सम्बन्धित है। लोगों ने भी कहा कि राजेन्द्र के साथ तुम्हारा जीवन लेखन के साथ हुआ है, तब इसको पूरक प्रसंग के रूप में डाल दिया और तभी लोग इसको आत्मकथा की तरह लेने लगे।

**अजित :** आत्मकथा के प्रारम्भ में आपने अपने पिता का जिक्र किया है तथा लिखा है कि साँवलेपन को लेकर आपको बहुत कॉम्प्लेक्स था?

**मन्नू भंडारी :** देखो ऐसा था कि गोरा रंग मेरे पिता जी की कमजोरी थी मेरी बड़ी बहन सुशीला गोरी थी। हमारी और सुशीला की बचपन में बहुत घनिष्ठता थी, लड़ते भी थे। मगर पिता जी हमेशा अन्तर करते थे। हर चीज में उसकी प्रशंसा करते थे, हर समय सुशीला-सुशीला, तो धीरे-धीरे मेरे अवचेतन में यह बात आ गई। आज भी अगर मेरी कोई बड़ाई करता है तो मैं संकुचित हो जाती हूँ। यह मेरा स्वभाव बन गया।

**अजित :** आपने अपनी आत्मकथा में प्रभा खेतान और प्रतिभा अग्रवाल के बारे में लिखा हैं। प्रभा खेतान जी हमारे बीच नहीं हैं। उनके बारे में आपकी क्या राय है?

**मन्नू भंडारी :** मैंने अपना कैरियर स्कूल से शुरू किया था। बंगाल के बालीगंज सदन की बात है। तब प्रभा पाँचवीं क्लास में थी। ग्यारहवीं तक मेरे साथ रही। वह बहुत अच्छी स्टूडेंट थी। मैं अपने स्टूडेंट में यह संस्कार डालना चाहती थी कि वह कोर्स के बाहर की किताबें भी पढ़ें। ये लड़कियाँ इतना पढ़ती थीं और इतनी रुचि लेकर पढ़ती थीं कि कोई भी नई किताब आती उसको पढ़ डालती थीं। हमसे डिस्कस भी करती थीं। यहाँ कॉलेज की लड़कियों को हमने पढ़ते ही नहीं देखा। ये कोर्स के अलावा कुछ नहीं पढ़ती हैं। बाद में भी वह बराबर हमसे मिलती रही।

जब भी मैं कलकत्ता जाती तो मिलती थी। उसने पिगरेट खोला था। मुझे डॉ. सर्राफ की बात पता चली। वह कहती थी कि बस प्यार हो गया। जहाँ तक मुझे पता है, डॉ. सर्राफ के पाँच बच्चे थे। बहुत मनी माइंडेड थे। बाद में वह बहुत परेशान थी कभी कहती थी कि आश्रम चली जाऊँ, यहाँ भी दिल्ली वह आई थी। राजेन्द्र से बहुत क्लोज थी लेकिन मुझसे दूर भागती थी। अन्तिम बार जब वह मुझसे मिली थी तो वह बहुत शान्त थी, नाराज भी थी कि मैं उसे फोन क्यों नहीं करती। उसने मुझसे कहा कि आप श्राद्ध के दिनों में ऑपरेशन नहीं कराना। मैंने कहा कि. तुम भी यह मानती हो तो बोली पहले नहीं मानती थी पर अब मानती हूँ। इन सबके बाद अचानक उनकी मृत्यु की खबर से मुझे बहुत आश्चर्य हुआ। बाद में उसने एक लड़का गोद लिया था आज भी उनके ट्रस्ट को वही देखता है।

**अजित :** आप जब पहले से जानती थीं कि राजेन्द्र यादव के मीता के साथ सम्बन्ध हैं तो आपने राजेन्द्र यादव के साथ शादी का कदम क्यों उठाया था?

**मन्नू भंडारी :** मुझे नहीं पता था। राजेन्द्र ने मुझे बताया कि मेरे और उसके सम्बन्ध थे लेकिन अब खत्म हो गए हैं। पत्रों का लेनदेन भी था, वह भी लौटा दिये। मैं बिलकुल साफ सुथरा तुम्हारे पास आया हूँ। इस पर मैंने कहा कि आपकी तो केवल मित्रता थी मेरी तो बाकायदा सगाई भी हो गई थी। तब मैं बी.ए. में थी, 1949 की बात है। उसने भी शादी नहीं की और न मीता ने, यह भी रोचक है। राजेन्द्र ने कहा कि पहले मैं दिल्ली जाता हूँ और सेटल होता हूँ। इनके मित्र ठाकुर ने जो आगरे के थे, इनके घर जाकर डिक्लेयर कर दिया कि मन्नू और राजेन्द्र शादी कर रहे हैं। यह बात मीता को पता लगी और उसने दिल्ली आकर दुबारा सब जोड़ा। देखो, तब राजेन्द्र का इतना नाम नहीं था तब जूता लेकर नहीं बैशाखी लेकर चलते थे। आर्थिक आधार भी मजबूत नहीं था। मैं कलकत्ते से दिल्ली आई तो सुशीला ने राजेन्द्र से कहा कि मैं पिता जी को सूचित कर देती हूँ कि तुम और मन्नू शादी कर रहे हो। इस बात पर ये बहुत उखड़े-उखड़े लग रहे थे। मैं समझ रही थी कि काम न मिलने की वजह से इतना परेशान हैं। तब इन्होंने अपने मित्र मोहन राकेश से कहा कि मैं मन्नू को पूरी बात बता नहीं पाया, तुम बता दो। राकेश जी हमारे मित्र

थे, हम नाश्ते पर गए थे। तभी राजेन्द्र ने कहा, जरा मैं चिट्ठियों को डालकर आता हूँ तुम राकेश से बातें करो। राकेश जी ने हमें समझाना शुरू किया कि अभी राजेन्द्र से शादी की बात मत करो, हम लोगों का क्या, आज घर में बैठे हैं कल फुटपाथ पर रूमाल बेचना पड़ सकता है। ये सब बातें मुझे चुनौती की तरह लग रही थीं। मैंने कहा कि मैं कोई सोलह साल की नहीं हूँ, मैं केवल आर्थिक सुख-सुविधा के लिए शादी नहीं कर रही हूँ। मेरे लिए लेखन ही सबकुछ है। तब राकेश जी को राजेन्द्र ने कहा था कि शादी तो मन्नू से ही करना यह बात राकेश ने हमको बाद में बताई थी। फिर ये उपेन्द्रनाथ अश्क के पास गए तो उन्होंने भी कहा कि मन्नू से शादी करो, ठाकुर जी ने भी यही कहा। उस समय मैं इन्दौर में थी। मुझे तुरन्त कलकत्ता बुलाया गया और शादी की तारीख तय कर दी गई। इन्होंने सुशीला के सामने मेरा हाथ पकड़कर कहा कि देखो सुशीला मुझे तो रीति-रिवाजों में विश्वास नहीं बट वी आर मैरीड। मैं भी यही समझती रही कि वी आर मैरीड तो मैरीड।

**अजित :** जब आप कलकत्ते से दिल्ली गईं तो राजेन्द्र यादव जी के व्यवहार में क्या कोई विशेष परिवर्तन देखने को मिला?

**मन्नू भंडारी :** शादी के बाद हम आगरा इनके घर गए, बहुत स्वागत हुआ लेकिन इनका व्यवहार वही उखड़ा उखड़ा। मैं देखूँ कि शादी के पहले इनकी दराजें, आलमारी सब खुले रहते थे, लेकिन अब सबमें ताले हर जगह ताले। तो मुझे शक तो होता था कि कोई चक्कर जरूर है। जब मैं पूछती थी कि क्या बात है तो बस एक जवाब, लिखने के बारे में सोच रहा हूँ, लिखना शुरू करना है। इनके पास तरह-तरह के चश्मे थे दूर का, पास का तो मुझे वहीं इनके एक बॉक्स की चाभी मिल गई। मैंने ताला खोलकर चाभी वहीं वापस रख दी। जब ये बाहर गए तो बॉक्स खोला। उसमें पत्र थे डायरी में। डिटेल में सबकुछ था। वह पढ़ने के बाद मुझे पता चला कि इतना बड़ा धोखा। मैंने दो दिन रोते-रोते गुजारा। जब ये आए तो मैंने कहा कि मुझे तुम्हारे साथ नहीं रहना है। तब ये रोने लगे कि मुझे छोड़कर मत जाओ, यह मेरी जिन्दगी का सबसे बड़ा ब्लैक स्पॉट है। आप सच पूछो तो जाना मैं भी नहीं चाहती थी। अपने पिता जी के खिलाफ जाकर अपनी इच्छा से शादी की थी। पिता जी ने कहा था कि कमाई का कोई

ठिकाना नहीं, एक पैर भी नहीं है और न जाने क्या-क्या? लेकिन इस बार इन्होंने मुझे जाने नहीं दिया।

**अजित :** राजेन्द्र जी मीता को दुस्साहसी, दबंग, फर्राट और खूँखार शेरनी कहते हैं। आपको मीता से मिलकर कैसा महसूस हुआ?

**मन्नू भंडारी :** वे उसे घर लाते थे। शक्तिनगर दिल्ली में जब हम रहते थे तब वहाँ आई थी। एक बार हम आगरा में एक रेस्तराँ में चाय पीने गए थे तो वह वहाँ भी आई थी। पहली बार यहीं मिले थे। बस सामान्य बातचीत हुई। उसने एक बार अपनी मित्र मिसेज टंडन के यहाँ चाय पर बुलाया था। बातचीत में वह राजेन्द्र से अरे ! यार, अरे ! यार करके बात करती थी तो थोड़ा अजीब लगता था। आगरे का टच तो था, लेकिन तब इतना खुलापन नहीं था। बाद में शायद वह इन चीजों से उबरी हो।

**अजित :** राजेन्द्र यादव जी का मीता के साथ सम्बन्ध था तो क्यों आपसे अलग होने के बाद वे आज भी अकेले रहते हैं?

**मन्नू भंडारी :** मैंने तो कहा कि साथ रहो। कई लोगों ने कहा कि अब तो साथ रखिए। निर्मला जैन ने कहा कि मन्नू तो अकेली रह लेगी लेकिन आपके लिए मुश्किल होगी, राजेन्द्र तुम मीता को बुला लो। राजेन्द्र ने कहा कि मैं भी गम्भीरता से सोच रहा हूँ लेकिन निभेगा नहीं। मैं जानती थी कि ये नहीं बुलाएँगे, सच पूछो तो ये साथ नहीं रह सकते हैं। अब अलग होने के बाद मैंने अपने-आपको इन चीजों से मुक्त कर लिया है।

**अजित :** आपको नहीं लगता कि राजेन्द्र से अलग होने के बाद आपसे उनकी बात पहले से भी ज्यादा होती है?

**मन्नू भंडारी :** फोन पर तो हर दूसरे-तीसरे दिन बात होती है। मैंने तो सोचा था कि अलग हो गए हैं तो बात नहीं करेंगे लेकिन राजेन्द्र ने दूसरे दिन से ही बात करना शुरु कर दिया। अभी भी कोई नई किताब आने पर देखो मन्नू यह नई किताब आई है। इसको पढ़ना, सबके बीच में दिखाने के लिए हमारे सम्बन्ध बहुत अच्छे हैं।

**अजित :** समाचार-पत्रों में यह पढ़ने को मिलता है कि पुरुष ने स्त्री को घर से बाहर निकाला लेकिन आपने राजेन्द्र यादव जी को घर से बाहर निकाला, क्या इसके पीछे कोई विशेष वजह थी?

**मन्नू भंडारी :** हाँ, यह तो सामान्य बात है कि लोग झोटा पकड़कर स्त्री को बाहर निकाल देते हैं। राजेन्द्र के लिए यह भयंकर आघात था। महादेवी वर्मा ने कहा था कि मैं अपने पति के साथ नहीं रहूँगी। मैंने भी कहा यह आखिरी है। एक महीने में कमरा ढूँढ़िए और अलग हो जाइए। मैं साथ नहीं रहूँगी। इस घर का एक-एक पैसा मैंने चुकाया है। इसके जितने इनस्टालमेंट थे, मैंने दिये हैं। टोटल घर में राजेन्द्र ने कुल 15 हजार रुपये दिये हैं। इतने साल रह लिए हैं, इससे ज्यादा तो किराया होता है। अगर इनका भी अपना पैसा लगा होता तो मैं नहीं कह पाती, किस हक से कहती।

**अजित :** स्त्री सशक्तीकरण के सारे आयाम आपने खुद प्रस्तुत कर दिये हैं। वर्तमान में जो स्त्री-विमर्श है इस पर आपकी क्या राय है?

**मन्नू भंडारी :** अभय कुमार दुबे ने ठीक लिखा है-प्रभा खेतान स्त्री-विमर्श की पुरोधा हैं। डॉक्टर को छोड़ क्यों नहीं दिया? जीवन में स्त्री-विमर्श नहीं किया। हमारे यहाँ इतना चिल्लाई कि मेरा शोषण हुआ लेकिन आखिरी दम तक उनके साथ रही। जीवन में स्त्री-विमर्श तो मैंने किया है। लिखने से थोड़े स्त्री-विमर्श होता है? पति की सारी सुविधाएँ लो, सुख भी लो और स्त्री-विमर्श भी करो? राजेन्द्र यादव कहते हैं कि देह की आज़ादी हो, यह देह की आज़ादी क्या है? स्त्री आज इसके साथ सोई, कल उसके साथ क्या यह देह की आज़ादी है? सब की एक नैतिकता होती है। आपका अगर अपने पति से सम्बन्ध बिगड़ गया तो छोड़ दीजिए। मेरा विश्वास सम्बन्ध की नैतिकता में है।

**अजित :** क्या आपको नहीं लगता कि राजेन्द्र जी से सम्बन्ध तोड़ने में आपने बहुत देर की?

**मन्नू भंडारी :** हाँ, बहुत देर की। व्यक्ति एक उम्मीद में रहता है कि शायद अब ठीक हो जाए, अब ठीक हो जाए, लेकिन नहीं हुआ।

**अजित :** आपने अपनी आत्मकथा में कहानी के तीन प्रमुख स्तम्भों मोहन राकेश, कमलेश्वर, राजेन्द्र यादव का जिक्र किया है। अभी हाल ही में निर्मला जैन ने नई कहानी की लेखिकाओं की 'त्रयी' में आपको शामिल किया है। नई कहानी और आन्दोलन के बारे में आपके क्या विचार हैं?

**मन्नू भंडारी :** मुझे नई कहानी के खेमे में डाल दिया गया। वरना मुझे नई कहानियों का क्या वैचारिक आधार था, क्या नई कहानी आन्दोलन था मुझे नहीं पता। मैं तो बस जिन्दगी देखती थी और कहानी लिखती थी। सचमुच मुझे आन्दोलन की समझ नहीं थी, पर राजेन्द्र यादव, मोहन राकेश ने मुझे नए कहानीकारों में डाल दिया, हो सकता है वे विशेषताएँ मेरी कहानियों में रही हों जो नए कहानीकारों में थीं।

*मन्नू भंडारी से लिये गए इस साक्षात्कार को एक दशक से भी अधिक बीत चुके हैं। इक्कीसवीं सदी के तीसरे दशक में हम अनेक प्रकार की रचनाओं और विमर्शों से रूबरु हो रहे हैं। हिन्दी आत्मकथा की दुनिया भी लगातार विस्तृत होती जा रही है। ऐसे में मन्नू जी द्वारा जिन साहित्यिक मानदंडों को स्थापित किया गया, वह नई और सक्रिय रचनाकार पीढ़ी के लिए आदर्श है। अब मन्नू जी और राजेन्द्र जी दोनों-इस दुनिया में नहीं हैं, लेकिन नई कहानी आन्दोलन से लेकर स्त्री-विमर्श तक उन्होंने जो वैचारिक आधार हिन्दी साहित्य को दिया, उसके लिए हिन्दी पाठक सदा उनका ऋणी रहेगा।*

# 'हादसों' से मुठभेड़ करते हुए 'आपहुदरी' होने की सत्यकथा

डॉ. मिथिलेश

रमणिका गुप्ता की आत्मकथाओं 'हादसे' और 'आपहुदरी' से गुजरने के बाद ऐसा प्रतीत हुआ कि एक बुजुर्ग और संघर्षशील महिला ने अपने बालपन से लेकर वार्धक्यावस्था तक की कथा को सहजतापूर्वक सबके सामने पेश कर दिया है। रमणिका गुप्ता का नाम सबसे पहले मैंने 84 के नवम्बर-दिसम्बर महीने में सुना। देखा, जब वो हजारीबाग लोकसभा क्षेत्र से चुनाव में बतौर निर्दलीय उम्मीदवार खड़ी हुईं। उस समय मैं इंटरमीडिएट में दाखिल ही हुआ था और अक्टूबर, '84 में प्रधानमन्त्री इन्दिरा गाँधी की हत्या के बाद देश में आम चुनाव हो रहे थे। हजारीबाग सरीखे अविकसित इलाके से एक ऐसी महिला ने उम्मीदवारी पेश की थी, जो देखने-भालने में इन्दिरा गाँधी से मिलती-जुलती थी। ऐसी महिला को सुनने-देखने के लिए गाँव-देहात में लोग जुट जाते थे और ध्यान से सुनते भी थे। लोगों का सभाओं-बैठकों में जुटना और उनका वोट में तब्दील होना दोनों दो बातें साबित हुईं। रमणिका जी विद्रोही उम्मीदवार के रूप में नाव छाप लेकर चुनाव मैदान में उतरी थीं और लगभग दस हजार वोट ही पा सकी थीं। उन्होंने विद्रोह पूर्व प्रधानमन्त्री चन्द्रशेखर से किया था। रमणिका जी चन्द्रशेखर की पार्टी जनता पार्टी में थीं और कोयला मजदूरों की लड़ाई भी लड़ रही थीं। साथ ही मांडू विधानसभा क्षेत्र से विधानसभा की सदस्य भी रह चुकी थीं, सो उनके दावे में अस्वाभाविकता तो कतई नहीं थी। राजनीतिक और सामाजिक जमीन पर संघर्ष के जो बीज उन्होंने बोये थे, उसकी फसल काटने पर उनका पहला हक तो बनता ही था, लेकिन उनकी हकमारी जब की गई तो उन्होंने चुपचाप सहन करना मुनासिब नहीं समझा। रमणिका जी की आत्मकथाओं को देख-पढ़कर भी यही समझ में आया कि अन्याय के विरुद्ध मुखर होना उनके व्यक्तित्व का अभिन्न हिस्सा था। जनता पार्टी का चक्र हलधर छाप लेकर यशवन्त सिन्हा (जो बाद में देश के वित्त और विदेश मन्त्री भी बने) हजारीबाग के मैदान में आए थे लेकिन वोट के मामले में वे भी रमणिका जी

से आगे नहीं निकल पाए थे। हाँ, इतना जरूर हुआ कि लोगों की जुबान पर यशवन्त सिन्हा का नाम भी अवश्य चढ़ा कि एक त्यागपत्र दाता आई०ए०एस० चुनाव मैदान में उतरा है। इलाके में यशवन्त सिन्हा के नाम जाने का फल उन्हें बहुत बाद यानी 1998 में मिला जब हजारीबाग लोकसभा क्षेत्र से वे भारतीय जनता पार्टी के टिकट पर संसद पहुँचे। बहरहाल, इस प्रसंग को यहीं विराम देते हुए रमणिका गुप्ता पर ही केन्द्रित करें।

1984 के चुनाव में हार का मुँह देखने के बाद रमणिका जी ने समाजवादी राजनीति से तौबा कर ली और साम्यवादी दल भारतीय कम्युनिस्ट पार्टी (मार्क्सवादी) का दामन थामते हुए उसके मजदूर संगठन 'सीटु' के बैनर तले संघर्ष की आवाज बुलन्द करने लगीं। रमणिका जी जितनी कुशल और मुखर वक्ता थीं, उससे कम कुशल लेखक भी न थीं। संघर्ष को देखते हुए, संघर्ष करते हुए जिये जीवन ने उनके सृजनशील मन को राजनीति की ऊबड़-खाबड़ जमीन से साहित्य की अनगढ़ अभिव्यक्ति की ओर मोड़ दिया। फिर तो दलित-आदिवासी मजदूरों की असह्य पीड़ा को अभिव्यक्ति देना जैसे उनका सबसे जरूरी काम हो गया। रमणिका जी का संघर्ष दोतरफा रहा एक तो जमीन पर संघर्ष को आगे बढ़ाना और दूसरा उस संघर्ष के क्रम में अर्जित अनुभवों को सृजनात्मक साहित्य के माध्यम से लोगों के सामने सम्पूर्ण कला-कौशल के साथ प्रस्तुत कर देना। अपनी आँखन देखी को पेश करने के लिए जब मंच मिलता न दिखा तो फिर जिनके लिए वे जीवनयुद्ध लड़ रही थीं, उसे ही साकार किया 'युद्धरत आम आदमी' के पन्नों पर। 1987 से 'युद्धरत आग आदमी' (शुरुआत में आम आदमी) नाम की पत्रिका उन्होंने हजारीबाग से ही निकालना शुरू किया और बाद में वे उसे दिल्ली ले गईं। जिस 'युद्धरत आम आदमी' को उन्होंने अपने खून-पसीने से सींचा उसे हिन्दी साहित्य और साहित्यिक पत्रकारिता के इतिहास में हमेशा याद रखा जाएगा।

हिन्दी साहित्य के जिन वर्जित इलाकों में प्रवेश करते हुए राजेन्द्र यादव ने 'हंस' का पुनर्प्रकाशन (1986) करते हुए दलितों, स्त्रियों की व्यथा को वाणी दी तो उनके ठीक पीछे चलते हुए 'युद्धरत आम आदमी' को दलितों, स्त्रियों के साथ आदिवासियों की समाजार्थिक-सांस्कृतिक अस्मिता का खुला मंच बनाते हुए दर्जनों अनगढ़-अनभिव्यक्त चेहरों को लेखक-कवि होने के आत्मसम्मान का अहसास कराया। दलित, स्त्री और आदिवासी अस्मिता को उन्होंने गऊ पट्टी से बाहर ले जाते हुए अखिल भारतीय स्वरूप दिया। रमणिका जी के पहले पूर्वोत्तर की आदिवासी रचनाशीलता हिन्दी जगत के लिए एक अबूझ पहेली थी, उसकी गुत्थियों को खोलते हुए उन्होंने हिन्दी क्षेत्र की रचनाशीलता को भौगोलिक ही नहीं बल्कि संवेदनात्मक विस्तार भी दिया। बहिष्कृत मूक भारत को निरन्तर विशेषांकों के माध्यम से वाणी देती हुई वे उसमें गुरुता-गम्भीरता का समावेशन करती रहीं।

रमणिका जी ने साहित्यिक पत्रकारिता में कदम भले ही जमा लिया, लेकिन उनके भीतर का ऐक्टिविस्ट आखिरी साँस तक गतिशील रहा। नियमित अन्तराल पर हाशिये के लोगों की पीड़ा को आवाज दे रहे रचनाकारों को, खासकर स्त्री रचनाकारों को ईनाम-एकराम से नवाजते हुए प्रेरित-प्रोत्साहित भी करती रहीं। ऐसी ही रमणिका ने दूसरों की व्यथा-कथा लिखते हुए अपने साथ हुए हादसों को बयाँ करती हुई एक जिद्दी लड़की के रूप में 'आपहुदरी' में अपने जीवन के स्याह-सफेद सभी पक्षों को खुद से ही कलमबन्द कर दिया।

पिछली सदी के उत्तरार्ध में, जब स्त्री, दलित और आदिवासी अस्मिताएँ उभरीं तो उन सबकी अभिव्यक्ति आत्मकथाओं के माध्यम से हुई। हालाँकि आत्मकथा-लेखन की शुरुआत जब हुई तो यह माना जाता था कि आत्मकथा किसी विराट व्यक्तित्व के द्वारा ही लिखी जा सकती है। इस बनी-बनाई धारणा को दलितों और स्त्रियों की आत्मकथाओं ने ही तोड़ा और मरोड़ा। दलितों को तो सामाजिक सोपान में सिर्फ 'सेवा' के योग्य ही माना गया तो स्त्रियों को इनसान के दर्जे से बाहर रखते पुरुष को पितृऋण से मुक्त करने का जरिया भर माना गया। मैनेजर पांडेय सरीखे आलोचक जब कहते हैं कि स्त्रियों की आत्मकथाएँ तो इसलिए नहीं हैं कि उन्हें हमारे सामाजिक ढाँचे में सच बोलने की स्वतन्त्रता नहीं है तो इससे असहमत होने की कोई वजह नजर नहीं आती, क्योंकि सच बोलना तो दूर बोलना ही दूभर था जिसकी अपनी कोई पहचान न रही हो. पहचान बनी भी तो किसी की बेटी के रूप में, किसी की बीवी के रूप में तो किसी की माँ के रूप में ही इससे भी बड़ी पहचान बनी तो ससुराल में मायके की और मायके में ससुराल की। नाम यदि कहीं दर्ज हो पाया तो वह सिर्फ 'वोटर लिस्ट' में ही। इस भयावह तथ्य और सत्य के साथ ही स्त्री को हमेशा पुरुष की अनुगामिनी बने रहने के उपदेश बालपन से लेकर वृद्धावस्था तक ही दिये जाते रहे।

भारतीय समाज में और विशेषतया उत्तर भारत के सामन्ती समाज में संघर्ष कर यदि कोई स्त्री रमणिका गुप्ता बनती है और आत्मकथा लिखती है तो उसे राजेन्द्र यादव यदि 'दुर्दम्य और दुर्धर्ष' कहते हुए 'आपराजेय संघर्ष-कथा' कहते हैं तो कहीं से अतिशयोक्ति नहीं लगती। स्त्रियों को दुर्धर्ष संघर्ष करते हुए अपराजेय संघर्ष कथा कहने की यदि प्रेरणा मिली, तो इसमें शिक्षा की आग की बड़ी भूमिका रही। इसी आग में तपकर वो कुन्दन बनीं और कुन्दन माता-पिता के दिये नाम के साथ अपनी व्यथा-कथा को खुलकर कह पाईं। यहाँ इस तथ्य की ओर भी ध्यान देना जरूरी लग रहा है कि स्त्रियाँ अपनी व्यथा-कथा कह रही थीं, लेकिन उसकी पीड़ा से वे लोग बिलबिलाने लगे जो सदियों से खुद के कहे-लिखे को ही सृजनशीलता का चरम माने बैठे थे। रमणिका जी की आत्मकथा को भी कमतर दिखाने की कम कोशिशें नहीं हुईं, लेकिन सच की यह विशेषता होती है कि वह

सर चढ़कर बोलता है। इन्हीं बातों को लक्ष्य करते हुए राजेन्द्र यादव 'हादसे' के सन्दर्भ में कहते हैं-'इस आत्मकथा को स्त्री के अपने चुनाव की कहानी भी कहा जा सकता है। पटियाला के बड़े मिलिटरी अफसर की जिद्दी अपने मन का करनेवाली लड़की जो अपनी हरकतों से बार-बार बाप और उनके परिवार को असुविधाओं में डालती है, खुली मीटिंगों में उनके सामन्ती दुमुँहेपन पर प्रहार करती है, विभाजन की त्रासदी झेलती मुस्लिम महिलाओं की आवाज बनकर जवाब माँगती है और फिर अपने मन से क्षत्रिय (राजपूत) परिवार छोड़कर वेद प्रकाश (गुप्ता) से शादी करके बिहार (झारखंड समेत) चली आती है। यहाँ आकर पति से विद्रोह करके मजदूरों-कामगारों के बीच उनके संघर्ष का जीवन चुनती है। रमणिका ने हर जगह सुख-सुविधाओं को छोड़कर बीहड रास्ता चुना है।'' (राजेन्द्र यादव, 'आत्मकथा के अनेक पाठ', 'हादसे', रमणिका गुप्ता, पृ. 7, राधाकृष्ण पेपर बैक्स, नई दिल्ली, पहली आवृत्ति, 2010)

रमणिका गुप्ता की आत्मकथाओं का मुख्य प्रतिपाद्य स्त्री-मुक्ति और अपने सपनों के अनुरूप जिन्दगी की राहों पर आगे बढ़ने तथा समाज के सोच में बदलाव लाने के लिए किए गए प्रयत्नों का लेखा-जोखा पेश करना है। लेकिन सिर्फ स्त्री मुक्ति के लिहाज से यदि 'हादसे' और 'आपहुदरी' को देखेंगे तो बहुत कुछ पकड़ से बाहर रह जाने की आशंका बलवती हो जाएगी। हालाँकि अपनी कहानी कहने के बहाने एक स्त्री किन दुश्वारियों से गुजरती है, को बताना ही मुख्य उद्देश्य निहित प्रतीत होता है। हिन्दी समेत अन्य भाषाओं में स्त्रियों ने जो आत्मकथाएँ लिखी हैं उनमें पितृसत्तापुरुषसत्ता के दमनकारी स्वरूप को विभिन्न स्तरों पर उघाड़ा गया है। महिला आत्मकथाकारों के सन्दर्भ में एक बात कही जाती है कि इनमें पुरुषों की आत्मकथाओं के मुकाबले निर्भीकता, साहस और सच बयाँ करने की सलाहियत ज्यादा है। महिलाओं ने अपनी कथाओं में जीवन जीने की दुर्धर्ष कथा के साथ-साथ अपने मानसिक द्वन्द्वों, समाज के क्रूर चेहरों, स्त्री-पुरुष के लिए दोहरे सामाजिक व पारिवारिक मानदंडों व कथित गुनाहों के लिए दी जानेवाली सजाओं और नकारात्मक सोच को सम्पूर्ण साहस और ईमानदारी के साथ पेश किया है। अपने परिवेश से गहरे संवेदनात्मक स्तर पर सम्बद्ध आबद्ध होकर स्त्री-मुक्ति के प्रति ज्यादा प्रतिबद्ध होकर सबकुछ कहा-बताया गया प्रतीत होता है। रमणिका जी की आत्मकथा ने सच, साहस और निर्भीकता के साथ-साथ सामन्ती-राजनीतिक परिवेश और मानसिकता को भी बेपर्द कर दिया है। रमणिका जी की सामाजिक-राजनीतिक यात्रा बहुस्तरीय और बहुआयामी रही है। आर्यसमाज, कांग्रेस, समाजवादी और फिर मार्क्सवादी होने की उनकी जीवन-यात्रा भारतीय राजनीति के अनेकानेक मोड़ों का लेखा-जोखा भी है। हादसे को सिर्फ लेखिका के साथ हुए हादसों घटनाओं-दुर्घटनाओं की प्रस्तुति न कहकर 'अबला' से 'सबला'

बनने की कोशिशों के रूप में भी देखे जाने की जरूरत है। हादसे उस दौर की स्त्री की कथा है, जब समाज में स्त्री की स्वतन्त्रता पाने की लालसा बढ़ रही थी। लेकिन उसे रूढ़ियों में जकड़े रहने की कोशिशें कम नहीं हुई थीं। आज़ादी के आन्दोलन का प्रभाव था कि समाज के उच्चवर्गीय और शिक्षित घरों की महिलाएँ ही घर की देहरी लाँघ पा रही थीं और उन्हें भी सम्मान की नजर से देखने की बजाय उलाहना का पात्र ज्यादा समझा जाता था। घर-परिवार के सदस्यों के अलावा गाँव-जवार, मोहल्ले के शुचितावादी भी जिसे शंकाभरी निगाहों से देखते थे। ऐसी विरोधी स्थितियों के बीच एक लड़की के लिए खुद को खड़ा करना कितना मुश्किल और हादसों को आमन्त्रण देनेवाला रहा होगा, इसकी कल्पना भर की जा सकती है। इसे लक्ष्य करके ही राजेन्द्र यादव लिखते हैं कि कितना दुष्कर रहा होगा आर्यसमाजी संस्कारों में पली हुई एक लड़की के लिए पुरुष साथियों के साथ जंगल-जंगल भटकना, साथ सोना-खाना, सेक्स और प्यार के भावनात्मक द्वन्द्वों से गुजरना और कभी गोली और फरसों के हमलों से बच निकलना, चाहे एवरेस्ट पर चढ़नेवाली पर्वतारोही लड़कियाँ हों या अन्तरिक्ष यानों में उड़नेवाली कल्पना चावलाएँ वह सब कहाँ छूट जाता है। जो घरों परिवारों में-'लड़की' होने के नाम पर घुट्टी में पिलाया जाता है। ... पुरुषों द्वारा नियन्त्रित संचालित बिहार की राजनीति में चालीस साल एक औरत की महत्त्वपूर्ण उपस्थिति कितना कुछ बना-बिगाड़ पाई है उसे देखना रोचक है सपनों, संघर्ष और साहस की यह कहानी बीसवीं सदी के भारत का वह इतिहास है जिसे मुख्यधारा के इतिहासकारों ने बहुत अधिक महत्त्व नहीं दिया और जिसे खेतों-खलिहानों और खदानों में रमणिका ने अपने यौवन और प्रौढ़ उम्र के कागजों पर लिखा है।' (हादसे, पृ. 8-9)

रमणिका जी के 'हादसे' के सन्दर्भ में यह कहा जाना भी मुनासिब होगा कि उन्होंने इसमें निजी जीवन के यथार्थ को प्रस्तुत करने के साथ-साथ अपने समय के सच को भी अभिव्यक्त किया है। रमणिका गुप्ता के जीवन में हादसों की सबसे बड़ी वजह जो नजर आती है वह यह कि परम्परागत स्त्री छवि और व्यक्तित्व से इतर चलकर अपनी राह बनाने की चाहत ही है। स्त्री नेतृत्वत्वकारी भूमिका में आए, पुरुष के लिए सहनीय भला कैसे हो सकता है? नायकत्व के सारे 'कॉपीराइट' तो पुरुषों के ही हैं, जहाँ वह धीरोदात्त, धीरोद्धत, वीर, पराक्रमी सबकुछ हो सकता है, लेकिन इन्हीं गुणों को अंगीकार कर आगे बढ़ने की कोशिश कोई स्त्री करे तो नागवार लगना ही था। महिलाओं की आत्मकथाओं के सन्दर्भ में एक मार्के की बात यह भी है कि उनमें स्वतन्त्रता, समानता और वैयक्तिक सम्प्रभुता को मानव मात्र के लिए आवश्यक माना गया है, रमणिका जी के 'हादसे' में इनकी तलाश और वकालत पग-पग पर हुई है। 'हादसे' को यदि ठीक से देखा जाए तो' 70 से लेकर '90 के दशक के दरम्यान की राजनीतिक स्थिति और श्रमिक संगठनों की

गतिविधि को ठीक-ठाक से जाना-समझा जा सकता है। 'हादसे में रमणिका जी का जैसा व्यक्तित्व सामने आता है, उससे लगता है कि वे हमेशा खतरों से खेलती हुई अन्याय के खिलाफ संघर्ष के रास्ते पर चलने-बढ़ने को तैयार तत्पर रहती हैं मजदूरों और दबे-कुचले अवाम के लिए इन्साफ माँगने, जोखिम उठाने और अपने स्वार्थ को परे रखकर सरकारी महकमों पूँजीपतियों और पहलवानों तक से भिड़ जाने का साहस उनमें दिखता है। संयुक्त बिहार में कोयला और औद्योगिक मजदूरों के बीच किसी स्त्री का काम करना, उनके लिए यूनियन बनाने की सोच रखना भी लगभग असम्भव था। लेकिन रमणिका जी ने 'असम्भव' को 'सम्भव' में तबदील करने के लिए वह सब किया जो भी आवश्यक था।

श्रमिक संगठन हो या किसी राजनीतिक दल की दहलीज, रमणिका जी को कहीं भी किसी पारिवारिक पृ.भूमि का फायदा नहीं मिला। जमीनी स्तर पर सबसे निचले पायदान से शुरू करते हुए ही विधान परिषद और विधानसभा की देहरी उन्होंने लाँघी। उनके अनुभव को जानना दिलचस्प है-''पुरुष के मुकाबले में कोई पुरुष हो तो उन्हें अपनी क्षमता का फर्क उन्नीस या बीस ही नजर आता है लेकिन अगर औरत खुदमुख्तार होकर सामने खड़ी हो जाए, वह भी निर्णय ले सकनेवाली औरत, तो चाहे बिन चाहे वह हीन भावना से दब जाता है और उसे अपनी तुलना में वह औरत बाईस लगने लगती है। ईर्ष्यावश शत्रुता का अंकुर मन में जन्म लेता है। वह समझता है कि औरत के पास उसके समान गुणों के अतिरिक्त आकर्षित और प्रभावित करने की क्षमता अधिक होती है और उसे ही वह अपने पौरुष के लिए चुनौती मान बैंठता है।'' (हादसे, पृ. 15)

रमणिका जी घुसपैठ प्राय : वर्जित क्षेत्र में ही करती हैं और वहाँ से विजेता होकर ही निकलती रहीं। 'हादसे' के आरम्भिक पन्नों में खुद के पन्नों को खोलकर रख देती हैं जैसे वे कहती हैं-''मैं अपने बचपन के दरवाजे खटखटाती हूँ तो ऐसी कई यादें उभर आती हैं जब मैंने निर्णायक हठ किए और अप्रिय लगनेवाले कदम उठाए। वे मेरे लिए निर्णायक घड़ियाँ होती थीं। मेरे सामने प्रश्न था अपने विचारों, अपनी धारणाओं को सार्थक सिद्ध करने का और लोक-लाज के रूढ़िगत विचारों के विरुद्ध खड़ा होने का। मैंने अपने मानदंड खुद गढ़े। औरतों के लिए मेरी अपनी अलग मान्यताएँ थीं जो सम्भवत: मेरे समय से बहुत आगे थीं इसलिए समायोजन में काफी कष्ट हुआ, संघर्ष करना पड़ा।'' (हादसे, पृ. 17)

रमणिका जी ने 'हादसे' के आरम्भ में जिन दशाओं और दिशाओं का संकेत किया, उन सबने उनके मानस और व्यक्तित्व के गठन में बड़ी अहम भूमिका निभाई। हादसे में मौजूदा झारखंड की विभिन्न कोलियरियों में कार्यरत मजदूरों, विस्थापित होकर किसान से मजदूर में तबदील होनेवाले दलितों-आदिवासियों के जीवन, संघर्ष, संस्कृति, मनोविज्ञान, उनकी ताकत और दिनोंदिन जीवन की

समस्याओं को पूरी शिद्दत से उभारा गया है। राजनीतिज्ञों से लेकर नौकरशाहों तक की सामन्ती मनसिकता को दिखाने के साथ-साथ मुख्यधारा से बहिष्कृत समाज के लोगों के सामाजिक-सांस्कृतिक वैशिष्ट्य को करीब से देखते महसूसते हुए दिखाने का काम किया है। हादसे मजदूरों की जीवनगत समस्या को ही सामने नहीं रखता, बल्कि पर्यावरणीय संकट के गहराते जाने के कारणों को भी दिखाता है। जल, जंगल, जमीन के अन्धाधुन्ध दोहन और उसके फलस्वरूप मानव-जीवन के संकटग्रस्त होते जाने की चिन्ता भी रमणिका जी की आत्मकथा में है। सच कहें तो रमणिका जी का जीवन दलितों, आदिवासियों और उन समाजों की स्त्रियों के साथ खास तौर पर जुड़ जाता है और यही वजह है कि संघर्ष के कई मुकामों को वे स्त्री शक्ति को जगाकर ही हासिल करती हैं। मजदूरों का परिवार ही उनका परिवार होता चला जाता है और पति से दुराव की वजह भी बनता है। हादसे में उन्होंने परिवार में अपनी अस्मिता का अहसास कराने को विद्रोही रुख अख्तियार करने, हीन भावना की ग्रन्थि और अपने निजी वैयक्तिक सम्बन्धों के सिलसिले में कई रहस्योद्घाटन भी किया है। इसे बड़ा साहसिक कदम माना जाना चाहिए। एक सामन्ती समाज की जो विडम्बनाएँ हैं उनसे टकराती हुई ही वे आगे बढ़ीं। सबसे पहले जीवन-साथी के चयन में वे खुद से निर्णय लेती हुई जाति से बाहर विवाह करती हैं। इस निर्णय के अमल में आने के क्रम में भी उन्हें जूझना पड़ता है। रमणिका याद करती हैं विवाह-प्रसंग को कुछ इस तरह जाति तोड़कर और वह भी प्रेम विवाह दानों ही परिवार की परम्परा और मर्यादा के लिए चुनौती के रूप में देखे जा रहे थे। मामा ने मेरा घर से निकलना बन्द कर दिया था। माँ आई। मेरी खूब पिटाई हुई पर मैं कटिबद्ध थी फिर मुझे पटियाला ले जाया गया। रोज मार पड़ती। ... एक दिन मेरे पापा जी ने आजिज आकर कहा, "यह फैसला तो बदलना ही होगा नहीं तो तुम दोनों में से किसी एक को जहर खाना होगा तुम्हारी माँ को या तुम्हें।" मैंने तुरन्त जवाब दिया- "मेरी माँ और आप जिन्दगी का सुख देख चुके हैं, भोग चुके हैं। मुझे अभी जिन्दगी देखनी बाकी है इसलिए जहर मैं नहीं खाऊँगी, बीबी जी (माँ) खाएँ। मेरी ये बातें परम्परावादी औचित्यवादी त्यागवादी और आचरणप्रिय लोगों को अखर सकती हैं। कटु अप्रिय और हृदयहीन कह सकती हैं, जैसी कि लगी भी।" (हादसे, पृ. 24)

ऐसी अनेकानेक घटनाएँ और स्थितियाँ 'हादसे' में दर्ज हैं। बनी-बनाई रूढ़ियों को तोड़ना और फिर नई राह का सनधान करना जैसे रमणिका जी का शगल रहा। विवाह के निर्णय से लेकर रसोइये का चयन, पति से अलग अपनी पहचान बनाने का निर्णय, पति से अलग होकर अपने पसनदीदा कार्यक्षेत्र में स्वयंसिद्धा होने का संकल्प लेना, टाटा एवं अन्य औद्योगिक घरानों की कारगुजारियों के खिलाफ खड़ा होना, 'पानी की रानी' की जन-उपाधि पाना, जानलेवा हमलों से बच निकलना-जैसे कई विवरण हैं, जो रमणिका जी के व्यक्तित्व के बहुआयामी होने को प्रमाणित

कर जाते हैं। हाँ, सेक्सुअलिटी के भी आरोप उन पर लगाए जा सकते हैं, पर एक स्त्री जिसे प्राय : भोग्या की दृष्टि से ही देखने की परिपाटी जिस समाज में रही हो, उसका इस विसंगति को उजागर करना कहीं से भी अनुचित नहीं लगता। स्त्री अस्मिता के लिए आजीवन संघर्षरत रहनेवाली रमणिका यदि अपने अस्तित्व को बचा पाईं तो उसमें उनकी अदम्य संघर्षशीलता ही असली साथी रही। वरना वह तो अकेली ही चली थी जानिबे मंजिल को और लोग आए भी और कारवाँ भी बना।

'हादसे' के ठीक दस वर्षों बाद यानी 2015 में उनकी आत्मकथा का दूसरा हिस्सा 'आपहुदरी' आया। 'आपहुदरी' का प्रकाशन सामयिक प्रकाशन, नई दिल्ली के द्वारा किया गया। प्रकाशकीय टिप्पणी के इस अंश पर गौर करना मुनासिब होगा-'उनकी आत्मकथा की पहली कड़ी 'हादसे' से यह कई अर्थों में अलग है। सच कहें तो यही है उनकी असल आत्मकथा। .. एक रचनाकार, सामाजिक कार्यकर्ता और राजनेता के रूप में रमणिका जी का धनबाद तक का जीवन बड़े रोचक ढंग से सामने आता है-एक निर्भीक स्त्री के जीवन पर आधारित ऐसी आत्मकथा है जिसे पाठक एक रोचक उपन्यास की तरह पढ़ेंगे... रमणिका जी की इस बेहद बोल्ड आत्मकथा को पढ़कर कुछ और रचनाकार आत्मकथा लिखने की हिम्मत दिखाएँ तो हमारा यह प्रयास सफल होगा' इस टिप्पणी से सहमत होना थोड़ा कठिन है, क्योंकि प्रकाशक को इसमें सबसे महत्त्वपूर्ण 'सेक्स' और 'बोल्ड' ही नजर आता है। उसमें समाहित सच्चाई पर उसका ध्यान जा ही नहीं पाता है। इस टिप्पणी से कोई भी भ्रमित हो सकता है।

'आपहुदरी' का अर्थ जो रमणिका जी ने बताया है उसके अनुसार यह पंजाबी का एक शब्द है जिसका अर्थ होता है अपने मन की करनेवाली यानी जिद्दी लड़की। 'आपहुदरी में रमणिका जी खुद के यौन शोषण की कथा के बहाने इसके विरोध में खड़ा होने की अपील करती प्रतीत होती हैं। सच्चाई को व्यक्त करने का जो साहस उनमें है वह सबमें नहीं दिखता। वे कहती हैं-सत्य जितना सपाट और स्पष्ट होता है, उतना ही बड़ा रहस्य छिपा होता है। उसके भीतर वह जितना रहस्यमय होता है, उतना ही मारक होता है। बदलाव की सब शर्तें, सत्य के गर्भ में छिपी होती हैं। मैंने सत्य की इसी रहस्यमयी मारक और विध्वंसक शक्ति का प्रयोग किया अपने खिलाफ खड़ी सामाजिक परम्पराओं, रूढ़ियों और तथाकथित संस्कारों की बाढ़ से उबरने के लिए बहुत हमले हुए, बहुत आरोप लगे, लांछन उछाले गए। मैंने उन्हें स्वीकार नहीं किया और वापस उसी समाज को लौटा दिया। बूमरँग कर गए सबके सब उन्हीं पर मैं अगली मुहिम के लिए फिर से उठ खड़ी होती रही।" (आपहुदरी, भूमिका, पृ. 16)

रमणिका बचपन से ही यौन शोषण का दंश झेलती हुई बड़ी हुईं और इस शोषण ने ही शायद उनके भीतर यौन-अतृप्ति की स्थिति निर्मित की। 'बदलती देह'

शीर्षकवाले खंड में इसका भी हवाला देती हैं-"अपने को अतृप्त रखना, पूर्ण न होने देना, असनतुष्ट रहना, बचपन में ही मैंने सीख लिया था और उसी अपूर्णता और अतृप्ति को मैं पूर्णता और तृप्ति के रूप में स्वीकारती थी। असनतोष मुझे गति देता था। कुछ पाने की इच्छा मेरी इच्छा-शक्ति को ऊर्जा देती थी। तृप्ति मुझे गतिहीनता का प्रतीक लगती थी। तृप्ति मुझे मुर्दापन का अहसास कराती थी। एक ऐसा अहसास जहाँ सब खत्म हो जाता है और करने को शेष नहीं रह जाता। हासिल करना मेरा लक्ष्य जरूर था लेकिन हासिल करके सनतुष्ट हो जाना, न मैंने जाना, न ही मैंने सीखा।" (पृष्ट 120) रिश्तेदारों से जो चोट दिये जाते हैं और फलस्वरूप जो घाव बनते हैं, वे आजीवन टीसते रहते हैं। रमणिका भी अपने चचेरे भाई के द्वारा ही पहले-पहले बलात्कृत हुईं, जिसकी वजह से सभी वर्जनाएँ ढहने लगी थीं। ट्यूशन मास्टर के हवश का भी शिकार वो बनीं। भाभी के साथ भी लेस्बियन सम्बन्ध बने। नाना-मौसी के सम्बन्धों की भनक भी इन्हें लगी। इन सारी घटनाओं का क्या असर हो सकता था, जिसे उनकी आत्मकथा को पूरा पढ़कर ही समझा जा सकता है। यौन शोषण के बारे में नहीं बता पाना और फिर उससे बाहर निकल पाना क्या आसान होता है? रमणिका के यौन सम्बन्ध कइयों से बनते हैं 'कहीं स्वेच्छया तो कहीं जबर्दस्ती के परिणामस्वरूप भी। वे यह जानती हैं कि उनका शोषण हो रहा है बावजूद इसके शोषित होते रहने को क्या कहा जा सकता है! इसके पक्ष में यदि कोई तर्क गढ़ना चाहे तो कह सकता है कि रमणिका गुप्ता प्रतिशोधवश अथवा बचपन से यौन शोषण की शिकार होते रहने के कारण प्रेम की तलाश करती हुई एक के बाद एक प्रेम-यात्रा पर निकल पड़ती हैं। कई पुरुषों के सम्पर्क में आती हैं। अनेक से 'फिजिकल' होने के बावजूद उन्हें यौन-तृप्ति नहीं होती। इस यात्रा में उनके जीवन में पुरुषों के आगमन का जो सिलसिला शुरू होता है वह एक ऐसी पगडंडी का रूप धर लेता है, जिसका कोई अन्त नहीं। यहीं पर यह बात भी सोचने की है कि रमणिका जी एक सम्पन्न घराने में पैदा हुईं, उन्हें विदेश में भी पढ़ने का अवसर मिला, लेकिन सम्पन्न घरों की लड़कियों को भी ये चीजें झेलनी पड़ती होंगी, इस आत्मकथा से गुजरने के पहले सोच पाना भी मुश्किल था। एक पितृसत्तात्मक समाज में पले-बढ़े होने के कारण एक पुरुष के लिए रमणिका जी की बातों को समझ पाना कठिन है। सम्भव है कि एक औरत के लिए मुक्ति का मार्ग ऐसा ही हो, लेकिन औरत को अपनी इच्छा और आकांक्षा के अनुरूप जीने का हक तो है ही। साथ ही यह भी कि हर किसी के लिए स्वतन्त्रता और मुक्ति के मायने अलग भी हो सकते हैं। आज़ादी के दीवानों को भी बहुतेरे लोग गलत समझनेवालों में रहे हैं।

रमणिका जी की आत्मकथा के दोनों खंडों को पढ़ने के बाद एक बात दृढ़ता से कही जा सकती है कि घटनाओं के लिहाज से भी ये पठनीय हैं। समाज

और उसकी मनोदशा, वर्गीय सोच, राजनीति सरीखे कई प्रसंगों को खोलने में ये आत्मकथाएँ समर्थ हैं। भले ही इनमें एक ऊबड़-खाबड़पन की मौजूदगी है, लेकिन यही इनकी अपनी खासियत भी है। भाषा, शैली और शिल्प की दृष्टि से इसमें बेहतर प्रयोग नहीं मिलते, क्योंकि रमणिका जी राजनीति करते-करते साहित्य के इलाके में दाखिल हुई थीं। यदि साहित्य के रास्ते से वे राजनीति में प्रवेश करतीं तो शायद कुछ बेहतर भाषिक प्रयोगों की साक्षी ये आत्मकथाएँ हो पातीं। रमणिका जी के लेखन का अनगढ़पन उनकी जीवन-प्रक्रिया से ही सम्बद्ध रहा, क्योंकि जीवन की राह समतल भी तो नहीं है कि भाषा और कलात्मकता पर ज्यादा ध्यान हो। उन्होंने जीवन के उत्तरार्ध में साहित्य की पगडंडी में प्रवेश किया था और जब वे उसमें प्रविष्ट हुईं तो बहुत सारे काम करने को पड़े थे उनके जिम्मे। रमणिका जी ने बहुत सारी जवाबदेहियों का निर्वाह करते हुए साहित्य को बहुत कुछ दिया। उनकी आत्मकथाओं को इतिहास, साहित्य और राजनीति की स्रोत सामग्री के रूप में देखने, जानने और समझने की जरूरत ज्यादा है।

# हिन्दी स्त्री आत्मकथाओं में वेदना के स्वर

डॉ. प्रियंका कुमारी

आत्मकथा से तात्पर्य है-'निजी जीवन का सत्योद्घाटन' अर्थात आत्मकथा निजी जीवन की ही कहानी है। यह निजी गाथा कहने का एक सशक्त माध्यम है। वृहद हिन्दी कोश में-"आत्मकथा आत्म और कथा का सामासिक रूप है, जिसका अर्थ है-'अपना, निज का, आत्मा का, मन का' और कथा का अर्थ है-'अपने जीवन की कहानी' इस प्रकार आत्मकथा का अर्थ हुआ, 'अपने जीवन की कहानी।"[1] आत्मकथा को भी पश्चिम से गृहीत विधा माना गया है, परन्तु हिन्दी ने इसे ग्रहण कर आत्मसात करते हुए निज-अभिव्यक्ति की विशिष्ट विधा के रूप में विकसित कर लिया। हिन्दी साहित्य में बनारसीदास जैन कृत-'अर्ध कथानक' (1641) को प्रथम आत्मकथा की मान्यता प्राप्त है। इसके बाद पुरुषों द्वारा लिखी अनेक आत्मकथाएँ प्रकाश में आईं, परन्तु स्त्री आत्मकथा का साक्ष्य बीसवीं शताब्दी से मिलना आरम्भ होता है। हिन्दी की प्रथम स्त्री आत्मकथा लेखिका जानकी देवी बजाज हैं, जिनकी मेरी 'जीवनयात्रा' आत्मकथा 1956 ई० में प्रकाशित हुई। इसके पश्चात अमृता प्रीतम, प्रतिभा अग्रवाल, कृष्णा अग्निहोत्री, कुसुम अंसल इत्यादि जैसी स्त्री आत्मकथा लेखिकाएँ प्रकाश में आने लगीं तथा इस कड़ी से अनेक लेखिकाएँ जुड़ती हुई स्त्री आत्मकथा-लेखन को व्यापक स्वरूप प्रदान कर सकीं। स्त्री आत्मकथा पुरुष आत्मकथा से बुनियादी रूप में भिन्न, एक स्वतन्त्र विधा है। स्त्री आत्मकथा, व्यक्तिगत, सामाजिक, दमित-अधूरी इच्छाओं, विचारों, भावनाओं, कुंठाओं को व्यक्त करती है तथा मन की अनेक उलझी गाँठों-परतों को खोलती हैं, जिसमें कुछ बातें अवचेतन मन की भी होती हैं। स्त्री आत्मकथा यथार्थ अनुभव पर आधारित होती है। उसमें कल्पना अथवा भाषायी अतिरेक नहीं होता, किन्तु स्त्री आत्मकथा निजी जीवन की समस्या मात्र नहीं है। यह एक व्यावहारिक आन्दोलन है, जिसका निशाना मनुष्य का दोयम दर्जे का व्यवहार है। एक स्त्री, आत्मकथा अपनी समस्या के समाधान हेतु नहीं लिखती बल्कि अपनी अस्मिता की खोज, निजी दास्तान को सार्वजनिक करने हेतु लिखती है ताकि उसकी समस्या,

वेदना, समाज के प्रत्येक वर्ग की नारी की वेदना से सम्पृक्त होकर सामाजिक समस्या का रूप ग्रहण कर स्त्री मुक्ति के स्वर को और बुलन्द करे।

आत्मकथा के माध्यम से स्त्रियों ने भोगी हुई पीड़ा, वेदना, अनुभव एवं अपने मौन को शब्दबद्ध कर पुरुष वर्चस्ववादी व्यवस्था को चुनौती दी। उन्होंने आत्मकथा के जरिये स्त्रियों को जागरूक, आत्मनिर्भर, सचेत एवं प्रगतिशील बनाने का कार्य किया। इन्होंने घर परिवार में उत्पीड़ित घृणा, असमानता, अपमान का दंश झेल रही नारियों को परिवर्तन के मार्ग पर चलने के लिए प्रेरित किया। इस सन्दर्भ में कौशल्या बैसनत्री जी का कथन है-"मेरे जैसे अनुभव और भी महिलाओं के होंगे लेकिन, वह समाज और परिवार के भय से अपने अनुभव सबके सामने उजागर करने से डरती हुई जीवन-भर घुटन में जीती हैं। समाज की आँखें खोलने के लिए ऐसे अनुभव को सामने आने की जरूरत है।"[2] हिन्दी साहित्य में स्त्री आत्मकथाएँ बीसवीं सदी के अन्तिम दशकों से प्रकाश में आने लगीं, जो हिन्दी के बदलते सामाजिक-साहित्यिक परिवेश की ओर इंगित करती हैं। यह कि स्त्रियाँ अब भावात्मक रूप से इतनी सशक्त हो चुकी हैं कि अपने भोगे हुए यथार्थ को बेझिझक, निर्भय, निडर होकर बेबाकी के साथ उजागर कर सकती हैं। यह निश्चय ही एक सुखद, साहसिक एवं ऐतिहासिक घटना है।

सार्वजनिक जीवन मूल्यों, व्यवस्थाओं को व्यक्त करना सहज है, किन्तु व्यक्तिगत कमजोरियों, दुर्घटनाओं को अभिव्यक्त करना अत्यन्त जटिल कार्य है। स्त्री के लिए तो और भी कठिन क्योंकि निजत्व सार्वजनिक होने पर पारिवारिक सामाजिक क्षति, बदनामी का खतरा होता है, क्योंकि पाठक वर्ग उसी ब्योरे के आधार पर रचनाकार के प्रति एक निष्कर्ष पर पहुँच वैसी ही एक धारणा बना लेता है। इस सन्दर्भ में डॉ० रमणिका गुप्ता का कथन है-"आत्मकथा दूसरी विधाओं से भिन्न होती है। चूँकि ये सत्य अनुभवों पर आधारित होती हैं। इनमें परिस्थिति बदली नहीं जाती बल्कि परिस्थितियों का दस्तावेजीकरण होता है। ... आत्मकथा में जीवन के सत्य को दर्ज किया जाता है। पाठक या समाज उससे अपने निष्कर्ष खुद निकालता है। आत्मकथा सापेक्षिक दौर में बहुजन हिताय सत्य तक पहुँचने की राह दिखाती है।"[3] परन्तु निजत्व के सार्वजनिक होने, सामाजिक पारिवारिक तिरस्कार, विरोध, उपेक्षा एवं बहिष्कार के भय से परे महिलाएँ अपनी अस्मिता तथा अस्तित्व को स्थापित करने के लिए प्रत्येक प्रकार की क्षति उठाने को कटिबद्ध हुईं। फलतः अबला, असूर्यपश्या, चूल्हे चौके के साथ सुख-दुख बाँटनेवाली, पति को परमेश्वर, स्वयं को उसकी सेविका माननेवाली, पति के साथ सतीत्व को ग्रहण करनेवाली स्त्री आधुनिक वैज्ञानिक एवं तार्किक शिक्षा, बदलते परिवेश, परिवर्तित हो रहे मूल्यबोध से प्रभावित हो उसके अनुसार स्वयं को भी तैयार करती है। एक ऐसे सशक्त स्वरूप को धारण करती है जो

तमाम रूढ़िवादी परम्पराओं, मूल्यों, मान्यताओं, रीति-रिवाजों को नकारते हुए वास्तविक जीवन की पीड़ा-वेदना को दुनिया के समक्ष सत्यता के साथ प्रकट करने का साहस रखता है। 'औरत पैदा नहीं होती अपितु बनाई जाती है'-सीमोन द बोउवार के इस विचार को आधुनिक, प्रगतिशील, बौद्धिक, जागरूक स्त्रियों ने गम्भीरता से ग्रहण किया तथा भोगे जीवन-सत्य को उसकी सम्पूर्ण पृ.भूमि तथा उत्तरदायी कारणों के साथ तटस्थ होकर आत्मकथा के रूप में उद्घाटित किया। कौशल्या बैसनत्री ('दोहरा अभिशाप'), डॉ० प्रभा खेतान ('अन्या से अनन्या'), चन्द्रकिरण सौनरेक्सा ('पिंजरे की मैना'), डॉ०कृष्णा अग्निहोत्री ('लगता नहीं है दिल मेरा'), डॉ. अहिल्या ('दरकती दीवारों से झाँकती जिन्दगी'), डॉ० रमणिका गुप्ता ('हादसे', 'आपहुदरी'), मन्नू भंडारी ('एक कहानी यह भी'), मैत्रेयी पुष्पा ('कस्तूरी कुंडल बसै', 'गुड़िया भीतर गुड़िया'), सुशीला टाकभौरे ('शिकंजे का दर्द') कुसुम अंसल ('जो कहा नहीं गया') पद्मा सचदेव ('बूँद बावड़ी') उर्मिला पवार ('आयदान') इत्यादि प्रमुख आत्मकथा लेखिकाओं की आत्मकथा में उपर्युक्त तथ्यों के साथ नारी करुणा, व्यथा, यातना, संघर्ष तथा स्त्री वेदना का स्वर मुखरित हुआ है।

कौशल्या बैसनत्री की 'दोहरा अभिशाप' आत्मकथा स्त्री जीवन की दारुण गाथा है। लेखिका सामाजिक कुरीतियों का विरोध कर शिक्षा प्राप्त करती है तथा ऊँचे अरमानों के साथ देवेन्द्र कुमार से विवाह करती है, परन्तु उसे अपमान और शोषण ही मिलता है। देवेन्द्र अन्य पुरुषों की भाँति ही लेखिका से नौकरों की तरह कार्य लेते हैं तथा अपनी शारीरिक भूख मिटाते हैं। ऐसे नारकीय जीवन को नकारते हुए लेखिका पति से अलग होने का निर्णय लेती है। इस आत्मकथा में अनमेल विवाह की त्रासदी, पुरुषों की अमानवीयता, अहंकार, शोषण, दमन जैसी कुत्सित मानसिकता की शिकार स्त्री की वेदना व्यक्त हुई है। लेखिका स्वयं पति के पशुवत व्यवहार की शिकार हैं। वे कहती हैं-"उसने मेरी इच्छा, भावना, खुशी की कभी कदर नहीं की। बात-बात पर गाली, वह भी गन्दी-गन्दी। हाथ उठाता, मारता भी था। बहुत कुछ तरीके से उसकी बहनों ने मुझे बताया था कि वह माँ-बाप, पहली पत्नी को भी पीटता था।"[4]

'अन्या से अनन्या' आत्मकथा में प्रभा खेतान के आत्म-संघर्ष से उपजे एक स्त्री की वेदना का स्वर मुखरित हुआ है। लेखिका अस्तित्व की पहचान और अस्मिता की रक्षा हेतु व्याकुल है। पितृसत्तात्मक समाज से मुक्ति की इच्छुक उसके ढाँचे की जड़ को झकझोरती हैं। प्रभा जी स्वयं से 20 वर्ष बड़े एक विवाहित, बच्चोंवाले, व्यक्ति के प्रेम में थीं और अपना सम्पूर्ण जीवन उसके नाम व्यतीत कर दिया, परन्तु उन्हें पत्नी का दर्जा नहीं मिल पाया। अर्थात जहाँ समाज में विवाहिता अपने अस्तित्व के लिए संघर्ष करती है वहीं अविवाहिता

के अस्तित्व पर ही प्रश्नचिह्न लगा दिया जाता है। लेखिका अपनी उपेक्षित और असम्माननीय जीवन को आर्थिक आत्मनिर्भरता से सँवारती हैं। प्रभा जी की वेदना इस रूप में व्यक्त है-"औरत समाज में दोयम स्तर पर है, मैं खुद दोयम दर्जे की जिन्दगी जी रही थी, जिससे निकलने को छटपटा रही थी और सिमोन के इस कथन को आत्मसात कर लिया-''फ्रीडम स्टार्ट्स फ्रॉम पर्स। मुक्ति की पहली शर्त है कि स्त्री आर्थिक रूप से स्वावलम्बी हो। यदि इस शर्त को कोई औरत पूरा कर ले तो अपनी जिन्दगी की आधी से अधिक लड़ाई जीत लेती है।''[5]

चन्द्रकिरण सौनरेक्सा की आत्मकथा 'पिंजरे की मैना' में शोषण, लिंग-भेद के साथ स्त्री-जीवन के गहन अनुभव व्यक्त हुए हैं। सौनरेक्सा को पढ़ने का बहुत शौक था। पिता का सहयोग मिला किन्तु उन्हें माता की उपेक्षा, विरोध का शिकार होना पड़ा। इस आत्मकथा में ईर्ष्यालु, कुंठाग्रस्त पति द्वारा साहित्यिक जीवन में अवरोध उत्पन्न करने, सास द्वारा एक अल्पायु बालिका-वधू से सौतेला व्यवहार, श्रम शोषण आदि से उत्पन्न स्त्री वेदना अभिव्यक्त है। ससुराल में एक बारह-तेरह वर्ष की कन्या से खिलौनों के साथ खेलने की उम्र में चूल्हे पर सेरों आटे की रोटियाँ सेंकवाना, घर के सदस्यों के साथ ही मेहमानों के लिए भी भोजन बनवाना, एक बाल-वधू के प्रति परिवार की असंवेदनशीलता को ही दर्शाता है। कृष्णा अग्निहोत्री की आत्मकथा 'लगता नहीं दिल मेरा' में पुत्र के बराबर में पुत्री तुच्छ, मूल्यहीन है। लेखिका सगी माँ के प्रेम-स्नेह से वंचित रही। इनका बचपन अत्यन्त तिरस्कार एवं यातनापूर्ण रहा। प्रभा खेतान की भाँति ही घर के नौकर एवं बड़े-बुजुर्गों द्वारा यौन हिंसा की शिकार हुई। सुन्दर स्त्री होने के कारण उन्हें कामुक पुरुषों की कुदृष्टियों और दुर्व्यवहारों का भी सामना करना पड़ा। लेखिका का जीवन सुखदायी नहीं रहा। पुरुष अहं उनके जीवन-मार्ग का वृहद पाषाण बन खड़ा हुआ। दाम्पत्य जीवन भी दुःखद ही रहा। इनका जीवन संघर्ष इन पंक्तियों में व्यक्त है-"मैंने तो जिन्दगी में यह अहसास किया या कहें कि मुझे अहसास कराया गया कि अकेली रहनेवाली महिला पर प्रत्येक पुरुष अपना अधिकार जमाना चाहता है। किसी की दृष्टि उसके रुपये, जायदाद या किसी की नजर उसके शरीर पर पड़ती है।''[6]

डॉ. अहिल्या मिश्र की आत्मकथा 'दरकती दीवारों से झाँकती जिन्दगी' एक ऐसी स्त्री की आत्मकथा है, जो बालपन से ही उत्साही, मनमौजी, जिद्दी है। उसकी परवरिश भी स्त्रियोचित व्यवहारों से दूर पौरुषेय वातावरण में हुई है। इसमें नारी आत्मसम्मान, स्वाभिमान हेतु पितृसत्तात्मक समाज से संघर्ष तथा स्त्रियों को अपने उत्थान एवं दृढ़ता के साथ अपनी बात कहने के साहस का प्रसार परिलक्षित होता है। रमणिका गुप्ता की आत्मकथा 'हादसे' अन्तरजातीय विवाह से निर्मित स्त्री समस्याओं का ब्यौरा है। लेखिका ने आदिवासियों के हित

में कोयले, पानी तथा स्त्री स्वाभिमान हेतु अनवरत संघर्ष किया। इन्होंने पितृसत्ता और सामन्ती मानसिकता का भी विरोध किया, जिसके तले स्त्री शोषित पीड़ित हो रही थी और उसकी वेदना उमड़कर मुक्त होने हेतु व्याकुल थी।

मन्नू भंडारी की आत्मकथा 'एक कहानी यह भी' ऐसी स्त्री की संघर्ष गाथा है, जो अपनी अस्मिता व वजूद की तलाश तथा अपना प्रारब्ध निर्धारित करने के लिए कटिबद्ध है। लेखिका ने पिता के विरोध के बावजूद राजेन्द्र यादव से प्रेम-विवाह किया, परन्तु गैरजिम्मेदार, अभिमानी पति के अमानवीय व्यवहार से विह्वल मन्नू जी ने विवाह विच्छेद कर लिया। इसमें स्त्री-वेदना का वह सूक्ष्म रूप प्रकट हुआ है, जिसके शारीरिक लक्षण तो नहीं दिखते परन्तु आन्तरिक घाव गहरा है। प्रेम-विवाह खोखला विवाह-संस्कार बनकर रह गया तथा उसने समानान्तर-जीवन सूत्र को थमा दिया। पति की बेवफाई, निठुराई अवहेलना एवं तिरस्कार मन्नू जी के लिए अत्यन्त पीड़ादायक बना और वह मानसिक अवसाद एवं व्याधियों की शिकार हो गईं। इसमें ऐसी ही दुःखद यातनापूर्ण स्थिति से उपजी नारी वेदना का स्वर मुखर हुआ है। मैत्रेयी पुष्पा ने आत्मकथात्मक कृति 'कस्तूरी कुंडल बसै' में अपनी माँ कस्तूरी एवं स्वयं के जीवन में व्याप्त आपसी प्रेम, घृणा, करुणा, दुराव आदि अनुभूतियों के साथ समाज से मिले अनेक अनुभवों को साझा किया है। इनका कहना है-नारी आज भी वस्तु और मनोरंजन की साधन मात्र है। उससे उबरने और गरिमापूर्ण जीवन के लिए शिक्षा परमावश्यक है। इनकी आत्मकथा में अनेक स्थलों पर यौन शोषण का जिक्र है। पुष्पा जी का उनकी माता जी के विश्वसनीय संरक्षकों द्वारा ही यौन शोषण होता है। इनकी 'गुड़िया भीतर गुड़िया' कृति में लिंगभेद जैसी दूषित मानसिकता दिखाई पड़ती है। "तीन बेटियों के जन्म के बाद खुद मैत्रेयी जी के गाँव के लोग बेटा पैदा करने के लिए उनके पति का दूसरा विवाह कराने के लिए मैत्रेयी जी पर जोर डालते हैं।"[7]

सुशीला टाकभौरे की आत्मकथा 'शिकंजे का दर्द' में दलित स्त्री की वेदना उद्घाटित हुई है, जो एक ओर पुरुष अहंकार तो दूजे जातिवादी वर्णवादी मानसिकता की शिकार है। वह दो पाटों के बीच संघर्षशील हैं। सुशीला जी कहती हैं, "शिकंजा यानी कटघरा जिसमें कैद होकर उसके बाहर जाना कठिन है।"[8] सुशीला जी को बाल्यकाल से ही मिलनेवाला अपमान, उपेक्षा, घृणा विवाहोपरान्त भी जारी रहा। आदर्श, संस्कार, चरित्र के नाम पर उन्हें पीड़ित किया जाता रहा। इसी प्रकार कुसुम अंसल की आत्मकथा 'जो कहा नहीं गया' लेखिका के आत्मसंघर्ष का ही दस्तावेज है। पद्मा सचदेव जी की आत्मकथा 'बूँद बावड़ी' स्त्री की पारिवारिक समस्या को उजागर करती है। वहीं उर्मिला पवार की आत्मकथा 'आयदान' में भी संघर्षशील नारी की जीवन-वेदना प्रकट

हुई है। ध्यातव्य है, उपर्युक्त सभी लेखिकाओं की आत्मकथा में नारी वेदना के स्वरूप में भिन्नता है, क्योंकि सभी का पारिवारिक, सामाजिक एवं सांस्कृतिक परिवेश भिन्न है। कोई ग्रामीण परिवेश से ताल्लुक रखती हैं तो कोई शहरी व महानगरीय जीवन से, तो कोई पश्चिमी सभ्यता-संस्कृति, आचार-विचार के भी सम्पर्क में है। इस प्रकार लेखिकाओं ने जिन परिस्थितियों में जिन विसंगतियों का सामना किया उसी रूप में अपनी वेदना व्यक्त की। प्रभा खेतान की आत्मकथा में व्यावसायिक जगत में व्याप्त विसंगतियाँ और मारवाड़ी पितृसत्तात्मक समाज में नारी की उपेक्षित, दयनीय स्थिति दिखाई देती है, तो कृष्णा अग्निहोत्री और मन्नू भंडारी की आत्मकथा में समाज एवं साहित्य जगत में व्याप्त विसंगतियाँ व्यक्त हुई हैं। वहीं चन्द्रकिरण सौनरेक्सा, प्रभा खेतान, मैत्रेयी पुष्पा, रमणिका गुप्ता, मन्नू भंडारी आदि जैसी लेखिकाओं की आत्मकथा में लिंग-भेद, वैवाहिक विवशता एवं लेखन संघर्ष इत्यादि जैसी समस्याओं से उत्पन्न वेदना दिखाई पड़ती है। इन लेखिकाओं की आत्मकथा में जो वेदना है वह विद्रोहात्मक वृत्ति की है। यही स्त्री-विमर्श को जन्म देती है। इन्होंने विषम परिस्थितियों, विभिन्न चुनौतियों से जो अनुभव अर्जित किया वह उनका यथार्थ तो है ही, उपलब्धि भी है। पुरुष समाज ने स्त्री को हाथ की कठपुतली बना, उसे अपनी आवश्यकता, इच्छा अनुसार इस्तेमाल किया। अपने शोषण दमन चक्र में उसकी महत्त्वाकांक्षाओं, भावनाओं को कुचल डाला किन्तु आधुनिक शिक्षा प्राप्त सक्षम, स्वावलम्बी, अपने अधिकारों के प्रति सचेत महिलाओं ने अपने अस्तित्व को बचाने, स्वयं को हाशिये से केन्द्र में स्थापित करने के लिए संघर्ष किया तथा पुरुष वर्चस्व के खिलाफ आवाज को बुलन्द किया। फलतः उन्होंने सम्पूर्ण नारी समाज के लिए एक नए युग पर्व का आरम्भ किया तथा स्त्रियों को मुखर होने की अभिप्रेरणा दीं।

निष्कर्षतः उपर्युक्त समस्त आत्मकथा लेखिकाओं की आत्मकथा में स्त्री-वेदना के विविध स्वर सुनाई पड़ते हैं। इनकी वेदना समस्त स्त्रियों को शोषण के खिलाफ विरोध की ताकत देती है। इन्होंने अपने आत्मकथा-साहित्य के द्वारा जहाँ स्त्री करुणा, शोक, वेदना, विवशता को व्यक्त किया वहीं उसे हिंसा, शोषण, अत्याचार के खिलाफ आवाज उठाने की शक्ति भी प्रदान की। इन्होंने स्त्री स्वतन्त्रता, समानता, सम्मान, सहभागिता इत्यादि जैसे प्रश्नों पर विचार करते हुए पितृसत्तात्मक व्यवस्था से स्त्री-मुक्ति की भी वकालत कीं।

### सन्दर्भ सूची

1. मानक हिन्दी कोश : प्रथम खंड, सम्पादक श्री रामचन्द्र वर्मा, पृ. 2
2. समकालीन हिन्दी साहित्य में नारी संवेदना : सम्पादक डॉ. दयानन्द सालुके, विनय प्रकाशन, कानपुर, 2017, पृ. 310

3. शर्म की परतें खुलती हैं : आत्मकथा में, रमणिका गुप्ता, हंस (सितम्बर, 2005), अक्षर प्रकाशन, प्रा. लि., पृ. 50
4. वही, पृ. 2
5. प्रभा खेतान : प्रभा खेतान से साधना अग्रवाल की बातचीत, वागर्थ (सितम्बर, 2003), भारतीय भाषा परिषद : कोलकाता, पृ. 37
6. लगता नहीं दिल मेरा, कृष्णा अग्निहोत्री, सामयिक बुक्स, नई दिल्ली, 2010, भूमिका, पृ. 8
7. गुड़िया भीतर गुड़िया : मैत्रेयी पुष्पा, राजकमल प्रकाशन, नई दिल्ली, 2008, पृ. 101
8. शिकंजे का दर्द : सुशीला टाकभौरे, वाणी प्रकाशन, नई दिल्ली, पृ. 15

# शिकंजे का दर्द : दोहरी प्रताड़ना की कथा

डॉ. प्रज्ञा गुप्ता

हिन्दी दलित साहित्य में सुशीला टाकभौरे एक चर्चित नाम है एवं इनकी आत्मकथा 'शिकंजे का दर्द' काफी चर्चित रही। इस आत्मकथा ने हिन्दी के पाठकों का ध्यान आकृष्ट किया। इस आत्मकथा में सुशीला जी ने दलित और स्त्री-विमर्श को गम्भीरता से उठाया है और समता, स्वतन्त्रता एवं समानता पर मुखर होकर अपने विचारों को अभिव्यक्ति दी है। हिन्दी में दलित आत्मकथा-लेखन की शुरुआत मोहनदास नैमिषराय की आत्मकथा 'अपने-अपने पिंजरे' से होती है। इसके बाद ओमप्रकाश वाल्मीकि की चर्चित आत्मकथा 'जूठन' आती है। आज हिन्दी दलित साहित्य में अनेक आत्मकथाएँ आ चुकी हैं, जिनमें सूरजपाल चौहान की 'तिरस्कृत', माताप्रसाद की 'झोपड़ी से राजभवन', डॉ. श्यौराज सिंह 'बेचैन' की 'चमार की चाय' डी.आर. जाटव की 'मेरा सफर मेरी मंजिल', जयप्रकाश कर्दम की 'मेरी जात', कौशल्या बैसनत्री की 'दोहरा अभिशाप', एन.आर. सागर का 'जब मुझे चोर कहा' के. नाथ की 'तिरस्कार', डॉ. रमाशंकर आर्य की 'घुटन' आदि प्रमुख हैं। दलित आत्मकथा का मूल उद्देश्य हमारी मानसिकता में बदलाव लाना है जहाँ सभी जाति के लोग एक-दूसरे के प्रति सद्भावपूर्ण व्यवहार रख सकें। दलित आत्मकथाओं की विशेषता यह है कि इसमें दलित जीवन का यथार्थ गहराई से उभरकर आ रहा है। सुशीला टाकभौरे की आत्मकथा 'शिंकजे का दर्द' दलित जीवन की कई मार्मिक अनुभूतियों, पीड़ाओं को लेकर सामने आई है। इस आत्मकथा में दलित-अछूत जीवन की पीड़ा के अनेक चित्र हैं, अनेक प्रसंग हैं जो अपने समय की मानसिकता का साक्षात्कार कराते हैं। जिस तरह किसी ताकतवर को शिकंजे में जकड़कर उसकी पूरी ताकत को नगण्य बना दिया जाता है, उसी तरह लेखिका को सामाजिक जीवन की मनुवादी विषमता ने वर्णवादी, जातिवादी, समाज व्यवस्था ने शिकंजे में जकड़कर रखा। इस जकड़न के परिणामस्वरूप लेखिका को पीड़ा और यातना झेलनी पड़ी। लेखिका सुशीला टाकभौरे ने लिखा है-"अपनी जाति का आभास बचपन से था। हम अछूत हैं, यह भी जानती थी।

लोग हमसे घृणा करते हैं, हमसे दूर-दूर रहते हैं इस बात से अपमान महसूस होता था। वे क्यों हमारे साथ ऐसा करते हैं? इसका सही उत्तर नहीं मालूम था।''[1] दलित जीवन के ऐसे कई अनुत्तरित प्रश्नों के उत्तर खोजने की कोशिश इस आत्मकथा में है।

इस आत्मकथा में शोषित, पीड़ित, अभावग्रस्त दलित जीवन की व्यथा है। दलित होना तो कष्टकारी है ही, लेकिन स्त्री दोहरा मार झेलती है। भारत हो या विश्व के अन्य देश। हर जगह शोषण उत्पीड़न का शिकार स्त्री ही रही हैं। जिस देश में वर्णभेद, जातिभेद की कलुषित परम्पराएँ हों, वहाँ दलित स्त्री-शोषण की व्यथा और भी गहरी हो जाती है-इन सारी बातों को सुशीला जी ने अपनी इस आत्मकथा में कुशलता से दिखाया हैं। हिन्दू समाज की वर्णव्यवस्था ने सम्पूर्ण भारतीय समाज को वर्ण और जातियों में विभक्त कर दिया है। फिर दलितों के बीच भी अनेक उपजातियाँ है, जिनमें श्रेष्ठता-अश्रेष्ठता का भेदभाव है, चमार अपने को दुसाध से अधिक ऊँचा और दुसाध अपने को डोम से अधिक पवित्र समझते हैं। निम्न से निम्न समझी जानेवाली जाति भी अपने से नीच जातियों को खोज लेती है और इस प्रकार मनुवादी व्यवस्था की छूआछूत तथा श्रेष्ठ-अश्रेष्ठ भावना यहाँ भी काम करती रहती है, आत्मकथा में इन अन्तर्विरोधों को भी उभारा गया है। लेखिका ने दलित जीजन के कई कष्टदायी प्रसंगों का उल्लेख किया है। कुछ पक्तियाँ द्रष्टव्य हैं-''स्कूल में साथ पढ़नेवाले सवर्ण बच्चे मुझसे दूर-दूर रहते थे। स्कूल के घड़े का पानी चपरासी दूर से पिलाता था। कभी चपरासी न रहने पर मैं अपनी कक्षा की रजनी अग्रवाल, शुभलता पटेल, मृदुला दुबे से पानी पिलाने के लिए कहती थी। ऐसे समय अपनी निर्बलता और बेबसी का अनुभव होता था।''[2] इस आत्मकथा में लेखिका की बेचैनी इस बात से है कि सवर्ण और बहुजन जाति के लोग जातिभेद की इन बातों को इन रीति-परम्पराओं को गलत मानने के लिए तैयार नहीं होते और दलित भी इन्हें सहज सामान्य बात मानते हुए इनका पालन करते थे। सवर्ण और दलित में ही नहीं, दलित बच्चों के बीच भी भेदभाव था। आत्मकथा की कुछ पंवितयाँ देखिए-"उस समय कक्षा में अपनी जाति की सिर्फ मैं ही एक लड़की थी 'स्कूल में ढीमर' पासी, खटिक, कंजर, चमार, बसोर, बलाई आदि अनुसूचित जाति के बच्चे पढ़ते थे मगर सबसे निम्न अछूत मुझे ही माना जाता था। एस०सी० बच्चे भी मुझे अपने से निम्न मानते थे। मैं सबसे नीचे के पायदान पर थी। सुशीला टाकभौरे ने अपनी आत्मकथा में यह दिखाया है कि समाज के सबसे पवित्र और उत्कृष्ट प्रतीक शिक्षक भी दलितों के प्रति संवेदनहीन व्यवहार करते हैं। आत्मकथा में लेखिका ने लिखा है-"स्कूल के शिक्षक गाँव के सवर्ण हिन्दू महाजनों का बहुत सम्मान करते थे, उसी प्रकार उनके बच्चों को भी मान-सम्मान देते। अछूत बच्चे उपेक्षा के पात्र रहते। सवर्ण सम्पन्न घरों के बच्चों को सजा से छुटकारा तुरन्त मिल

जाता था। गरीब, पिछड़े अछूत वर्ग के बच्चे घंटों सजा भोगते, मानो गुरु जी उन्हें सजा देकर भूल गए हों।''[3]

दलित जाति में जन्मना कोई अपराध नहीं। लेकिन उन्हें बार-बार अपमान का दंश झेलना पड़ता है। लेखिका की माँ जब बीमार थीं तो एक सवर्ण डॉक्टर ने उनकी माँ का इलाज करने से इनकार सिर्फ इसलिए किया कि वो दलित थीं और डॉक्टर ने बिना देखे ही दवाइयों के नाम लिखकर दे दिये। इसका परिणाम यह हुआ कि लेखिका की माँ महीने भर से ऊपर बीमार रहीं। यह तो सुशीला जी के बाल्यकाल का प्रसंग है लेकिन जब वे बड़ी हो गईं, शादी हो गई तब, जिस सवर्ण मुहल्ले में वो किराये का मकान लेकर रहती थीं वहाँ भी जातिगत भेदभाव था। जब उनकी सास का देहान्त हुआ तो सवर्ण मकान मालकिन ने थोड़ी सी सहानुभूति भी न दिखाई और रिक्शा बुलाकर लाश दूसरी जगह ले जाने के लिए कहा। आत्मकथा में लेखिका के जीवन के कई ऐसे प्रसंग हैं जो दलित जीवन की व्यथा को चित्रित करते हैं। लेखिका का मानना है-''पीड़ा के अनेक रूप हैं, कुछ सामाजिक हैं, कुछ व्यक्तिगत, कुछ बाहरी है, कुछ घरेलू हैं। जीवन के हर क्षेत्र में व्यथा ही अधिक मिलती रही, जीवन में ऐसी अनके घटनाएँ घटी हैं, जिनसे मुझे अपनी जाति के अपमान का बोध तीव्रता के साथ हुआ।''[4] लेखिका का मानना है कि अम्बेडकरवादी विचारधारा के समानान्तर ब्राह्मणवादी नेता समरसतावादी विचारधारा का प्रचार करते हैं। समरसता की बात की जाती है, मगर यह केवल ऊपरी दिखावे की बात है। हृदय में वर्णभेद-जातिभेद रहता ही है। लेखिका सुशीला टाकभौरे को अपने सहकर्मियों के बीच भी दलित होने का दंश झेलना पड़ा है। वे कहती हैं, "शारीरिक पीड़ा से मानसिक पीड़ा ज्यादा दुःखदायी होती है। मैं मानसिक पीड़ा को भोग रही हूँ। मेरी पीड़ा शिक्षित अछूत की है-जो सम्मान का सपना देखते हैं, सपनों में जीते हैं, अपने आसपास के दोहरे व्यवहार के भ्रमजाल में उलझकर सही बात समझ नहीं पाते, मगर जब यथार्थ का सामना करते हैं तो खंड-खंड होकर टूट जाते हैं।''[5] 'शिकंजे का दर्द' किसी दलित महिला की आत्मकथा ही नहीं बल्कि दलित जीवन का दस्तावेज भी है। यह भारतीय समाज की असंगतियों-विसंगतियों का दर्पण भी है और जातिभेद की समस्या से मुक्ति का एक लेखकीय प्रयास है। यह आत्मकथा दलित जीवन के एक-एक अनुभव को बड़ी ही बारीकी के साथ उकेरती है और सामाजिक जीवन के हृदय विदारक यथार्थ से पाठकों का परिचय कराती है। मोहनदास नैमिषराय की आत्मकथा 'अपने-अपने पिंजरे', ओमप्रकाश वाल्मीकि की 'जूठन', दया पवार की 'अछूत', सूरजपाल चौहान की आत्मकथा 'तिरस्कृत' की तरह यह आत्मकथा भी पाठकों को जातिभेद की समस्या पर सोचने के लिए मजबूर करती है। इस आत्मकथा में सुशीला टाकभौरे ने दलित उत्पीड़न के साथ-साथ पितृसत्तात्मक ज्यादतियों को भी

दिखाया है। पति के द्वारा की गई मनमानी, जब तब अपमान करने और पैसे के लिए किए जानेवाले झगड़ों और क्रूरताओं के कई प्रसंग आत्मकथा में वर्णित हैं।

मेरी नजर में यह आत्मकथा इसलिए महत्त्वपूर्ण है कि इसमें दलित-चेतना के साथ स्त्री-विमर्श की भी बातें हैं। सुशीला जी ने जितनी पारदर्शिता के साथ दलित-जीवन को दिखाया है उतनी ही पारदर्शिता के साथ परिवार में स्त्री की स्थिति और विसंगतियों को भी वर्णित किया है। दलित-सवर्ण के बीच के भेदभाव को मिटाने की समानता को अपनाने की एक मुखर एवं विनम्र इच्छा-आकांक्षा इस कथा में अभिव्यक्त है। इस आत्मकथा का उद्देश्य आत्मपीड़न देनेवाले वर्णवादी व्यवस्था को तोड़ने का एक प्रयास है ताकि संविधान में वर्णित समानता का अधिकार सही अर्थों में लागू हो सके।

### सन्दर्भ सूची


1. शिकंजे का दर्द, सुशीला टाकभौरे, वाणी प्रकाशन, 2011 वर्ष, दिल्ली, पृ. 22
2. वही, पृ. 45
3. वही, पृ. 21
4. वही, पृ. 58
5. वही, पृ. 294

# हिन्दी साहित्य में स्त्री आत्मकथा-लेखन

डॉ. अहिल्या मिश्र

भारतीय संस्कृति में मानव निर्माण के साथ दो जातियों का निर्माण हुआ। स्त्री एवं पुरुष। पूर्व में स्त्री पुरुष के समान अधिकार युक्त थी। काल के गर्भ से प्रणीत सत्य धीरे-धीरे स्त्री को कई सारे बन्धनों में बाँधता चला गया। भारतीय स्त्री जो उच्चतम संस्कृति की वाहक थी, उसे पदच्युत कर दिया गया। खैर, लम्बे समय के इतिहास के सांस्कृतिक परिप्रेक्ष्य में क्षरण के कई अध्याय सननिहित हैं। मैं इसके विस्तार में नहीं जाकर मध्यकाल एवं परिवर्ती काल में स्त्री के स्थान में हुए निरन्तर बदलाव एवं मानव से इसके वस्तु या धन के रूप में परिवर्तित स्वरूप की ओर अपनी सोच को मोड़ती हूँ, तो पाती हूँ कि एक-एक सीढ़ियाँ उतरते हुए स्त्री अपनी पूर्व स्थापित सत्ता खोने लगी। इस बीच बाह्य आक्रमणों एवं बल प्रयोग ने अपनी मान्यताओं एवं बर्बरताओं के कारण हमारी सांस्कृतिक विरासत को चोट पहुँचाया। हम घूँघट, पर्दा, धर्म (स्त्री धर्म) के रूप में मानने एवं अपनाने हेतु बाध्य हुए। हम कोमलता, ममता एवं शारीरिक क्षमता के आधार पर मूल्यांकित किए जाने लगे। इससे हमारा आत्मविश्वास कम हुआ और हमारा साहस टूटा। हमारा शौर्य क्षतिग्रस्त हुआ। हम गुलामी एवं पराधीनता के ग्रास बनने लगे। हमारा जीवन, हमारे भरण-पोषण के अधिकारी पुरुष के हाथों में पहुँचा और अपने लिए किसी तरह के निर्णय के अधिकारी नहीं रहे। मात्र कठपुतली बनकर रह गए। मनुस्मृति के अनुसार भाई, पिता, या पुत्र के संरक्षण में वयनुरूप जीने के लिए स्त्रियाँ सीमाबद्ध की गईं। स्वाभाविक है, इस पोंगापन्थी विचारधारा में स्त्री का स्वतन्त्र अस्तित्व कैसे विकसित हो पाता ? कोई भी स्त्री अपनी आत्मकथा कैसे लिख पाती। यह सोच भी उसके अन्दर नहीं पनप सकता थी। वैदिक काल के पश्चात पौराणिक युग कथा-कहानियों का युग रहा है। कई स्त्रियों की गाथाएँ रची गईं। साहस की कथा गाथा लिखी गई। पंचकन्या से लेकर दुर्गा स्वरूप की कहानी बनी लेकिन, यह औरों के द्वारा लिखी गई। कोई स्त्री अपनी कथा संरचना या आत्मलेखन की ओर शायद ही प्रवृत्त हुई हो। सर्वप्रथम आधुनिक युग के आरम्भ में कहीं यह

विचारधारा पनपती नजर आती है। स्त्रियाँ बहुत बाद में आत्मकथा-लेखन में रुचि दिखाने का साहस बटोर पाई हैं। पुरुष आत्मकथा-लेखन की भरमार के बीच स्त्री आत्मकथा-लेखन दुर्लभ ही रहा है। अब इस सन्दर्भ में वृद्धि हो रही है। वर्षों से कैद और सहिष्णुतापूर्वक जीवन जीनेवाली स्त्रियाँ कलम पकड़ने के पश्चात भी अपनी आत्मकथा लिखने से परहेज करती रहीं कि उनके मिजाज का निजत्व इस लेखन से सार्वजनिक हो जाएगा। इससे उन्हें पारिवारिक एवं सामाजिक क्षति उठानी पड़ेगी। धीरे-धीरे पुरानी मान्यताएँ टूटती गईं। नए सामाजिक मूल्यों एवं मान्यताओं का निर्माण हुआ। इससे साहस सँजोकर स्त्रियों के द्वारा आत्मकथा-लेखन आरम्भ हुआ और असूर्यपश्या, सात-सात अवगुणों से आबद्ध, चूल्हे-चौके के संग दुख-सुख का बन्धन बाँधनेवाली, पति की मृत्यु पर सती हो जानेवाली, भीरु स्त्री इस परिवर्तित मूल्यबोध के प्रति जागरूक हुई और आधुनिक काल में अपने जीवन के संघर्ष को चित्रित करने लगी। मान्यताओं के टूटने पर महिलाएँ अपने अधिकारों के प्रति सजग होने लगीं। समाज की रूढ़िवादी मान्यताओं, रीति-रिवाजों और परम्पराओं के बन्धन से निकलने के लिए छटपटाहट बढ़ी। इन्होंने कलम को हथियार बनाया। बहुत सारी स्त्रियाँ कई क्षेत्र में कलम चलाने लगीं।

अपने आत्मसंघर्ष को अपनी आत्मकथा में चित्रित करना आरम्भ किया। मराठी, पंजाबी, बँगला आदि भारतीय भाषा में लिखित आत्मकथाओं से प्रभावित होकर हिन्दी की लेखिकाएँ भी आत्मकथा-लेखन में प्रवृत्त हुईं। इस प्रकार आत्मकथा-लेखन में कौशल्या बैसनत्री कृत 'दोहरा अभिशाप' (1999), मैत्रेयी पुष्पा कृत 'कस्तूरी कुंडल बसै (2002) एवं 'गुड़िया भीतर गुड़िया' (2008), प्रभा खेतान कृत 'अन्या से अनन्या' (2007), रमणिका गुप्ता कृत 'हादसे' (2005), सुशीला राय कृत 'एक अनपढ़ कहानी' (2005), अनीता राकेश 'सतरें और सतरें' (2002), मन्नू भंडारी कृत 'एक कहानी यह भी' (2007), कृष्णा अग्निहोत्री कृत 'लगता नहीं है दिल मेरा' (2010) एवं 'और... और... औरत' (2011), सुशीला टाकभौरे कृत 'शिकंजे का दर्द' (2011), 'मेरी कलम मेरी कहानी' (2014), अमृता प्रीतम कृत 'रसीदी टिकट', शिवानी कृत 'सुबह तात यह अकथा कहानी' (2007), पद्मा सचदेव कृत 'बूँद बावरी', चन्द्रकिरण सौनरेक्सा कृत 'पिंजरे की मैना', रमणिका गुप्ता कृत 'आपहुदरी' निर्मला जैन कृत 'जमाने में हम' (2015) आदि आत्मकथाओं के माध्यम से महिलाओं ने अपनी करुणा, व्यथा, घुटन एवं संघर्ष आदि को व्यक्त किया है। इसी कड़ी में डॉ. अहिल्या मिश्र कृत 'दरकती दीवारों से झाँकती जिन्दगी' सन 2021 में प्रकाशित हुई है। उपर्युक्त उल्लिखित सभी आत्मकथा लेखिकाओं ने आत्म संघर्ष पाठकों के समक्ष रखा है, तो दूसरी ओर इस माध्यम से अन्य महिलाओं की जो समाज में अत्याचारों को सहकर भी चुप रहती है, अस्मिता को जगाती है, अपने अधिकारों के प्रति जागरूक करती हैं। वास्तव में

आत्मकथा-लेखन स्वयं के भीतर छिपे अदृश्य संसार को अपने सम्पूर्ण व्यक्तित्व के साथ उससे जुड़े समाज, सांस्कृतिक परिवेश सहित वस्तुनिष्ठ रूप से पूरी ईमानदारी के साथ पाठकों के समक्ष उद्घाटित करने की एक सशक्त साहित्यिक विधा है। भारतीय समाज पितृसत्तात्मक एवं पुरुष वर्चस्ववादी रहा है। तदनुसार ही इसकी सामाजिक संहिताएँ निर्मित हैं। महिला कथाकारों के अनुसार पुरुष वर्ग को हमारे सभी धर्म ग्रन्थों में पूर्ण स्वतन्त्रता एवं सुविधानुरूप जीवन व्यतीत करने की आज़ादी प्रदान की गई है, वहीं स्त्रियों को पुरुषों के आदेशानुसार उनके प्रति पूर्ण समर्पण कर परतन्त्रता की भावना को आत्मसात करते हुए जीवनयापन का निर्देश दिया गया है। इन नियमों के पालन हेतु स्त्रियों को बचपन से ही सहनशील होने की शिक्षा दी जाती है। इसके साथ ही उसे मानसिक रूप से पुरुषों द्वारा प्रत्येक शोषण को अपना भाग्य मानकर स्वीकारने तथा बिना शिकायत किए हुए जीने की सीख दी जाती है। यह तथ्य है जिसके कारण महिला सर्जनकारों में आत्मकथा-लेखन में संकोच बना रहा। स्वतन्त्रता पश्चात भारत में केवल राजनैतिक स्तर पर ही नहीं, सामाजिक-सांस्कृतिक स्तर पर भी विस्तृत रूप से बदलाव की आँधी चली। आधुनिक शिक्षायुक्त समाज के एक बड़े वर्ग, विशेष रूप से युवा वर्ग, ने सदियों से प्रचलित सड़ी-गली मानसिकता के जर्जर नियम तथा रूढ़ियों के विरुद्ध अपनी लेखनी चलाई। इससे दबे-कुचले वर्ग को वाणी मिली तथा इसका साहित्य पर भी प्रभाव पड़ा। व्यापक स्तर पर महिला लेखिकाओं द्वारा सामाजिक वर्जनाओं को अनदेखा कर बिना किसी लाग लपेट के आपबीती को पाठकों के समक्ष प्रस्तुत करने की पहल एक सामाजिक क्रान्ति के रूप में साहसिक पहल थी। इसके माध्यम से समाज, संस्कृति तथा धर्म के नाम पर किए जानेवाले अत्याचारों का पर्दाफाश तो हुआ ही, सुसंस्कृत कहे जानेवाले लोगों के चेहरे से मुखौटा भी उतरा।

निम्नवर्ग में व्याप्त रिश्तों का दुरुपयोग तो अशिक्षा के कारण बाहर आ जाता था; किन्तु मध्यम तथा उच्चवर्गीय समाज अपने-आपमें सीमित रहने के कारण ऐसी बातों को ढक-तोपकर आगे बढ़ जाता है। किन्तु जागरूक स्त्रियों ने इसे पूर्ण साहस से सत्य को उद्घाटित किया। 21वीं शताब्दी के आरम्भ में स्त्री-विमर्श साहित्य के केन्द्र में रहा तथा इसका प्रभाव साहित्य की एक विधा पर दृष्टिगत हुआ। विशेषत: आत्मकथा-लेखन पर साहित्य की प्रत्येक विधा के साथ इस गहन विमर्श ने स्त्रियों को स्वयं की पहचान करवाई। समाज में उनके होने एवं अपने अस्तित्व से परिचित करवाया। पूर्व में स्त्री केवल माँ, पत्नी, बेटी, भाभी, मौसी, चाची आदि सम्बोधनों से जानी जाती रही है। सिमोन द बोउवा की पुस्तक 'द सेकंड सेक्स' का उल्लेख यहाँ उचित होगा कि औरत पैदा नहीं होती बना दी जाती है। उसे दोयम दर्जे का माना जाता है। आधुनिक शिक्षा से पूरित आत्मनिर्भर स्त्रियों ने इन तथ्यों को गहनतापूर्वक समझा। अपनी आवाज बुलन्द करने का साहस दिखाते

हुए भोगे हुए यथार्थ को उसकी समूची पृ.भूमि एवं उत्तरदायी कारणों (सामाजिक, सांस्कृतिक, आर्थिक, धार्मिक, राजनैतिक एवं मनोवैज्ञानिक) को ईमानदारी तथा तटस्थता सहित पाठकों के समक्ष प्रस्तुत किया। मन्नू भंडारी, मैत्रेयी पुष्पा, प्रभा खेतान, प्रो. निर्मला जैन, शीला झुनझुनवाला, अजीत कौर, रमणिका गुप्ता, कृष्णा अग्निहोत्री, कौशल्या बैसनत्री, चन्द्रकिरण सौनरेक्सा, डॉ. अहिल्या मिश्र, मृदुला सिन्हा, उषा किरण खान आदि कुछ ऐसी लेखिकाएँ हैं जिनकी आत्मकथाओं में उपर्युक्त तथ्यों के साथ-साथ नारी अस्मिता, निज में वाद-विवाद, यौन शुचिता आदि प्रश्नों पर गहन विवेचन-विश्लेषण प्राप्त होता है। विवेच्य लेखिकाओं की आत्मकथा में चित्रित नारी जीवन में पर्याप्त भिन्नता है। स्वाभाविक है कि उनके जीवन का विभिन्न सांस्कृतिक, सामाजिक परिवेश से सम्बन्ध है। कुछ का जन्म ग्रामीण परिवेश में तो कुछ का जन्म कस्बों में तथा कुछ का महानगरों में हुआ। सम्बन्धित परिवेश की विविधता एवं इससे सम्बन्धित प्रभाव जीवन एवं लेखन में परिलक्षित होता है। साथ ही कुछ लेखिकाओं की आत्मकथा में पाश्चात्य संस्कृति एवं सभ्यता का भी विवरण मिलता है। यह उनकी विदेश यात्राओं का प्रभाव है। निर्विवाद सत्य है कि सामाजिक आचार-विचार के साथ प्रत्येक देश, राज्य तथा क्षेत्रविशेष की अपनी एक विशिष्ट संस्कृति होती है जो उसकी पहचान होती है एवं वही समाज और उससे जुड़ी संस्कृति के साथ व्यक्ति के जीवन एवं उसकी मानसिकता को भी गहन रूप से प्रभावित करता है।

सामाजिक तथ्यों के साथ उपर्युक्त लेखिकाओं की आत्मकथा में एक तथ्य विशेष रूप से उभरकर सामने आया है-नारी शोषण। नारी अपने बाल्यावस्था में हो, किशोरावस्था में हो, युवावस्था में हो, अधेड़ावस्था में हो या वृद्धावस्था में पुरुषसत्तात्मक समाज हर स्थिति में उसके विविध आयामों में उसे शोषित करता रहता है। शारीरिक स्तर से लेकर मानसिक एवं भावनात्मक रूप से शोषण प्रमुख है। उपर्युक्त लेखिकाओं की आत्मकथाओं में नारियों के शोषण के दोनों रूप शारीरिक एवं मानसिक शोषण के साथ भावनात्मक शोषण का भी अति सूक्ष्मतापूर्वक चित्रण हुआ। ऐसे शोषण का कोई शारीरिक लक्षण दिखाई नहीं देता है किन्तु मन-मस्तिष्क पर इसका गहन प्रभाव पड़ता है। मन्नू भंडारी की आत्मकथा 'एक कहानी यह भी' इसका जीवन्त एवं साक्षात उदाहरण है। सुप्रसिद्ध लेखक स्व. राजेन्द्र यादव से उनका प्रेम-विवाह असफल सिद्ध हुआ। अपने पति से उन्हें जीवनपर्यन्त बेवफाई, तिरस्कार तथा अवहेलना मिली। प्रेम-विवाह एक खोखला विवाह संस्कार बन गया। प्रेम हवा-हवाई होकर मात्र विवाह शेष रह गया था। दाम्पत्य जीवन के आरम्भ में ही उन्हें 'समानान्तर जीवन का सूत्र सिखा दिया गया। तात्पर्य छत एक ही होगा परन्तु दोनों के अधिकार के क्षेत्र अलग-अलग होंगे। मन्नू लिखती हैं- ''प्रथम रात्रि को राजेन्द्र जब मेरे पास आए तो उनकी रगों में लहू नहीं

अपने किए का अपराध-बोध था, बिलकुल ठंडे और निरुत्साहित। और फिर यह ठंडापन हमारे सम्बन्धों के बीच स्थायी बनकर जम गया।''

मन्नू जी पैंतीस वर्षों तक इस निर्जीव रिश्ते को ढोती रहीं। निरन्तर तनावग्रस्त रहने के कारण उन्हें न्यूरोलॉजिया के दर्दनाक दौरे पड़ने लगे। ऐसी स्थिति में भी राजेन्द्र यादव उनकी दर्द और तकलीफ को अनदेखा कर अपने मित्र एवं उसकी पत्नी के साथ एक गोष्ठी में जहाँ मन्नू जी भी आमन्त्रित थीं जाने का कार्यक्रम बना लिये। उनकी असंवेदनशीलता को उजागर करते हुए मन्नू जी लिखती हैं कि ''राजेन्द्र जी उनसे कहने लगे मन्नू नहीं जा रही है तो क्या हुआ... मैं तो हूँ, देखिए तो क्या मौज करवाता हूँ... और खूब मस्ती मारेंगे... आप अपना कार्यक्रम बिलकुल कैन्सिल नहीं करेंगी. मेरे छटपटाते मन पर मौज करेंगे, मस्ती मारेंगे जैसे शब्द खुदते चल रहे थे और उससे उपजी तकलीफ आँसुओं में बहती चली जा रही थी। मन्नू जी प्रेरणा, प्रोत्साहन के अभाव में कहानी लिखती हैं। वह कहानी छप जाती है। तब लेखिका मन्नू भंडारी को अपना एक अलग अस्तित्व नजर आता है। 'महाभोज' और 'आपका बंटी' के लेखन से अपना अलग अस्तित्व कायम कर पाईं। पति का घर त्यागने के पश्चात कृष्णा अग्निहोत्री को महाविद्यालय में नौकरी मिली। यहाँ की महिला प्राचार्या उनकी नियुक्ति का आदेश देखते ही बोली, ''तुम यहाँ क्यों आई? तुम्हें और कोई जगह नहीं मिली? इसी में अभी भी तुम्हारी भलाई है कि किसी और जगह चली जाओ।''

इसी तरह 'पिंजरे की मैना' में चन्द्रकिरण सौनरेक्सा सास द्वारा एक अल्पायु बालिका के शोषण को उद्घाटित करती हुई कहती हैं कि घर में बहू के आते ही सास ने उससे सौतेलेपन का व्यवहार शुरू कर दिया। मिसरानी छुड़ा दी गई। पाँच-छह व्यक्तियों का खाना वह बारह-तेरह वर्ष की बालिका बना लेती पर जो गाँव से समय-असमय आनेवाले मेहमान थे उनके लिए सेरों आटे की रोटियाँ सेंकना उसके लिए कठिन हो जाता था। एक अन्य स्थान पर चन्द्रकिरण लिखती हैं— ''उनके रिश्ते की एक बाल-विधवा का पुनर्विवाह कराया गया। किन्तु उसके प्रति व्यवहार अति द्वेषपूर्ण रहा। वह हरदम उसे नीचा दिखाने के बहाने ढूँढ़ती रहती। यहाँ तक कि बच्चों से उनकी जासूसी करवाती। उन्हें स्कूल तक जाने नहीं देती। इसी सम्बन्ध में बच्चा अपने पिता से कहता है कि बाबू जी दादी ने मुझे चौकीदार बना दिया है मैं स्कूल नागा कब तक करूँगा, नई माँ दूध में पानी तो नहीं मिला रही है। मलाई छिपाकर तो नहीं रखती।'' यहाँ यह सच सिद्ध होता है कि केवल पुरुष ही कटघरे में खड़े नहीं किए गए है। कई स्त्रियाँ भी इस घेरे में आती हैं। आत्मकथा के विभिन्न प्रसंगों के बीच रिश्तों का विरोधी स्वरूप एवं स्त्री-का-स्त्री के प्रति द्वेष भी सामने आता है। मैत्रेयी पुष्पा अपने कॉलेज के समय की एक घटना स्मरण करती हुई बताती हैं कि गरीब एवं गाँव से सम्बन्धित होने के कारण कॉलेज में पढ़नेवाली

अमीर घराने की लड़कियाँ उन्हें नीचा दिखाकर उनका आत्मविश्वास तोड़ने एवं दुख पहुँचाने के बहाने ढूँढ़ती थीं। एक दिन तो उन लोगों ने एक बेहद शर्मनाक घटना की रचना रच दी कि मैत्रेयी को अपने लड़की होने पर शर्म हुई साथ ही रोना आया। वे रोती हुई उस कुर्सी के पास ठहर गईं जहाँ से ये दाग लगे थे। किसी क्रूर लड़की ने कुर्सी पर लाल रंग ही उँड़ेलकर लड़की होने का मजाक उड़ाया था। ('कस्तूरी कुंडल बसै'-मैत्रेयी पुष्पा) कस्तूरी मैत्रेयी जी के माँ का नाम है।

वास्तव में 'कस्तूरी कुंडल बसै' आत्मकथा उन्हीं के संघर्षों का लेखा-जोखा है। कस्तूरी के पति का देहान्त होने के बाद एक बाल-विधवा द्वारा गोदी की बच्ची को पालना पहाड़ पर चढ़ने के समान था। समाज में पुरुषों की नज़र से अपने को बचाते हुए तथा बच्ची की रक्षा करते हुए, उसे शिक्षित करते हुए आत्मनिर्भर बनाने के लिए किए जानेवाले प्रयास एवं संघर्ष की एक लम्बी शृंखला है जो कभी न खत्म होनेवाले रास्ते पर जाती है। कस्तूरी ने छोटी उम्र में जो दुःख झेले, जीवन की ऐसी कठिनतम परिस्थितियों ने उन्हें लड़ना सिखा दिया। उनका कथन है कि एक नारी तभी सम्मान प्राप्त करती है जब वह शिक्षित एवं आत्मनिर्भर हो। लेखिका का मानना है कि नारी को पढ़ा-लिखा होने के साथ-साथ गृहस्थ जीवन में सनतुलन भी बनाने आना चाहिए। उसमें आत्मनिर्भरता भी होनी चाहिए जिसके आधार पर जीवन का निर्णय वह स्वयं ले सके। इनका मानना है कि पारिवारिक जीवन में जिम्मेदारियों को निभाते हुए विकास करना ही जीवन की सफलता है मनमानी करना नहीं। मैत्रेयी जी ने अपनी दूसरी आत्मकथा 'गुड़िया भीतर गुडिया' में अपने सम्पूर्ण जीवन को खोलकर इसके सभी पन्नों पर फैला दिया है। अलीगढ़ की भंटी बहू से लेकर मिसेज शर्मा से होते हुए मैत्रेयी पुष्पा बनने तक की कहानी हैं यह आत्मकथा। विवाह के पच्चीस वर्ष बाद लेखिका की पहली कहानी 'आक्षेप' साप्ताहिक में छपी, तो मिसेज शर्मा से पूर्व मैत्रेयी पुष्पा का नाम सूर्य की भाँति चमकने लगा। फिर शुरू हुआ लेखिका का लेखन संघर्ष एवं अस्तित्व की तलाश। मैत्रेयी जी ने आत्मकथा में स्पष्ट किया कि चाक, अल्मा कबूतरी, अगनपाखी, इदन्नमम जैसे उपन्यास क्यों लिखे? 'कही ईसुरी फाग' लिखने की आवश्यकता क्यों महसूस हुई। लेखिका के अनुसार, "विवाह स्त्री की सुरक्षा का गढ़, संरक्षण की शिला, शान्ति के नाम पर निश्चिन्तता की सननाटे भरी गुफा और गुलामी का आनन्द।" लेखिका को पति सत्ता के शिले में रहते हुए अपना लेखन कार्य छिपाकर करना पड़ता है। अस्तित्व की इस लड़ाई की खोज में पारिवारिक कलह के समक्ष अडिग अपने स्वत्व की खोज में लेखिका मानती है कि स्त्रियों का जन्म एक ऐसे पौधे के रूप में होता है जिन्हें हिलाने-डुलाने और विकसित करने के लिए हवा जरूरी है। लेकिन हमारे माली बने लोग कहते हैं बोनसाई रहा करते नहीं वे बढ़कर अपनी खूबसूरती खो देते हैं।" लेखिका के अनुरूप भारतीय समाज में गृहस्थों के संस्कार जन्म से

लेकर मृत्यु व पिंडदान तक पुत्रों से बँधा होता है। तीन पुत्रियों की माँ बनने के साथ अपमान एवं सननाटे का हृदय विदारक वर्णन लेखिका ने किया है।

रमणिका गुप्ता की आत्मकथा 'कोयला खदानों, राजनीति तथा सड़क पर मजदूरी करनेवाली स्त्रियों की दैहिक तथा मानसिक शोषण को उजागर करती है। निर्मला जैन की आत्मकथा पढ़े लिखे लोगों की सामाजिक विडम्बना को सबके सामने लाती है साथ ही शिक्षण संस्थानों में चल रहे शिक्षकों एवं प्रशासन के आपसी घात-प्रतिघात से पाठक को रू-ब-रू करवाती है। एक उच्च शिक्षा प्राप्त स्वावलम्बी स्त्री होने के उपरान्त भी उनके जीवन में गुटबाजी एवं घटिया राजनीति के कारण चरित्रहनन लक्षण का सामना करना पड़ता है। तब उन्हें तत्कालीन कुलपति से सहायता हेतु प्रार्थना करनी पड़ती है। उन्हीं के शब्दों में-''भर्राई आवाज में इतना ही कह पाई, ''मुनीस भाई मेरी इज्जत बचाने के लिए आप क्या कर सकते हैं।'' कहते हुए मेरी आँखें भर आईं।

मैत्रेयी पुष्पा की आत्मकथा में स्त्रियों पर होनेवाले यौन शोषण के कई उदाहरण मिलते हैं। बचपन में उनकी विधवा माता ग्राम सेविका की नौकरी के चलते उन्हें अपने पास न रखकर परिचित तथा सम्भ्रान्त परिवारों में रखती हैं। उद्देश्य होता है कि वह वहाँ रहकर सुरक्षित रहेगी एवं शिक्षा प्राप्त कर सकेगी। किन्तु उसका विश्वास तब खंडित होता है जब उन्हें अपनी आपबीती मर्मान्तक शब्दों में लिखती है-"माता जी, वह मुझे रात भर सोने नहीं देता... मैं यहाँ नहीं रहूँगी। गाँव भाग जाऊँगी। शहर के लोग कैसे हैं।'' इसके पश्चात मैत्रेयी की माता जी उसे किसी दूसरे घर में रखती हैं। वहाँ इस घर का वृद्ध व्यक्ति उससे बलात्कार का प्रयास करता है किन्तु उसके विरोध में कहीं से कोई आवाज नहीं उठाई जाती है। वास्तव में ऐसे बहुत सारे लोग मनुष्य के रूप में छुपे हुए भेड़िये हैं जो दोमुँहा जीवन जीते हैं। बाह्य रूप से यह सभ्य तथा आदर्शवादिता का स्वर निकालते हैं, किन्तु वास्तविक रूप से रक्षक ही भक्षक बनते हैं। बाल्यावस्था से ही शारीरिक शोषण का शिकार हुई रमणिका गुप्ता लिखती हैं कि उनका दैहिक शोषण बाहरवालों ने नहीं अपितु घर में रहनेवालों ने तथा काम करनेवालों ने किया। आभिजात्य परिवार में पली-बढ़ी रमणिका जी के माता-पिता अति व्यस्त जीवन जीते थे। बच्चों को नौकरों एवं अभिभावकों के सहारे छोड़ दिया गया। एक विश्वसनीय आर्यसमाजी मास्टर को अपनी बेटियों की शिक्षा के लिए पिता ने रखा, किन्तु वही रमणिका जी का शीलहरण करने लगा। उन्हीं के शब्दों में देखें-''पापा जी और बिम्बी जी का कमरा अलग था। उन्हें मास्टर जी पर इतना विश्वास था कि देर रात तक उसे मेरे कमरे में रहने पर एतराज नहीं करते थे। मास्टर सारी रात मेरे कच्चे शरीर से खिलवाड़ करता रहा। मैं इतनी भयभीत थी न बोल सकती थी न रो सकती थी। मैं वही करती गई जो मास्टर कहता गया। फिर यह रोज का किस्सा हो गया।'' प्रभा खेतान 'अन्या से

अनन्या' में लिखती हैं कि वे यहाँ नौ वर्ष की आयु में अपने ही घर में स्वयं अपने भाई द्वारा यौन शोषण का शिकार हुई। विडम्बना यह है कि दुष्कर्म कर्ता को सजा मिलने की जगह उन्हें ही चुप रहने की नसीहत दी गई। देखें उनके शब्दों में 'जब मैं नौ साल की थी तब घर में... मैं एकदम चुप हो गई उस दिन दाई माँ ने भी तो यही कहा था काहू से न कहियो बिटिया, अपने पति से भी नहीं। पर क्यों ? उत्पीड़न के बावजूद औरत को खामोश रहने को कहा जाता है।'

पुरुषों द्वारा नारी को मात्र भोग्या समझने या सामग्री समझने की मानसिकता सदियों से चली आ रही है। जन्म से ही उसे लड़के की तुलना में हेय समझा जाता है। उसकी अवहेलना की जाती है। बेटा के जन्म पर खुशी बेटी के जन्म पर दुख मात्र अनपढ़ लोगों का ही पूर्वाग्रह नहीं समाज का उच्च शिक्षित वर्ग भी इसी संकीर्ण मानसिकता का शिकार पाया जाता है। केवल पुरुष ही नारी शोषण के दोषी नहीं, स्त्रियाँ भी उत्तरदायी होती हैं। कौशल्या बैसनत्री अपनी माँ का उदाहरण देते हुए कहती हैं कि उन्हें बेटे का बड़ा शौक था। हर प्रसूति के समय पुत्र की लालसा रहती थी। सनतान लड़की पैदा होने पर माँ बहुत उदास हो जातीं। वे कहती थीं कि "जाओ उसे कूड़े में फेंक आओ।" प्रभा खेतान लिखती हैं कि "अम्माँ ने मुझे कभी गोद में लेकर चूमा नहीं। मैं चुपचाप घंटों उसके कमरे के दरवाजे पर खड़ी रहती। शायद अम्माँ जी मुझे भीतर बुला लें। शायद अपनी रजाई में सुला लें, मगर नहीं। एक शाश्वत दूरी बनी रही हम दोनों के बीच।" कौशल्या बैसनत्री ने अपनी माँ की कठोरता का वर्णन भी किया है। वे बात-बात पर बैसनत्री को पीटती थीं। एक बार तो इतना पीटा कि पाँव का अँगूठा घायल हो गया और अस्पताल ले जाना पड़ा।

यहाँ निर्मला जैन के लेखकीय क्षेत्र के एक अनुभव के माध्यम से पुरुष सम्पादकों की मानसिकता का उदाहरण प्रस्तुत है। "'हंस' के सम्पादक राजेन्द्र यादव अपने अहं तुष्टि के लिए जाने जाते हैं। उनकी ऐसी हरकतों पर मन्नू जी से गाहे-बगाहे उनकी कहा-सुनी तो होती ही रहती थी। उन्होंने अपनी इन हरकतों से कई लोगों से नाराजगी मोल ले ली थी। डॉ. नगेन्द्र उनमें से एक थे। नतीजा यह हुआ कि डॉ. साहब भी उन्हें नाम से नहीं, अपशब्दों से नवाजा करते थे। ऐसे ही एक प्रसंग में, मैंने 'हंस' में कभी न लिखने की प्रतिज्ञा की थी। हुआ यह कि एक बार मैं और जैनेन्द्र जी एक सेमिनार के लिए जम्मू विश्वविद्यालय में आमन्त्रित किए गए। साथ में जैनेन्द्र जी के साहबजादे प्रदीप जी भी थे। उस यात्रा के दौरान दो-तीन दिन लगातार उनका साथ बना रहा। उस बीच मेरे मन में उनके बारे में यह धारणा और पुष्ट हो गई कि उनके व्यक्तित्व की बनावट खासी जटिल है, जिसे समग्रता में समझना आसान नहीं होता। वापस लौटकर मैंने उस अनुभव से प्रेरित होकर एक लेख लिखा जिसका शीर्षक था-'सिरा कहाँ है?' राजेन्द्र यादव बड़े

उत्साह से उसे छापने के लिए तैयार हो गए। लेख छप गया। मैंने देखा, पर पढ़ने की जहमत नहीं उठाई। अंक मिलने के दो तीन दिन बाद अचानक राजी सेठ का फोन आया। लेख उन्होंने खुद तो पढ़ ही लिया था। मुझसे बात करने के पहले अज्ञेय जी को भी पढ़वा दिया था। अज्ञेय जी की प्रतिक्रिया हुई थी यह तो कोई बहुत अच्छा काम नहीं किया निर्मला ने। कुछ ऐसा ही महसूस किया था राजी ने भी। अज्ञेय जी से पुष्टि हो गई तो हिम्मत करके मुझे फोन मिलाया। शुरुआत कुछ इधर-उधर की बातों से करके जैसे वे साहस जुटाती रहीं और फिर धीरे से बोलीं आपका लेख पढ़ा 'हंस' में। एक क्षण की चुप्पी के बाद जोड़ा उन्होंने वैसे आपने हिम्मत बहुत की। मेरा चौंकना स्वाभाविक था। ऐसी हिम्मतवाली क्या बात है उसमें। मुझे जैसा लगा मैंने लिख दिया।'' बात आगे बढ़ी: ''फिर भी हर कोई तो इस तरह लिखने का साहस नहीं कर सकता। अज्ञेय जी भी ताज्जुब कर रहे थे। " इस बार मेरा माथा ठनका। ''मैंने बात वहीं रोककर कहा कि मैंने तो छपने के बाद पढ़ा ही नहीं है। एक बार पढ़के देखती हूँ, फिर तुमसे बात करूँगी।'' संवाद वहीं ठप्प। मैंने तुरन्त 'हंस' की 'प्रति' उठाई। लेख पढ़ते ही मेरे पाँव के तले की जमीन खिसक गई। राजेन्द्र जी ने दो-तीन जगह कलम चलाकर उसे खासा खटकना और आपत्तिजनक बना दिया था। मैंने तुरन्त फोन मिलाकर जवाबतलबी की तो ठहाका लगाकर बोले: "अरे आपने क्या लिखा था। गुडी गुडी। मजा तो अब आएगा जब लोग पढ़ेंगे। इतना अधिकार तो सम्पादक का होता ही है। मैं फट पड़ी। छापने या न छापने का अधिकार होता है। लेखक के बिना सहमति के कलम चलाकर तरमीम करने का नहीं। और जहाँ तक मजा आने का सवाल है, वह तो आना शुरू हो गया है। मेरी भर्त्सना शुरू हो गई है। और मैंने उन्हें राजी, अज्ञेय का प्रसंग सुना दिया। उन पर कोई असर नहीं हुआ इसका वे उसी तरह ठहाका लगाते रहे। उनका ख्याल था कि पत्रकारिता में यह सब तो होता ही रहता है। इसमें इतना परेशान होने की कोई बात है ही नहीं। संयोग से उन्हीं दिनों जैनेन्द्र अस्वस्थ होकर अस्पताल पहुँच गए। मेरी अगली चिन्ता यह थी कि बीमारी की हालत में अगर किसी शुभचिन्तक ने यह बात उन तक पहुँचा दी या स्वस्थ होने पर उन्होंने 'हंस' पढ़ लिया तो वे कितने आहत होंगे। मैंने अगला फोन प्रदीप को मिलाकर उन्हें इस कांड से अवगत कराते हुए अनुरोध किया कि वे हंस की प्रति जैनेन्द्र जी के हाथ न आने दें। मैंने राजी को भी इस स्थिति की जानकारी देकर अनुरोध किया कि वे अज्ञेय जी को भी इस स्थिति से अवगत करा दें। जाहिर है अज्ञेय जी ने अपनी मितभाषी स्वभाव के अनुरूप इतना ही कहा तो फिर इसमें निर्मला का क्या कसूर है? पर राजेन्द्र यादव को ऐसा करना नहीं चाहिए था।''

बात इतने पर खत्म नहीं हुई। मैंने राजेन्द्र जी को इस प्रसंग पर एक लम्बा पत्र लिखा यह इसरार करते हुए कि वे इसे 'हंस' में छापें, अन्यथा मैं पूरे ब्योरे के

साथ किसी और पत्रिका में छपवा दूँगी। पत्र की एक प्रति मैंने प्रदीप के पास भेज दी। पत्र मिलते ही राजेन्द्र जी के होश फाख्ता हो गए। वे स्वप्न में भी ऐसे पत्र की उम्मीद नहीं कर पा रहे थे। अपनी सम्पादकीय दादागिरी भुलाकर उन्होंने मुझसे मिलकर बात करने का आग्रह किया। घर आए। देर तक मुझे इस बात के लिए कायल करने की कोशिश करते रहे कि मैं उस पत्र को छापने का इसरार न करूँ। जब तक युक्ति से काम नहीं चला तो अपनी आदत के अनुरूप उन्होंने ठहाका लगाते हुए फरमाया। "अरे यार बस भी करो! अब हो गई गलती, तो क्या जान ही ले लोगी! लो पकड़ लिये तुम्हारे पैर अब तो बख्श दो। मैं अपने ढंग से छाप दूँगा। गलती का सुधार करते हुए और यह कहते हुए उन्होंने सचमुच हाथ बढ़ाकर मेरे पाँव पकड़ लिये। जाहिर है, इसके बाद कहने-सुनने लायक कुछ बचा ही नहीं। मैंने भरोसा किया, पर उन्होंने वायदे की औपचारिकता पूर्ति में जो दो पंक्तियाँ छापीं, उनका कोई अर्थ नहीं था। बस नतीजा यह हुआ कि मैंने 'हंस' में लिखना छोड़ दिया। (आत्मकथा पुस्तक से यह अंश उद्धृत है)

उपेक्षा का यह चक्र ही नहीं रुकता। जीवनपर्यन्त गतिशील रहता है। हाँ, रूप बदलते रहते हैं। नारी के शोषण दमन के विरुद्ध सबसे सशक्त शस्त्र शिक्षा को ही माना गया। है। शिक्षा ही वह शस्त्र है जिसके माध्यम से नारी स्वावलम्बी, अपने अधिकारों के प्रति सजग तथा शोषण के विरुद्ध आवाज उठानेवाली बन सकती है। विवेच्य आत्मकथाओं के अनुशीलन के पश्चात चौंका देनेवाले तत्त्वों का उद्घाटन होता है। ये सारे तथ्य वास्तव में गहन विश्लेषण की माँग करते हैं। इन पर विमर्श आवश्यक है। प्रभा खेतान नें 'अन्या से अनन्या तक' नामक अपनी आत्मकथा में अपने जीवन सत्य का वर्णन करती हैं। कठोर सामाजिक एवं पारम्परिक वर्जनाओं के भीतर पली-बढ़ी एक साधारण-सी लडकी अपने बल पर एक सफल उद्योगपति तथा कलकत्ता चेम्बर ऑफ कॉमर्स की प्रथम महिला अध्यक्ष बनती हैं। आर्थिक रूप से एक सफल एवं सशक्त स्त्री होते हुए भी वह भावनात्मक स्तर पर कमजोर साबित होती हैं। अपने जीवन के एकाकीपन को दूर करने हेतु डॉ. सर्राफ के साथ तथा उनके परिवार के साथ पच्चीस वर्षों के रिश्तों के पश्चात इस बेनाम रिश्ते से वे मात्र तिरस्कार बटोर पाती हैं। वे लिखती हैं कि ''मैं अकेली थी। इतनी अकेली कि मैं किसी का रोल मॉडल नहीं बन सकी। कोई लड़की मेरे जैसी नहीं होनी चाहिए। मेरी तमाम सफलताएँ सामाजिक कसौटी पर पछाड़ खाने लगती हैं। सारी उपलब्धियाँ अपनी चमक खो देतीं...। जहाँ तनाव अधिक था। कभी न खुलनेवाली गाँठे थीं।'' डॉक्टर सर्राफ पर उनकी निर्भरता आत्ममानसिक रुग्णता बनने लगी। इसे वह सुरक्षा स्वरूप लेने लगी। डॉक्टर सर्राफ प्रेमी से अभिभावक बन गए। आय व्यय बचत आदि का लेखा-जोखा बच्चों की तरह लेने और रखने लगे। किन्तु इनको शक की नजरों से देखते हुए इन पर निगरानी भी रखने लगे। इस प्रकार वह

स्वावलम्बी होकर भी परावलम्बी बनी रहीं। कृष्णा अग्निहोत्री की आत्मकथा से भी यह स्पष्ट होता है कि एक अच्छे परिवार की सुशिक्षित तथा आत्मनिर्भर नारी परायों के साथ-साथ अपनों द्वारा ही छली जाती हैं। उनका अपना भाई उन्हें पैतृक अधिकार से वंचित करता है। अपने चरित्रहीन आई पी एस पति द्वारा अमानवीय व्यवहार का शिकार बनती हैं। उच्च शिक्षा ग्रहण कर अपने पैरों पर खड़ी होने के पश्चात कार्यस्थल पर तिरस्कृत होना पड़ता है। पति से अलग रहने तथा जवान व सुन्दर होने के कारण उन्हें स्वच्छन्द प्रवृत्ति का माना जाता है और चारों ओर उपस्थित पुरुषों को लगता है कि वे सहज उपलब्ध होनेवाली स्त्री हैं। साठ वर्ष की आयु में गोवा के रोहिताश्व चतुर्वेदी को अपना उपन्यास प्रकाशन हेतु देना था। उसने उनके सामने गोवा आकर अकेले में मिलने का प्रस्ताव रखा-"मेरी पत्नी यहाँ नहीं रहती है। गोवा में मैं बहुत अकेला हूँ। इस उम्र में हम कुछ कर तो नहीं सकते पर साथ तो चाहिए।" यह उन्हीं का लेखन है। अर्थात स्त्री मात्र देह और दर्शनीय वस्तु भर है। पुरुष अकेली स्त्री को देखकर सभी सीमाएँ लाँघने को उद्यत हो उठता है। इसे उजागर किया गया है। पुरुषों द्वारा नारी को मात्र भोग्या या भोग की वस्तु समझे जाने के विषय में कृष्णा जी कहती हैं कि "सेक्स के अतिरिक्त भी स्त्री के सामने कई चुनौतियाँ रहती हैं। उसमें भी वह भागीदारी चाहती है। इसकी पूर्ति एक योग्य भाई, पति बेटा या मित्र कर सकता है।" अजीत कौर को भी मानसिक त्रासदी से गुजरना पड़ा है। एक सुशिक्षित डॉक्टर पति का व्यवहार उनके प्रति अति असंवेदनशील रहा है। अपने चरित्रहीन पति तथा ससुरालवालों को प्रसनन रखने का उन्होंने हर सम्भव प्रयास किया। किन्तु उनके प्रति उनके व्यवहार में कोई अन्तर नहीं आता। एक बार वे बहुत बीमार हो जाती है। अपने पति से कहती है कि "मुझे सनतरे ला दो या सनतरे के लिए पैसे ही दे दो। डॉक्टर ने जूस पीने को कहा है।" बीमारी में उनसे सहानुभूति जताने के बजाय उनके पति ने कहा "जा अपने बाप के घर अगर सनतरे चाहिए तो।"

स्त्रियों के प्रति उपेक्षापूर्ण व्यवहार का उल्लेख लगभग सभी आत्मकथाकारों ने किया है। पारिवारिक क्लेश की बात करें, तो सर्वप्रथम सास-बहू, ननद-भाभी, देवरानी-जेठानी के रिश्तों पर उँगली उठती है। दाम्पत्य जीवन में दरारें औरत सास-बहू ही डालतीं है। वैसे भी ससुराल-मैके के बीच आधिपत्य का दंश भी बहू को ही झेलना पड़ता है। ससुराल में मैके से जुड़ी स्त्री को कई बार सास एवं अन्य रिश्तेदारों के ताने झेलने या सुनने पड़ते हैं। स्त्री का अपना कोई व्यक्तित्व गिना ही नहीं जाता। यह भी कुछ आत्मकथाओं में पढ़ने को मिला। इससे उनके कोमल मन पर एक अतिरिक्त दबाव बनता है और वह बेचैन हो उठती है। डॉक्टर अहिल्या मिश्र कृत 'दरकती दीवारों से झाँकती जिन्दगी।' आत्मकथा अभिव्यक्ति की सादगी, जीवन के प्रतिफल में जीया गया अनुभवों का खारापन सार्वजनिकता

और उत्तर देने की ताकत एवं सार्थक अर्थों को प्रतिपादित करने की क्षमता भावों की सम्प्रेषणीयता के साथ मानवीय मूल्यों को जीने की ललक सहित विभिन्न स्तरों पर संघर्ष, सामाजिक मान्यताओं को तोड़कर नई स्थापना की शक्ति से लबालब, जीवन्त एवं जोश से भरी आज की स्त्री का चित्रण है। परिवार, समाज एवं रिश्तों में बलिदान देने की बजाय रिश्तों की नई परिभाषा गढ़ना ही इस उत्साही स्त्री की कहानी है। स्त्री शोषण, जमींदारी प्रथा, सीमाओं का बन्धन तोड़ते हुए विकास के रास्ते पर बढ़ना यही लक्ष्य है उस स्त्री का। वर्गभेद एवं इनके सामाजिक आचरण के साथ स्त्री-शिक्षा को सर्वोच्च मान्यता देनेवाली स्त्री की कहानी जीती एक स्त्री है। इस आत्मकथा में पितृसत्तात्मक समाज से उलझती अहिल्या संघर्षरत है। स्त्री स्वाभिमान हेतु संघर्ष के बीच दिखाई देती है। आत्मनिर्भरता का पाठ ही साहस एवं सफलता की कुंजी है। पति के साथ अनजान प्रदेश की यात्रा का साहस अदम्य है। पुनः साहित्यिक क्षेत्र में पुरुष वर्चस्व के बीच पहचान का संघर्ष एवं पुरुष साहित्यकारों की पिछलग्गू नहीं बनने पर उनके द्वारा दिये गए सनत्रास एवं दबाव को झेलने की क्षमता दिखाना आदि कई स्वरूप उभरकर सामने आए हैं। इस आत्मकथा के माध्यम से हम अहिल्या के मजबूत इरादे के साथ स्त्री उत्थान एवं दृढ़ता से सत्य कहने के साहस का संचार स्त्री के बीच फैलाते हुए पाते हैं। हाँ' स्त्री का एक नया स्वरूप कहानी में दिखता है। भोजन बनाने की अक्षमता, पुरुष सहयोग (श्वसुर के रूप में) तथा निडरता का व्यापक चित्रण मिलता है। एक वाक्य नारी की परिवर्तित मानसिकता का चित्रण करती है-"खोल अपनी धोती से अपनी साड़ी आज से तेरा मेरा रिश्ता खत्म।'' वह स्त्री इसके साथ ही मायका प्रस्थान कर जाती है। इस प्रकार शोषण का विरोधी स्वर एक स्तम्भ-सा सामने खड़ा दिखाई पड़ता है। नारी जीवन का विविध पूर्ण चित्रण करती विवेच्य लेखिकाओं की आत्मकथाओं में एक तथ्य समान रूप से दृष्टिगोचर होता है, वह है शोषण का प्रतिकार। देर अवश्य हुआ किन्तु अब आधुनिक समय की स्त्रियों ने यह दिखा दिया है कि वे शोषण नहीं सहेंगी। कौशल्या बैसनत्री ने एकसठ वर्ष की आयु में अपने पति को तलाक देकर जीना शुरू किया। कृष्णा अग्निहोत्री ने अपनी पुत्री सहित पति का घर त्याग दिया। अजीत कौर भी पति की अवहेलना के प्रत्युत्तर में अपनी दोनों बेटियों के साथ अलग जीवन जीने लगीं। रमणिका गुप्ता अपनी शर्तों पर जीवन जीती रहीं। प्रभा खेतान विवाह संस्कार को खतरा बताते हुए अपने प्रेम को वरणकर जीवन जीती रहीं। निर्मला जैन भी राजनीति से उभरकर अपनी स्व पहचान बनाने में सक्षम रहीं। अहिल्या मिश्र अनजान स्थान पर अपने अस्मिता की स्थापना कर एक नई पहचान बना पाई है। उपर्युक्त सभी आत्मकथाओं से गुजरते हुए यह स्पष्ट होता है कि पुरुष वर्चस्व के कैद में जकड़ी स्त्री अपने स्वत्व के लिए, अपने मान-सम्मान के लिए अपने अन्तर्मन की स्त्री को प्रबल, सबल करती है एवं उनका

आत्मविश्वास एवं साहस उसे आगे बढ़ने की प्रेरणा देता है। ये सभी नारियाँ अपने अधिकारों के प्रति जागरूक एवं अपनी अस्मिता के लिए बड़ी चुनौती का सामना करने से नहीं हिचकिचाती हैं। सभी स्वतन्त्रता, स्वावलम्बन, आत्मनिर्भरता एवं नारी अस्मिता को शिक्षा के साथ अर्थायित करती हैं।

## सन्दर्भ


1 सभी विवेच्य आत्मकथाएँ।
2. प्रभा खेतान : अन्या से अनन्या तक
3. मन्नू भंडारी : एक कहानी यह भी
4. मैत्रेयी पुष्पा : कस्तूरी कुंडल बसै, गुड़िया भीतर गुड़िया
5. निर्मला जैन : जमाने से हम
6. रमणिका गुप्ता : आपहुदरी
7. कौशल्या बैसनत्री : दोहरा अभिशाप
8. कृष्णा अग्निहोत्री : लगता नहीं है दिल मेरा
9. अजीत कौर : कूड़ा कबाड़
10. चन्द्रकिरण सौनरेक्सा : पिंजरे की मैना
11. डॉ. अहिल्या मिश्र : दरकती दीवारों से झाँकती जिन्दगी

# हिन्दी की दलित आत्मकथाओं में दलित जीवन का सच

प्रोफेसर (डॉ०) देवेन्द्र प्रसाद सिंह

आत्मकथा हिन्दी साहित्य की एक ऐसी विधा है जिसमें लेखक सीधे-सीधे अपने जीवन से जुड़ी घटनाओं को अथवा समाज में रहते उन्होंने जैसा अनुभव किया है उसे, लिपिबद्ध करता है। हमारा भारतीय समाज अनेक जातियों का सम्मिश्रण है। आर्थिक दृष्टि से कोई सम्पन्न है कोई विपन्न। स्पष्ट है, हमारे भारतीय समाज में कई वर्ग भेद बने हुए हैं। अगर हम मानव की कोटियों की बात करें तो कोई साहित्यकार है, कोई वैज्ञानिक है, कोई राजनेता है, कोई संगीतज्ञ है, कोई धार्मिक पुरुष। इस तरह हम मानव को अनेक रूपों में चिह्नित कर सकते हैं। साहित्यकार ऐसा होता है जिसके भीतर संवेदना सबसे अधिक होती है। वह जो कुछ अपनी आँखों से देखता है, घटनाओं को सुनता है, वह गहरे रूप में प्रभावित होता है उससे कहने का तात्पर्य है, साहित्यकार का दिल-दिमाग आम जनों की अपेक्षा विशिष्ट कोटि का हुआ करता है। इसके पास अपनी भाषा होती है जो इन घटनाओं से उपजे भावों को पूरी संजीदगी से व्यक्त करती है। बहुत सारे लोग ऐसे होते हैं जो जीवन की कई घटनाओं को भूल जाते हैं लेकिन उनमें कुछ ऐसे होते हैं जो परत-दर-परत पूर्ण घटनाओं को याद रखते हैं। जब कोई साहित्यकार आत्मकथा लिखता है तो वह केवल अपने जीवन से जुड़ी घटनाओं अथवा भोगे गए अनुभव को ही व्यक्त नहीं करता बल्कि उसमें पूरा परिवेश, समाज उससे जुड़े हुए वे सभी तत्त्व समाहित हो जाते हैं जिसने उसे दूर-दूर तक प्रभावित किया। आत्मकथा के सम्बन्ध में यह कहा जा सकता है कि यह आत्मकथा किसी के जीवन की कुंजी होती है जिसे खोलकर उसके पूरे व्यक्तित्व को देखा जा सकता है। आत्मकथा लिखना कोई सहज काम नहीं है क्योंकि आत्मकथा लिखने जब कोई व्यक्ति बैठता है तो उसके भीतर अनेक विचार कौंधने लगते हैं, वह कई तरह से चिन्तन-मनन करने लगता है कि इसकी सामाजिक उपयोगिता क्या होगी? इतना ही नहीं, वह यह भी सोचता है कि अगर मैं अपने जीवन की प्रत्येक घटनाओं का विवरण सच-सच कागज के पन्नों पर उतार दूँ तो पाठक मेरे कमजोर पक्ष को भी जान जाएँगे, जो आत्मकथाकार के लिए अच्छा नहीं होगा। राजेन्द्र यादव ने आत्मकथा के सम्बन्ध में लिखा है कि आत्मकथा से

प्रेरणा मिलती है और हमें आगे बढ़ने की शक्ति प्राप्त होती है। यह सब सोचकर उन्होंने अपने विगत जीवन के कई पक्षों पर प्रकाश डाला है। लेकिन मन्नू भंडारी ने उनके इस प्रकाशित बयान को शिकायती लहजे में स्वीकार किया है कि उन्होंने अपने जीवन के अनेक दुर्बल पक्षों को छुपाया है। ऐसा करना इतने बड़े साहित्यकार के लिए शोभा नहीं देता। मीर तकी ने लिखा है-यह दुनिया एक बड़ी कहानी जैसी है जिसके एक टुकड़े का बयान किया। बाकी टुकड़ा कोई दूसरा बयान करेगा। अमृता प्रीतम ने 'रसीदी टिकट' के सृजन के सम्बन्ध में लिखा है-कुछ पंक्तियाँ लिख रही हूँ-कुछ ऐसे, जैसे जिन्दगी के लेखे-ज़ोखे कागजों पर एक छोटा-सा रसीदी टिकट लगा रही हूँ-नज्मों और नॉवेलों पर लेखे-जोखे की कच्ची रसीद को पक्की रसीद करने के लिए। काका कालेलकर ने लिखा है-अनुभव मनुष्य की सबसे कीमती चीज है, हमें उसका स्वागत करना चाहिए। राहुल सांकृत्यायन ने लिखा है कि कई लोग जमाने से इस रास्ते से गुजर गए, अगर वे अपनी जीवनयात्रा लिख गए होते तो हमें इसका बहुत बड़ा लाभ मिलता।

जब हम हिन्दी की दलित आत्मकथाओं से गुजरते हैं तो पाते हैं कि सबसे अधिक जातीय भेदभाव, गरीबी और अभाव की स्थिति, अशिक्षा, अन्धविश्वास, बेरोजगारी के अलावे उच्चवर्ग के लोगों ने इनके साथ जैसा व्यवहार किया है वह सबकुछ चित्रित है। भारतीय समाज में अमीरी और गरीबी की खाई तो है ही, ऊँच-नीच का भेदभाव आज भी उसी तरह दिल-दिमाग में छाया हुआ है। इसकी जड़ें इतनी गहरी हो गई हैं कि इसे हटाना आसान काम नहीं है। हमारे भारतीय समाज में जातीय दंश सबसे अधिक प्रभावी रहा है और उसका शिकार सबसे ज्यादा दलित समुदाय हुआ। मोहनदास नैमिषराय ने जातीय भावना का बहुत गहरे रूप में एहसास किया है। उन्होंने अपनी आत्मकथा 'अपने-अपने पिंजरे' में लिखा है-''हम जहाँ भी जाते, हमारी जात भी जाती। जात कभी हमसे पीछे नहीं रहती। हमारी बस्ती का नाम ही चमार गेट या चमार दरवज्जा था। कोई अपनी जात न भी बताएँ, बस्ती का नाम सुनकर अपने-आप उनके सामने हमारी जात का भेद खुल जाता था। दलित जाति में जन्म लेने के कारण समाज के लोग हमें अछूत तो समझते ही थे मन्दिरों में प्रवेश करना भी वर्जित था।''[1] उन्होंने अपने गाँव में बने पंचमुखी मन्दिर के बारे में लिखा है—''उसकी चारदीवारी इस कारण बनाई गई थी कि निम्न जाति के लोग उस मन्दिर में नहीं जा सकें। उस मन्दिर में देवी-देवताओं की मूर्तियाँ लगी थीं लेकिन हम लोग चारदीवारी के बाहर से ही देखा करते थे। उस मन्दिर में राधे नाम का एक व्यक्ति रहता था। जो लम्बी चोटी रखता था। जुआ खेलता था। दारू पीता था। और उसके मुँह में हमेशा पान भरा रहता था। जब उसके पास पैसे नहीं होते, पुजारी के पास जाता और पैसा माँगता। नहीं देता तब देवताओं की मूर्ति के सामने कई तरह की गालियाँ देता। पूजा करने के लिए काफी संख्या में स्त्री-पुरुष

थे। मेरे साथ कई लड़के उनके पीछे-पीछे जाते और मन्दिर के गेट के बाहर उनके बताशे और लड्डू भरी थाली की ओर हम लोगों की निगाह लगी रहती थी। जब वे लोग बाहर निकलते तो हम सबको प्रसाद देते। कई बार जब हम लोग मन्दिर के पास जाते, तो पुजारी नंगे पाँव आ जाता और हम सबको गालियाँ देता। एक दिन पूजा-पाठ के बाद पुजारी अपने हाथ में लड्डू और बताशा लेकर सबको बाँट रहा था। वह चबूतरे के ऊपर से ही मिठाई बाँटता रहा। पुजारी का हाथ किसी से स्पर्श न हो इसलिए वह ऊपर ही रहता। एक दिन पुजारी से प्रसाद लेते समय मोहनदास की उँगलियाँ छू गईं, इस पर पुजारी बहुत नाराज हुआ और कहा-तू चमार का है न! सबकुछ भरष्ट कर दिया। कितनी बार कहा-तुम दूर से प्रसाद लिया करो।''[2] यह सब सुनकर मैं दंग रह गया। इतना ही नहीं मन्दिर में कई तरह की घटनाएँ भी घटीं। एक बार मूर्ति की चोरी हो गई। एक लड़की मन्दिर में पूजा करने आती थी। वह पुजारी के द्वारा गर्भवती हो गई थी जिसे लेकर काफी शोरगुल हुआ था। बाद में कई लोग पुजारी को बचाने आए और वह बच गया। मोहनदास को उस मन्दिर के प्रति बहुत नफरत हुई और उन्होंने सोचा, इस मन्दिर का पुजारी श्रद्धा के योग्य नहीं है। उन्होंने अपनी आत्मकथा में इस भाव को व्यक्त करते हुए लिखा है-" उस दिन के बाद मैं मन्दिर नहीं गया था। मन्दिर मुझसे मीलों दूर हो गया था जैसे मन्दिर के भीतर रखे पत्थर के देवताओं के प्रति नफरत सी हो गई थी। शायद यहीं से मेरे भीतर कोई नास्तिक पुरुष आकर बैठ गया था। बाद के दिनों में यह नफरत और अनास्था और बढ़ी थी जैसे कुम्हार मिट्टी का बर्तन बनाकर उन्हें आग पर सेंक कर मजबूत बनाता है, वैसे ही मन्दिर के प्रति मेरे मन में रची बसी ग्रन्थियाँ समय की माँच में और मजबूत हुई थीं।''[3] मोहनदास नैमिषराय ने गाँव समाज में फैली जातीय भावना को उजागर किया है। जातिसूचक नाम आने के बाद लोगों ने पानी पिलाने से भी इनकार कर दिया। इनकी बड़ी बहन का विवाह निठारी गाँव में हुआ था। पैदल अपनी बहन के गाँव भाई के साथ जा रहे थे। रास्ते में उन्होंने सड़क के किनारे गुड़गुड़ा पीते हुए लोगों को देखा। फिर उन्होंने राम-राम कहा, उन लोगों ने भी जवाब में राम-राम कहा। गर्मी का दिन था लू काफी जोरों से चल रही थी, प्यास से मुँह सूखा जा रहा था। इन्होंने ग्रामीण जनों से पानी पिलाने को कहा। इसके बाद उन लोगों ने पूछा कि तुम लोग कहाँ से आ रहे हो? फिर यह भी पूछा किस गाँव जाओगे? निठारी गाँत, भैया ने उत्तर दिया था। किसके यहाँ और दूसरे ने सवाल किया था। सुजान के यहाँ भैया ने कहा। उनमें से एक ने पूछा-जो चमार है? हाँ भैया के मुँह से निकला था। अचानक दोनों के तेवर बदल गए थे-तो म्हारे घर अग्गे कियों खड़े हो? जाओ सिन्दे-सिन्द्दे आगे चमारों के ही घर पड़ेंगे पहले साँप की तरह फुफकारे थे। हमें पानी पिला दो, बड़ी प्यास लगी है-भैया के स्वर में गिड़गिड़ाहट के स्वर थे। म्हारे घर चमारों की खात्तर पानी न है, उन्होंने इनकार

कर दिया था।[4] मोहनदास नैमिषराय ने लिखा है कि जब मैं पाँचवीं की परीक्षा पास कर गया तो मेरा नाम सरदार पटेल म्युनिसिपल हायर सेकेंडरी स्कूल में लिखवा दिया गया। यहाँ स्कूल में जितने अध्यापक थे वे सभी सवर्ण थे। उनमें केवल एक मुसलमान था। सभी अध्यापक जब भी आपस में बात करते तो मेरी बस्ती का नाम लेकर चमार दरवाजे कहकर सम्बोधित करते। इन्होंने पढ़नेवाले सभी छात्र-छात्राओं यह बता दिया था कि मैं चमार जाति से आता हूँ। शिक्षक के सम्बन्ध में अपने भोगे गए अनुभव को साझा करते हुए उन्होंने लिखा है-कोई भी नया अध्यापक आता वह हमारा नाम बाद में पूछता। पहले हमारे बाप का नाम पूछता। हम कहाँ रहते हैं, हमारा बाप क्या काम करता है, आदि-आदि। बस इस तरह धीरे-धीरे वे सब बात पूछ लिया करते थे। अपने-आप पता लग जाता था, हमारे जिस्म के भीतर कहाँ-कहाँ घाव हैं। फिर वे उन घावों को छेड़ते थे।[5] उन्होंने स्कूल के शिक्षक शिवकुमार शर्मा का नाम लेते हुए लिखा है कि प्रार्थना के समय वे छात्रों का ड्रेस चेक किया करते थे, जो छात्र ड्रेस में नहीं होते, अनाप-शनाप बोलते रहते। मुझे बार-बार कहते-"अबे तुम्हें पढ़ने के लिए कौन कहता है? बस जूते-चप्पल बनाओ और आराम से रहो। चले आते हैं ससुरे न जाने कहाँ-कहाँ से।''[6] वह अध्यापक हमारे घर की मजबूरी नहीं समझता था कि मेरे पास कुर्ता पायजामा पहनने के लिए या स्कूल ड्रेस बनवाने के लिए पैसे हैं या नहीं हैं? वह केवल अमानवीय बर्ताव करता था। गाँव-घर में मेरे बा का बहुत नाम था फिर भी उनके लिए लोग आदर की भाषा नहीं बोलते थे। बड़े तो बड़े छोटे लोग भी उसी तरह बोलते थे। वे दूकान पर आते ही कहते-कहाँ गया है रामप्रसाद बड़े तो बड़े छोटे भी सुभान अल्लाह। उनके बेटे-बेटियाँ यहाँ तक कि बच्चे भी इसी तेवर में बोलते थे, रामप्रसाद आ जाए तो बोल देना, मेरी चप्पल की मरम्मत कर दे।''[7] ओमप्रकाश वाल्मीकि ने अपनी आत्मकथा 'जूठन' में जातिवाद और छूआछूत का विस्तार से वर्णन किया है। उन्होंने लिखा है-'अस्पृश्यता का ऐसा माहौल कि कुत्ते-बिल्ली, गाय-भैंस को छूना बुरा नहीं था लेकिन यदि चूहड़े का स्पर्श हो जाए तो पाप लग जाता था। सामाजिक स्तर पर इनसानी दर्जा नहीं था। वे सिर्फ जरूरत की वस्तु थे। काम पूरा होते ही उपयोग खत्म। इस्तेमाल करो, दूर फेंको।''[8] आत्मकथाकार श्योराज सिंह बेचैन ने अपने व्यावहारिक जीवन में यह महसूस किया कि मेरी जाति को लेकर मुझे हीन दृष्टि से देखा जा रहा है। समाज का यह भेदभाव उनके दिमाग में बना रहा और यही कारण है उन्होंने जातीय भेदभाव को अपनी आत्मकथा में लिखा-''मैं किसी के घर जाता। मेरे साथ खाने के लिए अपना कटोरा रहता। बर्तन न कोई यादव देता, न बनिया, न मुसलमान। छूआछूत सभी मानते।''[9] उन्होंने यह महसूस किया है कि यह व्यवस्था हमारे भारतीय समाज के लिए बहुत घातक है। उन्होंने यह भी लिखा है कि हमारे समाज को जातिगत कारणों से हमेशा अपमानित किया जाता और गाली-गलौज

सुनने के बाद भी हम सभी चुप रह जाते। हमारी जात की अपनी ढेर सारी समस्याएँ थीं जिसके कारण ऐसा जीवन जीना पड़ता। उन्होंने दलित जीवन की तुलना पशु से करते हुए लिखा है-''चमार-चूहड़ों की पूरी कौमें मृत बना दी गई थीं। उनके साधन सुविधाएँ सम्मान रूपी प्राण तो वर्णवाली व्यवस्था ने कब के खींच लिये थे।''[10] सूरजपाल चौहान द्वारा लिखित दो आत्मकथाएँ मिलती हैं-'तिरस्कृत' और 'सनतप्त'। इन दोनों आत्मकथाओं में इन्होंने दलित समाज को जिस जातीय भावना के कारण तिरस्कार का सामना करना पड़ा है उसे कड़वे शब्दों में व्यक्त करते हुए लिखा है-''इस देश में दलित जाति में जन्म लेना कितना कष्टकर व आपमानजनित है, यह तो वही जान सकता है जिसने इसे भोगा और सहा हो।''[11] उन्होंने अपनी आत्मकथा 'तिरस्कृत' में सवर्ण मानसिकता की सोच को उजागर करते हुए लिखा है कि यदि देश के सारे चमार पढ़-लिख गए तो गली-मुहल्ले की सफाई और जूते बनाने का कार्य कौन करेगा?[12] इन आत्मकथाकारों के अलावे माताप्रसाद गुप्त, रूपनारायण सोनकर, रमाशंकर आर्य, डॉ. तुलसीराम, कौशल्या बैसनत्री, सुशीला टाकभौरे आदि ने भारतीय समाज में फैले जातीय भेदभाव, छूआछूत और ऊँच-नीच की भावना को अपनी आत्मकथाओं में अभिव्यक्त किया है।

दलित समाज मूलभूत आवश्यकताओं रोटी, कपड़ा और मकान के लिए लगातार संघर्षरत रहा है। इसके बावजूद उन्हें खाने के लिए भरपेट भोजन, पहनने के लिए वस्त्र, रहने के लिए आवास और शिक्षा ग्रहण करने की सुविधाएँ प्राप्त नहीं हो सकीं। वे जीविकोपार्जन के लिए कई तरह का प्रयत्न करते रहे और उन्होंने जी-तोड़ मेहनत भी किया लेकिन उनकी आर्थिक स्थिति आज भी पूर्णतः सुधरी हुई नहीं है। समाज में भेदभाव होने का यह भी एक बहुत बड़ा कारण है कि दलित लोगों का जीवन अभावों के बीच गुजरता है जबकि साधनसम्पन्न वर्ग के माथे पर हर तरह की सुविधाओं से लैस होने के कारण कभी चिन्ता की रेखा नहीं बन पाती जबकि दलित कई तरह के अभावों में जीवनयापन करते हैं। इसके अतिरिक्त इनका शोषण अनेक रूपों में किया जाता है। ओमप्रकाश वाल्मीकि ने अपनी आत्मकथा का नाम 'जूठन' इस कारण दिया है कि दूसरे का बचा हुआ खाना, उनके पहने हुए कपड़े, उनके द्वारा उपयोग की गई वस्तुएँ पाकर ही अधिकांश दलित अपना जीवनयापन करते हैं। उन्होंने लिखा है, ''दिन-रात मर-खपकर भी हमारे पसीने की कीमत मात्र 'जूठन' फिर भी किसी को कोई शिकायत नहीं, कोई शर्मिन्दगी नहीं, कोई पश्चातताप नहीं।''[13] मोहनदास नैमिषराय ने अपनी आत्मकथा 'अपने-अपने पिंजरे' में यह उल्लेख किया है-जब कहीं शादी-विवाह का अवसर आता, हम सब काफी खुश होते कि चलो कुछ मिले या नहीं मिले, भरपेट भोजन तो मिलेगा। उन्होंने अपने इस भाव को निम्न वाक्यों में बयान किया है, ''शादी-विवाह के दिनों में हमारे चेहरे खुशी से चमकने लगते थे यह सोचकर

कि भरपेट खाने को तो मिलेगा।''[14] सूरजपाल चौहान ने अपनी आत्मकथा 'तिरस्कृत' में यह लिखा है, "गाँव के ठाकुर और बाभन अपने खाने के लिए गेहूँ या गौचना के आटे की रोटियाँ बनाते थे और माँ को मोहल्ले के पखाने साफ करने के बदले मटर के आटे की रोटी देते थे पेट की आग बुझाने हेतु रोटियों को खाते समय मसूड़े छिल जाते।''[15] डॉ. तुलसीराम ने अपनी आत्मकथा 'मुर्दहिया' में अभावग्रस्त जीवन का वर्णन किया है। उन्होंने लिखा है कि हम लोगों का समाज खान-पान से लेकर लगभग हर तरह की समस्याओं से ग्रसित था। उन्होंने अपने पिता के सम्बन्ध में लिखा हैं कि किस प्रकार जाड़े के दिनों में ओढ़ना के अभाव में हम सबों का जीवन व्यतीत होता था। वे लिखते हैं-'मेरे पिता जी पूरी धोती कभी नहीं पहनते थे। वे एक ही धोती के दो टुकड़े करके बारी-बारी से पहनते। ओढ़ने का कोई इन्तजाम न होने से गाँव के लगभग सारे दलित ठिठुरते रहते। हमारे घर में सोने के लिए जाड़े के दिनों में घर की फर्श पर धान का पुआल बिछा दिया जाता था। उस पर कोई लेवा या गुदड़ी बिछाकर हम धोती ओढ़कर सो जाते।'[16] सूरजपाल चौहान ने अपनी आत्मकथा में दलित समाज की जीवन की दशाओं के साथ उनके खान-पान, कपड़े, आवास, चिकित्सा आदि से जुड़ी समस्याओं को सामने रखा है। उनका मानना है, हमारे भारतीय समाज में पर्याप्त अव्यवस्था और भेदभाव व्याप्त है जिसके कारण लोग स्वतन्त्र नहीं हैं। ये जातिगत कर्मों के लिए अपनी विवशता व्यक्त करते हुए लिखते हैं-"दूसरी जाति के लोग अनपढ़ होते हुए भी सफाई कर्मचारी का काम नहीं करते। लेकिन भंगी जाति के पढ़े-लिखे लोग थोड़ी सी परेशानी सामने आते ही झाड़ू लगाना स्वीकार कर लेते हैं। बचपन से ही उनके मन में यह बात बैठा दी जाती है कि यदि कोई दूसरा काम नहीं मिला तो क्या है झाड़ू लगाने का काम तो मिल ही जाएगा।'[17] मोहनदास नैमिषराय ने अपनी आत्मकथा 'अपने-अपने पिंजरे' में यह साबित करने का प्रयास किया है कि ब्राह्मणवादी व्यवस्था ने हम सबों का शोषण कर हमारे जीवन को निम्न से निम्नतर बनाया है। उस वर्ग ने हमेशा हम सबों को अन्धकार में डालकर गुलाम बनाए रखा, जिसका दंश हमारी पूरी पीढ़ी सदियों से सहती आ रही है। इतना ही नहीं, हम सभी कोल्हू के बैल की तरह खटते रहे, लेकिन शोषण की चपेट में आने के कारण हमारा विकास जितना होना चाहिए था वह नहीं हो पाया। इतना ही नहीं, अभाव के बीच हमारे भीतर हीनता का बोध भरा गया। कई तरह के शब्दों का प्रयोग कर अपमानित किया गया। हमारी प्रतिभा को कुचला गया। ऐसी स्थिति उत्पन्न की गई कि दलित लिख नहीं सके। प्राध्यापक ऐसा ही अमानवीय व्यवहार करते और कहते ''अबे तुमसे पढ़ने के लिए कौन कहता है? बस जूते-चप्पल बनाओ और आराम से रहो।''[18] 'मेरा सफर मेरी मंजिल' नामक आत्मकथा में डॉ० डी० आर० जाटव ने अपने पिता की सोच को साझा करते हुए लिखा है

''पिता जी की यह दिली तमन्ना थी कि मैं पढ़-लिखकर जीवन में आगे बढ़ूँ, मेरा एक अच्छा भविष्य बने ताकि धूलभरी सड़कों की बैलगाड़ियों में लाए जानेवाले खाद्यान्नों को रखने हेतु सफाई न करनी पड़े और सँकरी तंग, दुर्गन्ध भरी गली में न बैठना पड़े, जहाँ वे स्वयं बैठा करते थे। लेकिन यह सब उनका दिवास्वप्न सिद्ध हुआ। उनके जीते जी उनकी इच्छा पूरी नहीं हुई।''[19] लगभग हिन्दी के सभी दलित आत्मकथाकारों ने शैक्षणिक जीवन में आनेवाली बाधाओं और स्थितियों का जिक्र किया है जिसके कारण इनका समाज शिक्षा से दूर होता रहा और इन्हें वंचित किया जाता रहा।

जब हमने मानव के रूप में जन्म लिया है तो अच्छा खान-पान, अच्छी नौकरी, अच्छी सुख-सुविधाएँ और अच्छा जीवन पाने के लिए किसी-न-किसी आजीविका को सबको अपनाना पड़ता है। सबलोग अपने स्तर के अनुसार आजीविका का चुनाव करते हैं। जो सम्पन्न हैं वे ऊँचे दर्जे का काम कर लेते हैं लेकिन जो साधन-विहीन हैं, आर्थिक दृष्टि से विपन्न हैं उनके लिए हर कार्य कर लेना आसान नहीं होता। जब हम दलित जीवन की स्थिति पर विचार करते हैं तो पाते हैं इनमें से लगभग पंचानबे प्रतिशत लोगों का जीवन-स्तर काफी नीचे है। इनके पास कई तरह का अभाव है, जहाँ वे अपना जीवन भी सही तरीके से व्यतीत नहीं कर पाते। यही कारण है कि दलित जनों ने पारम्परिक कार्यों को अपनाया, जैसे मवेशियों को उठाकर गाँव से बाहर ले जाना, उसकी खाल, हड्डियाँ आदि इकट्ठा कर व्यवसाय करना, जूता-चप्पल बनाना। मोहनदास नैमिषराय ने अपने बारे में लिखा है-''हमारी बस्ती में हमारी जात के लगभग अस्सी घर थे। वे सभी मेहनत मजदूरी करते थे कुछ जूतियाँ बनाते थे, कुछ चप्पलें और कुछ पल्लेदारी करते थे।''[20] उन्होंने यह भी लिखा है ''हमारी बस्ती की अनेक औरतें जंगल में जाकर मेहनत मजदूरी करती थीं। उनका काम था घास ले आना, जलावन की लकड़ी बेचना, कोल्ड स्टोर में आलू प्याज की छँटाई करना। वे सभी चौक पर आ जातीं, जहाँ इक्का खड़ा रहता था। वह सबको बुलाता और कहता-अरी चलो री चमारियों जल्दी करो, सुबै हो गई है और कपड़ों में सूखी रोटियों के टुकड़े बाँधे हुए वे औरतें अपने-अपने घरों से निकलकर इक्के में बैठने लगतीं। इक्के पर बैठा मुसलमान एक-एक कर हाकिम की तरह उनकी गिनती करता। वे कम रह जातीं तो फिर पूछता-अरे झम्मन की लुगाई कहाँ रह गई? और वह हपड़ो।''[21] श्योराज सिंह बेचैन ने अपनी आत्मकथा में लिखा है-जब मेरे पिता असमय गुजर गए तब हम लोगों के सामने कामकाज की बहुत बड़ी समस्या उत्पन्न हो गई। "पिता की मृत्यु के बाद रँगाई-फहराई दोनों काम हमारे घर से बन्द हो गए थे। मुर्दा पशु को उठाने, खाल उतारकर रँगने आदि की प्रक्रिया में अधिक शारीरिक शक्ति और अधिक सदस्यों की जरूरत होती थी।''[22]

दलित समुदाय में अधिक जागरूकता या चेतना नहीं थी जिसके कारण धार्मिक रुढ़ियाँ, अन्धविश्वास और कर्मकांड की प्रधानता लोगों के जीवन में बहुत अधिक थी। अगर कोई बीमार होता तो लोग डॉक्टर के बजाय झाड़-फूँक के लिए ले जाते। इस तरह यह वर्ग धार्मिक रूढ़ियों और अन्धविश्वासों का शिकार होता रहा। श्योराज सिंह बेचैन ने अपनी आत्मकथा में लिखा है कि चाहे जो भी बीमारी हो जाए, लोगों की आस्था डॉक्टर के बदले ओझा, गुनी और भूत-प्रेत भगानेवालों में थी। इनके चाचा जब बीमार हुए थे और उन्हें लेकर लोग ओझा के पास गए थे, उस स्थिति का निम्नांकित रूपों में उन्होंने उल्लेख किया है-''एक साथ तीन सयानों के सिर पर भूत खेल रहे थे। वे झूम-झूमकर अजीब मुद्राएँ बना रहे थे और हवा में हाथ लहरा-लहराकर पूरे जोर से चाचा के गालों पर थप्पड़-चाँटे मार रहे थे। चाँटे भूत को लग रहे हैं ऐसा मानकर मेरे फूफा और बुआ चारपाई पर बीमार हालत में लेटे हुए चाचा को बार-बार पकड़कर सयानों के सामने पेश कर रहे थे। मेरी आँखों के समक्ष उपस्थित वह भूतों के प्रति अन्धभक्ति और रोगी के प्रति क्रूरता का ऐसा दिल दहलानेवाला दृश्य था जो किसी पत्थर हृदय व्यक्ति को भी द्रवित कर देता।''[23] ओमप्रकाश वाल्मीकि ने अपनी आत्मकथा 'जूठन' में अनेक अन्धविश्वासों और दलित जीवन की समस्याओं पर प्रकाश डाला है जो इनके जीवन के अंग बने हुए थे। उनके अनुसार-''भूत-प्रेत की छायाओं के प्रति पूरी बस्ती में अजीब माहौल था। जरा भी किसी की तबीयत खराब होती तो डॉक्टर के बजाय किसी भगत को बुलाया जाता था। भगत के शरीर में देवी-देवता प्रकट हो जाने पर बीमार को दिखाया जाता था। अकसर किसी भूत-प्रेत के प्रभाव का जिक्र करके भगत भूत पकड़ने की क्रियाएँ करता था जिसके बदले में देवी-देवताओं पर सूअर, मुर्गे, बकरे और शराब चढ़ाई जाती थी। प्रत्येक घर में देवताओं की पूजा होती थी। ये देवता हिन्दू देवी-देवताओं से अलग होते हैं जिनके नाम किसी पोथी-पुराण में ढूँढ़ने से नहीं मिलेंगे। लेकिन किसी भी ऐसे परिवार में चले जाइए जिनका सम्बन्ध इस बिरादरी से है, वहाँ इन देवी-देवताओं की पूजा देखने को मिलेगी। जन्म हो, कोई शुभ कार्य, शादी-विवाह या मृत्यु भोज! इन देवी-देवताओं की पूजा बिना अधूरा है।''[24] कौशल्या बैसनत्री ने भी अपनी आत्मकथा 'दोहरा अभिशाप' में इसका उल्लेख किया है-''मेरे पिता जी बीमार हुए थे तो वे ढोंगी भक्तों के चक्कर में पूरी तरह फँस चुके थे और दवाई के बदले उन्हें भूत उतारने सम्बन्धी जो भी यत्न किए जाते थे वह सब किए जाते रहे।'' पूरी बस्ती में फैले इस अन्धविश्वास का जिक्र करते हुए उन्होंने लिखा है, ''किसी के घर में किसी को जाड़ा बुखार आ जाता, तो दवाई गोली के स्थान पर ढोंगी भक्त उसकी भूत बियार उतारने में जुट जाते।''[25]

दलित समाज में स्त्रियों की स्थिति अच्छी नहीं थी, इनका कोई महत्त्व नहीं था। इस तथ्य की ओर संकेत करते हुए श्योराज सिंह बेचैन ने लिखा है, ''स्त्री

दलितों में भी दलित है। इसके लिए व्यवस्थाजनित परम्परावादी सोच उत्तरदायी है, जो स्त्री को दूसरे दर्जे का नागरिक ही नहीं, पाँव की जूती समझती है।''[26] मोहनदास नैमिषराय ने अपनी आत्मकथा में स्त्रियों की स्थिति के सम्बन्ध में लिखा है, ''शहर की अन्य दलित बस्तियों की तरह हमारी बस्ती से भी ढेर सारी औरतें जंगल जाती थीं। उन्हें अकेला पा उनके शरीर को नोचने के लिए गिद्ध तैयार बैठे रहते थे। उनमें से कुछ बच जाती थीं तथा कुछ अपनी इज्जत गँवाए बिना भाग आती थीं। मजबूरी वश या कैसे भी जिसने एक बार अपना शरीर उन गिद्धों को दे दिया फिर लम्बे समय तक उन्हीं महिलाओं को अपना शरीर नुचवाना, खिंचवाना पड़ता था। बस्ती में कभी-कभी पंचायतें भी बैठ जाती थीं। अकेली महिला को ही नहीं, उसके घरवालों पर भी थू-थू होती थी।''[27] सूरजपाल चौहान ने अपनी आत्मकथा में अपनी माँ के शारीरिक उत्पीड़न की घटना का उल्लेख किया है। उन्होंने यह भी कहा कि बालक होने के कारण उनकी चीख-पुकार सुनकर भी मैं सहायता न कर सका। उन्होंने लिखा है, ''मैं ठाकुर से पहले ही डरा हुआ था। उसकी झिड़की खाकर और भी सहम गया। माँ मना करती रही, फिर भी मैं घर के पीछे कूड़ा उठाने गया। थोड़ी ही देर बाद मुझे माँ की चीख सुनाई पड़ी। चीख सुनकर मैं उस ओर दौड़ा। ठाकुर जयसिंह अपने दोनों हाथों से माँ को दबोचे हुए था। माँ भेड़िए के पंजे में फँसी हाथ-पाँव पटक रही थी। माँ की हालत देखकर मैं दहल गया था। माँ का आँचल खींचकर ठाकुर ने दूर फेंक दिया था। वह अपनी पकड़ और मजबूत करते हुए माँ के मुँह से अपना मुँह अड़ाने की कोशिश कर रहा था। मैं था तो बालक ही, लेकिन उस समय मेरा खून खौल उठा।''[28] कौशल्या बैसनत्री ने अपनी आत्मकथा में नारी-जीवन की दशा का वर्णन करते हुए लिखा है कि पुरुष के सानने स्त्री का कोई महत्त्व नहीं है, "विधुर पुरुष तो धूमधाम के साथ अपनी शादी कर सकता था पूरी विधि के साथ, और किसी कुमारी के साथ, परन्तु विधवा या तलाकशुदा औरत किसी कुंवारे आदमी के साथ शादी नहीं कर सकती थी। अगर किसी कुंवारे आदमी से मुहब्बत हो जाए और भाग जाए तो बात दूसरी है।''[29] सूरजपाल चौहान ने अपनी आत्मकथा में दलित जीवन पर प्रकाश डालते हुए लिखा है कहीं भी वह स्थल नहीं है जहाँ दलितों को संकीर्ण मानसिकतावाले हिन्दू से पाला न पड़ा हो। वे हर जगह किसी-न-किसी रूप में प्रभावित करते ही रहे हैं। इसके लिए वे सभी काफी जिम्मेवार हैं। आत्मकथाकार ओम प्रकाश वाल्मीकि के अनुसार, ''दलित पीड़ा के दंश को वही जान सकता है जिसने इसे भोगा या सहा हो। हिन्दुओं की संकीर्ण मानसिकता के विषय में जितना लिखा जाए उतना ही कम है। चाहे धार्मिक क्षेत्र हो, सामाजिक, आर्थिक या साहित्यिक, हरेक क्षेत्र में इनकी संकीर्ण मानसिकता प्रकट हो ही जाती है। ऑफिस में काम करते हुए आज भी दलित समाज के लोगों को दलित पीड़ा के

कितने दंश झेलने पड़ते हैं। यदि मैं अपने ही सारे अनुभव लिखने बैठ जाऊँ, तो कोई अन्त नहीं है।''[30] ''आज समाज में यह भ्रम फैलाया जा रहा है कि जात-पाँत, ऊँच-नीच का भेद बदलते समय के अनुसार मिट गया है, लेकिन इसमें आज भी जमीनी स्तर पर सच्चाई देखने को नहीं मिलती। उन्होंने आज के समय के सम्बन्ध में लिखा है-वक्त बदला है लेकिन कहीं कुछ है, जो सहज नहीं होने देता है। कई विद्वानों से जानना चाहा कि सवर्णों के मन में दलितों, शूद्रों के लिए इतनी घृणा क्यों है? पेड-पौधों, पशु-पक्षियों को पूजनेवाला हिन्दू दलितों के प्रति इतना असहिष्णु क्यों हैं? जब तक यह पता नहीं होता कि आप दलित हैं तो सब कुछ ठीक रहता है जाति मालूम होते ही सबकुछ बदल जाता है। फुसफुसाहटें, दलित होने की पीड़ा चाकू की तरह नस-नस में उतर जाती हैं। गरीबी, अशिक्षा, छिन्न-भिन्न दारुण जिन्दगी, दरवाजे के बाहर खड़े रहने की पीड़ा भले आभिजात्य गुणों से सम्पन्न सवर्ण हिन्दू कैसे जान पाएँगे।''[31] माताप्रसाद ने अपनी आत्मकथा 'झोपड़ी से राजभवन तक' में यह उल्लेख किया है कि ''दलित समाज हाशिये पर ढकेल दिये गए हैं। उन्हें जितना सम्मान मिलना चाहिए, जिस गति से बढ़ावा दिया जाना चाहिए, ऐसा कुछ हो नहीं पाया। इन लोगों से मल साफ कराना, गाँव की गन्दगी उठवाना, कपड़े साफ कराना, मरे पशुओं को उठवाना, पशुओं के चमड़े से जूते तथा अन्य आवश्यक वस्तुएँ बनवाना, श्मशान की रखवाली, शव जलाने के लिए लकड़ी इकट्ठा करवाना, फसलों की रखवाली करना, जूठे पत्तलों को उठाना आदि अपमानजनक कार्य करने को विवश किया गया। पहले इनसे कराए जानेवाले कार्यों के नाम पर जाति बनी, जैसे जिससे चमड़े या मुर्दा पशु उठाने का काम लिया गया उन्हें चमार कहा गया। काम करने पर जातियों का नाम होता था। बाद में जातियों का काम नाम के आधार पर पड़ गया। चमार का लड़का यदि चमड़े का काम नहीं भी करता था तो भी वह चमार ही रहा और ब्राह्मण के लड़के ने चमड़े का जूता बेचना शुरू कर दिया तब भी वह ब्राह्मण ही रहा उसे चमार नहीं कहा गया। आज भी काम करने के आधार पर जातियों का निर्धारण नहीं होता, बल्कि पिता की जाति के आधार पर ही पुत्र की जाति कही जाती है चाहे पुत्र पिता के काम न करके कोई भी काम करता हो।''[32] सुशीला टाकभौरे ने अपनी आत्मकथा 'शिकंजे का दर्द' में दलित जातियों के सम्बन्ध में लिखा है, ''हम लोग पिछड़ों से भी पिछड़े थे। ऊँच-नीच जातिभेद की भावना सब तरफ व्याप्त थी। गाँव में बहुत छूआछूत थी। भंगी हरिजनों के घर गाँव के बाहर रहते थे। हिन्दू महाजनों की बस्ती से दूर, कच्चे खपरैल के घर अलगाव और उपेक्षा दलितों की तो नियति ही है। महाजनों की बस्ती से दूर फिर भी उनकी सेवा में ही विरत थे दलित। इन्हें जूठन, बासी रोटी या थोड़ा-सा अनाज के साथ उतरन के कपड़े मिलते। इसी से ही ये लोग जीवन चलाते थे।''[33]

इस प्रकार हम देखते हैं कि हिन्दी के जितने दलित आत्मकथाकार हैं उन्होंने अपनी आत्मकथा में अपनी सामाजिक, पारिवारिक, आर्थिक एवं शैक्षणिक जीवन की हीनावस्था के साथ उच्च वर्ग द्वारा किए गए शोषण को ही सामने रखा है। इतना ही नहीं, धर्म ने भी इन्हें पीछे किया। इनके साथ समानता का व्यवहार नहीं किया गया। दलित जीवन की जितनी स्थितियाँ थीं उन सबसे रू-ब-रू कराकर आत्मकथाकारों ने यह साबित किया है कि देश की आबादी का बहुत बड़ा हिस्सा ऐसा है जो आज भी मुख्यधारा में नहीं आ सका है, उसे आगे ले आने में बहुत समय लग जाएगा।

**सन्दर्भ सूची**


1. अपने-अपने पिंजरे : मोहनदास नैमिषराय, वाणी प्रकाशन, नई दिल्ली, 1995, पृ. 12
2. अपने-अपने पिंजरे : मोहनदास नैमिषराय, वाणी प्रकाशन, नई दिल्ली, 1995, पृ. 31
3. अपने-अपने पिंजरे : मोहनदास नैमिषराय, वाणी प्रकाशन, नई दिल्ली, 1995, पृ. 31
4. अपने-अपने पिंजरे : मोहनदास नैमिषराय, वाणी प्रकाशन, नई दिल्ली, 1995, पृ. 68
5. अपने-अपने पिंजरे : मोहनदास नैमिषराय, वाणी प्रकाशन, नई दिल्ली, 1995, पृ. 76
6. अपने-अपने पिंजरे : मोहनदास नैमिषराय, वाणी प्रकाशन, नई दिल्ली, 1995, पृ. 76
7. अपने-अपने पिंजरे : मोहनदास नैमिषराय, वाणी प्रकाशन, नई दिल्ली, 1995, पृ. 15
8. जूठन, ओमप्रकाश वाल्मीकि-राधाकृष्ण प्रकाशन, नई दिल्ली, 1997, पृ. 12
9. मेरा बचपन मेरे कन्धों पर, डॉ॰ श्योराज सिंह बेचैन-वाणी प्रकाशन, नई दिल्ली, 2009, पृ. 108
10. मेरा बचपन मेरे कन्धों पर, डॉ॰ श्योराज सिंह बेचैन, वाणी प्रकाशन, नई दिल्ली, 2009, पृ. 31
11. तिरस्कृत : सूरजपाल चौहान, अनुभव प्रकाशन, गाजियाबाद, 2002, पृ. 30
12. तिरस्कृत : सूरजपाल चौहान, अनुभव प्रकाशन, गाजियाबाद, 2002, पृ. 18
13. जूठन : ओमप्रकाश वाल्मीकि-राधाकृष्ण प्रकाशन, नई दिल्ली, 1997, पृ. 20
14. अपने-अपने पिंजरे : मोहनदास नैमिषराय, वाणी प्रकाशन, नई दिल्ली, 1995, पृ. 106
15. तिरस्कृत : सूरजपाल चौहान, अनुभव प्रकाशन, गाजियाबाद, 2002, पृ. 09
16. मुर्दहिया : डॉ॰ तुलसीराम, राजकमल प्रकाशन, नई दिल्ली, 2010, पृ. 34
17. तिरस्कृत-सूरजपाल चौहान-अनुभव प्रकाशन, गाजियाबाद-2002 पृ.114
18. अपने-अपने पिंजरे : मोहनदास नैमिषराय, वाणी प्रकाशन, नई दिल्ली, 1995, पृ. 17
19. मेरा सफर मेरी मंजिल, डॉ॰ टी॰ अ॰ जाटव, समता साहित्य सदन, जयपुर-2000, पृ. 04
20. अपने-अपने पिंजरे : मोहनदास नैमिषराय, वाणी प्रकाशन, नई दिल्ली, 1995, पृ. 68
21. अपने-अपने पिंजरे : मोहनदास नैमिषराय-वाणी प्रकाशन, नई दिल्ली, 1995, पृ. 85
22. मेरा बचपन मेरे कन्धों पर : डॉ॰ श्योराज सिंह बेचैन, वाणी प्रकाशन, नई दिल्ली, 2009, पृ. 90
23. मेरा बचपन मेरे कन्धों पर, डॉ॰ श्योराज सिंह बेचैन, वाणी प्रकाशन, नई दिल्ली, 2009 पृ. 17

24. जूठन : ओमप्रकाश वाल्मीकि, राधाकृष्ण प्रकाशन, नई दिल्ली, 1997, पृ. 37
25. दोहरा अभिशाप : कौशल्या बैसनत्री, परमेश्वरी प्रकाशन, नई दिल्ली, 1999, पृ. 34
26. मेरा बचपन मेरे कन्धों पर : डॉ० श्योराज सिंह बेचैन, वाणी प्रकाशन, नई दिल्ली, 2009, पृ. 13
27. अपने-अपने पिंजरे : मोहनदास नैमिषराय, वाणी प्रकाशन, नई दिल्ली, 1995 पृ. 27
28. सनतप्त, सूरजपाल चौहान, वाणी प्रकाशन, नई दिल्ली, 2006, पृ. 24
29. दोहरा अभिशाप, कौशल्या बैसनत्री, परमेश्वरी प्रकाशन, नई दिल्ली, 1999, पृ. 17
30. जूठन : ओमप्रकाश वाल्मीकि, राधाकृष्ण प्रकाशन, नई दिल्ली, 1997, पृ. 37
31. जूठन : ओमप्रकाश वाल्मीकि, राधाकृष्ण प्रकाशन, नई दिल्ली, 1997, पृ. 39
32. झोपड़ी से राजभवन तक, माताप्रसाद, नमन प्रकाशन, नई दिल्ली, 2003, पृ. 01
33. शिकंजे का दर्द, सुशीला टाकभौरे, वाणी प्रकाशन, नई दिल्ली, 2011, पृ. 10

# दुर्मुख की मणिकर्णिका

## डॉ. धारवेन्द्र प्रताप त्रिपाठी

फ्रेंच दार्शनिक ज्याँ जैकब रूसो ने अपने बारे में कहा था 'मैं औरों से बेहतर भले ही न हूँ, किन्तु औरों से भिन्न जरूर हूँ '। डॉ. तुलसीराम की आत्मकथा का दूसरा खंड जो उनके जीवन के तरुणाई से युवा होने की उम्र तक का(17 से 27) लेखा-जोखा है, उपर्युक्त बात के सन्दर्भ में महत्त्वपूर्ण है। आजमगढ़ की मुर्दहिया से निकलकर बनारस के मणिकर्णिका के इलाके में पहुँची तुलसीराम की यह कहानी उनके जीवन के तमाम झंझावातों को प्रस्तुत करती है।

मणिकर्णिका में डॉ. तुलसीराम ने अपने जीवन के उन तमाम पहलुओं को बड़ी ईमानदारी से, बड़ी शिद्दत से प्रस्तुत किया है जिनसे उनका साबका रोज हुआ। और जिसने अन्तत: उन्हें तुलसीराम से डॉ. तुलसीराम बनाने में बड़ी भूमिका निभाई।

मणिकर्णिका में जीवन का एक ऐसा सफर जिसमें नित नए रूप-रंग, विचार का ताना-बाना बुनने की कवायद है, जिसमें वैचारिक प्रखरता है तो मानसिक उद्वेलनात्मकता भी प्रचुर मात्रा में है। सामाजिक अपमान की निरन्तरता भी है और उसी समाज में इज्जत, शोहरत, पहचान की गूँज भी सुनाई पड़ती है। आत्मसम्मान और भूख का द्वन्द्व तुलसीराम जी का वैचारिक धरातल रहा है। उसी वैचारिकी के आधार पर 7 अध्याय में वर्णित आत्मकथा के इस खंड में अप्रैल 66 से 21 जनवरी, 1976 की 'अपर इंडिया एक्सप्रेस' ट्रेन से बनारस को हमेशा छोड़ दिल्ली की यात्रा तक की कथा का आत्मविश्लेषण अपनी तमाम गुणदोष के साथ प्रस्तुत है। लगभग एक दशक के इस कालखंड में एकाना तुलसीदास के डॉ. तुलसीराम बनने की कथा में उनके जीवन के अनछुए पहलुओं की स्व मूल्यांकन विवेचनात्मक प्रस्तुति जिसमें तत्कालीन समाज की मनोदशा, सामाजिकता, राजनीतिक, आर्थिक वातावरण की एक सच्ची दास्ताँ है, साथ ही साथ मनुष्य के विकसित होते मस्तिष्क और उसमें उठने वाले तमाम विरोधाभासों को बड़ी ईमानदारी से, हिम्मत के साथ प्रस्तुत करने की क्षमता दिखाई पड़ती

है। इंटरमीडिएट की परीक्षा पास कर बनारस के बीएचयू में आगे की शिक्षा पाने की लालसा तुलसीराम को बनारस खींच लाई। यात्रा के दिन 'स्वर्गवास मेल' के साथ शुरू यह कथा तुलसीराम जी को गंगा की गोद में पहुँचा दी। बनारस की तंग गलियों में गरीबी वह भी सिर्फ आर्थिक ही नहीं, सामाजिक स्तर पर भी अपने चरम पर थी। रहने का कोई ठिकाना नहीं, जाति से चमार होने की अभिसपक्तता, ब्राह्मण वर्चस्व और छूआछूत से लबरेज सांस्कृतिक नगरी 'बनारस' में स्वयं को स्थापित करने की लिए तुलसीराम जी को जिन संघर्षों का सामना करना पड़ा उन तमाम अनछुए पहलुओं को इस आत्मकथा के खंड में प्रस्तुत किया गया है। दरअसल यह कालखंड तुलसीराम के आजमगढ़ से बनारस की यात्रा मात्र नहीं है बल्कि यह यात्रा एक नई दिशाबोध, ज्ञानबोध, कर्मबोध का प्रस्थान बिन्दु है। अस्सी घाट से लेकर आदि केशव तक निर्मित कुल 64 घाटों (तत्कालीन) वाली काशी में तुलसीराम अपने भविष्य के प्रति जितने चिन्तित रहते हैं उससे कहीं ज्यादा अपने वर्तमान के प्रति उद्विग्न।

अपनी कहानी कहना एक बात होती है पर जब उस कहानी में अपने आसपास के लोग जिनके साथ जीवन जिया जा रहा था, जो जीवन के तत्कालीन साझीदार थे उनके बारे में, वह जिस रूप में हैं, उसको वर्णित करना दूसरी बात बल्कि बहुत हिम्मत की बात होती है। तुलसीराम के लेखन की एक खास विशेषता रही है घटनाओं को पूरी इमानदारी से वर्णित करना। जिसमें उनकी भूमिका सकारात्मक रही हो या नकारात्मक और अपने साथवालों की भी उतनी ही इमानदारी से प्रस्तुति दी है बगैर इस डर के कि कहीं किसी को बुरा भी लग सकता है। यही वह हिम्मत थी जिसकी बदौलत उन्होंने बिना किसी लाग-लपेट के बनारस के भौगोलिक और सामाजिक जीवन को लयात्मकता के साथ प्रस्तुत करने में सफलता पाई है।

आज़ादी के दो दशक बाद भी भारतीय समाज में जात-पाँत की दुर्व्यवस्था का निराकरण नहीं हो पाया था। सच तो यह है कि आज भी नहीं हो पाया है पर सार्वजनिक स्तर पर और बहुत हद तक व्यक्तिगत स्तर पर भी इसके प्रति समाज में एक सोच विकसित हुई है, जिससे इसमें शिथिलता आई है, पर यह व्यवस्था अब भी न जाने कितने तुलसीराम की व्यवस्था बनी हुई है। और आश्चर्य का विषय यह है कि जो इससे प्रताड़ित हैं, उन्हें जब भी मौका मिला इस व्यवस्था को समाप्त करने का तो, बजाय समाप्त करने की वह खुद एक तरीके से इस व्यवस्था के पोषक बन जाते हैं। इस दुर्व्यवस्था का तुलसीराम पर इतना प्रभाव था कि बीएचयू में नाम लिखाने के बावजूद पहले साल में ही बनारस में उन्हें चार-चार मकान छोड़ने को विवश होना पड़ा। अपनी इन्हीं स्थितियों को ध्यान में रखते हुए उन्हे तुलसीदास की यह चौपाई याद आई।

*जद्यपि जग दारुन दुख नाना*
*सब तें कठिन जाति अवमाना।।*

तुलसीराम लिखते हैं उन दिनों दलितों को गैर दलित लोग किराए पर बनारस में मकान नहीं देते थे। अत: जो भी दलित किराए का कमरा लेते थे वे अपनी जाति छिपाते थे। अपने तमाम मकान मालिकों का वर्णन करते हुए उन्होंने एक ऐसे ही अपने मकान मालिक रानी बड़हर कोठी के राजा साहब जो सुरासुन्दरी पर ही अपना जीवन व्यतीत कर रहे थे, माँ दुर्गा के भक्त थे और आर एस एस के प्रबल समर्थक का जिक्र करते हुए लिखते हैं की जब पता चला कि तुलसीराम और उनके सहपाठी मुन्नीलाल जाति के चमार हैं तो मुन्नीलाल को सिर्फ इस बात के लिए पीटा की 'चमार होकर इतना मोटा कैसे है'। मणिकर्णिका किसी तुलसीराम की ही बात नहीं कहती वह उस दौर के सामाजिक, आर्थिक, मानसिक ताने-बाने की भी एक-एक परत खोलती रहती है। जिस बनारस मे चमार होने के नाते उन्हें जगह नहीं मिल पा रही थी उसी बनारस में प्रतापगढ़ के रहनेवाले भरत नाथ शुक्ला ने तुलसीराम को शर्मा जी नाम देखकर उनके मकान की तात्कालिक समस्या का निवारण कर दिया। यह बड़ी दिलचस्प बात है कि जहाँ जाति भेदभाव की वजह से तुलसीराम को कई बार अपमानित, संघर्ष करना पड़ा, वही उनके उस दौर की जीवन में सबसे ज्यादा सहयोगी भूमिका में शिवानन्द दुबे, गोरख पांडे, बीएचयू के महिला कॉलेज में म्यूजिक के प्राध्यापक सितार वादक टी एन नागर जो गुजराती ब्राह्मण थे ने तुलसीराम के वैचारिक और व्यावहारिक जीवन को परिमार्जित करने में बड़ी भूमिका निभाई।

संघर्ष का दिन और संघर्ष की कथा कहने के दिन में एक लम्बा फासला जीवन तय कर चुका होता है। संघर्ष की कथा कहते वक्त जो आत्मानुभूति, गर्वोक्ति महसूस होती है, उन्हीं दिनों को जब जिया जा रहा होता है तो जीवन में कितना उतार-चढ़ाव यहाँ तक कि पलायनवादिता का तत्त्व भी चरम पर होता है, तुलसीराम के जीवन के इस कालखंड में यह तत्त्व बार-बार दिखाई पड़ता है। अपने संघर्ष के महत्त्वपूर्ण समय को प्रस्तुत करते हुए डॉ. तुलसीराम लिखते हैं मई, 1968 के दिन ताउम्र याद रहते हैं जब मैं लगातार 9 दिनों तक भूखा रहा। उन भुखमरी के 9 दिनों का आठवाँ दिन मेरे लिए विशेष यादगार दिवस के रूप में बदल गया। कारण यह था कि इस दिन भोजन की आस में वे अपने एक रिश्तेदार के यहाँ गए थे और रिश्तेदार गाँव चला गया था। पैदल यात्रा करना वह भी भुखमरी की स्थिति में।

किसी भूखे पेट को कितनी पीड़ा महसूस हुई होगी इसका अन्दाजा भी नहीं लगाया जा सकता। पर इसी समय अपने आत्मसम्मान के प्रति सजग रहनेवाले तुलसीराम के व्यक्तित्व एक नया पहलू उभरता है। एक जगह भिखारियों के लिए

खिचड़ी बाँटी जा रही थी मन में आया कि उन्हीं के साथ बैठकर खिचड़ी खा लिया जाए पर आत्मसम्मान ने झुकने से मना कर दिया भूखा रह लेना मंजूर था पर भिखारियों के साथ भोजन नामंजूर। अन्ततः अपनी अंग्रेजी की किताबों को बेचकर कुछ दिनों के लिए भोजन की व्यवस्था का जुगाड़ किया पर अपनी इस हरकत से बहुत व्यथित भी हुए।

मणिकर्णिका किसी के जीवन की सिर्फ कहानी मात्र नहीं है अपितु 1966 से लेकर 1977 तक के विश्व के सर्वश्रेष्ठ शिक्षालय की वह गाथा है जिसकी परिधि में दिल्ली से लेकर कोलकाता तक की राजनीतिक, सामाजिक और आन्दोलनकारी तमाम गाथाएँ सँगुम्फित हैं।

एक तरफ जीवन यापन का संघर्ष, उच्च शिक्षा पाने की लालसा, जीवन को सरस, सरल बनाते हुए अपने परिवार के प्रति नैतिक दायित्व का बोध तो दूसरी तरफ समाज के प्रति अपने कर्तव्य, समाज में होनेवाले तमाम विरोधाभासी तत्त्वों का निराकरण वर्ग संघर्ष से, वर्ण संघर्ष से समाज को मुक्त कराने हेतु प्रयास का बोध भी इसी दौर में दिखाई पड़ता है। बीएचयू के अध्यापकों की अपनी राजनीतिक सोच उठापटक, विश्वविद्यालय की शिक्षा-पद्धति और छात्रों की अपनी राजनीतिक वैचारिक संलिप्तता साथ ही साथ आन्दोलनों की अपनी भूमिका और दिल्ली दरबार का शिक्षण संस्थानों पर पड़ता हुआ दबाव, क्षेत्रवाद और जातिवाद का दंश झेलने को मजबूर विश्वविद्यालयी वातावरण को बड़ी संजीदगी से समझा जा सकता है।

जीवन के मूल रोटी, कपड़ा और मकान में से जब रोटी के लिए ही संघर्ष हो रहा हो तो कपड़ा मकान की कौन सोचे पर जीवन इन तीन चीजों से भी ऊपर का है। तुलसीराम की अपनी जद्दोजहद रोटी के लिए जारी रही पर मानसिक विकास धीरे-धीरे इससे लड़ना सिखा गया। नतीजा 1968 तक आते-आते मन में उभरनेवाले विचार धीरे-धीरे विचारधारा के रूप में पुष्पित पल्लवित होने लगे। यद्यपि यह दौर भी एकतरफा नहीं रहा तथापि मार्क्सवाद के प्रति झुकाव अन्ततः मोह के रूप में तब्दील हो गया। डॉ. तुलसीराम के जीवन वृत्त का सबसे बड़ा घेर। राहुल सांकृत्यायन के रूप में आया। राहुल की पुस्तकों का अध्ययन अन्ततः उन्हें मार्क्सवाद की ओर ले गया *'तुम्हारी क्षय'* को पढ़ते हुए नास्तिकता का बोध हुआ पर पूर्व संस्कारों की वजह से तत्क्षण ईश्वर से माफी भी माँगने का सिलसिला चलता रहा। तुलसीराम लिखते हैं- "नास्तिकता तथा कम्युनिज़्म को मैंने मानव मस्तिष्क के चिन्तन की सर्वोच्च पराकाष्ठा के रूप में अपनाया। घर से भागकर जो आया था उससे एकदम भिन्न मेरा अनुभव बताता है कि ईश्वर को चुनौती देना कोई मामूली बात नहीं।"

सामाजिक हीनता की वजह से दलित चिन्तकों के लेखन का मूल बिन्दु ब्राह्मणवाद के ऊपर प्रहार का रहा है, खुद के जीवन की कमजोरियों को उजागर करने की अपेक्षा वर्ग-संघर्ष की कथा कहने के लिए ब्राह्मण शब्द दलित चिन्तन का प्रस्थान बिन्दु रहा है।

पर डॉ. तुलसीराम का लेखन इस मामले में बिलकुल अलग है। ऐसा नहीं है कि उन्होंने जातिगत भेदभाव को महसूस नहीं किया इस हद तक किया है कि प्राणों का संकट भी पैदा हो गया, बावजूद इसके बड़ी शिद्दत से अपने साथ के तमाम ब्राह्मण मित्रों बल्कि अधिकतम ब्राह्मण मित्रों के सहयोग, वैचारिकी' आपसी बातचीत चिन्तन भोजन और उनके साथ मिलकर एक नए समाज के निर्माण की चैतन्यता का वर्णन बड़ी ईमानदारी से किया है। भक्तिकालीन साहित्य में जो भूमिका जायसी की पाई जाती है लगभग वही भूमिका आत्मकथा के इस खंड में डॉ. तुलसीराम की भी है और आश्चर्य का विषय यह है कि दोनों ही कुरूप और काने थे। अगर जायसी कुजात सूफी थे तो कह सकते हैं कि तुलसीराम जी कुजात दलित चिन्तक। डॉ. तुलसीराम ने अपने एकाना होने की बात को और मुँह पर चेचक के दाग को बड़ी ईमानदारी से स्वीकार किया है बिना किसी हीन भावना के। जब व्यक्ति का व्यक्तित्व बड़ा हो जाता है, प्रभावशाली हो जाता है तो उसके शारीरिक विकार की बात पूरी तरह से अर्थहीन हो जाती है। स्वयं को दुर्मुख कहनेवाले तुलसीराम ने टी एन नागर के परिवार से मिलनेवाले स्नेह का वर्णन बड़ी तन्मयता से किया है। यहाँ तक कि टीन नागर ने अपनी बेटी की शादी डॉ. तुलसीराम के जेएनयू आवास से ही की है। गोरखनाथ पांडे को बनारस की सबसे प्रिय जोड़ी के रूप में वर्णित किया है। मुर्दहिया से निकलकर बनारस पहुँचे तुलसीराम आए थे तो शिक्षा पाने के लिए, अपने परिवार के दुख-दर्द को कम करने के लिए। धीरे-धीरे बनारस में इस तरह रमे कि मुर्दहिया बहुत पीछे छूट गई। विचारों की ऐसी-ऐसी हलचल उनके मन-मस्तिष्क में भरी कि वह अन्ततः मार्क्सवाद से नक्सलवाद की तरफ पहुँच गए। कोलकाता जाकर नक्सलवादी विचारधारा के लोगों से मिलना, बनारस में आकर उन विचारों से लोगों को अवगत कराना जैसे उनका कुछ दिनों के लिए पुनीत कर्तव्य बन गया था। यही वह दौर था जब छात्र आन्दोलन अपने चरम पर था और डॉ. तुलसीराम जैसा जागरूक छात्र भला इस आन्दोलन से दूर कैसे रह सकता था। नतीजा कई बार जेल की यात्रा। जेल में राजनारायण जैसे राजनीतिक व्यक्तित्व से सम्पर्क और मार्क्सवाद के विचारों को समाज में फैलाने के लिए कृत संकपता का एक लम्बा इतिहास बन पड़ा। नक्सलवादी दृष्टिकोण का प्रभाव कुछ दिनों के लिए इस स्तर तक था कि एक बार वे अपने कुछ मित्रों के साथ हत्या करने हेतु बनारस से निकल गए थे पर उस कार्य को अंजाम नहीं दिये। बार-बार पुलिस प्रताड़ना को सहना और विचार के प्रति पूरी तरह से समर्पित रहना

डॉ. तुलसीराम के जीवन का अनिवार्य अंग बन गया। अपनी आत्मकथा में उन्होंने बड़ी ईमानदारी से मार्क्सवादी कम्युनिस्ट पार्टी के अन्तर्विरोध को स्पष्ट किया है। इन्दिरा गाँधी के प्रति बहुत हद तक समर्थन की भूमिका में रहनेवाली मार्क्सवादी पार्टी के कार्यकर्ता किस तरीके से तत्कालीन लाभ की सोच रखते थे इसका जिक्र भी उन्होंने बार-बार किया है।

बनारस प्रवास को अपने जीवन में मील का पत्थर माननेवाले तुलसीराम ने अपने ही जाति वर्ग के एक छात्र फूलचन्द राम की एक घटना का जिक्र करते हुए बताया है कि तत्कालीन छात्र राजनीति में आर एस एस की हिंसक गतिविधियाँ किस स्तर तक पहुँच गई थीं। दरअसल फूलचन्द राम ने हॉस्टल प्रेसिडेंट के लिए अपना पर्चा दाखिल किया था और आर एस एस के सर्वजीत सिंह ने फूलचन्द राम को इसी बात के लिए गाली दी और बुरी तरह से पीटा और यहाँ तक कहा कि चमार होकर हॉस्टल प्रेसिडेंट के लिए क्यों खड़े हो गए। इस घटना को लेकर तुलसीराम ने सेंट्रल ऑफिस तक जुलूस निकालकर सर्वजीत सिंह के खिलाफ कार्यवाही करने की माँग की। पर तुलसीराम के लिए यह बड़ी स्तब्धकारी घटना थी कि फूलचन्द राम आर एस एस के जुलूस के मंच पर खड़ा होकर कहने लगे मेरे साथ कोई गड़बड़ी हुई है, कुछ लोग बेमतलब का इसे राजनीतिक मुद्दा बना रहे हैं। तुलसीराम ने लिखा है कि 'मेरे साथ बीएचयू में मेरे राजनीतिक जीवन को व्याकुल करनेवाला यह सबसे बड़ा प्रसंग था फूलचन्द राम एक नाजुक मोड़ पर ऐसी पलटी मारेंगे इसकी मैंने कभी कल्पना नहीं की थी।

जीवन के इन विरोधाभासी तत्त्वों का कई बार उन्होंने जिक्र किया है। लेखन के क्रम में उनका कहना है कि समाज की बुराइयों के लिए जिस वर्ग में वह व्याप्त है उस वर्ग से इतर जब कोई व्यक्ति उस बात को उठाता है तो उसे समाज सुधारक माना जाता है पर प्रभावित वर्ग का व्यक्ति उसी बात को उठाता है तो उसे जातिवादी मान लिया जाता है। तुलसीराम जी लिखते हैं उच्च जाति का व्यक्ति दलितों पर किए जानेवाले अत्याचार पर लिखता या बोलता है तो वह समाज सुधारक कहलाता है किन्तु जब वही बात कोई दलित लिखता या बोलता है तो उसे जातिवादी समझ लिया जाता है।

तुलसीराम की आत्मकथा किसी व्यक्ति-विशेष की एकमात्र कहानी ही नहीं है अपितु स्वतन्त्रता के बाद की सबसे महत्त्वपूर्ण दशक की उन तमाम राजनीतिक, सामाजिक, सांस्कृतिक, वैश्विक कथा को भी मूल्यांकित करती चलती है। पूर्वी पाकिस्तान का बाँग्लादेश में बदलना, अमेरिका का वियतनाम से लगातार युद्ध में व्यस्त रहना, इन्दिरा गाँधी के तमाम राजनीतिक फैसले जिससे देश में बुर्जुवा वर्ग की समाप्ति सम्भव हो पाई के साथ-साथ जातीय संघर्ष, छात्र आन्दोलन, लोकतन्त्र में सत्ता परिवर्तन और आज़ादी के बाद का सबसे बड़ा राजनीतिक आन्दोलन

'सम्पूर्ण क्रान्ति' के शुरू होने का एक विश्वसनीय दस्तावेज के रूप में मिलता है। गुजरात के इंजीनियरिंग कॉलेज में खराब खाने से शुरू 'नवनिर्माण' आन्दोलन से प्रेरित होकर जयप्रकाश नारायण ने सम्पूर्ण क्रान्ति का नारा दिया और पहली बार कांग्रेस के लिए एक बड़ी चुनौती पैदा की। इस क्रान्ति के समर्थकों का जिक्र करते हुए तुलसीराम ने बताया है कि जमाखोरों के खिलाफ छात्रों के द्वारा चलाए गए आन्दोलन में जो अराजक तत्त्व थे वे ही सम्पूर्ण क्रान्ति के समर्थक बन गए नतीजा देश में इमरजेन्सी लागू की गई। मार्क्सवादी विचारधारा से प्रेरित लोगों ने इस इमरजेन्सी का स्वागत किया। इस बात से स्पष्ट है कि सम्पूर्णक्रान्ति की सफलता और उसकी असफलता का मूल कारण क्या था?

आत्मकथा के इस खंड में तुलसीराम ने अपने परिवार के बारे में बहुत कम लिखा है। बीएचयू आने के बाद गाँव से उनका सम्पर्क बहुत सीमित हो गया। व्यापक दृष्टिकोण और आन्दोलनों में शरीक होने के नाते परिवार से सम्पर्क सीमित हो जाना स्वाभाविक था लेकिन अपनी माँ के प्रति अपने दोनों छोटे भाइयों के प्रति वे संवेदनशील रहे। क्लास और कास्ट के संघर्ष से विकसित डॉ. तुलसीराम के जीवन में प्रकृति ने भी अन्याय किया। चेचक की वजह से एक आँख चली गई चेहरे पर दाग छोड़ गई पर संवेदनशीलता और भावुकता के मानवीय गुण ने उनके अन्दर इतना आत्मविश्वास पैदा किया कि वे अपने को स्थापित करने में सक्षम हो सके। नक्सलवाद पर शोध करने वाले तुलसीराम के जीवन में प्रेम के बीज कई बार अंकुरित हुए पर वे पूरी तरह से पुष्पित-पल्लवित नहीं हो पाए।

विचार में मार्क्स से प्रभावित धर्म में बुद्ध से प्रभावित और पुस्तकों में राहुल की पुस्तकों से प्रभावित तुलसीराम जी ने उत्पलवर्णा, टामून, सबीहा के प्रति मन में उभरनेवाले भाव विचार, कोमल तत्त्व को बड़ी आत्मीयता से लिखा है। उत्पलवर्णा के सन्दर्भ में यहाँ तक लिखा है कि इसके पहले इतना लगाव किसी से भी नहीं हुआ था शायद खुद से भी नहीं।

डॉ. तुलसीराम ने जहाँ अपने वैचारिक परिष्करण की बात का श्रेय राहुल सांकृत्यायन को दिया है वहीं अपने गद्य-लेखन का सारा श्रेय नन्दूराम को जो उनके साथ ही जवाहरलाल नेहरू विश्वविद्यालय में प्रोफेसर थे। डॉ. तुलसीराम की आत्मकथा के पहले खंड 'मुर्दहिया' को डॉ. नामतर सिंह ने प्रेमचन्द के ग्रामीण जीवन के जीतन्त चित्रण से बेहतर बताया है और जिसे साहित्य और समाज विज्ञान के लोगों ने भी रेखांकित किया है वह डॉ. तुलसीराम के लिए एक प्रस्थान बिन्दु मात्र था। मणिकर्णिका मृत्यु के बाद मोक्ष का प्रतीक है पर डॉ. तुलसीराम के लिए जीते जी ही वह उनके सामाजिक ताने-बाने से मुक्ति का प्रतीक बन गई। माना जाता है कि बनारस में आने पर मणिकर्णिका पर जीवन का अन्त सौभाग्य की बात होती है। डॉ. तुलसीराम के लिए वही मणिकर्णिका नए जीवन के सौभाग्य की पृ.भूमि

बनी। गंगा के घाटों और बनारस के मन्दिरों से जो यात्रा शुरू हुई वह वैश्विक दृष्टि प्रदान करने का प्रमुख कारक बन गई और अन्ततः 21 जनवरी, 1976 को अपर इंडिया एक्सप्रेस से बनारस पीछे छूटता गया दिल्ली नजदीक आती गईं। बनारस का सूरज मुर्दहिया की तरह हजारों पक्षियों के कोलाहल के बीच नहीं डूबता था।

छूटते बनारस को याद करते हुए डॉ. तुलसीराम लिखते हैं बनारस की तंग गलियाँ, राम नाम सत्य है वाले नारे, मन्दिरो में बजनेवाले धंटे, नंगे साधुओं के जुलूस, बीएचयू माई की गोद में बैठी सबीहा तथा जलती चितावाली मणिकर्णिका पूरा बनारस मेरी पलकों पर था और गंगा मेरी आँखों में।

# दलित आत्मकथा की परम्परा में महत्त्वपूर्ण कड़ी : अक्करमाशी

डॉ. गाजुला राजू

भारतीय साहित्य में जिस तरह से दलित साहित्य ने अपनी अलग पहचान बना ली है उसके पीछे उसका सदियों का सनताप छिपा हुआ है। जिस समाज को शिक्षा जैसे मूलभूत अधिकारों से वंचित कर दिया गया हो ऐसी स्थिति में वह कैसे अपनी मूक आवाज को वाणी देने का प्रयास किया होगा कल्पना भी नहीं कर सकते हैं। फुले से लेकर अम्बेडकर तक शिक्षा के महत्त्व को पहचानकर उसे हासिल किया और अपने वंचित समुदाय के लिए उसे मुहैया कराया। जिसके परिणामस्वरूप आज दलित साहित्य समाज व साहित्य की मुख्यधारा में अपना स्थान शीर्ष पर ले जाने में कामयाब हुआ है। भारतीय साहित्य के परिप्रेक्ष्य में दलित साहित्य को देखा जाय तो इसकी शुरुआत मराठी साहित्य से दिखाई पड़ती है। मराठी दलित साहित्य का प्रभाव अन्य भारतीय भाषाओं पर भी होने लगा। जिसका परिणाम यह हुआ कि भारतीय साहित्य में आज दलित साहित्य ने अपनी महत्त्वपूर्ण छाप छोड़ी है।

मराठी साहित्य में दलित साहित्य का अपना विशिष्ट स्थान है इसमें कोई दो राय नहीं है। मराठी दलित साहित्य में कविता, कहानी, आत्मकथा और उपन्यास जैसी विधाओं का प्रचलन था। वैसे इसकी शुरुआत डॉ. बाबा साहब भीमराव अम्बेडकर से हुई थी। उनकी आत्मकथा 'मी कसा झाला' (मैं कैसे बना) से प्रेरित होकर मराठी के दलित लेखक आत्मकथा का सृजन करने लगे। डॉ. अम्बेडकर का संघर्ष व साहित्यिक योगदान का प्रभाव स्पष्टतः मुखरित होता है।

मराठी दलित आत्मकथा ने मुख्यधारा के साहित्य को झकझोरकर रख दिया है। पहले जिस तरह की आत्मकथाएँ आने लगी थीं उनसे नितान्त भिन्न परिप्रेक्ष्य एवं परिवेश को लेकर दलित आत्मकथा दस्तक देने लगी। मराठी में आत्मकथा लिखनेवालों में दया पवार, बेबी काम्बले, लक्ष्मण गायकवाड़ और शरण कुमार

लिम्बाळे आदि को देखा जा सकता है। इनमें से अधिकांश रचनाकारों की आत्मकथाओं का हिन्दी एवं अन्य भारतीय भाषाओं में अनुवाद हो चुका है। शरण कुमार लिम्बाळे की रचना-प्रक्रिया उन्हें बाकी रचनाकारों से अलग पहचान दिलाती है। वे हमारे समय के महत्त्वपूर्ण रचनाकारों में से एक हैं। उनकी रचनाओं का वितान व्यापक फलक पर होने के साथ सामाजिक अधिक है। लिम्बाळे को पढ़ते हुए समाज को निकटता से देखने का अनुभव होता है। वह हमेशा शिक्षा और राजनीतिक अधिकार को प्रमुखता से देखते हैं। वह मानते हैं कि शिक्षा ही दलित समाज को पहचान एवं सम्मान दिला सकती है। उन्होंने साहित्य के सभी विधाओं में रचनाएँ की हैं। उनकी आलोचनात्मक रचना 'दलित साहित्य का सौन्दर्यशास्त्र' को साहित्य के क्षेत्र में विशिष्ट स्थान प्राप्त है। 'सनातन' उपन्यास के लिए उन्हें भारत के प्रतिष्ठित 'सरस्वती सम्मान' से नवाजा गया है। वे निरन्तर अपनी रचनाओं के माध्यम से भारतीय सामाजिक व्यवस्था में व्याप्त विषमता और असमानता को उजागर करते हैं। दलित समाज को अपने अधिकारों के प्रति जागरूक होने एवं संघर्ष की राह पर चलने का आह्वान करते हैं।

शरण कुमार लिम्बाळे ने अपनी आत्मकथा लिखकर समाज और साहित्य के क्षेत्र में क्रान्ति का काम किया है। अपनी आत्मकथा के लिए उन्होंने जिस शीर्षक को चुना है उसी से पता चलता है कि उनमें कितना आक्रोश भरा हुआ है। उन्होंने 'अक्करमाशी' आत्मकथा द्वारा मराठी एवं भारतीय साहित्य में अपना विशेष स्थान बना लिया है। आत्मकथा लिखना एक दलित रचनाकार के लिए आसान नहीं होता। वह अत्यन्त चुनौतीपूर्ण और पीड़ादायी ही होता है। इस सन्दर्भ में हिन्दी के महत्त्वपूर्ण लेखक ओमप्रकाश वाल्मीकि अपनी आत्मकथा की भूमिका में कहते हैं कि 'मेरे लिए आत्मकथा लिखना यानी दोबारा उस भयानक अतीत को जीना ही था।' वही बात शरण कुमार लिम्बाळे भी कहते हैं। क्योंकि वह एक ऐसा पीड़ादायी अनुभव है जिसे केवल लेखक ही कर पाता है। आत्मकथा लिखने का अर्थ है अपने सूखे घाव को ताज़ा करना। बीते हुए उस भयावह कल को फिर से जीना ही है। यह जोखिम सिर्फ वही व्यक्ति उठा सकता है जिसने उस दर्द एवं अपमान को सहा हो और अपने समाज को आईना दिखाना चाहता हो। शरण कुमार लिम्बाळे ने भी यही काम किया है 'अक्करमाशी' लिखकर।

शरण कुमार लिम्बाळे आत्मकथा की भूमिका में लिखते हैं कि उनकी पत्नी उनके लेखन से असनतुष्ट थी और वह प्रश्न करती थी कि – "यह सब लिखने से क्या फायदा? तुम क्यों लिखते हो? कौन अपनाएगा हमारे बच्चों को?" उसके बावजूद लिम्बाळे ने लिखना जारी रखा। वह जानते हैं कि किसी न किसी को यह

लिखना होगा वरना दलित समाज की वास्तविकता को कैसे जान पाएँगे? वह कहते हैं कि – "फिर भी मैं लिखता हूँ। यह सोचकर कि जो जीवन मैंने जिया यह सिर्फ मेरा नहीं है। मेरे जैसे हजारों लाखों का जीवन है।" यही विशेषता है दलित आत्मकथा की कि वह मैं की कथा न होकर हम की गाथा हो जाती है। दलित आत्मकथा मनोरंजन की रचना नहीं है। उसमें दलित समाज की पीड़ा, सनत्रास, अवसाद, अपमान, अमानवीय व्यवहार एवं विषमता और उपेक्षा आदि का मार्मिक चित्रण होता है। जिस समाज में पशुओं को देवतास्वरूप माना जाता है उसी समाज में दलित समाज को घृणा की दृष्टि से देखा जाता है। जानवरों को अपने घर के अन्दर प्रवेश कराने में कोई परहेज नहीं रखनेवाले एक दलित व्यक्ति को घर की दहलीज तक भी आने से रोकते हैं। दलितों को सवर्णों के घर के बाहर ही रहने पर अभिशप्त कर देते हैं। इन सबका चित्रण मुख्यधारा की आत्मकथाओं में नहीं देख पाएँगे। केवल दलित आत्मकथा ही ऐसा साहस कर पाता है। इसीलिए लिम्बाळे कहते हैं – "मराठी साहित्य मुझे विशुद्ध मनोरंजन प्रधान लगता है। ठीक इसी प्रकार औरों को दलित लेखक जब कभी किसी सभा-सम्मेलन हेतु किसी मध्यवर्गीय सवर्ण संयोजक के घर जाते हैं तो वहाँ का वातावरण देख आश्चर्यचकित हो जाते हैं। ठीक उसी प्रकार मध्यवर्गीय चौखट के लोग जब झुग्गियों के जीवन को तथा उस जीवन के प्रतिबिम्ब को साहित्य में देखते हैं तो वे आश्चर्यचकित हो जाते हैं। उसे वे न समझ पाते हैं और न ग्रहण कर पाते हैं।"(11-12)

लेखक अपनी आत्मकथा के आरम्भ में अपनी ही कक्षा के शिक्षक एवं छात्रों द्वारा कैसे अपमानित हुए हैं उसका चित्रण करते हैं। वन-भोजन के नाम पर सभी छात्र घर से भोजन लाते हैं और मिल बैठकर खाते हैं तब लेखक और उनके बस्ती के मित्रों की मनोदशा किस प्रकार की थी इसके बारे में कहते हैं कि – "गाँव के अन्य बच्चों की रोटियाँ ताजा थीं। मसालेदार सब्जियाँ थीं और फिर तली हुई अन्य चीजें भी थीं। उनकी माताओं ने बड़े प्यार से उन्हें चीजें बनाकर दी थीं। दलितों के पास अलबत्ता बासी रोटियों के टुकड़े थे। वे भी इतने कि हमारे लिए ही पर्याप्त न हों।"(37) दलित समाज के लिए बासी रोटियाँ और जूठन के अलावा क्या मिलता था। भूखे, नंगे और कुपोषण के शिकार होने पर मजबूर कर दिया था इस मनुवादी व्यवस्था ने। अपने साथियों का बचा हुआ जूठन मिलने पर लेखक और उनके साथियों की खुशी का ठिकाना नहीं रहता है। वे उस जूठन को बहुत ही चाव के साथ खाते हैं और उस स्वाद का अनुभव करते रहते हैं। इसी बात को जब घर में बताते हैं तो उनकी माँ कहती है कि – "घर के लोगों के लिए उसमें से थोड़ा ले आता तो क्या बिगड़ता? बचा हुआ अन्न अमृत होता है।"(38) दलित समाज की इस स्थिति का जिम्मेदार कौन है? इस

सभ्य समाज में कौन ऐसा व्यक्ति है जो जूठन को भी अमृत की भाँति स्वीकारता है? यह अमानवीय एवं बर्बर है।

लेखक ने अपने घर की आर्थिक स्थिति एवं सामाजिक स्थिति से अवगत कराया है। घर में कभी भी दो जून की रोटी प्राप्त नहीं होती थी। वह हमेशा आधे पेट से ही सोते थे। भूख आदमी से सबकुछ कराती है। अपनी भूख मिटाने के लिए वह किसी भी हद तक जा सकता है। लेखक लिखता है – "भूख के कारण खुद को बेचने लगा है। भूख के कारण ही औरत वेश्या बनने लगी और पुरुष चोरी करने लगा है। भूख आदमी से सभी प्रकार के काम करवा लेती है। वह मैला निकालने और ढोने लगा है। अब उसे महसूस होने लगा कि ईश्वर ने पेट देकर गलती की है। मुझे भी हमेशा ऐसा ही लगता।"(44)

उस गाँव में शादी जैसे उत्सव में सभी को न्योता मिलता है। उस समय दलित बस्ती के लोग अपनी बारी का इन्तजार करते रहते हैं। कोशिश करते हैं कि भरपेट खाना खा लें और जूठन बटोरकर घर ले आयें। ऐसे में कई बार वह अपमानित भी होते हैं। इस दयनीय स्थिति का चित्रण लेखक ने किया है। ऐसा वर्णन ओमप्रकाश वाल्मीकि के 'जूठन' में भी मिलता है। दलितों के लिए मृत जानवर भी खुशी का एहसास देता है। लिम्बाळे के बचपन में गाँव में कोई मृत गाय मिल जाने की सूचना मिलती तो पूरी दलित बस्ती में खुशी का माहौल होता था। लिम्बाळे और उनके मित्र थाली लेकर उस मृत पशु के इर्द-गिर्द खड़े हो जाते। कितना शर्मसार है इस समाज के लिए जहाँ मृत पशु खाने पर एक अन्य समाज को विवश किया गया है। इसकी जड़ें जाति में छिपी हैं और उन्हें उखाड़ फेंकने का काम इसी समाज के व्यक्तियों का है।

शरण कुमार लिम्बाळे का बचपन बहुत सारी कठिनाइयों, अपमानों एवं विषमताओं से गुजरा है। वह ऐसे समाज का हिस्सा बने हुए थे, जहाँ जाति के आधार पर मनुष्यों का बँटवारा हुआ था। जाति से ही पहचान बनती थी। उस गाँव में सार्वजनिक स्थलों में स्वेच्छा से बैठ वे विचरनया नहीं कर सकते थे। होटल में चाय पीने के लिए भी इन दलितों के लिए अलग कप सॉसर की व्यवस्था की गई थी। जिनका उपयोग करने के बाद साफ करके रखना होता था। ऐसी सामाजिक संरचना में भी लिम्बाळे पढ़ाई कर कुछ बनना चाहते थे। एक बार नि:शुल्क पढ़ाई का आवेदन देना चाहते थे तब उनके अध्यापक उनसे पूछते हैं कि "तेरे पिता नहीं हैं क्या? मर गए हैं? तेरी माँ नहीं हैं क्या? मर गई हैं?" (105) इन सवालों ने लेखक के मन में बवंडर सा उत्पात मचाया। माँ से अपने पिता के बारे में पूछते हैं तो उनकी माँ कुन्ती की तह मौन धारण कर लेती है। वह गुस्से से कहती कि – "कह दे गुरु जी से, मेरी माँ पटेल की रखैल है।" (106) उस बालक को रखैल का अर्थ भी नहीं पता था। वह खुशी में डूबा यह सोचने

लगा कि रखैल यानी पिता। कैसी विडम्बना है कि समाज ने उसके सिर पर पिता की छत्रच्छाया तक नहीं दी। अवैध सनतान होने का दर्द शरण कुमार लिम्बाळे जीवन-पर्यन्त गाली की तरह ढोते रहे हैं।

लेखक के घर में उनकी माँ के साथ सनतामाय, दादा और उसकी बहन रहते थे। अभावग्रस्त जीवन का अनुभव प्रति दिन करते थे। फिर भी वह सनतामाय और दादा के साथ रहते हुए जीवन का आनन्द भी ले रहे थे। सनतामाय उन्हें अन्याय की कहानियाँ सुनाती थीं। अतीत की कहानी एवं उस भयावह इतिहास को सुनकर लेखक का मन व्याकुल हो उठता था और वह सोचने लगता था कि कैसे इस दु:ख से उबरा जाय। घर की आर्थिक स्थिति को देखते हुए उनकी माँ और सनतामाय अलग-अलग देसी शराब बेचने लगती हैं। जिससे कुछ आर्थिक मदद मिल जाती और अनाज प्राप्त हो जाता था। आर्थिक विपन्नता की इस घटना को याद करते हुए लिखते हैं कि – "बची हुई एक रोटी हम तीनों कैसे खाते? मुझे तो भूख लगी थी। सनतामाय ने आटे का डब्बा दिखाया। कहने लगीं, "आटा है, बाद में रोटी बनाऊँगी। तू खा ले। हमारी चिन्ता न कर।" मैंने डब्बा उठाकर देखा। वजनदार लगा। लगा कि अनाज पीसकर लाई होंगी। इसलिए मैंने बची हुई रोटी खा ली। पेट-भर पानी पी गया। सनतामाय बाहर निकल गईं। मैंने आटे का डब्बा खोलकर देखा। भीतर आटा नहीं था। थे दो पत्थर। डब्बा वजनदार लगे, इसलिए पत्थर रखे गए थे।" (151-152)

छूआछूत का भयंकर रूप उस गाँव में देखा जा सकता है। गाँव के लोग दलितों की छाया के स्पर्श मात्र से भी अस्पृश्य होने का भय पाल रखे थे। अब दलितों के छूने पर सारा संसार ही अपवित्र होने का कोहराम मचा रहता था। बचपन की एक घटना थी शिवप्पा की पत्नी अपने पति के लिए सिर पर रोटी की टोकरी और बगल में छोटे बच्चे को लेकर आई थी खेत में। लिम्बाळे की ओर सहायता के लिए देखती तो वह टोकरी उतारने में उसकी सहायता करता। इसी बात पर शिवप्पा लिम्बाके पर क्रेन्दित हो जाता। शिवप्पा की पत्नी को पता चलता कि वह अछूत है तब वह रोने लगती। लेखक कहते कि – "मेरे स्पर्श से रोटियाँ अपवित्र हो गई थीं, वह अपवित्र हो गई थी, उसका बच्चा भी अपवित्र हो गया था। मुझे गालियाँ देने लगी। शिवप्पा अधिक बिगड़ गया। पैर का जूता निकाल कर उसने मेरी ओर फेंका। मैं गाँव की दिशा में भाग निकला।" (132) ऐसे कटु अनुभवों से उनका बचपन बीता है।

उच्च शिक्षा प्राप्त करने के लिए लिम्बाळे सोलापुर प्रस्तान करते हैं। वहाँ से 1978 में ग्रेजुएट की उपाधि प्राप्त करनेवाले दलित बस्ती के विद्यार्थियों में से एक हैं। बम्बई में दलित पैन्थर से प्रभावित होकर उनके संघर्ष में साथ चलने लगे। डॉ. अम्बेडकर की प्रेरणा से वह सामाजिक न्याय के संघर्षों में सक्रिय भूमिका

निभाते थे। शिक्षित हो, संगठित हो, संघर्ष करो नारे का उन पर गहरा प्रभाव दिखाई पड़ता है। वह आत्म गौरव एवं स्वाभिमान का जीवन जीना चाहते हैं। उनके विवाह के बारे में बताते हुए वह बहुत ही दुःखी एवं अपमानित महसूस करते हैं। जब कभी लड़की देखने जाते वह उन्हें अक्करमाशी होने का एहसास कराते और उस अपमान को विष की तरह पी लेते। इस समाज ने रूढ़ियों एवं परम्पराओं पर इतना जोर दिया है कि हम उससे उबर नहीं पा रहे हैं। उन्हीं सड़ी-गली परम्पराओं को ढोते हुए जीवन को नरकप्राय बना लिये हैं। इन सबके प्रति वह अपनी विवशता को ही व्यक्त कर पाते हैं और वह कहते हैं कि – "यहाँ की संस्कृति से मैं द्वेष करता हूँ। रूढ़ियों से चिढ़ता हूँ। पर सिवा द्वेष और चिढ़ने के मैं कर भी क्या सकता हूँ?" (145) शरणकुमार लिम्बाळे दलित बस्ती में देवताओं की आराधना, देवदासी प्रथा और अन्धविश्वास जैसी रूढ़ियों को देखकर सोचते थे कि यह सारी प्रथाएँ ब्राह्मण और लिंगायत समाज में क्यों नहीं हैं? दलित बस्ती ही इसे क्यों ढो रहा है? इन्हीं सवालों ने लिम्बाळे को तार्किकता की ओर ले गया।

म-यप्पा काम्बले कुसुम की शादी लिम्बाळे के साथ करना चाहता है। लेकिन उनकी माँ और पिता यह कहकर मना करते हैं कि वह अक्करमाशी है। लेकिन म-यप्पा की ज़िद के आगे वे हार मान जाते हैं और शरणकुमार लिम्बाळे की शादी कुसुम के साथ, उनकी बहन निरमी की शादी कुसुम के भाई हरि के साथ हो जाती है। लेकिन लिम्बाळे की पत्नी को ससुराल भेजने से यह कहकर इनकार कर देते हैं कुसुम के घरवाले कि तुम्हारे घर का चाल-चलन ठीक नहीं है, वहाँ शराब बेचा जाता है। शादी के बाद भी वह अपने ससुराल में अपमानित होते रहते थे। इन सबके बीच उनकी नियुक्ति टेलिफोन ऑपरेटर पद पर हुई थी। जिसके चलते एम.ए. की पढ़ाई बीच में ही छोड़ना पड़ा।

अहमदपुर में पोस्टिंग के बाद के अनुभवों को बताते हुए लिखते हैं। उस समय मराठवाड़ा नामान्तर आन्दोलन के चलते वहाँ का माहौल बहुत ज्यादा तनावपूर्ण रहता था। समाज के अन्दर जाति भेद का द्वेष उभरने लगा। क्योंकि आरक्षण के कारण दलित समाज के युवाओं को शिक्षा एवं रोजगार के अवसर मिल रहे थे। उनकी जीवन-शैली में आमूलचूल परिवर्तन होने लगा था। दलित समाज के युवाओं में एक नया जोश और आक्रोश का उभरना स्पष्ट रूप से मुखरित होने लगा था। वह लिखते हैं – "इन विविध कारणों से सवर्ण हिन्दू चिढ़ गए थे। हजारों वर्षों से कुत्ते-बिल्लियों की तरह उनके पैरों के निकट गुलाम बनकर जीनेवाला यह समाज उनकी बराबरी करने की कोशिश में था। स्वभावतः उसके इस परिवर्तन और अस्मिता को स्वीकार करने के लिए वे कतई तैयार नहीं थे। ऐसी स्थिति में मुझे अपनी जाति छिपाना जरूरी

लगा।" (159) अपने और अपने परिवार की सुरक्षा के लिए जाति छिपाकर उस जातिवादी समाज में जीने पर विवश हो गए थे लेखक। लिम्बाळे नाम सुनकर लोग उन्हें लिंगायत समझते थे और उन्हें लिंगायत बस्ती में रहने का अवसर मिल रहा था। जाति छिपाकर जीने से हमेशा मानसिक तनाव बना रहता था। अपनी इस मनोदश को व्यक्त करते हुए लिखते हैं– "मेरी खरी जाति का पता चल जाय तो लोग मुझे घर से बाहर कर देंगे, मुझे मारेंगे, मेरी पत्नी को सताएँगे-यह सोचकर मैं भयभीत होने लगा।" (160)

अम्बेडकर की राह पर चलनेवाले भी जातियों में बँटे हुए थे। जब डॉ. अम्बेडकर की जयन्ती के उपलक्ष्य में उनसे मिलने कुछ अम्बेडकरवादी आते हैं। बातचीत के दौरान वे कहते हैं – "लिम्बाके साब, अपन सब बारहमाशी। आपको शायद पता होगा कि निचली बस्ती के वे लोग अक्करमाशी हैं। इस मीटिंग में आप उनकी ओर से मत बोलिएगा। अध्यक्ष हमारे गुट का ही होना चाहिए, अक्करमाशी नहीं।" (162) वर्णाश्रम व्यवस्था ने जातियों में भी जातियों को ढूँढ़ निकालने का काम किया है। जहाँ जातिगत विषमता के विरोध में लामबन्द होने की बात की जाती है वहीं पर जाति की निकृष्टतम रूप भी सामने आती है। इससे हमें उबरने की आवश्यकता है। हम समृद्ध हो जायँ तो हमारे साथियों को सहारे का हाथ बढ़ाना चाहिए। तभी सबका सामाजिक एवं आर्थिक विकास समान रूप से हो सकता है।

अहमदपुर से लातूर के लिए स्थानान्तरण हो जाने पर वह बहुत दुःखी एवं चिन्तित हो जाते हैं। क्योंकि उस शहर में दलित एवं मुसलमानों को किराए पर घर देने के लिए कोई तैयार नहीं थे। जिसके कारण उन्हें भीमनगर में रहने पर विवश होना पड़ा, जो उन्हें नितान्त स्वीकार्य नहीं था। भीमनगर की गन्दगी, उबटन और श्मशान में जलते प्रेतों की गन्ध से वह अत्यधिक परेशान रहते थे। वहाँ रहते हुए उनकी बेटी हमेशा बीमार चलती थी जिसके कारण वह चिन्ता में डूबे रहते। उनकी पत्नी बेटे को जन्म देती है, जिसका नाम अनार्य रखने का निश्चय पहले से कर चुके थे। सत्ताईस वर्ष की आयु में शरणकुमार लिम्बाळे ने पारिवारिक, सामाजिक एवं आर्थिक समस्याओं रो झूझते हुए अपनी जीवन यात्रा कर रहे थे। इस आत्मकथा के अन्त में वह कई सवालों से झूझते हैं – "दादा की मुत्यु के बाद उनका जनाजा कौन उठाएगा? मुसलमान कैसे आएँगे? दादा का क्रिया-कर्म क्या मुसलमान करेंगे? फिर दादा को कहाँ दफनाया जाएगा? दादा के प्रेत का क्या होगा? उनकी श्मशान भूमि कहाँ है? सनतामाय, मसा माँ की मृत्यु के बाद उनके क्रिया-कर्म के लिए क्या लोग इकट्ठे होंगे? व्यवस्था का यह चक्रव्यूह

ऐसा क्यों रचा गया है? इस नीति-अनीति को किसने बनाया है? क्यों बनाया है? मेरे जन्म को ही अगर अनैतिक घोषित किया गया हो तो मैं किन नीतियों का पालन करूँ?" (172)

लिम्बाले जी के इन सवालों का जवाब कौन देगा? जिस समाज ने इन व्यवस्थाओं को बनाया है? क्या वह सच में मानवीय धरातल पर खरा उतर पाएँगे? इसका जवाब तो इसी व्यवस्था को देना होगा। आज का जो समय है उसमें जाति एवं धार्मिक उन्माद का जो विध्वंसक रूप है उसका सामना करने और रोकने के लिए हम सबको एक जुट होने की आवश्यकता है। तभी समतामूलक समाज का निर्माण साकार हो पाएगा। यही इस आत्मकथा का मूल आशय भी लगता है।

# जाति की जकड़बन्दी के बीच मनुष्यता के संघर्ष का बयान है 'जूठन'

डॉ. दीनानाथ मौर्य

'आइए महसूस करिए जिन्दगी के ताप को मैं चमारों की गली तक ले चलूँगा आपको' अदम गोंडवी की यह नज्म भारतीय समाज के भीतर की तमाम सामाजिक और सांस्कृतिक विषमताओं को व्यक्त तो करती ही है साथ में हमें अपने भीतर की मनुष्यता को जगाने पर विवश करती है। यह एक तरह का दृष्टिकोण है जो अलग सामाजिक स्थानीय मान के साथ दुनिया को देखने की बात करता है। अपने खुद के भोगे हुए यथार्थ के आधार पर लिखी गई दलित जीवन की कथाएँ एक नए सच से हमें परिचित कराती हैं एक ऐसा सच जो इस दुनिया में हमारे ही आसपास ही होता है पर साहित्य और संस्कृति के अध्ययन में लगभग छूट सा गया था। साहित्य की दुनिया में दलित जीवन की आवाज को पुख्ता तरीके से प्रस्तुत करती हैं दलित आत्मकथाएँ। ये आत्मकथाएँ हमें उन सामाजिक और सांस्कृतिक अन्तर्विरोधों से भी परिचित कराती हैं जहाँ मनुष्य को सामाजिक श्रेणीक्रम में विभाजित करके उसे न्यूनतम मानवीय गरिमा से विहीन किया गया। तथाकथित रूप से बना ली गई मुख्यधारा की दुनिया को आत्मावलोकन का अवसर देते हुए दलित जीवन की आत्मकथाएँ, साहित्य में एक लोकतान्त्रिक संरचना की प्रस्तावना भी रखती हैं, हिन्दी की दलित आत्मकथाओं में सम्भवत: पहली आत्मकथा का नाम है-'जूठन', ओमप्रकाश वाल्मीकि की। इस रचना का प्रकाशन पहले 'हंरा' में सीरियल के रूप में हुआ जाद में वह राजकमल से पुस्तकाकार रूप में सामने आई। दलित रचनाओं और खासतौर पर हिन्दी में यह सर्वाधिक पढ़ी जानेवाली रचना के रूप में जानी जाती है। 'हंस' में जब यह छप रही थी तो इस बात पर बहस चल रही थी कि समाज की गन्दगी को लोग साहित्य में ला रहे हैं। 'हंस' के सम्पादक राजेन्द्र यादव पर कई तरह के आरोप लगे। उन्हें भी प्रत्यक्ष और अप्रत्यक्ष रूप में इस दलित

जीवन की कहानी को 'हंस' में स्थान देने के लिए भला-बुरा कहा गया। पर अपने मिजाज के अनुरूप उन्होंने इसका तार्किक जवाब भी दिया और समाज के उस हिस्से को साहित्य में भी जगह दिलाई जो अब तक हर जगह से उपेक्षित था।

पुस्तक के रूप में छपने के बाद इस पुस्तक का अंग्रेजी, जर्मन, स्वीडिश, पंजाबी, तमिल, मलयालम, कन्नड़ और तेलुगु समेत अन्य कई भाषाओं में अनुवाद हुआ। लोगों ने इस यथार्थ के आत्मकथ्य का बड़ी ही शिद्दत के साथ स्वागत किया। दलित आत्मकथाओं के आने के बाद यह बात तो साफ़ हो गई कि यथार्थ के केवल एक रूप ही नहीं होते हैं उसके अनेक आयाम होते हैं और समाज के अलग-अलग कोण से देखने पर उसकी छवि बदल जाती थी। जिन चीजों को लोग अभी तक सत्य मानकर चल रहे थे उनमें से तमाम चीजों पर प्रश्नवाचक चिह्न ही नहीं लगा बल्कि लोगों ने परम्परा की हर एक चीज को सही मानने से इनकार भी करना शुरू किया, कबीर के अनुभव सत्य की कहानी यदि कहीं सटीक रूप में व्यक्त हुई तो वह है अस्मिता की संघर्ष की कहानी में। दलित आत्मकथाओं का नाम कुछ भी दिया जाए, पर वह किसी एक व्यक्ति की कहानी न होकर समय और समाज की सम्पूर्ण सच्चाई बन जाती है, राधाकृष्ण पेपरबैक्स से प्रकाशित 'जूठन' के अन्तिम आवरण पर लिखी यह सम्मति बेहद महत्त्वपूर्ण है कि "आज़ादी के पाँच दशक पूरे होने और आधुनिकता के तमाम आयातित अथवा मौलिक रूपों को भीतर तक आत्मसात कर चुकने के बावजूद आज भी हम कहीं-न-कहीं सवर्ण और अवर्ण के दायरों में बँटे हुए हैं, सिद्धान्तों और किताबी बहसों से बाहर, जीवन में हमें आज भी उदाहरण मिल जाएँगे जिनसे हमारी जाति और वर्णगत असहिष्णुता स्पष्ट दृष्टिगोचर होती है। 'जूठन' ऐसे ही उदाहरणों की शृंखला है जिन्हें एक दलित व्यक्ति ने अपनी पूरी संवेदनशीलता के साथ खुद भोगा है। इस आत्मकथा में लेखक ने स्वाभाविक ही अपने उस 'आत्म' की तलाश करने की कोशिश की है जिसे भारत का वर्ण-तन्त्र सदियों से कुचलने का प्रयास करता रहा है, कभी परोक्ष रूप में कभी प्रत्यक्षत: इसलिए इस पुस्तक की पंक्तियों में पीड़ा, असहायता, आक्रोश और क्रोध भी और अपने-आपको आदमी का दर्जा दिये जाने की सहज मानवीय इच्छा भी।" पुस्तक के कवर पर लिखे गए इन शब्दों में पुस्तक की मूल भावना निकलकर आ गई है, जिसके जरिये हमें यह समझने में आसानी होती है कि ओमप्रकाश वाल्मीकि जी अपनी पूरी जीवन कथा में दरअसल किस मूल समस्या से संघर्ष करते रहे। अपने अनुभवों को दर्ज करते समय जिस लेखकीय पीड़ा से वे गुजरे वह बेहद तकलीफ़देह रहा। जीवन की कष्टकारी स्थितियों का दुहरा अनुभव उनके मानस से होकर गुजरा, पुस्तक के आरम्भ में 'लेखक की ओर से..' में वे लिखते हैं कि "इन अनुभवों को लिखने में कई प्रकार के खतरे थे। एक

लम्बी जद्दोजहद के बाद, मैंने सिलसिलेवार लिखना शुरू किया, तमाम कष्टों, यातनाओं, उपेक्षाओं, प्रताड़नाओं को एक बार फिर जीना पड़ा। उस दौरान गहरी मानसिक यन्त्रणाएँ मैंने भोगीं, स्वयं को परत दर परत उघेड़ते हुए कई बार लगा-कितना दुखदायी है यह सब। कुछ लोगों को यह अविश्वसनीय और अतिरंजनापूर्ण लगता है। ...

सामाजिक और सांस्कृतिक ताने-बाने की समान लगती व्यवस्था के भीतर जाति और छूआछूत का जहर किस कदर भरा हुआ है इसका अहसास हमें आत्मकथा के शुरुआती पन्नों से हो जाता है। बदतर आर्थिक और बेहाल सामाजिक स्थितियों की रेखाएँ जहाँ पर जाकर मिल जाती हैं वहीं समाज का श्रमजीवी वर्ग रहने को मजबूर है। यद्यपि उसकी अपनी इस स्थिति के लिए वह जिम्मेदार नहीं है लेकिन सदियों से चली आ रही अमानवीय परिस्थितियों ने उसमें इस कदर मानसिक गुलामी में जकड़ रखा है कि वह अपने शोषण परम्परा निर्वहन के रूप में अपनाता चला आ रहा है। जो मेहनतकश हैं वही मजबूर हैं यही इस व्यवस्था की मूल समस्या है। ओमप्रकाश वाल्मीकि की एक कविता है-''वे भूखे हैं'। इस कविता में वे मेहनतकश समाज की चारित्रिक विशेषताओं की चर्चा करते हैं "वे भूखे हैं/पर आदमी का मांस नहीं खाते/प्यासे हैं/ पर लहू नहीं पीते/नंगे हैं/ पर दूसरों को नंगा नहीं करते/ उनके सर पर / छत नहीं है/पर दूसरों के लिए/ छत बनाते हैं''

आत्मकथा का नाम 'जूठन' रखने का श्रेय ओमप्रकाश जी साहित्यकार राजेन्द्र यादव को देते हैं, उन्होंने पूरी पांडुलिपि पढ़ी और किताब का नाम 'जूठन' रख दिया। किताब के शुरुआती पन्नों को पढ़कर आसानी से समझ आता है कि इस आत्मकथा के सन्दर्भ में सवर्णों द्वारा उनके खाने के बाद का बचा-खुचा खाना जूठन होता है। 'शादी-ब्याह के अवसरों पर जूठी पत्तलें चूहड़ों को दे दी जाती थीं जिनमें से बचा हुआ खाना इकट्ठा किया जाता था, पूरियों को सुखाकर रख लेते थे और बरसात के दिनों में जब खाने का बन्दोबस्त नहीं हो पाता था तब इन्हीं पूरियों को पानी में उबालकर नमक लगाकर खाते थे। जाति के श्रेणीक्रम में ओमप्रकाश वाल्मीकि, वाल्मीकि जाति से थे जिन्हें हीनदृष्टि से देखा और गरिमाहीन नामों से बुलाया जाता था। इसमें उन्हें भंगी, चूहड़ा बोलना आम बात थी, खाने-कमाने और सुख-सुविधाओं के लिए सवर्ण समाज उनके श्रम का भरपूर इस्तेमाल करता था, मज़दूरी बहुत ही कम देते थे। इसीलिए उनके जीने का एक साधन यह जूठन ही साबित होती थी। शोषित वर्ग का श्रम सवर्णों द्वारा हमेशा ही धूर्तता से इस्तेमाल किया गया। वे इनके श्रम के बिना कुछ भी हासिल नहीं कर सकते लेकिन इस कामगार वर्ग के लिए ऐसी परिस्थितियाँ पैदा कर देते हैं कि शोषित को पेट में रोटी भर पहुँचना ही काफी लगता है। इसके सन्दर्भ में ओमप्रकाश वाल्मीकि जी लिखते

हैं, "भूख के सामने विरोध दम तोड़ देता था।" उनके मोहल्ले के वे लोग जो रात को कम मजदूरी पर काम न करने का दृढ़ निश्चय कर लेते थे, सुबह भूख के कारण किसी भी कीमत पर मज़दूरी कर लेते थे।

जूठन आत्मकथा का पहला हिस्सा ओमप्रकाश वाल्मीकि के बचपन से लेकर नौकरी लगने तक के उनके संघर्ष का बयान है। यही हिस्सा सर्वाधिक चर्चित और तमाम पाठ्यक्रमों में शामिल किया गया है। इसमें हम ओमप्रकाश वाल्मीकि जी के व्यक्तित्व की निर्मिति से परिचित होते हैं। जहाँ उनके संघर्ष केवल आर्थिक स्तर पर ही नहीं थे अपितु आर्थिक दशा से कहीं ज्यादा वे सांस्कृतिक मान्यताओं और सामाजिक स्तरीकरण में जातिवाद के दंश से जुड़ते हैं। जहाँ व्यक्ति की पहचान उसके कर्म से नहीं बल्कि उसकी जाति से होती है। आत्मकथा की शुरुआत में ही वाल्मीकि जी अपने मोहल्ले के माहौल के बारे में लिखते हैं-"उसी बगड़ में हमारा परिवार रहता था। पाँच भाई एक बहन, दो चाचा, एक ताऊ का परिवार चाचा और ताऊ से अलग रहते थे घर में सभी कोई-न-कोई काम करते थे, फिर भी दो जून की रोटी ठीक ढंग से नहीं चल पाती थी लगाओं के घरों में साफ़-सफाई से लेकर, खेती-बाड़ी, मेहनत-मजदूरी सभी काम होते थे, ऊपर रात-बेरात बेगारी करनी पड़ती। बेगारी के बदले में कोई पैसा या अनाज नहीं मिलता था। बेगारी के लिए न कहने की हिम्मत किसी में नहीं थी। गाली-गलौज, प्रताड़ना अलग नाम लेकर पुकारने की किसी को आदत नहीं थी। उम्र में बड़ा हो तो 'ओ चूहड़े', बराबर या उम्र में छोटा हो तो 'अबे चूहड़े के' यही तरीका था सम्बोधन का।" इस तरह के परिवेश में बचपन की परवरिश होने से जीवन की शुरुआत में ही जिन्दगी की तमाम दुश्वारियों की बानगी मस्तिष्क पर अंकित हो जाती है। जातिगत सम्बोधन के साथ-ही-साथ वाल्मीकि जी छूआछूत की प्रथा को भी रेखांकित करते चलते हैं-"अस्पृश्यता का ऐसा माहौल कि कुत्ते-बिल्ली, गाय-भैंस को छूना बुरा नहीं था लेकिन यदि चूहड़े का स्पर्श हो जाए तो पाप लग जाता था। सामाजिक स्तर पर इनसानी दर्जा नहीं था। वे सिर्फ़ जरूरत की वस्तु थे काम पूरा होते ही उपयोग खत्म इस्तेमाल करो, दूर फेंको." गुलामी और गर्दिश की यह शुरुआती यात्रा व्यक्ति को जीवन भर की गुलामी मानसिकता के साथ तैयार कर देती है। इसीलिए इनसानी दर्जे की तलाश में ही समूची अस्मिता की लड़ाई आगे बढ़ी है। इनसान को इनसान न माना जाए बाकी कुछ भी मान लिया जाए तो क्या फर्क पड़ता है। असली लड़ाई तो इनसानियत की है। कहना न होगा कि बचपन के इस माहौल की जद्दोजहद में ही ओमप्रकाश वाल्मीकि का व्यक्तित्व निर्मित होता है।

शिक्षा को डॉ. भीमराव अम्बेडकर ने 'शेरनी का दूध' कहा था यह उपमा उन्होंने शिक्षा की महत्ता बताने के लिए दी थी लेकिन शिक्षा रूपी यह दूध समाज की वर्णव्यवस्था के निम्न तबके को कहाँ नसीब था। स्कूल भी समाज का एक

हिस्सा था जिनका समाज में वर्चस्व था, स्कूलों में भी वही दबंग थे। समाज के उच्चवर्ग को शिक्षा के महत्त्व के बारे में पता था और वे नहीं चाहते थे कि समाज के कामगार वर्ग के घरों के बच्चे स्कूलों में दाखिला लें, उनके बच्चों की तरह से पढ़ें-लिखें, अम्बेडकर और गाँधी के विचारों के साथ देश आज़ाद तो हो गया था पर मानसिकता में बदलाव अभी नहीं आया था। आज़ादी के आठ सालों के बाद जब वाल्मीकि जी अपनी बुनियादी शिक्षा के लिए स्कूल जाने की कोशिश करने लगे तो सबसे पहले उन्हें रोका गया फिर एडमिशन मिलने के बाद भी उन्हें स्कूल में दूसरों से दूर बैठना पड़ता था, उन्होंने लिखा है वह भी जमीन पर अपने बैठने की जगह आते-आते चटाई छोटी पड़ जाती थी। कभी-कभी तो एकदम पीछे दरवाजे के पास बैठना पड़ता था। जहाँ से बोर्ड पर लिखे अक्षर धुँधले दीखते थे। त्यागियों के बच्चे 'चूहड़े का' कहकर चिढ़ाते थे। कभी-कभी पिटाई भी कर देते थे। एक अजीब सी यातनापूर्ण जिन्दगी थी, जिसने मुझे अन्तर्मुखी और चिड़चिड़ा तुनकमिजाजी बना दिया था। ... मास्टर लोग भी हैंडपम्प छूने पर सजा देते थे। तरह-तरह के हथकंडे अपनाए जाते थे ताकि मैं स्कूल छोड़कर भाग जाऊँ, और मैं भी उन कामों में लग जाऊँ, जिनके लिए मेरा जन्म हुआ था। उनके अनुसार स्कूल आना मेरी अनधिकार चेष्टा थी।''

**जातिगत भेदभाव पूरे परिवेश में व्याप्त था।** क्या हिन्दू, क्या मुसलमान सभी अपने को ऊँचा दिखने के लिए किसी-न-किसी को नीचा दिखने की कोशिश करते थे, दलितों के प्रति मुसलमानों का व्यवहार भी उच्चजाति के हिन्दुओं जैसा ही था। उनके भीतर भी वह श्रेष्ठताबोध व्याप्त था जो दलित समुदाय के अपमान पर टिका हुआ था। जूठन के आरम्भिक हिस्से में यह बात आई है कि-"बरला गाँव में कुछ मुस्लमान त्यागी भी थे। त्यागियों को भी तगा कहते थे। मुसलमान तागों का व्यवहार भी हिन्दुओं जैसा ही था। कभी कोई अच्छा साफ़-सुथरा कपड़ा पहनकर यदि निकले तो फब्तियाँ सुननी पड़ती थीं, ऐसी फब्तियाँ जो बुझे तीर की तरह भीतर तक उतर जाती थीं। ऐसा हमेशा होता था। 'साफ़-सुथरे कपड़े पहनकर कक्षा में जाओ तो साथ के लड़के कहते-''अबे चूहड़े नए कपड़े पहनकर आया है।'' मैले-पुराने कपड़े पहनकर स्कूल जाओ तो कहते, "अबे चूहड़े के दूर हट, बदबू आ रही है।'' अजीब हालात थे। दोनों ही स्थितियों में अपमानित होना पड़ता था।''

स्कूलों में सवर्ण जाति के मास्टर होते थे जो अपना सारा गुस्सा दलित वर्ग के बच्चों की पिटाई कर निकालते थे। सामाजिक सत्ता को अपनी प्रतिष्ठा से जोड़कर देखनेवाली उस शिक्षक पीढ़ी के व्यवहार से कामगार दलित वर्ग के बच्चे भयभीत रहते थे। उस समय बुनियादी क़क्षाओं में ही स्कूल छोड़ देने का एक बड़ा कारण जातीय उत्पीड़न भी था। शिक्षा के घर में जहाँ से दुनिया को देखने की एक नजर

मिलती है वहाँ की दुनिया भी कितनी अन्धकारमय है इसकी बानगी ओमप्रकाश वाल्मीकि अपने शिक्षकों को याद करते हुए देते हैं। अध्यापकों का आदर्श रूप जो मैंने देखा वह अभी मेरी स्मृति से मिटा नहीं है जब भी कोई आदर्श गुरु की बात करता है तो मुझे वे तमाम शिक्षक याद आ जाते हैं जो माँ-बहन कि गालियाँ देते थे। सुन्दर लड़कों के गाल सहलाते थे और उन्हें अपने घर बुलाकर उनसे वाहियातपन करते थे।'' बेगारी और सफाई के कामों में स्कूल में भी वही लगाए जाते थे जिनके घर के लोग समाज में सफाई का काम करते थे। यानी की दलित वर्ग के बच्चों की पहचान एक विद्यार्थी के तौर की ही नहीं जाती थी। भेदभावपूर्ण स्थितियों के साथ दलित बच्चों कि शुरुआती शिक्षा के दिन शुरू होते थे और इस दुरूह प्रक्रिया में उत्पीड़न के चलते कितने ही बच्चे इसी को अपनी नियति मान लेते थे। उनका मन शिक्षा की उस दुनिया से ही उचट जाता था जिसके जरिये उनकी जिन्दगी में बदलाव की सम्भावना सम्भव हो पाती, स्कूल उनके लिए खुले वातायन न थे बल्कि शोषण और अपमान की एक और जगह थे। विद्यालय में ओमप्रकाश वाल्मीकि को भी झाड़ू लगाने का काम मिला था। वे चोरी से कक्षा में पढ़ने के लिए बैठ जाते थे। मास्टर चाहते थे कि वे कक्षा में पढ़ने के बजाय केवल सफाई के काम ही करें. एक दिन वे चुपके से कक्षा में बैठे पढ़ रहे थे स्कूल के हेडमास्टर को यह बात पता चल गई, वह चिल्लाते हुए कक्षा में आया और उन्हें पकड़कर ले गया। हेडमास्टर की इस प्रताड़ना को सोचकर ही किसी का दिल दहल जाएगा। 'जूठन' में इस घटना का बयान कुछ इस तरह है "हेडमास्टर ने लपककर मेरी गर्दन दबोच ली थी। उनकी उँगलियों का दबाव मेरी गर्दन पर बढ़ रहा था। जैसे कोई भेड़िया बकरी के बच्चे को दबोचकर उठा लेता है। कक्षा से बाहर खींचकर उसने मुझे बरामदे में ला पटका चीखकर बोले, "जा लगा पूरे मैदान में झाड़ू... नहीं तो गाँड़ में मिर्ची डालके स्कूल से बाहर काढ़ दूँगा''

अपने अध्यापकों को वाल्मीकि जी ने दलितों के बच्चों के साथ कभी सहज सम्बन्ध नहीं देखा था। फूल सिंह त्यागी पी.टी. मास्टर थे। **स्वभाव** से गुस्सैल, जबान हर वक्त नाक चढ़ी रहती थी। बात-बात में गाली देना एक खास आदत थी। लकड़ी की तीली से दाँत कुरेदते रहते थे। पी.टी. के अलावा कभी-कभी हिन्दी भी पढ़ा देते थे। पढ़ाते क्या थे, पाठ रटाते थे। एन.सी.सी. के इंचार्ज भी वही थे। सभी छात्र भयभीत रहते थे। उनका डर साए की तरह पीछा करता था। एक दिन अपने एक साथी सुरजन सिंह की पिटाई का वर्णन करते हुए वाल्मीकि जी लिखते हैं कि 'वे सुरजन सिंह को पीट रहे थे, लगता ही नहीं था कि एक अध्यापक अपने छात्र को सजा दे रहा है। लगता था कोई जालिम गुंडा किसी निर्दोष को पीट रहा रहा है। सुरजन सिंह जमीन पर गिर पड़े थे। वे लगातार घूँसे और लात चला रहे थे, उस समय का एक संवाद काँच पर खींच दी जानेवाली लकीर-सा अभी तक मेरी स्मृति

में गूँज रहा है। "अबे साले, चूहड़े की औलाद, जब मर जाएगा, बता देना, बहुत हीरो बने हैं, आज निकालूँगा तेरी जुल्फों से तेल।''

अपमान और प्रताड़ना की कोई यह एक घटना नहीं थी बल्कि स्कूल में इस तरह की घटनाएँ आम बात थीं पर जिन वर्गों के विद्यार्थी इसके भुक्तभोगी होते थे उनकी बात कहने और सुननेवाला कोई नहीं था। अपमान और भय की इस दुनिया में जगह बनाने का अर्थ था कि अपने को मजबूत रखना और हिम्मत न हारना, अपमान वाल्मीकि जी की दुनिया के लिए नया शब्द नहीं था। उनके आसपास इस तरह की घटनाएँ रोज होती थीं लेकिन स्कूल में वे अपने समुदाय से संख्या में कम थे तो इसका दंश उन्हें कुछ ज्यादा ही चुभता था।

आत्मकथा के इस हिस्से में जहाँ कहीं भी स्कूल और इस तरह के जालिम अध्यापकों की चर्चा आई है उन प्रसंगों के उल्लेख के समय समूची स्कूली व्यवस्था और आज़ादी के सपनों की सच्चाई खुलकर सामने आती है। समूचे समाज में जब जातिगत विषमता व्याप्त थी उस समय स्कूल में दाखिला लेने भर से पढ़ने की गारंटी नहीं हो जाती थी। कितने ऐसे बच्चे होते थे जो बीच में स्कूल छोड़ देते थे, कुछ मानसिक रूप से बीमार हो जाते थे और जो कुछ बच पाते थे व्यवस्था उनके मनोबल को लगातार तोड़ने का प्रयास करती रहती थी। दलित आत्मकथाएँ अपने समूचे समाज का बयान बनकर हमारे सामने आती हैं, आदर्श गुरु और आदर्श शिक्षक की बात एक दलित छात्र कैसे अपने जेहन में बैठा पाएगा जब उसके अनुभव इतने कड़वे और भयभीत करनेवाले हों। 'जूठन' में वर्णित इस तरह के कटु अनुभवों और इस पीड़ा का अहसास उन्हें कैसे होगा जिन्होंने घृणा और द्वेष की बारीक सूइयों का दर्द अपनी त्वचा पर कभी महसूस नहीं किया? अपमान जिन्हें भोगना नहीं पड़ा? वे अपमानबोध को कैसे जान पाएँगें? रेतीले ठूह की तरह सपनों के बिखर जाने की आवाज नहीं होती. भीतर तक हिला देनेवाली सर्द लकीर खिंच जाती है जिस्म के आर-पार, खेतिहर मजदूर के रूप में पूरा परिवार दूसरों के खेतों में हाड़ तोड़ मेहनत करता था पर मजदूरी के रूप में पेट भरने को मिल जाए वही बहुत था। सुबह से शाम तक शरीर पर नाममात्र के कपड़ों और नंगे पाँवों धूप में काम करते इन दलित जाति के लोगों को फसल कटाई और जानवरों की देखरेख में इस कदर खटाया जाता था मानो वे इनसान नहीं जानवर ही हों और मिलता क्या था? "इन सब कामों के बदले मिलता था दो जानवर पीछे फसल के समय पाँच सेर अनाज यानी लगभग ढाई किलो अनाज दोपहर को प्रत्येक घर से एक बची-खुची रोटी, जो खास तौर पर चूहड़ों को देने के लिए आटे में भूसी मिलाकर बनाई जाती थी। कभी-कभी जूठन भी मंगन की टोकरी में डाल दी जाती थी।'' याद आती है उनकी एक कविता जिसे बहुत पढ़ा और सुना जाता है वह है नवम्बर, 1981 में प्रकाशित कविता 'ठाकुर का कुआँ' यह

कविता सामाजिक आर्थिक व्यवस्था में श्रम की हिस्सेदारी का बयान है। जिसमें वे अपने श्रम की हिस्सेदारी की बात करते हैं। जो मेहनतकश लोग हैं आखिर उनका हिस्सा कहाँ जा रहा है? "चूल्हा मिट्टी का/मिट्टी तालाब की/तालाब ठाकुर का/ भूख रोटी की/रोटी बाजरे की/बाजरा खेत का/खेत ठाकुर का/बैल ठाकुर का/ हल ठाकुर का/हल की मूठ पर हथेली अपनी/फसल ठाकुर की. कुआँ ठाकुर का पानी ठाकुर का/खेत-खलिहान ठाकुर के गली-मुहल्ले ठाकुर के फिर अपना क्या?/ गाँव?/ शहर?/देश?"

दलित वर्ग के लिए पेट भरना ही महत्त्वपूर्ण था स्वाद और जायका इनके नसीब की चीज न थी। इनकी दरिद्रता वर्णव्यवस्था की उपज थी। जो धीरे-धीरे इस वर्ग के भीतर एक खास तरह की आत्मदया को विकसित कर रही थी। जहाँ से सामाजिक बदलाव के बजाय चली आ रही व्यवस्था को स्वीकारने का भाव उनके स्वभाव का हिस्सा बनाया जाता था। 'जूठन' शब्द किसी के खाए गए भोजन के बाद थाली में बचे हुए खाने को कहते हैं जो आमतौर पर जानवरों को दिया जाता है या फिर कूड़ेदान में फेंक दिया जाता है। दलित वर्ग के लिए एक समय यही जूठन जो सवर्ण समाज के पत्तलों पर बचे हुए भोजन का अंश होता था उनके लिए पेट भरने का जरिया बन जाता था। वाल्मीकि जी ने अपनी आत्मकथा के पहले हिस्से में अपने बचपन की स्मृतियों को बड़े ही मार्मिक ढंग से इस जूठन संस्कृति के अनुभव को दर्ज किया है। "शादी-ब्याह के मौकों पर, जब मेहमान या बाराती खाना ख रहे होते थे तो चूहड़े दरवाजों के बाहर बड़े-बड़े टोकरे लेकर बैठे रहते थे। बारात के खाना खा चुकने पर जूठी पत्तलें उन टोकरों में डाल दी जाती थीं। जिन्हें घर ले जाकर वे जूठन इकट्ठी कर लेते थे। पूड़ी के बचे-खुचे टुकड़े एकाध मिठाई का टुकड़ा या थोड़ी-बहुत सब्जी पत्तल पर पाकर बाछें खिल जाती थीं. जूठन चटखारे लेकर खाई जाती थी। जिस बारात की पत्तलों से जूठन कम उतरती थी कहा जाता था कि भुक्खड़ हैं बारात में जिन्हें कभी खाने को कुछ नहीं मिला, सारा चट कर गए. अकसर ऐसे मौकों पर बड़े-बूढ़े ऐसी बारातों का जिक्र बहुत ही रोमांचक लहजे में सुनाया करते थे, कि उस बारात से इतनी जूठन आई थी कि महीनों तक खाते रहे थे।'' दलित जीवन के अभाव में स्वाद की स्मृतियाँ बन जाया करती थीं जो गाहे-बगाहे याद आतीं थीं. स्वाद की और दावत में जूठन की यह स्मृति हमें प्रेमचन्द की बहुचर्चित कहानी 'कफन' के पात्रों में भी मिलती है। जब घीसू और माधव शराब के नशे में बुधिया के कफ़न के पैसों की पूड़ी खा जाते हैं, तो उन्हें ठाकुर जी के यहाँ की दावत की याद आती है जहाँ उन्होंने इसके पहले अन्तिम बार छककर भोजन किया था। आज़ादी के पहले की 'कफन' कहानी और आज़ादी के बाद की इस आत्मकथा का यथार्थ इस बात की ओर इशारा करता है कि बदलाव की गति कितनी मन्द है।

आत्मकथा के इस हिस्से में वाल्मीकि जी ने अपने समाज की मान्यताओं के बारे में भी बेबाक टिप्पणी की है। उन्होंने लिखा है कि 'हमारे समाज में विधवा विवाह को प्रारम्भ से ही मान्यता थी। हिन्दू परम्पराओं की तरह विधवा-विवाह हीनदृष्टि से नहीं देखा जाता था। 'सूअर हमारी जिन्दगी का अहम हिस्सा थे। शादी-ब्याह, हारी-बीमारी, जीवन-मृत्यु सभी में सुअर की महत्ता थी। यहाँ तक कि पूजा-अर्चना भी सुअर के बिना अधूरी थी। आँगन में घूमते सुअर गन्दगी के प्रतीक नहीं बल्कि सामाजिक समृद्धि के प्रतीक थे।' जाति की व्यवस्था ऐसी थी कि केवल जाति के लोग ही नहीं, निम्न जातियों में भी वह घर कर गई थी। आर्थिक उन्नति से परे जन्माधारित श्रेष्ठता का बोलबाला चौतरफा था। एक बार वे अपना कपडा प्रेस कराने धोबी की दुकान पर गए. जैसे ही उसे उनकी जाति का पता चला उसने कहा--"हम चूहड़े चमारों के कपड़े नहीं धोते और न ही इस्त्री ही करते हैं, जो तेरे कपड़े पे इस्त्री कर देंगे तो तगा हमसे कपड़े न धुलवाएँगे, म्हारी तो रोजी-रोटी चली जा गी..." .

भौगोलिकता के साथ-ही-साथ आर्थिक परिस्थितियाँ भी हमारी भोजन की आदत को तय करती हैं, जब अनाज भरपेट नहीं मिलता था तो कामगार दलित समाज में मांसाहार की प्रवृत्ति अस्वाभाविक घटना नहीं थी। खान-पान को लेकर भी समाज में एक तरह का अभिजात्यवादी नजरिया व्याप्त रहा है, दलित मांस खाते हैं इसलिए उनके साथ उठना बैठना और उन्हें छूने की भी वर्जना थी। स्कूल से लेकर घर के आसपास के माहौल में इसको लेकर दूसरी जातियों के बीच खुद के अपमानित होने की कहानी भी इस आत्मकथा में है। जो लोग दलितों के साथ इसलिए उठना बैठना पसनद नहीं करते थे वे भी रात के अँधेरे में मांस और गोश्त खरीददारी करते और खाते हुए पाए जाते थे। "लड़के इसी बात को लेकर तंग करते थे, "अबे चूहड़े के सुअर खाता है !" ऐसे क्षणों में मुझे वे तमाम त्यागी याद आने लगते थे जो रात के अँधेरे में छुप-छुपकर सुअर का गोश्त खाने भंगी-मोहल्ले में आते थे। मेरा मन करता, उन सबके नाम बता दूँ. जो लोग छुप-छुपकर गोश्त खाने आते थे, वे भी दिन में सबके सामने छुआछूत बरतते थे।"

जहाँ पर अशिक्षा का माहौल होगा वहाँ न सिर्फ जातिवाद की जकड़न होगी बल्कि अन्धविश्वास का भी बोलबाला होगा। अशिक्षा अपने साथ जिन कुछ दुर्गुणों को साथ लेकर चलती है उनमें से अन्धविश्वास और भूत-प्रेत पर यकीन करना प्रमुख है। इस तरह की बातों से लोगों के बीच आपसी झगड़े तो होते ही हैं बीमारियों के इलाज की सुविधा न होने का विकल्प भी झाड़-फूँक में ढूँढ़ लिया जाता है। इसके परिणाम काफी भयावह होते थे। वाल्मीकि जी ने इस परिस्थिति के अनुभव को भी लिखा है, "भूत-प्रेत की छायाओं के प्रति पूरी बस्ती में अजीब माहौल था। जरा भी किसी की तबीयत खराब होती तो डॉक्टर के बजाय किसी भगत को बुलाया

जाता था। भगत के शरीर में देवी-देवता प्रकट हो जाने पर बीमार को दिखाया जाता था, अकसर किसी भूत के प्रभाव का जिक्र करके भगत भूत पकड़ने की क्रियाएँ करता था जिसके बदले में देवी-देवताओं पर सुअर, मुर्गे, बकरे और शराब चढ़ाई जाती थी। प्रत्येक घर में उन देवी देवताओं की पूजा होती थी। ये देवता हिन्दू-देवी-देवताओं से अलग होते हैं, जिनके नाम किसी पोथी-पुराण में ढूँढ़ने से भी नहीं मिलेंगें" आत्मकथा में ब्राह्मणवाद की पद्धति में हिंसा और पशुबलि की भी पहचान की. गई है। मनुष्यों के साथ-साथ किस तरह से यह पूरी प्रणाली जानवरों और प्रकृति की नैसर्गिक चीजों के खिलाफ थी वाल्मीकि जी इसकी पहचान भी करते चलते हैं। देहरादून और उसके आसपास पशुबलि की प्रचलित परम्परा को किस तरह से जिला प्रशासन और जनप्रतिनिधियों की उपस्थिति में अंजाम दिया जाता था यह सब बेहद तकलीफदेह घटना के रूप में उनके मानस में अंकित है। विशेषतौर पर कालिका का पशुवध मेला।

सलामी की प्रथा दूल्हा या दूल्हन के मन में हीनताबोध भरने का एक तरीका था जिसे परम्परा के रूप में निरन्तर चलाया जा रहा था। समाज में लड़के की शादी हो तो दलित के घर में आनेवाली बहू और लड़की की शादी हो तो होनेवाला दामाद उच्च जातियों के घरों में जहाँ दलित लोग बेगार करते थे, परिवार के साथ सलामी करने जाता था। यह प्रथा अपने-आपमें अपमान जनक और मानवीय गरिमा के खिलाफ थी लेकिन एक परम्परा के रूप में यह वर्षों से चली आ रही थी। शादी का जश्न सलामी की इस प्रथा में दम तोड़ देता था जहाँ दामाद या बहू को इस बात का अहसास करा दिया जाता था कि गुलामी का जीवन ही उनकी नियति है और आगे का जीवन भी इसी तरह की गुलामी में ही बिताना है। रिश्ते-नाते की बिरादराना इज्जत उस समय काफूर हो जाती थी जब उन्हें दरवाजे दरवाजे जाकर वैवाहिक जीवन की शुरुआत में ही अपमान और दुत्कार की भाषा का आदी बनाया जाता था। . वाल्मीकि की एक कहानी इस प्रथा पर 'हंस' के अगस्त, 1993 में 'सलाम' नाम से छपी। जिसे राजेन्द्र यादव ने ब्राह्मणवाद-विरोध की सशक्त कहानी कहा था। 'जूठन' में भी इस प्रथा का उल्लेख है। वाल्मीकि जी की यह टिप्पणी महत्त्वपूर्ण है कि "सदियों से चली आ रही इस प्रथा के पार्श्व में जातीय अहम् की पराकाष्ठा है। समाज में जो गहरी खाई है, उसे प्रथा और गहरा बनाती है। यह एक साजिश है हीनता के भँवर में फँसा देने की, कितनी ही बार दूल्हों को ही नहीं, दुल्हनों को भी बेइन्तहा अपमान सहना पड़ता था, गरीब परिवार की अनपढ़ लड़की अजनबियों के बीच आकर वैसे ही गूँगी बनी रहती है, ऊपर से उसे दरवाजे-दरवाजे लेकर घूमने पर रही-सही कसर भी पूरी हो जाती है।"

पढ़ना और समझना हमें एक नई तरह की दुनिया के अनुभवों से जुड़ना भी होता है। हम और हमारे जैसे ही दूसरे लोग किस तरह से अपनी स्थितियों से संघर्ष

करते हुए अपना रास्ता तैयार करते हैं यह सब जानना न सिर्फ रोचक होता है बल्कि प्रेरणादायी भी हुआ करता है। ओमप्रकाश वाल्मीकि जी के जीवन में बदलाव भी शिक्षा के जरिये ही आया अपने परिवेश और सामाजिक वातावरण की तमाम विपरीत परिस्थितियों से लड़ते हुए जब उनके भीतर स्वाध्याय की प्रवृति के चलते पुस्तकों की दुनिया से जुड़ने का अनुभव हुआ तो मानो एक नई रोशनी मिल गई। अब तक उन्होंने गाँधी, नेहरू, पटेल, राजेन्द्र प्रसाद, राधाकृष्ण, विवेकानन्द, टैगोर, शरत, तिलक, भगतसिंह, सुभाष बोस, चन्द्रशेखर आज़ाद, सावरकर आदि के विषय में पढ़ा था। जब उन्होंने चन्द्रिका प्रसाद जिज्ञासु की पुस्तक 'डॉ. अम्बेडकर : जीवन-परिचय पढ़ा तो उनके भीतर एक नई तरह की चेतना ने जन्म लिया। डॉ. अम्बेडकर का नाम अब तक उनके लिए अपरिचित था। समाज में गाँधी को किस तरह से प्रोजेक्ट के तहत अम्बेडकर के खिलाफ खड़ा करके हीरो बनाया जा रहा था उसका उल्लेख वाल्मीकि जी 'जूठन' में करते हैं। "पाठ्य-पुस्तकों से लेकर संचार माध्यमों तक में उन दिनों 'गाँधी 'का ढोल पीटा जा रहा था। बातचीत में कई सवर्णों को गाँधी के लिए अपशब्द कहते सुना था कि इस बूढ़े ने भंगी-चमारों को हरिजन बनाकर सर पर चढ़ा लिया है। उनका गुस्सा कितना गलत था ! अम्बेडकर को पढ़ लेने के बाद यह बात समझ में आ गई थी कि गाँधी ने 'हरिजन' नाम देकर अछूतों को राष्ट्रीय धारा में नहीं जोड़ा, बल्कि हिन्दुओं को अल्पसंख्यक होने से बचाया. उनके हितों की रक्षा की, फिर भी वे उनसे खफा थे क्योंकि उसने हरिजनों को सर चढ़ाया पूना पैक्ट की घटना ने मेरे मन में गाँधी के भ्रम को पोंछ दिया था। पूना पैक्ट ने अम्बेडकर को हताश किया था। एक नया शब्द 'दलित' भी मेरे शब्दकोष में जुड़ गया था, जो 'हरिजन' का स्थानापन्न नहीं बल्कि करोड़ों अछूतों के आक्रोश की अभिव्यक्ति था।''

महाराष्ट्र में सविता पाटिल नामक लड़की के साथ अपने मधुर सम्बन्धों का जिक्र करते हुए वाल्मीकि जी ने आत्मकथा के पहले हिस्से में उस घटना का जिक्र भी किया है कि जब तक इस मराठी ब्राह्मण को यह पता नहीं था कि वे दलित जाति से हैं तब तक उनका खूब सेवा सत्कार होता रहा। लेकिन उनके घर में दलितों को लेकर जो चर्चाएँ होती थीं उनमें दलित वर्ग के प्रति एक घृणा का भाव था। वाल्मीकि जी अपने सम्बन्ध को जाति छुपाकर आगे नहीं बढ़ाना चाहते थे। उन्हें अपने जीवन के मधुर सम्बन्धों में भी समाज में हो रहे दलित समाज के प्रति अमानवीय व्यवहार याद रहे और एक दिन उन्होंने अपनी दोस्त सविता पाटिल से सबकुछ बता दिया जब उन्होंने सविता से अपने को एस.सी. होना बताया तो "वह रोने लगी थी। मेरा ए.सी. होना जैसे कोई अपराध था। वह काफी देर सुबकती रही हमारे बीच अचानक फासला बढ़ गया था। हजारों साल की नफ़रत हमारे दिलों में भर गई थी। एक झूठ को हमने संस्कृति मान लिया था।" जड़ताओं को तोड़ने का

सबसे कठिन काम होता है उसे अपने घर और परिवार में चली आ रही परम्परा के रूप में स्वीकार न करना. इसमें व्यक्ति को अपने लोगों से लड़ना होता है। इस लड़ाई में विजय उसको मिलती है जो अन्दर से काफ़ी मजबूत हो। ओमप्रकाश वाल्मीकि ने यह काम किया। अपनी खुद की शादी के समय जब उनके पिता जी ने उनसे कहा कि "देवता के लिए सुअर की पूजा शादी के पहले जरूरी है" तो उन्होंने साफ़ इनकार कर दिया. "मैं किसी देवता की पूजा में विश्वास नहीं करता, पिताजी नाराज हो गए थे, मेरा अविश्वास उनकी आस्था पर चोट था जिसके लिए वे मुझे माफ़ करने को तैयार नहीं थे। अभी तक शायद मेरे पूजा-पाठ में शामिल न होने को मेरा बचपना मानकर, कुछ विशेष जोर नहीं डालते थे। लेकिन शादी-विवाह के मौके पर भी मेरा विरोध देखकर वे क्रोधित हो उठे थे। यह नाराजगी अन्त तक रही. इस बात के लिए मैं कतई तैयार नहीं था।''

महाराष्ट्र में रहते हुए वाल्मीकि जी सांस्कृतिक रूप से खूब सक्रिय रहे। विभिन्न संगठनों से जुड़कर उन्होंने न सिर्फ़ उस समय की सांस्कृतिक राजनीति से अपने को जोड़ा बल्कि इसके चलते उनके व्यक्तित्व में एक सामाजिक कार्यकर्त्ता का जोश भी पैदा हुआ, मराठी समाज में दलितों के चल रहे तमाम आन्दोलनों और संगठनों में शामिल होकर उन्होंने अध्ययन भी खूब किया। आत्मकथा में यह स्वीकारोक्ति है कि अम्बेडकर आन्दोलन के जरिये महाराष्ट्र में जो सामाजिक चेतना फैलनी चाहिए थी वह नहीं फैल पाई. लोग ब्राह्मण के खिलाफ तो लड़ने को तैयार हो जाते थे पर अपने समाज के भीतर व्याप्त ब्राह्मणवाद और भेदभाव की व्यवस्था को ख़त्म करने के लिए तैयार नहीं थे। दलित बस्तियों में काम करते हुए यह बात उनके अनुभव के हिस्से में आई कि "दलित कार्यकर्ताओं में जुझारूपन था। उनका संघर्ष और संकल्प देखकर उम्मीद जगती थी। लेकिन कार्यकर्त्ताओं में भी पारम्परिक जातिभेद की भावना थी। महार, भंगी, चमार और मेहतर के भेष वे भले ही बाह्य रूप से भुलाने की बात कर रहे थे लेकिन आन्तरिक रूप में वे स्वयं इन भावनाओं में जकड़े हुए थे। ऐसे पलों में मेरा मन टूट जाता था। मेहतर बस्तियों में जाने उनकी हिचकिचाहट साफ़ दिखाई पड़ती थी।'' उनका यह अनुभव आज भी दलित आन्दोलन के एक प्रमुख अन्तर्विरोध के रूप में उपस्थित है, बिना इस अन्तर्विरोध को ठीक तरीके से सम्बोधित किए कोई भी अस्मिता आन्दोलन अपने लक्ष्य को प्राप्त कर सकेगा यह सनदेह वाल्मीकि जी को भी था और आज भी यह बना हुआ है।

आर्डिनेन्स फैक्ट्री में नौकरी करते हुए ओमप्रकाश वाल्मीकि जी लगातार लेखन की दुनिया में सक्रिय रहे। उन्होंने कविता, कहानी और लेख लिखना ही शुरू नहीं किया था बल्कि ये कवि सम्मेलनों में अपनी कविताओं का पाठ भी करने जाने लगे थे। साहित्य की दुनिया में उनकी सक्रियता ने उन्हें इस दुनिया

के व्यावहारिक चरित्र से परिचित कराया, अपने विचारों की निर्मिति में वे उन्होंने भदन्त आनन्द कौसल्यायन की संगत को महत्त्वपूर्ण माना है। वे लिखते हैं "भदन्त आनन्द कौसल्यायन जी के संग बिताए क्षण मेरे जीवन की अमूल्य धरोहर हैं। भदन्त आनन्द कौसल्यायन, डॉ. अम्बेडकर और राहुल सांकृत्यायन जी के साथ लम्बे समय तक रहे हैं। राहुल जी की रचनाओं से मेरा परिचय भी, काफी पहले से था। मानव समाज ने जहाँ मानव विकास की प्रक्रिया से मुझे अवगत किया था, वहीं 'वैज्ञानिक भौतिकवाद' ने मेरे मन से ईश्वर का अस्तित्व मिटा दिया था। वोल्गा से गंगा' ने एक नई चेतना का संचार किया था। सांस्कृतिक विरासत के नाम पर जो झूठ पाठ्य-पुस्तकों द्वारा रगों में भरा जा रहा था, उसे 'वोल्गा से गंगा' ने छिन्न-भिन्न कर दिया था।''

1978-79 के आसपास कहानी-लेखन की शुरुआत करनेवाले वाल्मीकि जी को साहित्य की दुनिया में व्याप्त सत्ता संरचना से सामना होना शुरू हुआ, सत्ता के विविध रूपों में जिस तरह से दलितों के लिए सम्मानित जगह नहीं थी साहित्य की दुनिया उसका अपवाद नहीं थी। भले ही साहित्य में मनुष्य की रक्षा और संवेदना की गहनता की बात की जाती रही हो. लेखन, प्रकाशन और वितरण के साथ-ही-साथ आलोचना में चर्चा और विमर्श की एक सत्ता हुआ करती है जो सामाजिक सत्ता का ही एक रूप होती है। सामाजिक ताने-बाने के अनुसार ही वहाँ की सत्ता भी अपना काम करती है। आत्मकथा के पहले खंड में ओमप्रकाश वाल्मीकि जी 'सारिका' पत्रिका में भेजी जानेवाली कहानी और उसके प्रकाशन के सन्दर्भ का जिक्र करते हैं, जिसमें उनकी कहानी को 10 वर्षों तक स्वीकृति देने के बाद भी नहीं छापा गया था। 1980 में भेजी गई कहानी 'जंगल की रानी' का जवाब आया कि "हम आपकी कहानी अभी तक छाप नहीं पाए हैं; हाँ, प्रतीक्षा का हौसला हो तो वापस भेज दें।'' वाल्मीकि जी की टिप्पणी है कि "यानी पूरे दस वर्ष तक प्रतीक्षा कराने के बाद और प्रतीक्षा यह कैसा मजाक है! साहित्य के भीतर भी एक सत्ता है जो अंकुरित होते पौधों को कुचल देती है। सारिका बन्द हुई, मुझ जैसे न जाने कितने रचनाकारों की हत्याएँ की होंगी सारिका-सम्पादक-मंडल ने, जो विशेषांकों की बाढ़ में अपनी नाव तो बचा ही नहीं पाए, हम जैसों को क्या पार लगाते! साहित्यिक क्षेत्रों में यह कोई पहली घटना नहीं थी। फिर भी मुझे लगता रहा कि नए रचनाकारों को रोकना भी शायद सम्पादक और साहित्यकारों की कोई रणनीति है।'' इस सन्दर्भ में वे हंस के सम्पादक राजेन्द्र यादव को याद करते हुए लिखते हैं कि "आभार 'हंस' का, जिसमें मेरी कहानियाँ छपीं, राजेन्द्र यादव ने जिस स्नेह और प्यार के साथ मुझे छापा, मेरे लिए एक नया जन्म था, वर्ना मारनेवालों ने कमी नहीं की थी।''

व्यक्ति की पहचान सिर्फ़ उसके नाम से नहीं होती है। बल्कि जिस व्यवस्था में जाति ही तमाम सामाजिक कार्यों में अपनी अहम भूमिका निभाती हो वहाँ

नाम से ज्यादा जाति का नाम जिसे सरनेम कहा जाता है महत्त्वपूर्ण हो जाता है। भारतीय समाज जो जातिगत संरचना में बुना हुआ समाज है में यह कोई आश्चर्य की बात नहीं है। आज भी नाम के बाद आगे लगनेवाले सरनेम को जानने की जिज्ञासा सामनेवाले व्यक्ति को रहती ही है। ओमप्रकाश वाल्मीकि को भी अपने नाम से ज्यादा पहचान उनके सरनेम के जरिये ही मिली, अपमान और प्रताड़ना का सारा खेल सरनेम से जुड़ा हुआ था। वे चाहते तो अपना सरनेम बदलकर या छुपाकर कई जगहों पर इस अपमान से बच सकते थे, उनकी अपनी जाति के बहुत सारे लोग ऐसे थे जो शहरों या दूसरी जगहों पर जाकर सरनेम को छुपकर या बदलकर आराम से रह रहे थे। लेकिन वाल्मीकि जी ने तमाम कष्टों को सहन करना मंजूर किया पर अपने सरनेम को बदलना मंजूर नहीं किया। उन्होंने लिखा भी है कि "नाम का उत्तरार्ध, जिसे उपनाम या सरनेम कहा जाता है, मेरे नाम के साथ जुड़कर कई प्रकार की विषम परिस्थितियाँ उत्पन्न करनेवाला सिद्ध हुआ है, अपनी जातिबोधकता के कारण, जब ये स्थितियाँ अन्तर्सम्बन्धों को प्रभावित करने लगती हैं तो इस नाम से छुटकारा पाने की सोचने लगता हूँ, लेकिन जीत उपनाम ही की हुई है। अभी तक तमाम हादसों के बाद भी मैं इसे नहीं छोड़ पाया हूँ; बल्कि यह और भी आत्मीय लगने लगा। है।" सरनेम के चलते ही देहरादून वापसी में उन्हें कमरा ढूँढ़ने में बहुत मुश्किलें आईं, महाराष्ट्र में तो वाल्मीकि सरनेम के चलते कुछ लोगों ने ब्राह्मण समझ रखा था। पर देहरादून में यह कन्फ्यूजन नहीं था। लोग जाति को जाने बगैर कमरा देने को तैयार नहीं होते थे। "ऐसा नहीं था कि देहरादून में मकानों की कमी थी या मैं किराया देने की स्थिति में नहीं था बस मकान मालिक मेरे नाम का उत्तरार्ध सुनते ही आँय-बाँय करने लगते थे। या फिर कोई बहाना गढ़कर इनकार कर देते थे।" आत्मकथा के दूसरे हिस्से की शुरुआत ही इस समस्या से होती है। वाल्मीकि सरनेम ने बहुत परेशान किया लेकिन उन्होंने इसे ही अपनी पहचान बना लिया और गोष्ठी या सभाओं में अब वे वाल्मीकि जी के नाम से जाने जाते थे। चूँकि इससे दलित होने का आभास पहले से लोगों को रहता था अत: मजाक भी बनता था और अपमान भी झेलना पड़ता था। अब तक अपने अनुभव से उन्हें यह बात समझ में आ गई थी कि असली पहचान सरनेम छुपाने से नहीं बताने से बनती है। उन्होंने लिखा है कि "अब तो यह 'सरनेम' मेरे नाम का एक जरूरी हिस्सा बन गया है जिसे छोड़कर 'ओमप्रकाश की कोई पहचान नहीं है। 'पहचान' और 'मान्यता' दोनों शब्द अपने-आपमें बहुत कुछ कह देते हैं। डॉ. अम्बेडकर दलित परिवार में जन्मे थे लेकिन अम्बेडकर ब्राह्मण का द्योतक था, जो एक ब्राह्मण अध्यापक का दिया हुआ उपनाम था। लेकिन भीमराव के साथ जुड़कर उनकी पहचान बन गया, जिसके अर्थ ही बदल गए, आज 'भीमराव' का 'अम्बेडकर' के बिना कोई अर्थ नहीं है।"

आत्मकथा का दूसरा हिस्सा वाल्मीकि की नौकरी और उनकी साहित्यिक सक्रियता को व्यक्त करता है जिसमें वे अपने जीवन के उन पहलुओं की चर्चा ज्यादा करते हैं जो एक पढ़े-लिखे और समाज में एक स्तर का नाम कमा चुके दलित व्यक्ति के जीवन की दुश्वारियाँ होती हैं। जातिभेद सिर्फ़ पढ़-लिख लेने से दूर नहीं हो जाता है और न ही उसका सम्बन्ध केवल आर्थिक दशा से है। इस अंश में हम वाल्मीकि जी की बेबाक टिप्पणियाँ भी पाते हैं जिसमें वे समाज और व्यवस्था को सुधारने के लिए सिर्फ़ बाहरी भाग-दौड़ को ही पर्याप्त नहीं मानते हैं बल्कि अपने भीतर से होनेवाले तार्किक बदलाव जो मनुष्य को मनुष्य मानने को ज्यादा तरजीह देते हैं। विमल थोराट ने इस दूसरे हिस्से की भूमिका 'अस्पृश्यता के दंश' शीर्षक से लिखा है। वे लिखती हैं, वाल्मीकि जी ने इस आत्मकथा में आधुनिकता का मुखौटा ओढ़े सफेदपोश समाज के दोहरे चरित्र को बेनकाब किया है। आर्डिनेन्स फैक्टरी के भवन निर्माण से निकली मिट्टी के ढेर को अचानक आई धुआँधार वर्षा ने ढहा दिया जिसके नीचे दबकर ग्यारह मजदूरों की मौत हुई थी। बचाव करनेवालों में मात्र कुछ मजदूर और गिने-चुने लोग ही आगे आए थे। देहरादून निवासियों और फैक्टरी के जिम्मेदार अधिकारियों, मजदूर यूनियन के लीडरों की असंवेदनशीलता को देखकर वाल्मीकि जी की रूह काँप गई इस प्रकार के रवैये से व्यथित होकर वाल्मीकि जी ने एक कविता लिखी थी, जिसे फैक्टरी के कवि-सम्मलेन में सुनाने का अवसर मिला। कविता सुनकर सभी अधिकारी वर्ग और विशेषकर मजदूर वर्ग सनन रह गया।

ओमप्रकाश वाल्मीकि की इस आत्मकथा को पढ़कर यह पता चलता है कि उनका विरोध किसी व्यक्ति-विशेष से नहीं था वे न्यूनतम मानवीय गरिमा की उपस्थिति समाज में सबको मिले इसके लिए निरन्तर लड़ते रहे। अपनी बीमारी के समय उन्होंने तमाम ऐसे मित्रों को और विद्यार्थियों को याद किया है जो दिन-रात उनका ख्याल रखते थे जबकि वे दलित समाज से नहीं थे। अपने समकालीन लोगों में गैरदलित मित्रों में देवेन्द्र चौबे हों या फिर पल्लव सभी के लिए बड़े सम्मान का भाव उनके मन में था। विद्यार्थियों के सेवाभाव की प्रशंसा वे अपनी पत्नी चन्दा से कुछ इस तरह से करते हैं-"देखो, तुम परेशान रहती कि हमारा कोई अपना बच्चा नहीं है, ये बच्चे जो इस वक्त जात-पाँत भूलकर, जिस तरह मेरी सेवा कर रहे हैं, क्या हमारे अपने बच्चे इनसे ज्यादा कर सकते थे? शायद ये कौन हैं हमारे? क्या रिश्ता है इनसे? फिर भी रात-रात भर जागकर मेरी देखभाल कर रहे हैं, बिना किसी स्वार्थ नहि.. के. के ये मेरे अपने नहीं हैं? इन बच्चों ने यह साबित कर दिया है किं समाज बदल रहा है, जिसे पहचानना जरूरी है।'' एक सकारात्मक बदलाव की आहट को वे महसूस कर रहे थे, अपने व्याख्यानों में भी वे इसका जिक्र करते थे। शिमला के भारतीय उच्च अध्ययन संस्थान के प्रोजेक्ट को वे पूरा न कर सके नहीं

तो शायद हिन्दी साहित्य और समाज की दुनिया को कुछ और भी नया देते. उनके आत्मकथा के दोनों हिस्से हमें बेचैन करते हैं। उन स्थितियों पर विचार करने को विवश करते हैं जहाँ मनुष्य का शोषण मनुष्य के द्वारा होता है। एक सजग लेखक, सक्रिय नागरिक और मनुष्यता में विश्वास करनेवाले ओमप्रकाश वाल्मीकि की यह आत्मकथा 'जूठन' कठिन परिस्थितियों में जिजीविषा को बनाए रखने की प्रेरणा भी देती है। ''हमारा परिवेश हमारी चेतना को निर्मित करता है'' मार्क्स की इस मान्यता को हम यहाँ फलीभूत होते हुए देख सकते हैं। इन आत्मकथाओं में अपने भीतर की यात्रा के जरिये बाहर का जो सफ़र तय होता है उसमें केवल अपनी दुनिया की ही बात नहीं होती है पूरा सामयिक सन्दर्भ आ जाना स्वाभाविक है। दलित आत्मकथाओं को आत्मकथात्मक उपन्यास यूँ ही नहीं कहा जाता है। जीवन का पूरा विस्तार है यथार्थ को देखने की एक नई दृष्टि के साथ ये आत्मकथाएँ हिन्दी साहित्य के मुख्य धारा के साहित्य की चेतना को झकझोरती हैं और उसकी चली आ रही परम्परा में एक तरह की वैचारिक हलचल पैदा करती हैं, दलित आत्मकथाएँ, साहित्य की दुनिया में निर्मित 'औदात्य' की धारणा को बदलकर रख देती हैं और जीवन के नए-नए मुहावरों के बीच आपने पाठकों को ले जाकर खड़ा करती हैं। श्रम और मेहनत की सच्चाई के सामने कूद्म दिखावटी संस्कृति बौनी नजर आती है, इन आत्मकथाओं को पढ़ते हुए पाठक साहित्य की दुनिया की तमाम मान्यताओं को अपने भीतर उसी तरह से खारिज करता चलता है जिस तरह से सामाजिक-सांस्कृतिक बुनावट के बीच मेहनतकश मनुष्य की अस्मिता लुप्त होती जाती है। इस तरह से देखें तो ओमप्रकाश वाल्मीकि की आत्मकथा 'जूठन' अपने समय का पूरा बयान है।

# मुर्दहिया : दलित जीवन की जीवन्त कथा

डॉ. जिन्दर सिंह मुंडा

ओमप्रकाश वाल्मीकि की 'जूठन' के बाद 'मुर्दहिया' पहली दलित आत्मकथा है जिसका स्वागत दलित और गैर दलित दोनों वर्ग के लेखकों ने समान रूप से किया है। 'मुर्दहिया' में लेखक तुलसीराम ने धरमपुर दलित बस्ती की कथा लिखी है। हिन्दू समाज के लिए जो महत्त्व मणिकर्णिका का है, धरमपुर की दलित बस्ती के लिए वही महत्त्व 'मुर्दहिया' का है। प्रो. चौथीराम यादव मुर्दहिया के सन्दर्भ में लिखते हैं, 'बुद्ध' अम्बेडकर और मार्क्स के-सुचिन्तित विचारों और ग्रामीण जीवन के संघर्षपूर्ण अनुभवों के रासायनिक घोल से लिखी गई इस आत्मकथा में मुर्दहिया धरमपुर की दलित बस्ती का 'लोकल' भी है और वहाँ के लोकजीवन की प्राणधारा भी।'' यह आत्मकथा समूचे पूर्वी उत्तर प्रदेश के ग्राम्यांचल का सामाजिक, आर्थिक एवं राजनैतिक रिपोर्ताज भी है। इस आत्मकथा में लेखक तुलसीराम ने अपने गाँव और आसपास के तमाम गाँवों का इतिहास-भूगोल बताते हुए उस अंचल का एक तरह से सांस्कृतिक इतिहास प्रस्तुत किया है। 'मुर्दहिया' केवल लेखक तुलसीराम की आत्मकथा नहीं बल्कि धरमपुर की दलित बस्ती के उन तमाम लोगों की भी आत्मकथा है जो अपने अन्दर हजारों दुःख-दर्द लिये हुए मुर्दहिया में दफन हो गए थे। लेखक तुलसीराम को पूरा विश्वास है कि "यदि उनमें से किसी की भी आत्मकथा लिखी जाती तो उसका शीर्षक मुर्दहिया ही होता।'' यह आत्मकथा व्यक्ति-केन्द्रित होने के साथ ही धरमपुर की दलित बस्ती का लोकाख्यान भी है। प्राय : सभी दलित आत्मकथाओं में दलितों के साथ सवर्णों के दुर्व्यवहार की मार्मिक अभिव्यक्ति हुई है। लेकिन 'मुर्दहिया' आत्मकथा में एक प्रकार की तटस्थता का अहसास होता है। इस आत्मकथा में जहाँ सवर्णों के दुर्व्यवहार, दुत्कार और शोषण का चित्रण हुआ हैं वही सवर्णों से मिलनेवाले आत्मीयता, सद्भावना, प्यार, प्रोत्साहन और मदद का भी उल्लेख हुआ है। दूसरी ओर लेखक ने अपने परिवार में मिलनेवाले उपेक्षा और तिरस्कार को भी बिना किसी लाग-लपेट के प्रस्तुत किया है। लेखक की एक आँख क्षतिग्रस्त है। विकलांग होने के कारण परिवार से मिलनेवाली

प्रताड़ना भी जाति दंश से किसी भी रूप में कम नहीं है। इस आत्मकथा में लेखक ने एक प्रश्न उठाया है कि आखिर ऐसी सामाजिक अवधारणा का मूल आधार क्या है जिसमें एक तरफ सवर्ण अपने जातीय अहंकारवश दलितों को अपमानित करता है, दूसरी ओर दूसरों से भी अपमानित होनेवाला वर्ग अपने से किसी भी प्रकार कमतर व्यक्ति को अपमानित करना अपना जन्म-सिद्ध अधिकार मानता है। इस आत्मकथा में लेखक ने एक साथ भोगी गई दो पीड़ाओं की अभिव्यक्ति दी है। एक तो जातिगत भेदभावजनित पीडा, दूसरी एक आँख के चले जाने की पीड़ा। अपनी आत्मकथा के आरम्भ में ही अपने परिवार का वर्णन करते हुए तुलसीराम लिखते हैं-"अपने पाँच भाइयों में मेरे पिता जी सबसे छोटे थे। सभी का एक संयुक्त परिवार था, जिसमें छोटे-बड़े लगभग पचास व्यक्ति एक साथ रहते थे। पिता जी के बीचवाले भाई जो वरीयता क्रम में तीसरे नम्बर पर थे, अत्यन्त कोधी एवं क्रूर पुरुष थे। अकारण कोई भी व्यक्ति उनकी भद्दी-भद्दी गालियों का शिकार बन जाता। उनके दो बेटे एकदम उन्हीं जैसे क्रूर थे। वे सभी मुझे अकसर 'कनवा कनवा कहकर पुकारते थे। घर में कई अन्य भी कभी-कभी ऐसा ही कहते थे। इसके अलावा यह कि कभी भी कोई वैसा कहने से मना नहीं कर पाता।" यह बात लेखक को बहुत परेशान करती है कि उन्हें 'कनवा क़नवा' कहकर मानसिक प्रताड़ना मिलती रही लेकिन किसी ने उसके खिलाफ आवाज नहीं उठाई। माँ भी सिसकियाँ भरते हुए चुप रह जाया करती थी। तुलसीराम ने इस आत्मकथात्मक उपन्यास में शारीरिक विकलांगता का उपहास उड़ानेवाले लोगों के प्रति स्पष्ट आक्रोश व्यक्त किया है, साथ ही, समाज की उस मानसिकता पर प्रहार किया है जहाँ प्रत्येक व्यक्ति अपने से कमतर को अपमानित करता चलता है।

आत्मकथा 'मुर्दहिया' में जातिगत व्यवस्था का जिस तरह से चित्रण है यह अत्यन्त मार्मिक बन पड़ा है। दरअसल पूर्वी उत्तर प्रदेश या पूरे देश में जातिगत व्यवस्था में निम्न जाति के लोगों के प्रति कैसा भाव रहा है, सामाजिक ढाँचे में उन्हें किस प्रकार से दोयम दर्जे का माना जाता रहा है, उसका मार्मिक चित्रण तुलसीराम ने अपनी आत्मकथा में किया है। कई स्थान पर वे सामाजिक विद्रूपताओं पर प्रहार करते हैं, तो कई स्थान पर उन विद्रूपताओं का विशद वर्णन करते हैं। मुर्दहिया की भूमिका में तुलसीराम लिखते हैं, "हमारे गाँव की "जिओ पॉलिटिक्स यानी भू-राजनीति में दलितों के लिए मुर्दहिया एक सामरिक केन्द्र जैसी थी। जीवन से लेकर मरण तक की सारी गतिविधियाँ मुर्दहिया समेट लेती थी। सबसे रोचक तथ्य यह है कि मुर्दहिया मानव और पशु में कोई फर्क नहीं करती थी।" इस आत्मकथा में लेखक ने अपने जीवन में रची-बसी मुर्दहिया के उजड़ने के दुःख को अभिव्यक्त किया है। उनका यह दुःख बड़ा व्यापक है। इस सन्दर्भ में प्रो. चौथीराम यादव कहते हैं, "यह 'दुखिया दास कबीर का दुख है जिसके कारण वह जागता और रोता है।

मुर्दहिया के उजड़ने का मतलब है-वहाँ की स्थानीयता का लोकजीवन की जीवन्तता और मौज-मस्ती का हाशिए पर चले जाना। इस आत्मकथा में लेखक तुलसीराम यह स्पष्ट करते हैं कि मुर्दहिया का उजड़ना कोई मामूली घटना नहीं है बल्कि वह ऐसा दर्दनाक हादसा है जो भूमंडलीकरण के अन्धे दौर का दुष्परिणाम है। आधुनिकता की चकाचौंध के कारण शहरीकरण की प्रकृति आई और जिसने स्थानीयता को खत्म कर दिया। मुर्दहिया के उजड़ने से वहाँ के पशु-पक्षी, गिद्ध, कुत्ते, सियार, खरगोश आदि विलुप्त हुए और साथ ही दलित बस्ती से मजदूरों का विस्थापन भी हुआ। इस आत्मकथा में लेखक ने जिक्र किया है कि कलकत्ता जानेवाली रेलगाड़ी का रास्ता भी मुर्दहिया से होकर गुजरता था। इसी क्रम में वे पूर्वांचल के लोकगीतों का भी वर्णन करते हैं जिसे कि वहाँ की औरतें गाती हैं। मुर्दहिया में लेखक तुलसीराम ने विस्थापन की विकराल समस्या को उठाया है। इस आत्मकथा में लेखक ने बताया है कि विस्थापित मजदूरों की चिट्ठियाँ पढ़ने की आवश्यकता के कारण ही उन्हें प्राइमरी स्कूल में दाखिला मिल पाया था जिसे लेखक तुलसीराम ने अपने बचपन की सबसे कन्तिकारी घटना के रूप में याद किया है। उस समय विस्थापित मजदूरों का अपने घर-परिवार से रिश्ता कायम रखने के लिए चिट्टियाँ ही एकमात्र साधन हुआ करती थीं और विडम्बना यह है कि पूरा दलित समुदाय अशिक्षा और अज्ञानता के घोर अन्धकार में डूबा हुआ था और अस्पृश्यता उनके जीवन की सबसे अपमानजनक समस्या थी। दलितों की चिट्ठियाँ पढ़ने में सवर्ण न केवल आनाकानी करते थे अपितु उन्हें अपमानित भी करते थे। इसी अपमान से छुटकारा पाने के लिए बालक तुलसीराम के हृदय में बहुत पढ़ने की इच्छा प्रबल हुई। बालक तुलसीराम न पढ़ते तो सम्भवतः उन्हें विरासत में प्राप्त हरवाही ही करनी पड़ती। अपनी विलक्षण प्रतिभा, उत्कट ज्ञान-पिपासा और दृढ़ इच्छा-शक्ति के चलते बालक तुलसीराम तमाम विघ्न-बाधाओं से जूझते हुए प्राइमरी से लेकर हाईस्कूल तक की परीक्षाओं में औवल आते रहे जबकि उन्हें न तो कोई आर्थिक सहायता मिल रही थी न ही आरक्षण की सुविधा। उस वक्त ब्राह्मण टोला का एक भी लड़का हाईस्कूल पास तक न कर सका। इस आत्मकथा में लेखक तुलसीराम ने बड़ी सच्चाई से अपने जीवन अनुभव को प्रस्तुत किया है। सवर्णों एवं दलितों में भेदभाव प्रबल था लेकिन तुलसीराम के सवर्ण अध्यापक एवं अधिकांश सवर्ण सहपाठी उनकी प्रतिभा का सम्मान करते थे एवं उनकी नैसर्गिक प्रतिभा के प्रति आश्चर्य भी व्यक्त करते थे। वहीं कुछ ब्राह्मण जमींदारों को यह चिन्ता सताने लगी कि यदि दलित पढ़ने लगेंगे तो उनकी हरवाही कौन करेगा? ऐसे में उन्होंने यह दुष्प्रचार करना शुरू किया कि ज्यादा पढ़ने से बच्चे पागल हो जाते हैं पर इन सबका तुलसीराम पर कोई खास असर न हुआ और उन्होंने आजमगढ़ के डी.ए.वी. कॉलेज से इंटरमीडिएट की पढ़ाई कर ली। आगे जाकर उन्होंने पीएचडी तक का सफर तय किया।

दलित आत्मकथाओं में वेदना और विद्रोह का स्वर काफी प्रबल होता है और विद्रोह की प्रेरणा डॉ. अम्बेडकर की वैचारिकी से मिलती है। इस सन्दर्भ में तुलसीराम की आत्मकथा मुर्दहिया किंचित भिन्न है आलोचक प्रो. चौथीराम यादव कहते हैं। यहाँ वेदना तो भरपूर है लेकिन आक्रोश भरा विद्रोही स्वर बुद्ध की करुणा के संस्पर्श से शमित होकर मानवीय संवेदना का एक व्यापक परिप्रेक्ष्य प्रस्तुत करता है। अतः इस अर्थ में मुर्दहिया रोती हुई संवेदनाओं की आत्मकथा है जिसे पढ़ते समय लेखक के बार-बार रोने का अहसास होता है।'' मुर्दहिया में ऐसे अनेक घटना-प्रसंग आए हैं जहाँ आक्रोश भरे प्रतिरोध की काफी गुंजाइश थी लेकिन उन घटना-प्रसंगों में लेखक का विश्वास प्रतिरोध की अपेक्षा बुद्ध की करुणा और मैत्री के सनदेश पर कहीं ज्यादा है। इस आत्मकथा के कई प्रसंग इस बात की ओर ध्यान आकृष्ट करते हैं। मुर्दहिया आत्मकथा में जहाँ भी पशु-पक्षियों और जानवर सम्बन्धी वर्णन मिलते हैं उसे पढ़कर महसूस होता है कि लेखक तुलसीराम को पशु-पक्षियों के मनोविज्ञान एवं स्वभाव को परखने में महारत हासिल है। ऐसा इसलिए भी है कि क्योंकि तुलसीराम पशु-पक्षियों को लोकजीवन का अभिन्न अंग मानते हैं। पशु-पक्षियों के प्रति लेखक की सूक्ष्म निरीक्षण दृष्टि एवं अद्‌भुत वर्णनात्मक क्षमता का परिचय आत्मकथा में कई जगहों पर मिलता है चाहे सूअर को भात देने के लिए, सूअर को दौड़कर घेरने, बाँस की काँडी में अलटा लटकाकर ले जाने, उसे क्रूरतापूर्वक मारने और उसके चीखने-चिल्लाने का दृश्य हो अथवा मुर्दा पशुओं के खाल उतारने का कला-कौशल या फिर चूहों को बिल में से बाहर निकालने और उनको भूनने का दृश्य हो। शिष्ट साहित्य में वर्जित ये दृश्य दलितों के लिए जीवनोत्सव के क्षण होते हैं। लेखक ने अपने जीवन के अनुभवों के आधार पर इन्हें इतने मनोरंजक ढंग से प्रस्तुत किया है कि हमें उसमें कहीं से भी वीभत्सता का अहसास भी नहीं होता। काँडी में उलटा लटकाकर ले जाते समय सूअर के चीखने-चिल्लाने का एक व्यंग्यगर्भित रोचक उदाहरण प्रस्तुत है, "जिस तरह उस जमाने में सवर्ण घरों की कन्याएँ विवाह के बाद विदा होकर डोली में बैठकर ससुराल जाते समय रोती-चिल्लाती तथा रुदन गायकी करती रहती थी ये सूअर भी वैसे ही मानव कन्धों पर काँडी में बँधे तथा उलटे लटके हुए रास्ते भर चिल्लाते रहते थे।'' इस तरह के वर्णन में हम शिष्ट साहित्य के सौन्दर्यशास्त्र से भिन्न दलित साहित्य के सौन्दर्यशास्त्र को समझ सकते हैं। अपनी आत्मकथा मुर्दहिया में तुलसीराम ने पूर्वांचल के ग्रामीण जीवन में बोले जानेवाले कई मृतप्राय शब्दों को भी पुनर्जीवित किया है। साथ ही अर्थ-गर्भित भाव-व्यंजना मुर्दहिया की सहज भाषा की प्रमुख विशेषता है। आत्मकथा में दलित-जीवन के चित्रण के जितने बिम्ब हैं वे सभी सहजता के साथ एक सघन प्रभाव छोड़ते हैं। मुर्दहिया को रचते हुए लेखक तुलसीराम उन तीन दलित मजदूरों को बड़ी आत्मीयता से याद करते हैं जिनके विचारों ने उन्हें प्रभावित किया। वे

तीन मजदूर हैं।-''सोवियत संघ में समोही खेतीवाले मुन्नर चाचा, दूसरे डांगे को डंगरिया कहनेवाले सोनई तथा तीसरे थे दढ़ियल जैदी चाचा।'' तुलसीराम ने अपनी आत्मकथा 'मुर्दहिया' में दलित जीवन के कष्टों, यातनाओं, उपेक्षाओं, प्रताड़ना आदि की खुलकर अभिव्यक्ति की है और एक नई दृष्टि प्रस्तुत की है। कथ्य एवं चित्रण दोनों दृष्टि से 'मुर्दहिया' एक अनूठी साहित्यिक कृति है। इस आत्मकथा के जिन उपशीर्षकों के माध्यम से लेखक ने अभिव्यक्त किया है वे लेखक के जीवन एवं आसपास की परिस्थितियों को चित्रित करने में सफल रहे हैं। चाहे वह भुतही पारिवारिक पृ.भूमि हो, मुर्दहिया तथा स्कूली जीवन हो, मुर्दहिया के गिद्ध तथा लोकजीवन हो या चले बुद्ध की राह हो। ये उपशीर्षक लेखक के जीवन की गति, दिशा एवं स्पष्ट चिन्तन को अभिव्यक्त करने में अत्यन्त सक्षम हैं। 'मुर्दहिया' आत्मकथा में जितने भी पात्र हैं उनकी अभिव्यक्ति जीवन्त प्रतीत होती है। लेखक की माँ धीरजा, दादा जी जूठन लेखक की दादी मुसड़िया, लेखक के पिता सोम्मर, मुन्नेसर काका, नग्गर काका, मुन्नर काका, प्राथमिक विद्यालय के शिक्षक मुन्शी रामसूरत, हेडमास्टर परशुराम सिंह, लेखक के मित्र संकठा सिंह, किसुनी भौजी एवं सुभगिया, करपात्री महाराज, सुग्रीव सिंह, दलित नेता रामधन, तपसीराम, लेखक के मित्र अरुण सिंह, देवराज सिंह एवं जैदी काका ये सभी चरित्र आत्मकथा को गति देते हैं साथ ही समाज में विभिन्न मानसिकतावाले व्यक्तित्व का प्रतिनिधित्व भी करते हैं। इस आत्मकथा को पढ़ते हुए यह सहज बोध किसी भी पाठक को हो सकता है कि लेखक के जीवन में सकारात्मक एवं नकारात्मक दृष्टि रखनेवाले कई चरित्रों का प्रभाव रहा लेकिन लेखक की जिजीविषा प्रबल रही जिसकी वजह से वे लगातार जीवन में सफलता की ओर बढ़ते रहे। समाज में जातिगत भेदभाव कायम होने का दुःख उन्हें हमेशा सालता रहा और इस आत्मकथा के माध्यम से उन्होंने भेदभाव की मानसिकता पर प्रहार किया है। लेखक तुलसीराम ने अपनी आत्मकथा में लिखा है कि "तमाम दलित लड़कों को रावण की सेना में विभिन्न राक्षसों की भूमिका दी जाती थी। हम राक्षस बने रामलीला में रोज मरते थे।'' यह पंक्ति कोई सामान्य कथा चित्रण की पंक्ति नहीं बल्कि मनुवादी सामाजिक व्यवस्था में जातिगत भेदभाव की जड़ें कितनी गहरी कायम हैं इसका अहसास कराती हैं। संविधान ने सबको बराबरी का हक दिया है लेकिन हमारे समाज में लोगों की मानसिकता भेदभावपूर्ण है और उसी का नतीजा है कि संविधान निर्माण के सत्तर वर्षों के बाद भी समाज में भेदभावपूर्ण नीतियाँ कायम हैं। लेखक की यह आत्मकथा उस मानसिक बदलाव की माँग करती है जहाँ जाति को लेकर या विकलांगता को लेकर किसी भी प्रकार का कोई भेदभाव न किया जाय।

# तुलसीराम की माइटोकांड्रिया : 'मुर्दहिया'

अवनीश यादव

दलित लेखन का वैचारिक धरातल भारतीय सामाजिक संरचना की बुनावट में जाति की जड़ता के विरुद्ध है। जाति को लेकर जैसा विभाजन इस समाज में देखने को मिलता है वह प्रत्येक लोकतान्त्रिक व्यक्ति को असहज कर सकता है। दलित लेखन समाज की इसी असमानता को प्रश्नांकित कर उपेक्षित, उत्पीड़ित जन की अस्मिता को मानवीयता के साथ उच्च धरातल पर अवस्थित करने का प्रयास है।

लेखक के लिए जितनी जरूरत सामाजिक प्रतिबद्धता की होती है, उतनी निजी ज़िन्दगी में ईमानदारी की भी। बिना ज़िन्दगी में ईमानदार हुए कोई भी लेखक अपने को, अपने समाज के सम्पूर्ण सच को प्रकट करने का दावा नहीं कर सकता। जब बात आत्मकथा विधा लेखन की हो तब यह गुण अपनी उपस्थिति की और अपील करता है। तुलसीराम द्वारा लिखित 'मुर्दहिया' आत्मकथा विधा की रचना है। यद्यपि कुछ विद्वानों ने इसे उपन्यास के गुणों से भरपूर बताया तो कुछ ने दलित आत्मकथाओं में भी अलग दर्जा दिया। प्रथमतः यह आत्मकथा पत्रिका 'तद्‌भव' में किस्तवार प्रकाशित हुई। बकौल तुलसीराम, "मुर्दहिया सही मायनों में हमारी दलित बस्ती की जिन्दगी थी। इस ज़िन्दगी को मुर्दहिया से खोदकर बाहर लाने का पूरा श्रेय 'तद्‌भव' के मुख्य सम्पादक अखिलेश को जाता है। वे हमेशा मेरे सामने कलम के बदले फावड़ा लिए तैयार मिलते थे। सही अर्थों में मैंने उनके ही फावड़े से खोदकर मुर्दहिया' से अपनी ज़िन्दगी को बाहर निकाला" (मुर्दहिया, नौवां संस्करण, 2023, भूमिका से)। पुस्तकाकार रूप में राजकमल प्रकाशन से इसका प्रथम संस्करण वर्ष 2010 में प्रकाशित हुआ, अब तक (2023) इसके नौ संस्करण आ चुके हैं। 'मुर्दहिया' का पहला संस्करण जब हिन्दी समाज के सामने आया तब किसी ने सोचा नहीं था कि कुछ ही समय में यह आत्मकथा न सिर्फ़ दलित हिन्दी साहित्य में, बल्कि पूरे हिन्दी जगत में एक मानक रचना के रूप में स्थापित हो जाने वाली है।' (फ्लैप से)इसके संस्करण से इस पुस्तक में व्याप्त संस्कार और संघर्ष का बखूबी अन्दाजा लगाया जा सकता है, जो इसकी लोकप्रियता का हेतु भी है।

जहाँ तक असल सवाल 'मुर्दहिया' के मूल्याँकन का है साहित्य के अन्य विधाओं की भांति इस विधा के भी कुछ अपने टूल्स हैं मसलन-वैयक्यिकता, आत्मलोचन, आत्मोद्‌घाटन और आत्मगोपन। परन्तु नब्बे के दशक के बाद या विशेष आत्मकथाओं पर यह लागू ही हो यह आवश्यक नहीं स्वयं लेखक द्वारा प्रस्तुत किया गया अपना जीवन वृत्तान्त ही आत्मकथा है। इसके लेखन में लेखक की ईमानदारी की परीक्षा होती है। इसमें न तो आत्मप्रशंसा होनी चाहिए और न ही व्यक्तिगत दोषों के दुराव की प्रवृत्ति। "आत्मकथा समय के न्यायाधीश के समक्ष दिया गया बयान है।" अब देखना यह कि 'मुर्दहिया' में समय की शिला पर कितने बयान दर्ज़ हैं जो आपबीती से जगबीती का आख्यान रचते हैं। मुर्दहिया के कथ्य की शुरुआत लेखक तुलसीराम ने बड़ी बेबाकी से अपने उत्तरप्रदेश के आजमगढ़ जिले के 'धरमपुर' गाँव से की है। अपने पिता के पांच भाइयों एवं बूढ़ी दादी माँ से बने संयुक्त परिवार उस क्षेत्र में स्थित मुर्दहिया एवं उससे प्रत्यक्ष-अप्रत्यक्ष सम्बन्धरखने वाले जीव-जन्तुओं का हवाला देकर वह शुरूआत करते हैं। यदि घर के सदस्यों पर नज़र डालें तो प्रत्येक सदस्य का व्यक्तित्व तत्कालीन समय-समाज को प्रभावित करता है। सबसे बड़े सोम्मर चाचा जो आज़ादी के पूर्व से ही बारहगाँवा के चौधरी चुने जाते थे बड़े तर्कबाज थे, पर उनकी बातों में वजन और निष्पक्षता होती थी। दूसरे और तीसरे नम्बर के भाई मुनेस्सर और गुस्सैल नगगर थे। "ये दोनों उप्र में प्रचलित प्रसिद्ध 'शिवनारायण पन्थ' के 'धर्मगुरु' थे। इन दोनों गुरुओं के दर्जनों अलग-अलग चेले थे, जो दूर-दूर के गाँवों में फैले हुए थे।--शिवनारायण पन्थ की सबसे बड़ी विशेषता यह कि इसके संस्थापक शिवनारायण स्वयं उत्तर प्रदेश के बलिया जिले के एक क्षत्रिय थे, किन्तु उनके अनुयायी सिर्फ़ दलित जाति के लोग बने। शिवनारायण पन्थी बन जाने पर उस व्यक्ति को 'गुरुमुख' कहा जाता था"(मुर्दहिया, पृ.-17, 13) चौथे नम्बर पर थे मुन्नर काका जो बिल्कुल भिन्न एक समन्वयवादी किस्म के व्यक्ति थे। अपनी इसी विशेषता के कारण परिवार के मुखिया बने हुए थे और पांचवें नम्बर पर स्वयं लेखक तुलसीराम के पिता थे जिनका नाम तेरसी था; जिन्हें मछली मारने में महारत हासिल थी। ये अत्यन्त धर्मान्ध भी थे, ब्राह्मण जमींदारों के खेतों में परम्परागत रूप से चली आ रही बन्धुआ मज़दूरी एवं हरवाही को अपना जन्मसिद्ध अधिकार एवं पवित्र कार्य समझते थे। इनका मानना था, "यदि हरवाही छोड़ दूंगा तो 'ब्रह्महत्या' का पाप लगेगा।"(वही, पृ.-14) तुलसीराम की माता धीरजा मजदूरी करती थीं और दादी माँ सौ वर्ष से ज्यादा जिन्दा रहीं। इनके दीर्घायु होने के कई किवदन्तियों का उल्लेख भी है। घर का प्रत्येक सदस्य अजायबघर के प्राणी की तरह था। सबमें अन्धविश्वास, जड़ता, अशिक्षा और रूढ़िवादिता इस क़दर हावी थी कि प्रत्येक प्रतिक्रिया को 'भुतही प्रतिक्रिया' से जोड़कर देखा जाता था। इसी भुतहे अजायबघर में प्राणियों की संख्या में वृद्धि कर रहे थे तुलसीराम भी। जिन्होंने अपने

पारिवारिक परिवेश का उल्लेख 'भुतही पारिवारिक पृ.भूमि' शीर्षक से पूरी ईमानदारी से उद्‌घाटित किया, "मूर्खता मेरी जन्मजात विरासत थी। मानव जाति का वह पहला व्यक्ति जो जैविक रूप से मेरा खानदानी पूर्वज था, उसके और मेरे बीच न जाने कितने पैदा हुए, किन्तु उनमें से कोई भी पढ़ा-लिखा नहीं था--।"(वही, पृ. 9)

तुलसीराम के जन्म से लेकर इंटरमीडिएट तक की शिक्षा, संघर्ष, अभाव, पीड़ा, लाचारी एवं दादी और मुर्दहिया से प्रेम की कथा कुल सात अध्यायों मसलन-भुतही पारिवारिक पृ.भूमि, मुर्दहिया तथा स्कूली जीवन, अकाल में अन्धविश्वास, मुर्दहिया के गिद्ध तथा लोकजीवन, भुतनिया नागिन, चले बुद्ध की राह और आजमगढ़ में फाकाकशी में फैली हुई है। ये महज़ सात अध्याय ही नहीं बल्कि 'धरमपुर'(आजमगढ़) गाँव में लगे सात कैमरे हैं, जिनके दृश्यों को बिना सेन्सर किए 'मुर्दहिया' रूपी पटकथा की निर्मिति हुई। इसके संवादों में जीते-जूझते अनगिन दृश्य हैं, जो आँखों से जल्दी ओझल नहीं होते। अम्बिका पांडे से साइत पूछकर बालक तुलसीराम की अध्ययन की यात्रा (1 जुलाई, 1949, प्राइमरी पाठशाला, शेरपुर कुटी) जो शुरू हुई तो पिता की चिठ्ठी पढ़वाने योग्य बनाने की हार्दिक मन्शा, "इस्कूले ना जइबा त चिठिया के पढ़ी?"(वही, पृ. 24) इसे समय के सापेक्ष गति देती रही। जिसके परिणामस्वरूप तुलसीराम की बौद्धिक विलक्षणता में चार चाँद लगता रहा। पर तत्कालीन परिवेश इतना सहज नहीं था कि एक दलित की पढ़ाई को पचा पाता। समाज की कुरीतियाँ मसलन-छूआ-छूत, ऊँच-नीच, ब्राह्मण-शूद्र आदि के तराजू में जोखे गए भाव और अध्यापकों, सहपाठियों की जिह्वा से निकलकर मन को गहरे तक ठेस पहुँचानेवाली भाषा-'का रे चमरा ', चमरकिट, अपशकुन, कनवा आदि अपशब्द तुलसी के शिक्षा रूपी ट्रेन को विराम देनेवाली जंजीर की भाँति थी तो वहीं आगे की कक्षा में प्रवेश हेतु अध्यापकों को रिश्वत के तौर पर 'पसकराई' देने की अनिवार्यता, दादी के अतिरिक्त घर के अन्य सदस्यों का आगे की कक्षा में प्रवेश का विरोध, गहन कुहासे की भाँति था।, बकौल तुलसीराम, "मेरे जैसे परिस्थितिवाले बच्चों के लिए दो रुपया जुटाना बड़ा संघर्ष था। मेरे घरवाले बड़ी नफ़रत से कहते थे कि यदि पैसा ही देकर पास होना है तो इसे पढ़ाने से क्या फ़ायदा! वे समझते थे कि मैं पढ़ने में कमज़ोर हूँ,--वे यह मानने को तैयार नहीं थे कि यह पसकराई एक प्रकार का घूस था, जो हर किसी को देना पड़ता था।"(वही, पृ. 26) दोनों ही परिस्थितियों में गति का प्रभावित होना लाज़िमी था। यद्यपि विपरीत परिस्थितियों के बावजूद दो चीजें तुलसीराम के पास थीं, ख़ुद में जुनून दूसरा दादी का स्नेह और सम्बल। सही अर्थों में पात्र दादी जिसके बिना तुलसीराम अधूरे हैं, और धरमपुर की मुर्दहिया भी। जिनका ज़िक्र करना ज़रूरी इसलिए भी है कि वह तुलसीराम की प्रेरणा, कथनों /कहावतों की इनसाइक्लोपीडिया, तो पड़ोसियों के लिए प्राथमिक वैद्य थीं। वह तुलसीराम के प्रत्येक कार्य की सकुशल सम्पन्नता के लिए 'चमरिया माई' को धार

पुजौरा चढ़ाने के लिए कहतीं। चेचक की बीमारी से तुलसीराम का आँख-खोना, चेहरे की कुरूपता और पढ़ाई में कुशलता आदि प्रकरण उनके प्रति दादी के स्नेह प्रगाढ़ता के लिए पर्याप्त था। वे लोरियाँ सुनातीं, "राजा रानी आवय नय--।" यहाँ तक कि घोर अन्धविश्वास, निरक्षरता और अभाव के बावजूद वह तुलसीराम की आगे की पढ़ाई के लिए अपने गुप्त रूप से रखे विस्ठौरिया (महारानी विक्टोरिया) के 37 सिक्के भी देने के लिए तैयार हो सकती थीं। इसी स्नेह के कारण पाठक सहज ही दादी से अपनत्व स्थापित कर लेता है। और उसके फटे आँचल से तुलसीराम की भाँति मुँह ढकवाने के लिए बेताब हो जाता है। कहा जा सकता है समाज/परिवार में कुछ सदस्य ऐसे भी होते हैं जिनमें लाख अभाव का कृष्णपक्ष भी है तो विश्वास और उम्मीद का शुक्लपक्ष भी; जो बुझते दीपक की लौ बनकर कुछ देर के लिए ही सही आगे की पीढ़ी को प्रकाश देने का साहस करते हैं।

धरमपुर गाँव की दक्षिणी बसावट में हरिजन बस्ती है। गौरतलब है कि सिर्फ़ धरमपुर गाँव में ही यह स्थिति नहीं बल्कि अधिकांश गाँवों की हरिजन बस्तियाँ दक्षिण में ही पाई जाती हैं। "एक हिन्दू अन्धविश्वास के अनुसार किसी गाँव में दक्षिण दिशा से ही कोई आपदा, बीमारी या महामारी आती है, इसलिए हमेशा गाँवों के दक्षिण में दलितों को बसाया जाता था। अत: मेरे जैसे सभी लोग हमारे गाँव में इन्हीं महामारियों-आपदाओं का प्रथम शिकार होने के लिए ही दक्षिण की दलित बस्ती में पैदा हुए थे। साथ ही गाँव का भौतिक भूगोल उन तमाम भुतही खूनी अफ़वाहों के लिए प्राकृतिक रूप से बेहद अनुकूल था--।"(वही, पृ. 41) ऐसे वातावरण में बसावट की वर्गीय मानसिकता तो उजागर हो ही जाती है। दलितों में प्राय : भुखमरी, आर्थिक तंगी व्याप्त थी, किस तरह तुलसीराम का परिवार या यूँ कहें दलित दो वक्त की रोटी के लिए संघर्ष करते थे। भोजन के नाम पर कभी मरे पशुओं, चूहों, आम की गुठलियों, सूअरों आदि को खाते थे। बरसात में दलितों के लिए भोजन का प्रबन्ध करना बड़ा कष्टदायी होता था। तुलसीराम की जुबानी सुनिए, "मैं भी अन्य बच्चों की तरह टिन की बालटी तथा झाड़ू लेकर जाता और झाड़ू से चूहों को मार-मारकर बालटी भर जाने पर उन्हें घर लाता।--उसका मांस पकाकर खाया जाता था।"(वही, पृ. 33) इसके अतिरिक्त चूहे के बिलों को खोदकर उनसे अनाज निकाला जाता। जो अशिक्षा, अज्ञानता नहीं भुखमरी और भयावहता का सूचक है। यह भुखमरी अकाल में और बेहाल करती रही। 'अकाल में अन्धविश्वास' की कथा में 1958-1959 के भयंकर सूखे का जिक्र जिसमें दलितों के पेट का प्रबन्ध कुछ इस तरह था, "अकाल के दौरान सबसे सस्ती वस्तु चीनी मिल से निकला हुआ चोटा होता था। अधिकतर दलित बाजार से चोटा लाकर सुबह और दोपहर को उसका रस घोलकर पीते थे तथा उसके साथ मटर की दाल पानी में भिगोकर एक-दो मुट्ठी खा लेते थे।"(वही, 62) दलितों को प्राकृतिक आपदा से कहीं अधिक मानवीय आपदा भी हानि पहुँचाती

थी। मजदूरी के बहाने शोषण के साथ-साथ अकाल /सूखा में उच्च जमींदार वर्ग दलितों को फ़सल को बोने और खाने के लिए 'सवय्या' पर बेगही देते थे। "सवय्या का मतलब था कि यदि एक सेर बेंगही दिया गया तो फ़सल कटने के बाद सवा सेर अनाज लौटना पड़ेगा।--अकाल में पेट भरने के उद्देश्य से जब उनसे बेंगही माँगी जाती, तो वे 'डेढ़िया' पर देने को तैयार होते। 'डेढ़िया' का मतलब था एक सेर के बदले डेढ़ सेर वापस करना। "(वही, 63) उस भुखमरी के दौर में यह अमानवीय डेढ़िया की मुनाफाखोरी शोषण की पराकाष्ठा ही थी।

वैसे तो पूरी मुर्दहिया की कथा ही अन्धविश्वास, अशिक्षा, भुखमरी, सवर्णों का दलितों के प्रति अमानवीय व्यवहार से भरी पड़ी है। परन्तु एक घटना जो पूरे मुर्दहिया के रोम-रोम को झंकृत कर देती है। सन 1957 के भादों के महीने में तुलसीराम के पिता के हारवाही के मालिक सुदेसर पांडे की माँ की मृत्यु का प्राप्त हो जाना तथा अम्बिका पांडे का पतरा खरवाँस महीने का हवाला देकर दाह संस्कार को 15 दिन के लिए स्थगित करने और लाश को सड़ने से बचाने हेतु कफन में सोने की मुनरी बाँधने की सलाह देना। ठीक पन्द्रह दिन बाद तुलसीराम और उनके पिता विषाक्त दुर्गन्ध का सामना कर लाश को मिट्टी से खोदकर बाहर निकालते हैं इस परिस्थिति में सवर्ण पात्रों का नाक बाँधकर लाश से दूरी बनाए रखना, यहाँ तक कि सुदेसर पांडे भी अपनी मरी हुई माँ से पर्याप्त दूरी बनाते हुए कफन में बँधी सोने की मुनरी की पहले माँग करते हैं, " वे पिता जी से कहते रहे कि वे सोनेवाली मुनरी को पहले ढूँढ़कर कफ़न से निकाल लें। " वाकया शोचनीय है बकौल तुलसीराम "उस दिन मेरे मन में पहली बार यह बात समझ में आई थी कि किसी के लिए माँ की लाश की अपेक्षा सोना कितना प्रिय था। "(वही, 51) शायद ऐसी ही मानसिकता को केन्द्र में रख लोक में यह कहावत चलन में है-'बाप बड़ी न मईया, सबसे बड़ी रूपईया। ' कुछ घटनाएँ और जो समाज के वैचारिक /मानसिक खोखलेपन को दर्शाती हैं मसलन-जब स्कूल के कुएँ की जगत को कुतूहलवश बालक तुलसीराम ने एक उँगली से क्षणभर के लिए छू दिया। प्रतिक्रिया में दौड़ते और चिल्लाते हुए मिसिर जी मुन्शी जी से कहते हैं, "चमरा ने छू लिया''। इतना ही नहीं पढ़े-लिखे मुन्शी जी दिन भर ठहर-ठहरकर गलियाँ देते रहे। और एक दिन स्कूल के बरामदे में खड़ी रणवीर सिंह की साइकिल के हैंडल को छूने मात्र से एक जोर का थप्पड़ रसीद हुआ और यह सुनने को मिला "चरजामा पहिरके तोहार दिमगवा ख़राब होई गयल है, सरऊ कहीं कै। "(वही, पृ.141) ये घटनाएँ सीमित नहीं थीं केवल मुर्दहिया के परिवेश तक, बल्कि उसके बाहर के परिवेश में भी दलितों की यही स्थिति थी। बोर्ड एग्जाम के समय जब तुलसी अपने साथी चिन्तामणि सिंह के साथ एक किराए के कमरे में रहने के लिए जाते हैं तो मकान मालिक ने साफ कह दिया, "किसी 'चमार-सियार' को नहीं रहने दिया जाएगा। "( वही, पृ.155)

निश्चित तौर पर ऐसे व्यवहार, ऐसी घटनाएँ हमें सोचने पर मजबूर करती हैं। बार-बार हिन्दू समाज को पहचानने के लिए विवश करती हैं कि समाज में मनुष्य-मनुष्य के बीच यह स्थिति। "इसी व्यवस्था से यह मानसिकता भी पैदा हुई कि लोग कुत्ते-बिल्लियों के जूठे बरतन धोकर उसका पुन: इस्तेमाल कर लेते थे, लेकिन तथाकथित अछूत का छूआ बरतन उनके लिए सदा-सदा के लिए त्याज्य हो जाता था। अर्थात अपने ही धर्म, समाज के लोगों को कुत्ते बिल्लियों से बदतर मानना उनका धर्म रह गया था। आज़ादी के इतने वर्षों बाद भी हिन्दू मन्दिरों में प्रवेश के लिए संघर्ष करना पड़ रहा है यह चिन्ताजनक एवं आश्चर्य का विषय नहीं है, इसके बावजूद समाज पूरी तरह से नष्ट नहीं हुआ यह अत्यधिक आश्चर्य का विषय है। आज भी यह समाज अपनी क्षीण काया में साँसें ले रहा है और रह-रहकर मनुष्य के विरुद्ध फुफकार भी छोड़ता है। "(समकालीन भारतीय साहित्य, अंक, जुलाई-अगस्त, 2009, पृ.202) मुर्दहिया भारतीय समाज के इसी मर्म पर प्रहार करती है। आत्मगोपन और आत्मोद्घाटन का इससे खुला-अधखुला रहस्य कुछ हो भी नहीं सकता। मुर्दहिया की पटकथा को देखकर स्मरण हो आता है एक लोक कलाकार का लोकगीत-

*"घर के बासन कुतिया चाटै, हमरे छुईले जहर होई जाए*
*पनियाँ ऊपरा से पियावा मितऊ, पनिया उपरा से पियावा---।"*

एक स्वस्थ साहित्य सदैव अपने समय की घटनाओं, जन के हृदय के हिलोरों को केन्द्र में रखकर चलता है; मुर्दहिया इससे अछूती नहीं है। दो-तीन बड़ी घटनाएँ जो तुलसीराम के जीवन के साथ घट रही थीं प्रथम-1957 का पहला आम चुनाव, दूसरा 1857 के गदर की 100वीं वर्षगाँठ और उभरती कम्युनिस्ट पार्टी, प्रजा सोशलिस्ट पार्टी दलित बस्ती के जेहन में जाने-अनजाने में ही सही नई सोच, नया नज़रिया देने का कार्य करती है। कौड़ा पर चुनावी चर्चा होती थी। स्वयं लेखक स्वीकार करता है-'आज मैं अन्तरराष्ट्रीय राजनीति के एक बड़े सेंटर का प्रोफ़ेसर एवं अध्यक्ष बन चुका हूँ, तो यह स्वीकारने में गर्व होता है कि इसके पीछे मेरी प्रेरणा के असली जन वे तीन गरीब मज़दूर (मुन्नर, सोनई और जैदी चाचा) जिन्होंने मुझे अन्तरराष्ट्रीय राजनीति की तरफ़ अनजाने में ही खींचा था।' आप खुद देखिए, "ऐसे ही एक दिन मुन्नर चाचा ने बताया कि जवाहरलाल नेहरू रूस से सीखकर आएँ हैं कि अब भारत में 'समोही खेती होई, अऊर सब कमाई सब खाई, नेहरू जी करखन्ना खोलिहैं आ पाँचि साल में एक बेर योजना बनईहैं। पहिले हकबट होई फिर चकबट।' उनकी ये बातें मुझे बिलकुल समझ में नहीं आती थीं, ख़ास करके समोही खेती। वर्षों बाद जब हाईस्कूल में गया तो समोही का भेद सामूहिक खेती के रूप में मैं समझ पाया।--यह मेरे लिए अतिविशिष्ट घटना थी, जब मैं जाने या अनजाने में समाजवाद तथा सोवियत संघ से आठ वर्ष की उम्र में प्रभावित हुआ था। मेरे पिता जी प्राय : कहा करते थे अधपेटवा खाना, बिरही बोल किसी के लिए सहना

मुश्किल होता है। "(मुर्दहिया, पृ. 37, 38) किसान नेता लालबहादुर शास्त्री और प्रथम प्रधान मन्त्री जवाहरलाल नेहरू और प्रख्यात विद्वान राहुल सांकृत्यायन की मृत्यु के समाचार पर जन की प्रतिक्रिया जन की संवेदना की सघनता ही थी, जिसे मुर्दहिया भी अपलक देखती रही।

रचना की सार्थकता बहुत कुछ उसके शीर्षक पर भी निर्भर करती है। 'मुर्दहिया' बकौल तुलसीराम "हमारे गाँव धरमपुर (आजमगढ़) की बहूद्देशीय कर्मस्थली थी। चरवाही से लेकर हरवाही तक के सारे रास्ते वहीं से गुजरते थे। इतना ही नहीं, स्कूल हो या दुकान, बाजार हो या मन्दिर, यहाँ तक कि मजदूरी के लिए कलकत्तावाली रेलगाड़ी पकड़नी हो, तो भी मुर्दहिया से ही गुजरना पड़ता था। हमारे गाँव की 'जिओ-पॉलिटिक्स' यानी भू-राजनीति में दलितों के लिए मुर्दहिया एक सामरिक केन्द्र थी। जीवन से लेकर मरन तक की सारी गतिविधियाँ मुर्दहिया समेट लेती थी। सबसे रोचक तथ्य यह कि मुर्दहिया मानव और पशु में कोई फ़र्क नहीं करती थी। वह दोनों की मुक्तिदाता थी। विशेष रूप से मरे हुए पशुओं के मांसपिंड पर जूझते सैकड़ों गिद्धों के साथ कुत्ते और सियार मुर्दहिया को एक कला स्थली में बदल देते थे। रात के समय इन्हीं सियारों की हुमआँ-हुआँ वाली आवाज़ उसकी निर्जनता को भंग कर देती थी। हमारी दलित बस्ती के अनगिनत दलित हजारों दुख-दर्द अपने अन्दर लिये मुर्दहिया में दफ़न हो गए थे। मुर्दहिया सही मायने में हमारे दलित बस्ती की जिन्दगी थी। "(भूमिका से) गौरतलब है कि मुर्दहिया पर जितना अधिकार पशु-पक्षियों का था उतना ही मनुष्यों (दलितों) का। अपने विभिन्न रूपों में वह दोनों की पोषणकर्ता थी और दोनों की मुक्तिदाता भी।

लेखक ने मुर्दहिया की ऐतिहासिक गौरवगाथा के वर्णन के साथ-साथ उस अंचल की अलसाई सोंधी सुगन्धों को भी ब्राह्मणों के श्लोकों, बाबाओं के गीतों, हींगवाले की पुकार, चुड़िहारिन, गोदना गोदनेवाली के प्रस्ताव गीत, नटनिया का अलाप, काव्यशैली वाले जोगी बाबा के तुकबन्दियों, भुतनिया नागिन, जानवरों के कोलाहल, और स्वयं अपने मुँह से निकाले गए शाब्दिक फौवारो को भी उसी उत्साह से दर्ज़ किया है जिस उत्साह से 'अकाल में अन्धविश्वास' में मुड़कटवा, धोरकसवा, लकड़सुँघवा, सिरगोदवा आदि प्राणियों के अफ़वाह और आतंक को। खैर, कुछ और भी पंक्तियाँ जो दलितों के बीच मुस्कान नहीं बल्कि उनके पीड़ित मन:स्थिति को दर्शाती हैं। पंक्तियाँ गौरतलब हैं-

*"हरिजन जाति सहै दुख भारी हो*
*हरिजन जाति सहै, दुख भारी।।*
*जेकर खेतवा दिन भर जोतली,*
*उहै देला गारी हो, दुख भारी।।*
*हरिजन जाति सहै, दुख भारी।। "( वही, पृ.106)*

अपने इन्हीं दुखों और दर्दों के बीच श्रमशील, कमेरा दलित वर्ग श्रम के बीच मुट्ठी भर सुख का आकाश ढूँढ़ ही लेता है, जिसकी बुनियाद पर वह कल के लिए श्रम-शक्ति को अर्जित कर लेता है। मुर्दहिया अंचल की मजदूरिनें पुर तथा घर्रा के दौरान मोट छीनते हुए कुएँ से पानी निकालतीं तो दलित मजदूर यह गीत गाते, जो महज मनोरंज नहीं, श्रम के बीच सुख का परिचायक है। आप खुद देखें-

*"ऊँचे ऊँचे कुअँना क नीची बा जगतिया रामा*
*निहुर के पनिया भरै, हई रे साँवर गोरिया*
*पनिया भरत कै हिनकर झुमका हेरैला रामा*
*रोवत घरवा आवै ले रे साँवर गोरिया। " (वही, 67)*

तुलसीराम का मुर्दहिया के मार्फ़त उभरे सम्पूर्ण व्यक्तित्व में दादी एवं माता की अपार ममता, उच्च वर्गों की कठोरता, नग्गर चाचा की बेरुखी, स्वयं का संघर्ष, पीड़ा, लाचारी और बचपन का अभावग्रस्त आनन्द भी है तो 'चले बुद्ध की राह'और 'आजमगढ़ में फाकाकशी' के दौर में कुछ मित्रों और गुरुजनों का विशेष सहयोग और सम्बल व्यक्तित्व निर्माण में सहायक रहा। अध्यापक सुग्रीव सिंह की मदद को तुलसीराम ने कुछ इस तरह व्यक्त किया है। "दसवीं के फाइनल इम्तहान के लिए फॉर्म भरे जा रहे थे। कुल 30 रुपये फीस जमा करना था।--घर से किसी तरह की सहायता पहले से ही बन्द हो चुकी थी। मेरी दुर्दशा देखकर वही हिन्दी के अध्यापक सुग्रीव सिंह ने मेरे द्वारा बिना किसी आग्रह के स्वयं 30 रुपये फीस जमा कर दिया। मुझे उन्होंने आश्वासन दिया कि और भी जरूरत पड़ने पर वे सहायता करते रहेंगे। "(वही, पृ.154) आर्थिक सहायता के साथ-साथ कई मौकों पर तुलसीराम पर उनकी पढ़ाई में बाधा पहुँचाने हेतु शारीरिक हमले की कोशिश भी हुई कुछ शुभचिन्तकों ने यहाँ भी बचाव किया। चंडेसर में बोर्ड परीक्षा देने के लिए गए तुलसीराम को हीरालाल ने चुनौती दे डाली-'का रे चमरा त येहों आ गइले, देखत हई तू कईसे इम्तिहान दे ला। ' इस संकट से उबारने हेतु दलित रूपराम ने बड़ी मदद की बकौल तुलसीराम"रूपराम हमेशा चार-पाँच लठैतों के साथ हमें परीक्षास्थल तक पहुँचाकर वापस आ जाते थे तथा तीन घंटे बाद वे पुनः परीक्षास्थल से हमें अपने घर लाते थे। इस तरह चंडेसर के उस अपरिचित वातावरण में रूपराम मेरे लिए एक विश्वस्त संरक्षक सिद्ध हुए। "(वही, 157) आगे आजमगढ़ में रहकर डीएवी से इंटरमीडिएट करते वक्त तमाम आन्तरिक और बाह्य ऐच्छिक-अनैच्छिक संघर्ष जारी रहा। खैर, इन बातों/घटनाओं का लब्बोलुआब यह कि उस दौर में एक दलित को शिक्षा के लिए जितना आन्तरिक संघर्ष करना था उतना ही बाह्य, जितना परिवार से लड़ना था उतना ही समाज से, जितना कुरीतियों से लड़ना था उतना ही अन्धविश्वास से। गौर करें तो इन संघर्षों के ताप में जो विशेष चीज़ निखरकर आती है वह तुलसीराम की 'शिक्षा' है। और यही मुर्दहिया का हासिल भी, जो धरमपुर के

मुर्दहियावाले तुलसीराम को जेएनयू का चर्चित प्रोफ़ेसर तुलसीराम बनाती है। यद्यपि 'कनवा' का दाग़ लगा रहा परन्तु 'दाग़ लगने से अगर कुछ अच्छा होता है तो दाग़ अच्छे होते हैं।' काव्य शैली वाले मुर्दहिया के बाबा के शब्दों में कहें तो—

*"जईसन मंगला तू बरदान-वईसन जानी तोहें जहांन,*

*बड़ ससतिया सहबा राम-बड़ ससतिया सहबा राम।"(वही, पृ. 86)*

आत्मकथा पढ़ने से पूर्व प्राय : मस्तिष्क में यह विचार आता है कि भला हम/पाठक किसी की आत्मकथा को क्यों पढ़ें? किसी के निजी वृत्तान्त से हमें/पाठक को क्या हासिल होनेवाला है? अकसर आपबीती में ही जगबीती छिपी होती है। मुर्दहिया के मार्फ़त लेखक ने न सिर्फ़ अपनी और अपने परिवार के कटु सत्य को बताना चाहा है, अपितु तत्कालीन समय-समाज की परिस्थितियों, सवर्णों के समक्ष दलितों की स्थिति, अपनी पीड़ा, लाचारी, भुखमरी, अशिक्षा, अज्ञानता और अपने प्रति होनेवाले शोषण, दुराव-बर्ताव आदि उस दौर की समस्त सामाजिक सच्चाइयों को मुर्दहिया से खोदकर निकालने का प्रयास किया है वह भी प्रेम, हास्य, व्यंग्य, करुणा और जुगुप्सा की मिली-जुली उँगलियों से पूरी संवेदना और ईमानदारी के साथ। और ईमानदारी ही आत्मकथा-लेखन की प्राथमिक शर्त होती है। बहरहाल फ्लैप पर उचित ही लिखा गया है कि, "डॉ. तुलसीराम ने अपनी आत्मकथा के इस पहले खंड में सिर्फ़ वही नहीं लिखा जिसकी अपेक्षा दलित मूल के आत्मवृत्तान्त-लेखकों से की जाती है, बल्कि वह लिखा जिसे एक जर्जर समाज की असलियत का उत्खनन कहा जा सकता है, और जिसको पढ़ना सिर्फ़ साहित्य नहीं, समाजशास्त्र की सीमाओं तक जाता है। और यह उन्होंने प्रतिशोध की कुंठित हदों में नहीं सृजनात्मकता की अछोर भूमि पर किया, जहाँ समाज अपने चेहरे के दाग़ों को भी देख सकता है और अपनी निगाह के इकहरेपन को भी।"(वही, फ्लैप से)

'मुर्दहिया' तुलसीराग की गाइटोकांड्रिया थी, जो उन्हें निरन्तर ऊर्जा देती रही हर अगले क़दम के लिए। गृह त्याग की हर दशा में मुर्दहिया बुद्ध के दर्शन का एहसास कराती रही कि'दुनिया में दुख है, दुख का कारण है, दुख का निवारण है तथा दुख निवारण का मार्ग है।' दुख निवारण के मार्ग को तुलसीराम ने ठीक से पहचाना जो उन्हें जेएनयू तक ले गया उन्हें फ़िर पूरे पाठकीय जगत में भी। ऐसे में मुर्दहिया स्थान विशेष से भाव विशेष की सूचक बनती गई। पहले धरमपुर में फिर तुलसीराम के भीतर, हृदय से उनकी लेखनी तक। दोनों को एक दूसरे से पृथक नहीं किया जा सकता। दोनों एक दूसरे के पूरक हैं।

# मेरी असफलताएँ : असाधारण अध्येता की साधारण कहानी

डॉ. रमाकान्त राय

हिन्दी साहित्य के इतिहासकार इस बात से सहमत हैं कि हिन्दी में आत्मजीवनी अर्थात आत्मकथाएँ बहुत कम लिखी गई हैं। वैसे तो हिन्दी में आत्मकथा-लेखन का आरम्भ बनारसीदास जैन की आत्मकथा 'अर्धकथानक' (रचनाकाल-1641 ईसवी) से हो जाता है और भारतेन्दु-युग से इस विधा में नियमित लेखन मिलने लगता है। भारतेन्दु हरिश्चन्द्र की आत्मकथा का अंश 'कुछ आपबीती कुछ जगबीती' शीर्षक से आया था। सुधाकर द्विवेदी (रामकहानी), अम्बिकादत्त व्यास (निजवृत्तान्त, दयानन्द सरस्वती (आत्मचरित), सत्यानन्द अग्निहोत्री (मुझमें देवजीवन का विकास), स्वामी श्रद्धानन्द (कल्याण मार्ग का पथिक) आदि से आत्मकथाओं की एक परम्परा बन रही थी किन्तु जब आत्मकथाओं का सक्रिय प्रकाशन होने लगा तो साहित्य में इसे हतोत्साहित किया गया। प्रेमचन्द द्वारा सम्पादित हंस पत्रिका का 'आत्मकथांक' (1932 ईसवी) आत्मकथा साहित्य के दृष्टिकोण से बहुत महत्त्व का है। रामस्वरूप चतुर्वेदी ने 'हिन्दी साहित्य और संवेदना' का विकास में लिखा है-"प्रेमचन्द द्वारा संयोजित और सम्पादित इस विशेषांक में हिन्दी के विभिन्न प्रसिद्ध लेखकों ने आत्मकथापरक प्रसंग लिखे थे, यद्यपि उस समय के उभरते नए समीक्षक नन्ददुलारे वाजपेयी ने इस आयोजन का विरोध यह मानकर किया था कि इससे हिन्दी साहित्य में पहले से ही प्रबल आत्म-विज्ञापन भाव प्रबलतर होगा। जयशंकर प्रसाद ने बहुत कुछ इसी प्रकार की आशंका, यद्यपि बड़े कोमल रूप में, उस कविता में व्यक्त की थी जिसे उन्होंने आत्मकथा के नाम पर इस विशेषांक में प्रकाशित कराया था। इस कविता के आन्तिम चरण की दो पंक्तियाँ इस प्रकार हैं (बाद में 'लहर' में संकलित)-

"छोटे से जीवन की कैसे बड़ी कथाएँ आज कहूँ? क्या यह अच्छा नहीं कि औरों की सुनता मैं मौन रहूँ।"

"उक्त विशेषांक के प्रकाशन के उपरान्त यह विवाद चला कि आत्मकथा लिखने की पात्रता किस प्रकार निर्धारित हो। बनारसीदास चतुर्वेदी ने 'जागरण' में यह प्रश्न उठाया था कि आत्मकथा किसे लिखनी चाहिए।"[1] इन विमर्शों के बाद आत्मकथाओं का लेखन भिन्न-भिन्न आदर्शों को लेकर चलता रहा। ऐसी ही बहसों के बीच हिन्दी में वर्ष 1941 ईसवी में बाबू श्यामसुन्दर दास की आत्मकथा 'मेरी आत्मकहानी' और बाबू गुलाब राय की 'मेरी असफलताएँ' प्रकाशित हुईं। यह दोनों अतिविशिष्ट आत्मकथाएँ हैं। बाबू श्यामसुन्दर दास की आत्मकथा 'मेरी आत्मकहानी' हिन्दी की पहली प्रसिद्ध आत्मकथा मानी जाती है। यह आत्मकथा "हिन्दी भाषा और साहित्य के एक पूरे युग को प्रतिफलित करती है, और प्रकारान्तर से नागरी प्रचारिणी सभा, काशी का इतिहास बताती चलती है।"[2] बाबू गुलाब राय की आत्मकथा के सम्बन्ध में परिचर्चा में प्रसिद्ध साहित्यकार सच्चिदानन्द हीरानन्द वात्स्यायन 'अज्ञेय' ने चिन्ता प्रकट करते हुए लिखा है-"हिन्दी साहित्य में जीवनियाँ बहुत कम हैं, जीवनियों में आत्म जीवनियाँ बहुत कम, आत्म जीवनियों में हास्य मात्रा बहुत कम और हास्य में साहित्यिक अथवा बौद्धिक हास्य बहुत कम।"[3] बाबू गुलाब राय की आत्मकथा की चर्चा करते हुए अज्ञेय साहित्यिक अथवा बौद्धिक हास्य की चर्चा करते हैं। वह लिखते हैं-"इसलिए बाबू गुलाब राय की पुस्तक 'मेरी असफलताएँ' अपना एक विशेष महत्त्व रखती है, क्योंकि इसमें एक सुलझे हुए और सुपठित व्यक्ति का आत्मचरित विनोद के प्रकाश से आलोकित होकर सामने आया है। आत्मचरित लिखने की प्रेरणा अन्ततः एक प्रकार के परिष्कृत अहंकार से मिलती है। पर बाबू गुलाब राय की विनोदप्रियता स्वयं अपनी ओर उन्मुख होकर उस अहंकार को कहीं भी उभरने नहीं देती।"[4] इसी प्रकार आचार्य हजारीप्रसाद द्विवेदी ने भी 'हिन्दी साहित्य : उद्‌भव और विकास' में "हास्यविनोदपूर्ण और गम्भीर आलोचनावाली शैलियों में हिन्दी गद्य श्रीसम्पन्न"[5] होने का उल्लेख किया है। रामस्वरूप चतुर्वेदी ने 'मेरी असफलताएँ' का उल्लेख करते हुए इसे हलके व्यंग्य की शैली में लिखी एक रोचक कृति कहा है जिसमें "आत्मालोचन और विनोद वृत्ति का सफल सामंजस्य"[6] हुआ है। जाने-माने साहित्यकार गुलाब राय का जन्म उत्तर प्रदेश के इटावा जनपद में माघ शुक्ल चतुर्थी संवत 1944 तदनुसार 17 जनवरी, 1888 ईसवी को हुआ था। उन्होंने दर्शनशास्त्र में परास्नातक की डिग्री प्राप्त की थी और कानून की पढ़ाई भी पूरी की। वह छतरपुर राज्य के महाराजा के दार्शनिक सलाहकार, दीवान तथा मुख्य न्यायाधीश आदि पदों पर लगभग बीस वर्ष तक सेवा में रहे। उन्होंने 'साहित्य सनदेश' नामक साहित्यिक पत्रिका का सम्पादन किया तथा कई पुस्तकों का प्रणयन किया जिसमें उनकी आत्मकथा मेरी असफलताएँ, निबन्ध संकलन-फिर निराशा क्यों, टलुआ क्लब और भारतीय संस्कृति की रूपरेखा बहुत चर्चित हुईं। उन्हें प्रयाग की साहित्यकार

संसद, प्रदेश तथा केन्द्रीय सरकार ने कई सम्मान दिये। सन 2002 में भारत सरकार ने उन पर एक डाक टिकट भी जारी किया था। बाबू गुलाब राय की आत्मकथा 'मेरी असफलताएँ' सिलसिलेवार, कालक्रम को ध्यान में रखते हुए, जीवन के उतार-चढ़ाव और उपलब्धियों अथवा असफलताओं की कहानी नहीं है। यह कुछ शीर्षकों में जीवन के कुछ अति साधारण लगनेवाले क्षणों का विवरण है। आत्मकथा के 'बकलमखुद' में उन्होंने लिखा है कि मैं अपने गुण-दोषों से भलीभाँति परिचित हूँ और फीके को सरस बतलाने का साहस नहीं कर सकता। बड़े आदमियों के चरित्र में इतनी बड़ी-बड़ी बातें रहती हैं कि उनके लिए किसी को कवि बना देना सहज सम्भाव्य है। मुझसे तो वे बातें कोसों दूर हैं। वे शायद मेरे उच्छृंखलतम स्वप्नों के क्षेत्र से भी बाहर हैं। किन्तु मुझे अपने तुच्छ जीवन में कुछ हास्य और मनोरंजन की सामग्री मिली है, उसको आपके सामने रखने का मोह संवरण नहीं कर सकता। मैं रत्नों से तो नहीं, काँच की मणियों से आपका मनोरंजन करना चाहता हूँ।"[7] बाबू गुलाब राय बारम्बार यह निवेदन करते रहते हैं कि उन्होंने लोगों के मनोरंजन को ध्यान में रखा है और इसके लिए स्वयं को बलि का बकरा बनाया है। वह लिखते हैं-"मैं अपने जीवन की असफलताओं पर स्वयं हँसा हूँ।" उनका लक्ष्य भी है कि लोग इस चरित को पढ़कर आनन्द का अनुभव करें। किन्तु यह निवेदन कोई सामान्य बात नहीं है। गुलाब राय की आत्मकथा पढ़ते हुए हमें उनके बहुपठित व्यक्तित्व, सहज, सरल और निश्छल चरित्र का पता चलता है। हमें उनकी लेखनी में संस्कृत, अंग्रेजी और अन्य भाषाओं के साहित्य के इतने सन्दर्भ मिलते हैं और उन सन्दर्भों में ऐसी वक्रोक्ति कि उनके पांडित्य का सहज ही प्रभाव बनता जाता है। यह पांडित्य हमें ज्ञान और मनोरंजन दोनों से सिक्त करता रहता है। आत्मकथा पढ़ते हुए हम लोक और शास्त्र से सहज ही परिचित होते हुए चलते हैं और इस तरह यह कहानी व्यक्तिमात्र के जीवन की शुष्क जीवनी नहीं रह जाती, ज्ञान और आनन्द की सरिता बन जाती है।

बाबू गुलाब राय का जन्म इटावा के छिपैटी मुहल्ले में हुआ था। वसनत पंचमी से एक दिन पहले। वह ढाई वर्ष तक इटावा में रहे थे और पिता जी की नौकरी के कारण बाद में मैनपुरी चले गए। इन पंक्तियों के उल्लेख का एकमात्र कारण यह है कि इन पंक्तियों का लेखक और गुलाब राय की आत्मकथा का पाठक वर्तमान समय में इटावा में ही रह रहा है। आत्मकथाकार ने वसनत पंचमी से एक दिन पहले जन्म लेने को भी अपनी असफलता कहा है। "यदि आप मेरा विश्वास करें तो मेरे जीवन की सबसे बड़ी असफलता यह थी-मैंने वसनत पंचमी से एक दिन पहले इस पृथ्वी को भाराक्रान्त किया। मेरे जीवन का श्रीगणेश ही कुछ गलत हुआ, किन्तु इतना सनतोष है कि पीछे आने की अपेक्षा आगे आना श्रेयस्कर है।"[8] इटावा स्थित उस घर का, जिसमें उनका जन्म हुआ; का पता न लगा पाने को भी वह

अपनी असफलता बताते हैं। मैनपुरी जाने को भी वह सहज नहीं मानते अपितु जिस जनश्रुति से जोड़ते हैं, वह गौरव बोध से युक्त नहीं है। लेखक की असफलताओं की कोटि देखकर अनुमान किया जा सकता है कि लेखक के जीवन की वे घटनाएँ, जो प्राकृतिक रूप से घटीं, जिनके कर्ता वे नहीं थे, उन्हें भी उसने अपनी महानतम असफलता कहा है। इस प्रकार लेखक ने एक विसंगति का सृजन कर सहज विनोद की सृष्टि की है। लेखन का यही तरीका समूची आत्मकथा में दिखाई पड़ता है। गुलाब राय ने अपनी आत्मकथा में अपने व्यक्तित्व के बारे में संकेत करते हुए लिखा है-"आत्मकथा लेखक के दो व्यक्तित्व होते हैं। एक चरितनायक का, दूसरा लेखक का। इसमें चरितनायक के व्यक्तित्व का कोई आकर्षण नहीं। लेखक के व्यक्तित्व के सम्बन्ध में यदि 'अपुन करनी भाँति बहु भरनी' की बात न समझी जाए तो मैं कहूँगा कि इसमें साहित्यिक हास्य का काफी मसाला मिलेगा।"[9] अज्ञेय ने गुलाब राय की आत्मकथा में विषय के चुनाव की भूरि-भूरि प्रशंसा की है-"भूमिका में गुलाब राय जी ने बड़े संकोच से कहा है कि उनके जीवन में कुछ भी असाधारण नहीं था, पर उन्होंने जान-बूझकर अपने जीवन के ऐसे ही प्रकरण चुने हैं, जिन्हें साधारण कहा जा सकता है। क्योंकि ऐसे प्रकरण हर किसी के जीवन में आते हैं तो व्यापकता (यूनिवर्सेलिटी) का आकर्षण हो सकता है, जो हास्य के आवरण में आकर्षक हो उठता है।"[10] गुलाब राय ने अपनी आत्मकथा 28 शीर्षकों में रखी है। यह 28 अध्याय उनके जीवन के विविध पक्षों को केन्द्रित करता है। जैसा कि ऊपर कहा गया है कि इस आत्मकथा में सिलसिलेवार विवरण नहीं हैं, लेखक ने कतिपय संकेत किए हैं। यह उनके जीवन में आए उतार-चढ़ाव पर कम केन्द्रित है अपितु उन विषयों को अधिक लेकर चलता है जिसका सार्वजनिक महत्त्व है।

गुलाब राय पराधीन भारत में पले-बढ़े। उनकी आत्मकथा में वैसे तो स्वाधीनता संग्राम, राजनैतिक गतिविधियों का बहुत कम उल्लेख मिलता है। किन्तु यदि सूक्ष्मता से अवलोकन किया जाए तो हम पाते हैं कि उनकी आत्मकथा में सांस्कृतिक इतिहास बहुत यथार्थ रूप में आया है। विद्याध्ययन के अनुक्रम में उन्होंने लिखा है-"पाठशालाएँ उस समय भी पिछड़ चुकी थीं। तहसीली स्कूलों और मकतबों का बोलबाला था।"[11] शब्द चयन से संस्कृति और इतिहास किस प्रकार अभिव्यक्त होता है, इस एक पंक्ति से समझा जा सकता है। गुलाब राय की आत्मकथा ऐसे विवेकपूर्ण और सूक्ष्म अभिव्यक्तियों से भरी हुई है। उन्होंने लिखा है कि उनके विद्याध्ययन की शुरुआत धार्मिक संस्कारों के कारण भारतीय रीति-नीति से हुई। "मेरे पिता सरकारी नौकर थे। उर्दू से उन्हें द्वेष न था। इतना ही नहीं, वे उसका पढ़ना जरूरी समझते थे, क्योंकि उन दिनों बिना उर्दू ज्ञान के पासपोर्ट के सरकारी नौकरी के क्षेत्र में प्रवेश करना असम्भव सा था। तो भी कुछ धार्मिक संस्कार के कारण मेरी शिक्षा का प्रारम्भ 'बिस्मिल्ला इररहमानुर्रहीम' से नहीं हुआ। पगड़ी

अँगरखे से सुसज्जित एक पंडित जी आए। उनका नाम पंडित लालमणि था। वे अपने नाम के आगे शर्मा वर्मा कुछ नहीं लिखते थे। 'विद्यारम्भे विवाहे च' के अनुसार उन्होंने गणेश जी के बारह नामों का उच्चारण किया। मुझसे हाथ पकड़कर 'श्रीगणेशायनमः' लिखाया गया।''[12] उन्होंने अपने स्कूल और कॉलेज के अध्यापकों को जिस पटुता से याद किया है और उनकी विशिष्टताओं का उल्लेख किया है, वह बहुत रोचक है। उन्होंने कॉलेज जीवन के दस गुरु शीर्षक में जिन अध्यापकों का विवरण दिया है, उन अध्यापकों के चरित्र से पढ़ने-लिखने, अध्ययन-अध्यापन की संस्कृति का सहज अनुमान हो जाता है।

गुलाब राय ने अपने जीवन के बहुमूल्य अठारह वर्ष छतरपुर के महाराजा की सेवा में व्यतीत किए। 'छतरपुर में मेरे अठारह वर्ष' शीर्षक अध्याय में देसी रियासतों का जो चित्र उन्होंने प्रस्तुत किया है, उससे यह धारणा बनती है कि भारत के सामन्त रजवाड़े ऐश-ओ-आराम के अड्डे नहीं थे, जैसा कॉलिन्स और ला पियरे ने 'फ्रीडम ऐट मिडनाइट' में बताकर बनाई है। छतरपुर के महाराजा हिज हाइनेस राजर्षि महाराजा सर विश्वनाथ सिंह जूदेव के राजर्षियों जैसे दरबार में जब गुलाब राय पहुँचे तो "वार्तालाप अंग्रेजी में शुरू हुआ था। दर्शनशास्त्र में महाराज की गति तो बहुत अच्छी थी, अंग्रेजी भी बिना प्रयास के बोलते प्रतीत होते थे, किन्तु वे उन्नीसवीं शताब्दी के प्रभाव में अधिक थे। उन्होंने मुझसे पूछा कि मैंने हर्बर्ट स्पेन्सर का अध्ययन किया है? मैंने नम्रतापूर्वक कहा कि इस बीसवीं शताब्दी में उनका अधिक मान नहीं है। उनकी द्विविधि मृत्यु हो चुकी है-भौतिक भी और यश सम्बन्धी भी। उनका यशः शरीर मरा नहीं है तो जराग्रस्त अवश्य हो गया है। महाराज ने आश्चर्य की मुद्रा धारण कर मुझसे पूछा कि बिना हर्बर्ट स्पेन्सर के पढ़े एम. ए. कैसे हो गए? मैंने कहा कि इस संसार में हर्बर्ट स्पेन्सर से अधिक महत्त्व के कई दार्शनिक हुए हैं। महाराज ने पूछा कि मैं किस दर्शन का अनुयायी हूँ? मैंने रोब जमाने के लिए प्रेगमेटिज्म (Pragmatism) का नाम ले लिया। बहुश्रुत महाराज को अश्रुत पूर्व सिद्धान्त सुनाने का श्री तो न मिल सका, क्योंकि महाराजा प्रेगमेटिज्म का नाम सुन चुके थे, किन्तु उसका प्रभाव अच्छा पड़ा।'' यह प्रमाण है कि राजा-महाराजा पढ़े-लिखे और बहुश्रुत/बहुपठित/बहुभाषी व्यक्तित्व के धनी होते थे। गुलाब राय ने छतरपुर के महाराजा के विषय में जो मत प्रकट किया है, वह सहज ही 'राजर्षि' सरीखा भाव जाग्रत करता है। गुलाब राय को छतरपुर दरबार में सदैव एक गरिमापूर्ण और बौद्धिक सभा मिली। यह तत्कालीन सामन्ती व्यवस्था की एक झलक भी मानी जा सकती है।

गुलाब राय की आत्मकथा में ऐसे प्रकरण आए हैं जो सामान्य व्यक्तियों के जीवन में बहुधा घटित होते रहते हैं। चोरी का प्रकरण हो, नर से नारायण, ठगा जाने का अथवा घर जोड़ने/जीवन बीमा आदि का सबमें यह सामान्य जीवन रचा-

बसा है।[13] कुछेक प्रकरण तो ऐसे हैं जिनमें लेखकीय व्यक्तित्व की दुर्बलता भी अभिव्यक्त हुई है किन्तु लेखक ने उन्हें भी जिस मुक्त भाव से लिपिबद्ध किया है और अपनी मूर्खता, ठगा जाने का भाव व्यक्त किया है, वह रोचक तो है ही, विशिष्ट हास्य का उद्‌बोधक है और शक्तिशाली पक्ष की तरह उभर आया है। सामान्य के प्रति यह लगाव इस कथा को विशिष्ट बनाता है। यह यूनिवर्सल हो जाने का गुण इस रचना को नए युग के अनुकूल बनाती है।

गुलाब राय साम्यवाद के सिद्धान्तों से परिचित हैं और बकलमखुद में इसका उल्लेख भी करते हैं। किन्तु उन्हें इसकी शक्ति और सीमा का ठीक-ठीक ज्ञान था। वह लिखते हैं-"यह युग साम्यवाद का है। व्यावहारिक रूप से तो नहीं, सैद्धान्तिक रूप से अवश्य गंगा तेली राजा भोज की बराबरी कर सकता है।"[14] बाबू गुलाब राय की आत्मकथा 'मेरी असफलताएँ' अपने अभिव्यक्ति-कौशल के कारण बहुत सराही गई है। इस कृति में लक्षणा और व्यंजना द्वारा जैसी अभिव्यक्ति होती है, वह रोचक तो है ही, पाठक को बौद्धिक दृष्टि से समृद्ध करती चलती है। यह लेखक के बहुपठित और बहुश्रुत होने का परिचय तो देती ही है, पाठक के ज्ञान की परीक्षा भी लेती चलती है। सबसे विशिष्ट बात यह है कि यह तरीका सर्वत्र है और सायास नहीं अपितु सहज भाव से आया है और हमें समझ में आता है कि यह लेखक की स्वतः अर्जित शैली है। उन्होंने अपने लेखन के बारे में लिखा है। — "लेखक भी मैं ठोक-पीटकर ही बना हूँ। प्रतिभा अवश्य है, किन्तु यह एक तिहाई से अधिक नहीं, मेरे लेखन में दो-तिहाई परिश्रम और चोरी रहती है। लेखन के पीछे ठोस पांडित्य का प्रदर्शन अधिक रहता है। मुझमें पांडित्य का विस्तार चाहे हो, किन्तु गहरे नहीं है और बावन तोला पाव रत्ती वाली यथार्थता तथा निश्चयता और भी कम किन्तु मैं इस कमी को सफलतापूर्वक छिपा लेता हूँ।"[15] गुलाब राय के लेखन की शैली पर विचार करते हुए अज्ञेय ने लिखा है, "गुलाब राय जी के हास्य की विशेषता यह है कि उसमें सहज भाव का आभास होता है। पर जैसा कि कोई साहित्यिक घाघ कह गया है, कला कला को छिपाने में है। पुस्तक में 'मेरी कलम का राज' नामक परिच्छेद में गुलाब राय जी ने स्वयं अपनी टेक्नीक की अत्यन्त सुन्दर और निरपेक्ष (ऑब्जेक्टिव) विवेचना की है।"[16] 'मेरी कलम का राज' शीर्षक लेख में वह अपने हास्य भाव और लिखने की टेक्नीक के बारे में बताते हैं— मेरे हास्य में खास बात यह है कि मैं कहावतों और संस्कृत के अवतरणों में अपने मतलब के अनुकूल हेर-फेर का एक सुखद परिवर्तन पैदा कर लेता हूँ, जैसे रघुवंशियों के लिए कालिदास ने कहा है-'योगेनान्ते तनुः त्यजाम'। मैंने आजकल के लोगों के लिए कह दिया, 'रोगेनान्ते तनुः त्यजाम'। कभी द्वयर्थक शब्दों से भी हास्य की झलक ला देता हूँ। जो कुछ (रुपया) जमा था, वह अब खेत में जमा है। कभी मुहावरा के लाक्षणिक अर्थ को अभिधा के ही अर्थ में व्यवहृत कर चमत्कार उत्पन्न कर देता हूँ।"[17]

'मेरी असफलताएँ' अपने ढंग की अनूठी कृति है। इसमें जो शिष्ट हास्य है, वह स्वकेन्द्रित होने से अधिक विशिष्ट हो गई है। यह सबको अनुप्राणित करता है किन्तु वैर भाव नहीं रखता। बिना द्वेषभाव रखे किसी को हँसी का पात्र बना लेना, अपनी न्यूनताओं को मुक्त कंठ से किंचित बढ़ा-चढ़ाकर प्रस्तुत करना और उसमें मौज लेना इस पुस्तक को पठनीय भी बनाता है और पढ़ने के अनुभव को रससिक्त करता है। हिन्दी की आत्मकथाओं में इस निरपेक्ष भाव से लिखी हुई कृतियाँ नहीं के बराबर हैं और उसमें भी हास्य बोध भरने में सक्षम दूसरी नहीं। इस कृति को इसके उद्धरणों और सन्दर्भों ने बहुत मूल्यवान बना दिया है।

**सन्दर्भ सूची**


1. रामस्वरूप चतुर्वेदी : हिन्दी साहित्य और संवेदना का विकास, लोकभारती प्रकाशन, प्रयागराज, पृ. 162
2. रामस्वरूप चतुर्वेदी : हिन्दी साहित्य और संवेदना का विकास, लोकभारती प्रकाशन, प्रयागराज, पृ. 162
3. सच्चिदानन्द हीरानन्द वात्स्यायन अज्ञेय : फ्लैप, मेरी असफलताएँ, गुलाब राय, ज्ञान गंगा, दिल्ली
4. सच्चिदानन्द हीरानन्द वात्स्यायन अज्ञेय : फ्लैप, मेरी असफलताएँ, गुलाब राय, ज्ञान गंगा, दिल्ली
5. द्विवेदी हजारीप्रसाद : हिन्दी साहित्य उद्भव और विकास, राजकमल प्रकाशन, नई दिल्ली, पृ. 257
6. रामस्वरूप चतुर्वेदी, हिन्दी साहित्य और संवेदना का विकास, लोकभारती प्रकाशन, प्रयागराज, पृ. 162
7. गुलाब राय : बकलमखुद, मेरी असफलताएँ, ज्ञान गंगा, दिल्ली, पृ. 6
8. गुलाब राय : मेरी असफलताएँ, ज्ञान गंगा, दिल्ली, पृ. 1
9. गुलाब राय : बकलमखुद, मेरी असफलताएँ, ज्ञान गंगा, दिल्ली, पृ. 6
10. सच्चिदानन्द हीरानन्द वात्स्यायन अज्ञेय : फ्लैप, मेरी असफलताएँ, गुलाब राय, ज्ञान गंगा, दिल्ली
11. गुलाब राय : मेरी असफलताएँ, ज्ञान गंगा, दिल्ली, पृ. 15
12. गुलाब राय : मेरी असफलताएँ, ज्ञान गंगा, दिल्ली, पृ. 15-16
13. गुलाब राय : मेरी असफलताएँ, ज्ञान गंगा, दिल्ली, पृ. 44-45
14. गुलाब राय : बकलमखुद, मेरी असफलताएँ, ज्ञान गंगा, दिल्ली, पृ. 5
15. गुलाब राय : मेरी असफलताएँ, ज्ञान गंगा, दिल्ली, पृ. 125
16. अज्ञेय, फ्लैप, मेरी असफलताएँ, गुलाब राय, ज्ञान गंगा, दिल्ली
17. गुलाब राय : मेरी असफलताएँ, ज्ञान गंगा, दिल्ली, पृ. 131

# अकथ कहानी

## डॉ. राकेश कुमार रंजन

आत्मकथा केवल 'आत्मकथन' न होकर अपने समय का जीवन्त दस्तावेज भी होती है। यह साहित्य की वह विधा है जिसका नायक स्वयं रचनाकार होता है और इस नायकत्व को समकाल की घटनाएँ और उसके आस-पड़ोस की परिस्थितियाँ गढ़ती हैं। वैयक्तिक जीवन से जुड़े घटनाक्रमों की यात्रा में आत्मकथाकार अपने समय की महत्त्वपूर्ण घटनाओं, व्यक्तियों और स्थितियों को दर्ज करता है। इसी वर्ष प्रेमकुमार मणि द्वारा लिखित 'अकथ कहानी' वाणी प्रकाशन से प्रकाशित हुई है। प्रेमकुमार मणि साहित्यकार, राजनीतिज्ञ और प्रखर विचारक हैं। आत्मकथा में वर्णित प्रसंगों, घटनाओं और उद्धरणों से गुजरते हुए मालूम होता है कि एक सजग साहित्य अध्येता न केवल अपने जीवन-संघर्ष की यात्रा करा रहा है बल्कि अपनी आँखों देखी बिहार के विगत चालीस वर्षों के घटनाक्रमों को विश्लेषित कर रहा है। वे न केवल बिहार बल्कि राष्ट्रीय, अन्तरराष्ट्रीय घटनाक्रमों और स्थितियों का भी बेबाक वर्णन करते हैं। यह फर्क करना मुश्किल है कि यह एक राजनीतिज्ञ की साहित्यिक यात्रा है या एक साहित्यकार की राजनीतिक यात्रा। वे क्रमशः साहित्य और राजनीति में एकसाथ गोते लगाते नजर आते हैं।

प्रेमकुमार मणि लेखक, चिन्तक होने के साथ-साथ सक्रिय राजनीति से वास्ता रखते हैं। वे एक प्रतिबद्ध सामाजिक-राजनीतिक कार्यकर्ता होने के साथ-साथ गहन समाज-चिन्तक भी हैं, इसलिए 'अकथ' कहते हुए भी उन्होंने अपने पचास साल के लम्बे कालखंड के सामाजिक बदलावों की कहानी कह दी है। आत्म-प्रशंसा और पर-निन्दा आत्मकथा जैसी विधद्या के लिए अनुपयोगी ही नहीं घातक भी है। प्रेमकुमार मणि इस दोष से प्राय : मुक्त नजर आते हैं। पूरी आत्मकथा में वे 'कथावाचक' के रूप में विद्यमान हैं, इसलिए तटस्थ हैं और इस तटस्थता के कारण यह आत्मकथा उनके जीवन की कहानी न रहकर उस समय और समाज की कहानी बन जाती है। कथाकार की तरह उन्होंने घटनाओं को क्रमबद्धता के साथ वर्णित किया है। सत्यता और प्रामाणिकता के लिए उन्होंने पत्रों, कथनों आदि को सन्दर्भ सहित जगह दी है। बिहार जैसे पिछड़े राज्य में पिछड़े समाज से

निकलकर अपनी पहचान बनाने की यात्रा में प्रेमकुमार मणि ने अपने बचपन से लेकर अब तक की जद्दोजहद को पूरी संजीदगी के साथ वर्णित किया है। आज़ाद भारत में आ रहे सामाजिक-राजनीतिक बदलावों के साथ-साथ उन्होंने साहित्य जगत के तमाम चकाचौंध के भीतर छिपे अँधेरे को इस कृति में जिस बेबाकी और साहस के साथ उकेरा है, वह बेजोड़ है। मणि ने अपनी जीवन-कथा को चालीस अध्यायों में वर्णित किया है। जन्म से लेकर 'स्वीकारोक्ति' तक के प्रसंगों में एक कुशल कहानीकार की तरह उन्होंने अपनी कहानी, अपनी आपबीती और अपनी खामियों को धैर्य के साथ व्यक्त किया है। 'जनम' की कथा कहते हुए उन्होंने अपने माता-पिता के 'प्रेम-विवाह' सम्बन्धी बिहारी समाज की जातीय कुंठा को रेखांकित किया है। पिता के साहस, माँ की दारुण दशा, दादा और नाना की सामाजिक दशा आदि का जिक्र करते हुए लेखक ने उस समय हिन्दू और मुस्लिम समाज में व्याप्त वर्चस्ववाद की घातक बीमारी का वर्णन किया है, "हिन्दुओं की तथाकथित ऊँची जातियों का अपने शेष समाज पर वर्चस्व था। मुसलमानों ने अपनी तरह का एक नया वर्चस्ववाद चलवाया। यह हिन्दुओं की जातिभेद प्रथा से भी कुछ मायनों में ज्यादा कष्टप्रद था। उनके यहाँ अशराफ, अजलाफ और अरजाल का तीखा भेद था। वर्चस्व प्राप्त अशराफ मुसलमान धन और जमीन के मालिक थे, सो उनका दबदबा ज्यादा होता था।"[1]

साधारण किसान परिवार में जन्मे प्रेमकुमार मणि ने अपना बचपन नौबतपुर पटना में बिताया। एकान्त बचपन की याद को पिता के अन्तर्धान होने और माँ द्वारा स्कूली शिक्षा दिलाने की मार्मिक कहानी के साथ चित्रित किया है। माँ ने शिक्षिका होने के नाते रचनाकार को किताबों की दुनिया से लगाव बचपन में ही हो गया था जिसकी परिणति ही शायद प्रेमकुमार मणि बनने या होने में हुई। पिता एक राजनीतिक कार्यकर्ता थे, अतः राजनीतिक चेतना भी उन्हें घर में ही मिली। 'बचपन' प्रसंग में रचनाकार ने 1962 के चीनी आक्रमण और उसके प्रभाव को रोचक ढंग से प्रस्तुत किया है जहाँ 'ब्याल कथा' एवं अनेकानेक अफवाहों का जिक्र है। वे लिखते हैं-"पूरा वातावरण चीन के खिलाफ था। गाँव के चौपालों में भी युद्ध की ही चर्चा होती। हर ओर डर व्याप्त था। मैंने अपने उस गाँव को उन दिनों जैसा डरा हुआ शायद ही कभी देखा। किसान लोग भी हमारे माता पिता से पूछने आते कि चीन कहाँ तक पहुँच चुका है।"[2] अफवाहों का बाजार और भयपूर्ण वातावरण का माहौल था जो उस समय के हरेक भारतीय मनोदशा का स्मरण कराता है-"गाँव के एक आदमी जिनका नाम सियाराम था और जो फुलवारी स्थित साइकिल फैक्टरी में काम करते थे, साइकिल से अगिया-बैताल बने गाँव आए थे। उन्होंने कुछ शराब पी रखी होगी। कम-से-कम उनके हाव-भाव से तो ऐसा ही लग रहा था। वह पूरी तरह नाटकीय अन्दाज में थे। वह उस ठौर पर रुके, जहाँ चार-छह

आदमी पहले से जमा थे। उन्होंने अपनी साइकिल एक किनारे लगाई और एक तरह से मुनादी की-'पटना गोलघर पर चीनी सैनिकों का कब्जा हो गया है। गाँधी मैदान में चीनी सैनिक भरे पड़े हैं। पटना में भगदड़ मची है।' उनकी इस घोषणा से लगा गाँव में भी भगदड़ मच जाएगी। लोग ज़ोर-ज़ोर से एक-दूसरे को सूचना देने लगे। इस पूरी क्रिया-प्रतिक्रिया ने मिल-मिलकर एक कोलाहल का रूप ले लिया।''[3]

'नेहरू और शास्त्री' प्रसंग में मणि ने नेहरू की मृत्यु और शास्त्री के प्रधानमन्त्रित्व काल को एक नए कोण से वर्णित किया है। नेहरू की मृत्यु के बाद राष्ट्र स्तर पर व्याप्त खामोशी का जिक्र करते हुए वे लिखते हैं-''नेहरू की मृत्यु से लोग स्तब्ध नहीं थे, गहरे शान्त हो गए थे। एक गहरा सननाटा।''[4] इसी अध्याय में शास्त्री के प्रधानमन्त्री बनने के पीछे कायस्थ लॉबी की सक्रियता एवं कायस्थ-ब्राह्मवादी वर्चस्व परम्परा को उन्होंने जिस अन्दाज में उकेरा है वह रोचक है। वे मानते हैं कि मुगलों से कायस्थों ने मित्रता की और लाभ उठाया तो ब्राह्मणों ने इस कमी को अंग्रेजों के साथ मित्रता कर पूरा किया। इस प्रसंग में उन्होंने शास्त्री जी के सन्दर्भ में जो टिप्पणी की है, वह कई लोगों को नागवार गुजर सकती है, सम्भवत: रचनाकार को भी इन शब्दों से परहेज करना चाहिए था-''शास्त्री जी कायस्थों के गाँधीवादी प्रतिरूप थे। गरीब, सादगी पसनद और ईमानदार। किरानिक योग्यता भी उनमें थी। लेकिन वे बड़ी मेधा और दृष्टिकोणवाले राजनेता नहीं थे। एक तरह से कहें, तो वे राष्ट्र स्तर के हेडक्लर्क थे।''[5] हालाँकि 1965 के भारत-पाक युद्ध में विजय के साथ शास्त्री जी की लोकप्रियता बढ़ी परन्तु 1966 में ताशकन्द में उनकी रहस्यमयी मृत्यु हो गई। इस घटना के बाद राजनीतिक परिदृश्य में कायस्थों का राष्ट्रीय राजनीति में समर्पण को रेखांकित करते हुए मणि जी ने लिखा-''शास्त्री जी के इन्तकाल के बाद राजनीति में राष्ट्रीय स्तर पर कायस्थ लॉबी कमजोर पड़ने लगी। 1970 के बाद उनकी स्थिति और कमजोर हुई। 1974 में जेपी के नेतृत्व में चला आन्दोलन कायस्थ सक्रियता का आखिरी प्रयास था। यह भी जल्दी ही समाप्त हो गया। 1980 के बाद इनका प्रभाव और कमजोर हो गया। 1990 के बाद कायस्थों ने जाने-अनजाने भारतीय जनता पार्टी के नेतृत्व में काम कर रही हिन्दुत्व की राजनीति के समक्ष समर्पण कर दिया। विवेकानन्द ने रामकृष्ण परमहंस के समक्ष जो समर्पण किया था, उनकी ही राजनीतिक परिणति यह समर्पण था।''[6]

'हाई स्कूल' अध्याय में बिहार में कर्पूरी ठाकुर के मुख्यमन्त्री बनने और अंग्रेजी की अनिवार्यता को खत्म करने की कहानी का जिक्र किया गया है। मणि मानते हैं कि पिछड़े समाज के लिए शिक्षा और नौकरी के लिए कर्पूरी ठाकुर का यह कदम सराहनीय और ऐतिहासिक था। अपने शिक्षकों के साथ खट्टे-मीठे सम्बन्धों के हवाले से उन्होंने यहाँ शैक्षणिक दुनिया में व्याप्त जातीय भेदभाव को अंकित किया है। 1967 में अकाल का वर्णन करते हुए उन्होंने किसानों की दारुण

दशा का जिक्र किया है और डॉ. सरकार व उनके परिवार की मार्मिक कहानी को चित्रित किया है। 'नीलू दी' के प्रसंग में उनकी स्त्री-संवेदना का उभार देखा जा सकता है-"लोग तो हैं कि स्त्री को केवल मादा रूप में देखना चाहते हैं। तुम ऐसा मत देखना रे, मेरे भाई। तुम साधारण मत बनना। एक स्त्री के हजार रूप होते हैं, जैसे कृष्ण के हजार रूप हैं। वह चोर है, छलिया है, छिछोरा है, रणछोड़ है, झूठा है, चटोर है सब है, लेकिन वही तो है कि हमारा मित्र है, माता है, पिता है, नायक है। ठीक वैसी है स्त्री-कृष्णरूप। वह वेश्या भी है और माता भी। कुलटा भी है और देवी भी। वह जन्मती तो है माता और देवी बनने के लिए, लेकिन लोग हैं कि उसे छल-प्रवंचना से वेश्या और कुलटा बना देते हैं।"[7]

'प्रभात' पत्रिका में अपने पहले लेख के प्रकाशित होने का प्रसंग साझा करते हुए मणि ने अपने सर्वहारा बनने की प्रक्रिया, संघर्षपूर्ण जीवन जीने के संकल्प को उद्‌घाटित किया है। छोटी बहन की मौत और स्वयं के बीमार होने के बीच माँ की मनोदशा के अंकन का स्वर बेहद कारुणिक है। मणि देश-दुनिया की हर घटना का न केवल ख्याल रखते हैं बल्कि उसके भारतीय समाज पर पड़नेवाले प्रभाव का भी विश्लेषण करते हैं। चाँद पर मनुष्य का पहुँचना हो या पूर्वी बंगाल की समस्या हो, चीनी घुसपैठ हो या अमेरिकी-रूसी शीतयुद्ध, मणि इन घटनाओं का भारतीय सन्दर्भ में आकलन करते हैं जो उनके वैचारिक प्रवाह को प्रदर्शित करता है। आत्मकथा का एक बड़ा हिस्सा राजनीतिक घटनाक्रमों और राजनीतिज्ञों से सम्बद्ध है जहाँ स्वयं रचनाकार उपस्थित भी है और कई मायनों में तटस्थ भी। आपात्काल, जे.पी. आन्दोलन, 1977 की आज़ादी, मंडल आन्दोलन, नई दिल्ली में दक्षिण पन्थ (1998), भाजपा सरकार, 2004 में बिहार की धरती पर राजनीतिक उथल-पुथल, 2009 लोक दल आदि राजनीतिक घटनाक्रमों का विश्लेषण जिन सामाजिक सन्दर्भों में किया गया है वे इस कथा को आज़ाद भारत के राजनीतिक इतिहास का रूप प्रदान करते हैं। गाँधी, नेहरू, शास्त्री, जयप्रकाश नारायण, राममनोहर लोहिया, कर्पूरी ठाकुर, लालू यादव, नीतीश कुमार, अटल बिहार वाजपेयी के सन्दर्भ में उनकी टिप्पणियाँ उनकी वैचारिक पक्षधरता और राजनैतिक चिन्तन का परिणाम हैं। समाजवाद, गाँधीवाद और दक्षिणपन्थ की राजनीति के भीतर छिपे सामाजिक समीकरणों की पड़ताल करते हुए मणि अपने मन की टीस और अपने मन के राजनीतिक स्वप्न को भी जाहिर करते नजर आते हैं।

रचनाकार जिन्हें पसनद करते हैं तो खुलकर करते हैं और जिसे नापसनद करते हैं उन्हें सीधा खारिज करते हैं। भले ही उन्होंने सक्रिय राजनीति की हो, राजनैतिक सत्ता में शामिल अटल रहे हों, परन्तु मणि मूलतः साहित्यकार हैं। इसलिए पूरी आत्मकथा में 'साहित्य' से जुड़े प्रसंगों की न केवल भरमार है बल्कि इसकी भाषा भी कहानीकार की तरह सहज, सरल लेकिन व्यंजनामय है। बचपन से ही

साहित्य के प्रति एक सरस अनुराग उनमें व्याप्त था जो आगे चलकर उपन्यासकार, कहानीकार, टिप्पणीकार और अन्ततः आत्मकथाकार के रूप में व्यक्त हुआ है। अपने समकालीन रचनाकारों के मिलन-बिछोह के अनेकानेक प्रसंगों का जिक्र इस आत्मकथा में दर्ज है। रेणु, नागार्जुन, रामनरेश पांडेय, रामगोपाल वर्मा रुद्र, अरुण कमल, नचिकेता, केदारनाथ सिंह, नामवर सिंह, मधुकर आदि के साथ आत्मीय सम्बन्धों का सुरुचिपूर्ण वर्णन इस आत्मकथा को एक नई आत्मा प्रदान करता है। साहित्यिक दुनिया में सबकुछ अच्छा ही है, ऐसा नहीं है। इस सन्दर्भ में वे स्वीकारोक्ति के साथ बड़े साहस के साथ साहित्यिक दुनिया में व्याप्त गुटबाजी और साहित्यकारों की लम्पटता का भी उल्लेख करना नहीं भूलते। वे लिखते हैं- "वह समाज से विशेष सम्मान की आकांक्षा पालता है और अपने इन 'गुणों' का विज्ञापन करता है, तब मैं इससे सहमत नहीं हूँ। हिन्दी लेखकों की स्थिति यदि ऐसी है कि वे बिना शराब के भोजन ग्रहण नहीं करते, तब यह एक बात है, इसे मैं समझ सकता हूँ, लेकिन केवल यह दिखलाने के लिए कि शराब पीकर ही लेखक और परम्परा-भंजक हुआ जा सकता है, से मेरा मतभेद है। मैंने राजगीर में पहली दफा और बाद में दर्जनों दफा लेखकों को इकट्ठे देखा-सम्मेलन, सेमिनारों में। वे रसरंजन के लिए ऐसे बेताब होते हैं कि देखना मुश्किल हो जाता है। यही हाल उनके साथ किसी महिला मित्र को लेकर होता है। लेखक सम्मेलनों में जब कोई महिला भागीदार शामिल होती है, तब लेखकों के सामन्ती-गँवारू संस्कार भड़भड़ाकर बाहर आते हैं। साहित्य लिखते समय तो वह ऊँची-ऊँची बातें लिखता है, लेकिन व्यवहार में वह बिलकुल सामन्त बना रहता है। छिछोरा, अश्लील और अमानवीय। निश्चय ही लेखकों को अपने इस व्यवहार पर विचार करना चाहिए, आत्ममन्थन करना चाहिए। इससे उनका भला ही होगा। वे अपनी नजर में भी उठेंगे और समाज की नजर में भी। एक लेखक को एक राजनेता या अन्य किसी से ज्यादा जिम्मेदार बनना चाहिए; क्योंकि जब वह शब्दों का एक संसार रचता है, तब एक सर्जक बन जाता है।"[8]

कुल मिलाकर कहा जा सकता है कि 'अकथ कहानी' न केवल 'आत्मकथा' के स्वरूप को अपने भीतर आत्मसात करती है बल्कि अपने समय के सामाजिक, राजनैतिक, साहित्यिक बदलावों को दस्तावेज के रूप में दर्ज करती है। प्रेमकुमार मणि ने अपने पचास सालों की जीवन-यात्रा को अपने समकाल की स्थितियों, आघातों व बदलावों के साथ व्यक्त किया है। आज़ादी के बाद के उत्तर भारत, खासकर बिहार के सामाजिक-राजनैतिक इतिहास को समझने के लिए निश्चित रूप से यह एक रोचक दस्तावेज है। आत्मकथाकार की स्वीकारोक्ति है— "कहानी जब अपनी हो तो उसे लिखना बहुत आसान नहीं होता।" परन्तु इस आत्मकथा से गुजरकर जान पड़ता है कि रचनाकार ने अपनी कहानी बेहद आसान भाषा में हमारे

समक्ष रख दी है। इस आत्मकथा की सबसे बड़ी ख़ासियत है-बेबाकी और साहस। साहित्यिक और राजनीतिक क्षेत्र में मणि जी की टिप्पणियाँ इस बात से अप्रभावित हैं कि आगे चलकर अमुक गुट अथवा संस्था या अपना व्यक्ति नाराज़ होगा या फिर किसी लाभ या पुरस्कार की सम्भावना से वंचित रह जाना पड़ेगा। इक्कीसवीं सदी के वर्तमान दशक का यह एक महत्त्वपूर्ण दस्तावेज़ है जो हिन्दी आत्मकथा की दुनिया को और अधिक विविध और समृद्ध बनाता है।

साहित्य और राजनीति की आवाजाही से समाज को कितनी पैनी नज़र से व्यापकता में और सूक्ष्मता में देखा जा सकता है, यह आत्मकथा इसका एक जीवन्त उदाहरण है।

**सन्दर्भ-सूची**


1. अकथ कहानी, आत्मकथा, प्रेमकुमार मणि, वाणी प्रकाशन, नई दिल्ली, प्रथम संस्करण-2023, पृ. 15
2. अकथ कहानी, आत्मकथा, प्रेमकुमार मणि, वाणी प्रकाशन, नई दिल्ली, प्रथम संस्करण-2023, पृ. 27
3. अकथ कहानी, आत्मकथा, प्रेमकुमार मणि, वाणी प्रकाशन, नई दिल्ली, प्रथम संस्करण-2023, पृ. 27
4. अकथ कहानी, आत्मकथा, प्रेमकुमार मणि, वाणी प्रकाशन, नई दिल्ली, प्रथम संस्करण-2023, पृ. 32
5. अकथ कहानी, आत्मकथा, प्रेमकुमार मणि, वाणी प्रकाशन, नई दिल्ली, प्रथम संस्करण-2023, पृ. 35
6. अकथ कहानी, आत्मकथा, प्रेमकुमार मणि, वाणी प्रकाशन, नई दिल्ली, प्रथम संस्करण-2023, पृ. 36
7. अकथ कहानी, आत्मकथा, प्रेमकुमार मणि, वाणी प्रकाशन, नई दिल्ली, प्रथम संस्करण-2023, पृ. 53
8. अकथ कहानी, आत्मकथा, प्रेमकुमार मणि, वाणी प्रकाशन, नई दिल्ली, प्रथम संस्करण-2023, पृ. 119

# इक्कीसवीं सदी का दूसरा दशक : हिन्दी आत्मकथाओं का बदलता परिदृश्य

डॉ. परम प्रकाश राय

आत्मकथा विधा आधुनिककालीन साहित्य की उपज है। यद्यपि समय-समय पर इसके प्राचीन सूत्र तलाशने के प्रयास हुए हैं फिर भी ध्यान से देखने पर यह स्पष्ट हो जाता है कि अपने तेवर में यह विधा आधुनिक परिस्थितियों की ही देन हो सकती थी। 'आत्म' के बारे में अनात्म और बेबाक होकर कह पाना एक विशिष्ट साहस और ईमानदारी की माँग करता है। साथ ही, यह अधिक चुनौतीपूर्ण इसलिए बन जाता है क्योंकि अपनी कथा को कहने के क्रम में सपाटबयानी से बचते हुए उसे कलात्मक और साहित्यिक रूप भी देना होता है; हालाँकि ऐसी आत्मकथाएँ भी पर्याप्त मात्रा में लिखी गईं हैं जहाँ सिर्फ़ अपनी बात को कह देने भर पर जोर है, वहाँ उसे किसी विशेष शिल्प में ढालने की बात गौण होती है।

आत्मकथाएँ व्यक्ति के जीवन में महत्त्वपूर्ण भूमिका निभाती हैं। वे व्यक्ति के जीवन की ईमानदार तसवीर प्रस्तुत करने का प्रयास होती हैं ताकि लोग इससे जुड़ सकें और प्रेरणा ले सकें। यह आज की सोशल मीडिया की दुनिया में और भी अधिक महत्त्वपूर्ण हो गया है जहाँ हर कोई आड़ में छिपा हुआ है। 1940 के दशक में 'अज्ञेय' ने 'मास कल्चर' की संस्कृति में पाठक के निरन्तर 'ऑडियन्स' बनते जाने और मशीनी सभ्यता में उसके यन्त्रवत होते जाने की ओर संकेत किया था।[1] उनसे भी पहले महात्मा गाँधी ने 1909 ई. में लिखी अपनी पुस्तक 'हिन्द स्वराज' में मशीन आधारित सभ्यता को 'चांडाल सभ्यता' तक कह दिया था।[2] मूल बात यह है कि छपाई आधारित सभ्यता और वर्तमान आभासी दुनिया के घटाटोप से युक्त सभ्यता में साहित्य की पहुँच पाठक तक अब और अधिक अमूर्त हो गई है। इसलिए एक सच्चे लेखक का व्यक्तित्व जो मूल्य पाठक के समक्ष उपस्थित कर सकता था, वह विज्ञापनबाज़ी और सस्ते मनोरंजन के इस दौर में कठिन से कठिनतर होता जा रहा है।[3] आचार्य रामचन्द्र शुक्ल ने भी 'कविता क्या है' नामक अपने निबन्ध में जटिल होती मानव सभ्यता

के दौर में दुष्कर होते जाते कविकर्म की ओर संकेत किया था।[4] इन अनिवार्य सन्दर्भों में आज इक्कीसवीं सदी के तीसरे दशक के मध्य खड़े होकर हम सच्ची आत्मकथाओं से उपज सकनेवाले मानव मूल्यों की प्रासंगिकता को अधिक सान्द्र रूप में अनुभूत कर सकते हैं।

1960 के बाद, विशेषकर, उत्तर-संरचनावाद, विखंडनवाद, उत्तर-आधुनिकतावाद और वैश्वीकरण के क्रमिक और बहुधा एक-दूसरे में गड्ड-मड्ड विचारधारात्मक दौर में हाशिए की अभिव्यक्तियाँ मुख्यधारा में आने को बेचैन होने लगी थीं। आधुनिकता की परियोजना और विशेष रूप से उसकी केन्द्रिकता के विरूद्ध साहित्य, दर्शन और कलाओं में विरोध मुखर होने लगा था। स्त्रियों, दलितों, आदिवासियों से आरम्भ हुआ विमर्शों का दौर आज वृद्ध, किन्नर और एल.जी.बी.टी.क्यू.+ के विविध विमर्शों तक अपनी व्यापक उपस्थिति दर्ज करा रहा है। वैश्विक परिदृश्य की ही तरह हिन्दी साहित्य में भी आत्मकथा विधा हाशिए की अभिव्यक्तियों के लिए ज़्यादातर प्रयुक्त होती रही है और ऐसा होने के अपने ठोस कारण हैं। आपबीती सुनाने के लिए गद्य और गद्य में भी आत्मकथा से सहज कोई और साधन नहीं हो सकता। लेकिन यह सहजता काँटों से भरी हुई है क्योंकि यह आपबीती को ईमानदारी से सार्वजनिक करने की माँग करती है। यह माँग वही लेखक पूरी कर सकता है जिसे अपने व्यक्तिगत जीवन को सार्वजनिक और वेध्य बना देने में कोई संकोच न हो; जिसकी महात्मा गाँधी के कथन 'मेरा जीवन ही मेरा सनदेश है'[5] में गहन आस्था हो।

इक्कीसवीं सदी का दूसरा दशक यानी ईसवी सन 2010 से 2019 तक का काल कई नए प्रकार की हिन्दी आत्मकथाओं का गवाह रहा है। यह ध्यान रखना आवश्यक है कि उदारीकरण, निजीकरण और वैश्वीकरण के अबाध प्रसार ने डिजिटल क्रान्ति और मीडिया विस्फोट जैसी तमाम परिघटनाओं के माध्यम से गत शताब्दी की तुलना में वर्तमान शताब्दी के साहित्य को तीव्र गति से परिवर्तित किया है। इस साहित्य की नागरिकता का विस्तार हुआ है जिससे हाशिए के गाँव-कस्बे की बहुरंगी भाषा और शैली ने हिन्दी साहित्य में प्रवेश किया है। ऐसी विविधता को किसी एक साँचे में समेटकर एक विशेष मानक अथवा प्रवृत्ति का निरूपण करना कठिन हो गया है।[6] यह याद करना दिलचस्प है कि कुछ इसी प्रकार के प्रश्न नई कविता के कवियों ने 75 वर्ष पहले उठाए थे। इन प्रश्नों के ही सन्दर्भ में विजयदेव नारायण साही ने 'छठवाँ दशक' पुस्तक में छायावाद से नई कविता तक की यात्रा और उसकी वैचारिकी पर गम्भीर हस्तक्षेप किया था। इसलिए यह सवाल अब भी मौजूँ है कि क्या इक्कीसवीं सदी के साहित्य में घटित होता उपर्युक्त परिवर्तन उसी गति से हो रहा है जिस गति से समाज परिवर्तित हो रहा है और यदि नहीं हो पा रहा है तो उसका साहित्य और लेखक-पाठक सम्बन्धों पर क्या प्रभाव पड़ रहा है। इससे

भी आगे बढ़कर यह भी पूछा जाना चाहिए कि क्या आज लेखक-पाठक सम्बन्धों के प्रश्न कहीं भी साहित्य-विमर्श के केन्द्र में हैं।[7]

बहरहाल, जिन आत्मकथाओं को केन्द्र बनाकर इस आलेख में विश्लेषण प्रस्तुत किया गया है, उनकी एक लम्बी सूची है, जो इस प्रकार है – हृदयेश की 'जोखिम' (2009), डॉ. तुलसीराम की 'मुर्दहिया' (2010 ई.) और 'मणिकर्णिका' (2014 ई.), डॉ. धर्मवीर की 'मेरी पत्नी और भेड़िया' (2011 ई.), सुशीला टाकभौरे की 'शिकंजे का दर्द' (2011 ई.), ओम प्रकाश वाल्मीकि की 'जूठन (भाग-2)' (2013), नरेन्द्र मोहन की 'कमबख्त निन्दर' (2013) और 'क्या हाल सुनावाँ' (2014), नरेन्द्र कोहली की 'आत्मस्वीकृति' (2014 ई.), विश्वनाथ प्रसाद तिवारी की 'अस्ति और भवति' (2014 ई.), रमणिका गुप्ता की 'आपहुदरी : एक जिद्दी लड़की की आत्मकथा' (2015 ई.), सुषम बेदी की 'आरोह-अवरोह' (2015 ई.), मिथिलेश्वर की तीन खंडों में प्रकाशित आत्मकथा (आत्मकथात्मक उपन्यास)-'पानी बीच मीन पियासी' (2010 ई.), 'कहाँ तक कहें युगों की बात' (2011 ई.) और 'जाग चेत कुछ करौ उपाई' (2015 ई.), कृष्णा अग्निहोत्री की 'लगता नहीं है दिल मेरा' (2015), निर्मला जैन की 'ज़माने में हम'(2015 ई.), डॉ. लाल बहादुर वर्मा की 'जीवन प्रवाह में बहते हुए' (2015) और 'बुतपरस्ती मेरा ईमान नहीं' (2018 ई.), विजेन्द्र की 'शेष है अभी समर' (2017), रामशरण जोशी की 'मैं बोनसाई अपने समय का' (2018), अनीता भारती की 'छूटे पन्नों की उड़ान' (2018), रामधारी सिंह दिवाकर की 'जहाँ आपनो गाँव' (2018), सुरेन्द्र मोहन पाठक की 'न बैरी न कोई बेगाना' (2018), 'हम नहीं चंगे...बुरा न कोय...' (2019) और 'निन्दक नियरे राखिए' (2020) और स्वयं प्रकाश की 'धूप में नंगे पाँव' (2019)।

2009 में आई हृदयेश की आत्मकथा 'जोखिम' को इस सूची में सम्मिलित करने का एकमात्र उद्‌देश्य था-आत्मकथा विधा के बारे में लेखक के विचार और इस आत्मकथा में रेशे-रेशे व्यक्त उनके जीवन के माध्यम से इस विधा से जुड़े कुछ मूलभूत प्रश्नों पर विचार करना। इस आत्मकथा में उन्होंने अपनी कमजोरियों, ज्यादतियों और शर्मनाक विचलनों को तो उघाड़ा ही है, अपने माता, पिता, भाई, बहन, पत्नी आदि के भी ऐसे तमाम जीवन-प्रसंगों को निर्दयता से बेपर्द किया है। शायद इसीलिए उनकी यह कृति लेखक के लाख चाहने पर भी कथात्मक नहीं बन सकी, जिसे वह स्वीकार करता है-"हृदयेश ने आत्मकथा को उपन्यास बनाने की कोशिश की थी मगर पटखनी खा बैठे। पटखनी खाकर उन्हें बुरा नहीं लगा। उनकी हार विधा के बहाने साहित्य के हक़ में है, ऐसा उन्होंने स्वीकार कर लिया।"[8] लेकिन सार्वजनिक हित में अपने जीवन की क्षुद्र बातों को भी महत्त्वपूर्ण मानकर उनकी सच्चाई बयान करते समय दूसरों के जीवन

की बेपर्दगी नैतिकता के आयामों से कितनी बँधी या खुली होनी चाहिए, इस पर विचार करना आवश्यक है, भले ही इस उत्तर-आधुनिक समय में उत्तर-आधुनिक विधाओं के माध्यम से केन्द्रिकता के हर पाठ को नकारे जाने का आग्रह कितना ही हाबी क्यों न हो।

इसकी ओर एक संकेत नरेन्द्र कोहली ने अपनी आत्मकथा 'आत्मस्वीकृति' की भूमिका में किया है-"आत्मकथा में समस्या लेख़न की नहीं, चयन की है। अपना सत्य लिखना है, किन्तु दूसरों के कपट का उद्घाटन नहीं करना है; क्योंकि उसमें स्वयं को महान बनाने की चेष्टा देखी जा सकती है। ...नंगा सत्य बोलना बहुत कठिन होता है; उसकी लपेट में लेखक स्वयं तो आता ही है, वे लोग भी आ जाते हैं, जिनके विषय में सत्य बोलने का अधिकार लेखक को नहीं है।"[9] आगे वे यह भी जोड़ते हैं कि यदि किसी शोधार्थी ने उनकी रचनाओं के माध्यम से उनके जीवन का प्रस्फुटन किया होता तो सम्भवत: उन्हें आत्मकथा लिखने की आवश्यकता नहीं पड़ती। यानी लेखक एक तरफ आत्मकथा-लेखकों के लिए नैतिक सीमाओं का रेखांकन कर रहा है, दूसरी तरफ अपने जीवन की निजी घटनाओं को इतना महत्त्वपूर्ण समझता है कि सार्वजनिक रूप से उनका प्रस्फुटन आवश्यक मानता है। ज़ाहिर है, बीसवीं सदी के आख़िरी दशकों से अत्यन्त तीव्र हुई यह प्रवृत्ति छायावादी कवि जयशंकर प्रसाद के समय की प्रवृत्ति से बिलकुल अलग है, जहाँ लेखक अपनी आपबीती कहने में अत्यधिक संकोच करता है क्योंकि रहीम की भाँति उसे भी अपने निजी जीवन की दुर्बलता को कल्पना के आवरण के बिना प्रस्तुत करने में व्यंग्य और उपहास का भय है –

*इस गम्भीर अनन्त-नीलिमा में असंख्य जीवन-इतिहास*
*यह लो, करते ही रहते हैं अपने व्यंग्य मलिन उपहास*
*तब भी कहते हो-कह डालूँ दुर्बलता अपनी बीती।*
*तुम सुनकर सुख पाओगे, देखो यह गागर रीती।।* [10]

घोर वंचना, सामाजिक-जातिगत भेदभाव और अन्धविश्वास के घटाटोप से निकलकर अपशकुनी कहे जानेवाले बालक से एक प्रतिष्ठित प्रोफ़ेसर बनने और उसके बाद का सफर बयान करती हैं डॉ. तुलसीराम की आत्मकथाएँ 'मुर्दहिया' और 'मणिकर्णिका'। लेखक की विशेषता है कि वह अपने निर्णायक क्षणों में हमेशा बुद्ध को याद करता है। अश्वघोष रचित 'बुद्धचरित' उसके मन में पूरी तरह बैठा हुआ है। गीत और कविताएँ डॉ. तुलसीराम के जीवन का अभिन्न अंग रहे हैं, और यही कारण है कि 'मुर्दहिया' और 'मणिकर्णिका' दोनों की ही लेखन शैली में एक काव्यमय प्रवाह नज़र आता है। ओमप्रकाश वाल्मीकि की प्रसिद्ध आत्मकथा 'जूठन' के दूसरे भाग (2013) की शुरुआत देहरादून की आर्डिनेन्स फैक्टरी में

उनकी नियुक्ति होती है। नई जगह पर अपनी पहचान को लेकर आई समस्याओं के साथ-साथ यहाँ मजदूरों के साथ जुड़ी अपनी गतिविधियों का जिक्र करते हुए उन्होंने अपनी साहित्यिक सक्रियता का भी विस्तार से उल्लेख किया है। सहज, प्रवाहपूर्ण और आत्मीय भाषा में लिखी गई यह पुस्तक देहरादून से जबलपुर और वहाँ से पुन: देहरादून की यात्रा करती हुई शिमला उच्च अध्ययन संस्थान और फिर उनके अस्वस्थ होने तक का वर्णन करती है।

नरेन्द्र मोहन की आत्मकथा का पहला खंड 'कमबख़्त निन्दर' एक ऐसी कृति है जो उनकी निजी जिन्दगी के सुख-दु:ख के साथ-साथ परिवेश के तीखे प्रश्नों को गहरी आत्मालोचना के साथ उठाती है। दो आपात्कालों के बीच लिखी गई यह जीवन-कथा कई स्तरों पर पाठकों को अपनी-सी लगेगी। पहला आपात्काल लेखक की जन्म-घड़ी है-स्तब्ध कर देनेवाला उसका नितान्त निजी अनुभव जो उसे ताउम्र जकड़े रहा और दूसरा विकट और भयावह वह आपात्काल (1975-77) जिसकी दहशतनाक सलवटों में पूरा देश सनन रह गया। यहाँ निन्दर के होने मात्र से सामान्य से ब्योरों में धार और द्वन्द्वात्मकता आ गई है। नरेन्द्र मोहन के साथ निन्दर यहाँ एक केन्द्रीय प्रतीक बनता गया है जो आकर्षक होने के साथ अर्थपूर्ण भी है।[11]

'काल का अनुभव नहीं होता, अनुभव का काल होता है' को जीने और स्वीकारनेवाले विश्वनाथ प्रसाद तिवारी अपनी आत्मकथा 'अस्ति और भवति' में अपने पुरखों की बात करते हुए दर्शन, संस्कृति और लोक की बात भी करते हैं। इसलिए उनकी यह 'लोकयात्रा' अन्य आत्मकथाओं से अलग दिखाई देती है। रमणिका गुप्ता की 'आपहुदरी : एक जिद्दी लड़की की आत्मकथा' उनकी साफ़गोई के लिए जानी जाती है, जिसमे उनके राजनीतिक एक्टिविज़्म की भी बड़ी भूमिका है। स्त्री-आत्मकथाओं और विमर्श को शरीर से ऊपर उठकर किस स्वस्थतर दिशा की ओर जाना चाहिए, यह आत्मकथा इसका जीवन्त बयान है। एक्टिविज़्म को ही अपनी दोनों आत्मकथाओं – 'जीवन प्रवाह में बहते हुए' और 'बुतपरस्ती मेरा ईमान नहीं'-में इतिहास के प्रोफ़ेसर लाल बहादुर वर्मा ने भी भरपूर जिया है। गोरखपुर और पूर्वांचल के इलाकों का उनका अनुभव-संसार इनमें अभिव्यक्त हुआ है। पिछड़ी जगह (छपरा) से जुड़े होने की हीन-भावना से लेकर जीवन के अनेक झूठ तक को वे बेबाकी से स्वीकारते हुए कहते हैं कि उनके जीवन में झूठ की बड़ी भूमिका रही है। उनका मानना है – "आज की दुनिया में जबकि दुश्मनियाँ बढ़ाई जा रही हैं, दोस्त बनाना एक तरह का एक्टिविज्म है, एक तरह का विद्रोह है, एक तरह के विपक्ष का निर्माण है।"[12]

'ज़माने में हम' निर्मला जैन की आत्मकथा से अधिक उस दौर की दिल्ली विश्वविद्यालय और उनके सहकर्मियों की आत्मकथा लगती है, जिसके माध्यम से आधुनिक हिन्दी साहित्य के प्रयोगवादी दौर से लेकर नई कहानी के दौर तक

की कथा से बड़े जीवन्त और प्रामाणिक रूप में हम रूबरू होते हैं। यह सम्पादन, प्रकाशन, साहित्य और राजनीति के सम्बन्धों की कहानी भी है। हिन्दी पट्टी का कोई भी लेखक, पाठक, शोधार्थी अथवा अध्यापक इस आत्मकथा से सहजता से अपने को जुड़ा हुआ पाता है। उदाहरण के लिए, निर्मला जी ने एक विश्वविद्यालय के शिक्षक-नियुक्तियों हेतु होनेवाले साक्षात्कार-संवाद का जीवन्त चित्र खींचते हुए लिखा है-"डॉ. नगेन्द्र ने राष्ट्रकवि मैथिलीशरण गुप्त की 'यशोधरा' की प्रसिद्ध द्विपदी, 'अबला जीवन...' के निहितार्थ पर बात करते हुए सहसा कहा कि 'अगर मैं इसका क्रम उलटकर कहूँ, 'आँखों में है दूध और आँचल में पानी' तो इसकी व्याख्या किस रूप में करोगी?' यह सवाल इतना अप्रत्याशित और असुविधाजनक था कि उसका उत्तर सोच-विचारकर तो दिया जा सकता था, सहसा नहीं। ज़ाहिर है, मेरी ज़बान लड़खड़ा गई। मैंने जो उलटी-सीधी व्याख्या की, उससे मुझे खुद ही सनतोष नहीं था। बहरहाल, संकटमोचक का काम किया डॉ. विशेश्वरप्रसाद ने। गोकि नियत मुझे उबारने की नहीं, और गहरे गड्ढे में धकेलने की थी।"[13] आज के साक्षात्कारों की दशा का पुराना इतिहास हमें यहाँ नज़र आता है।

प्रो. रामशरण जोशी की आत्मकथा 'मैं बोनसाई अपने समय का' एक मध्यवर्गीय व्यक्ति के बोनसाईनुमा चरित्र को उजागर करता है जो व्यवस्था रूपी ड्राइंग रूम में अपनी सीमा में चुपचाप वर्षों तक बिना किसी परिवर्तन के स्थिर और सुन्दर बने रहने के लिए बाध्य है। वह अपनी मध्यवर्गीय सीमा के भीतर प्रशंसा का पात्र तो है लेकिन उसके बाहर उसका कोई अस्तित्व नहीं और इस सीमा का अतिक्रमण न कर पाने की उसकी कुंठा जीवन के सभी पक्षों को प्रभावित करती है। शायद इससे उबरने के लिए ही लेखक ने प्रस्तुत आत्मकथा में 'आत्मभंजन की कथा' का सहारा लिया है, जो उसकी पुरानी शैली रही है। हिन्दी लेखकों की नाटकीयता और वैचारिकता को लेकर वे सीधी चोट करते हैं। प्रभा खेतान के सन्दर्भ में उन्होंने स्त्री-विमर्शकारी पुरुषों की स्त्री-पिपासु प्रवृत्ति पर गहरा व्यंग्य किया है। "भोपाल से लेकर वर्धा तक की अकादमिक गतिविधियों के सन्दर्भ में जितने भी मठाधीश हैं उन्होंने अपने पीछे एक ऐसी विकलांग पीढ़ी खड़ी कर दी है जो देश और समाज का भला तो कर नहीं सकते, स्वयं की झोली अवश्य भर सकते हैं।"[14] लेखक इन घटनाओं को क्रान्ति की लौ के बुझने के रूप में देखता है जिसे सिर्फ़ शुद्ध वैचारिक प्रबोधन से जलाई जा सकती है। वर्ष 2004 में प्रकाशित मासिक 'हंस' में उनके दो आलेख—'मेरे विश्वासघात' व 'मेरी आत्मस्वीकृतियाँ'-बेहद चर्चित और विवादास्पद रहे जिनसे तत्कालीन हिन्दी जगत में मानो भूचाल आ गया था। हिन्दी और अंग्रेज़ी पत्र-पत्रिकाओं में उन पर काफी समीक्षात्मक आलेख छपे हैं जिनमे कई तो उनके आत्मकथात्मक स्वीकरणों की आलोचना मात्र हैं। इस सन्दर्भ में वर्ष 2023 में आई प्रेमकुमार मणि की बेबाक आत्मकथा 'अकथ

कहानी' भी याद आती है जहाँ लेखक ने बड़ी साफगोई से लेखकों और राजनीतिज्ञों पर अपनी तीक्ष्ण दृष्टि डाली है।

इक्कीसवीं सदी के हिन्दी साहित्य को विद्वानों ने गद्य साहित्य के विस्फोट के रूप में रेखांकित किया है। आधुनिक हिन्दी साहित्य की शुरुआत में ही कल्पना और लोकोत्तर की जगह युक्ति और तर्क ने ली, जो आधुनिकता की सहज प्रवृत्ति है। यह प्रवृत्ति अब और पुष्ट रूप में अधिकाधिक मात्रा में कथेतर गद्य-लेखन के रूप में सामने आ रही है जहाँ व्यक्तिगत स्वतन्त्रता की अभिव्यक्ति अधिक और कल्पना का उपयोग कम है। अनेक बड़े कवि और कथाकार कथेतर साहित्य लिख रहे हैं और इसी के माध्यम से चर्चित हो रहे हैं। लेकिन इसके साथ ही एक और महत्त्वपूर्ण प्रवृत्ति जो वर्तमान सदी के आत्मकथा-लेखन में उभरकर सामने आई है, वह है – फन्तासी, कल्पना और कथात्मकता के सूत्रों के नवीन रचनात्मक प्रयोग और विभिन्न कथा और कथेतर विधाओं की एक-दूसरे में आवाजाही। उदाहरण के लिए 'कस्तूरी कुंडल बसै' मैत्रेयी पुष्पा द्वारा रचित आत्मकथात्मक उपन्यास है जिसमें उनकी जीवन-कथा के यथार्थ को नाटकीय ढंग से प्रस्तुत किया गया है। इसी तरह, मन्नू भंडारी की आत्मकथा 'एक कहानी यह भी' काफी चर्चित आत्मकथात्मक कृतियों में एक है। वहीं 'गुड़िया भीतर गुड़िया' मैत्रेयी पुष्पा की आत्मकथा का दूसरा भाग है, जिसमें कथात्मकता और नाटकीयता का संयोजन रचना को अधिक ग्राह्य बनाता है। चन्द्रकान्ता का संस्मरण 'हाशिए की इबारतें' 2009 ई. में प्रकाशित हुआ। इसे कुछ आलोचकों ने आत्मकथात्मक संस्मरण कहा, कुछ ने संस्मरणात्मक आत्मकथा जबकि स्वयं लेखिका ने इसे संस्मरण बताते हुए लिखा – "मैंने इन संस्मरणों में स्त्री-समीक्षा नहीं की है, स्त्री-जीवन की भौतिकी, भीतरी केमिस्ट्री की दखल अन्दाजी से बने गुट्ठिल व्यक्तित्व की कुछ गुत्थियों को खोलने की चेष्टा की है।"[15] यही बात ममता कालिया के संस्मरण 'कितने शहरों में कितनी बार' (2010 ई.) को लेकर कही गई।

औपन्यासिक भाषा के स्तर पर सबसे अलहदा अगर कोई आत्मकथा नज़र आती है तो वह है प्रसिद्ध जासूसी उपन्यास लेखक सुरेन्द्र मोहन पाठक की। अब तक तीन भागों में आई उनकी आत्मकथा को बड़े चाव से हिन्दी जगत ने पढ़ा है। उनकी कथा और कथा-भाषा के मुरीद रहे पाठक हिन्दी से इतर उर्दू, पंजाबी और अन्य भाषाओं में भी हैं। विभाजन-पूर्व के पंजाब में बीते अपने बचपन के दौर से लेखकीय जीवन के संघर्षों तक की यात्रा को वे अभूतपूर्व किस्सागोई के रूप में प्रस्तुत करते हैं। लुगदी साहित्य-लेखक के रूप में उनका परिहास करनेवालों को उनसे भाषा की जीवन्तता और प्रवाहमयता सीखनी चाहिए – "मुल्क के बँटवारे के वक़्त मैं साढ़े सात साल का था इसलिए जाहिर है कि जो भी याद जन्म से लेकर

तब तक के वक़्फे के साथ वाबस्ता है वो लाहौर की है। लाहौर का शाह आलमी गेट एक दिल्ली के दरीबा, क्निारी बाजार जैसा घनी आबादीवाला इलाका था। राहगुज़र गेट के भीतर से थी जिसके आगे दूर तक जाता घना बाज़ार था।"[16] उनके परिवेश ने उनमें हिन्दी-उर्दू-पंजाबी भाषा की रवानी उनमें पैदा की जिसे उन्होंने अपने कथा-लेखन और फिल्म लेखन में ख़ूब तराशा। फिल्मों और फिल्मकारों के विविध सन्दर्भ उनकी आत्मकथा को अलग और आकर्षक बनाते हैं। अपनी किस्सागोई शैली का सुन्दर उपयोग उन्होंने आत्मकथा में किया है, जिससे वह और रुचिकर बन पड़ी है, हालांकि कुछ आलोचकों ने इसे उनकी लेखन-सीमा के रूप में उद्धृत किया है।

यह बात भी गौरतलब है कि कई बार बहुत से लेखक अपनी पुस्तक को जान-बूझकर एक विशेष विधा, खासकर आत्मकथा के दायरे से बाहर रखने की कोशिश करते हैं। अज्ञेय के उपन्यास हों या राजेन्द्र यादव का संस्मरण (अथवा आत्मकथा?) 'मुड़-मुड़ के देखता हूँ' या ममता कालिया का संस्मरण (या आत्मकथा?) 'कितने शहरों में कितनी बार', सभी में अपने निजी जीवन के कथ्यों पर केन्द्रित होने देने से बचने की एक सजग कोशिश नज़र आती है। 2019 ई. में प्रकाशित स्वयं प्रकाश की पुस्तक 'धूप में नंगे पाँव' में घोषित रूप से मुख्य शीर्षक के नीचे लिखा मिलता है-'अन्दाज़ किस्सागोई का और जीवन्तता कथेतर की'। यानी कथा-विधा तो यहाँ है ही लेकिन कथेतर की किस विधा का रूपांकन इस पुस्तक में है, यह स्पष्ट नहीं है। डायरी, यात्रा-वृत्त, संस्मरण, आत्मकथा – सभी यहाँ मिले-जुले रूप में मौजूद हैं। ज़ाहिर है, जिस विधागत आवाजाही की बात पहले की गई, उसकी वज़ह से विधाओं की श्रेणीबद्धता अब अधिक जटिल और चुनौतीपूर्ण हो गई है।

आत्मकथा-लेखन और एक से अधिक विधाओं के संयोजन के सन्दर्भ में मिथिलेश्वर की तीन खंडों में प्रकाशित आत्मकथा (अथवा आत्मकथात्मक उपन्यास) को भी रेखांकित किया जाना चाहिए, जहाँ अपने आत्म को प्रस्तुत करने के क्रम में लेखक ने दोनों ही विधाओं को सुन्दर तरीके से साधा है। भोजपुर और आरा में बीते अपने बचपन और परिवेश के सामाजिक, राजनीतिक जीवन के चित्रण के माध्यम से लेखक ने शिक्षा और स्वास्थ्य कुव्यवस्था का मार्मिक अंकन किया है। मगध विश्वविद्यालय और अनेक समकालीन लेखकों से जुड़े उनके रोचक संस्मरण इन रचनाओं के प्रमुख आकर्षण हैं। तीसरे खंड 'जाग चेत कुछ करौ उपाई' के परिचय में ठीक ही लिखा गया है – "कुछ लेखक अपने आत्म के वर्णन और विवरणों से कथा का सम्यक निर्वाह नहीं कर पाते तो कुछ लेखक आत्म के बहाने कथा की रचना करते हैं...लेकिन मिथिलेश्वर ने किसी भी तरह की कल्पना का तनिक भी समावेश किए बगैर अपने आत्म को कथा के साँचे में इस तरह प्रस्तुत किया है कि उनकी आत्मकथाएँ जहाँ एक ओर आत्मकथा के

निकष पर श्रेष्ठ आत्मकथाएँ हैं, वहीं दूसरी ओर सशक्त आत्मकथात्मक उपन्यास भी हैं।"[17] बकौल माधव हाड़ा, "हिन्दी गद्य-रूपों की सरहदें फिलहाल बेचैन और अशान्त हैं और ये अपने देहरी-चौखटे लाँघकर इधर-उधर ताक-झाँक नहीं कर रहीं, अब एक-दूसरे में घुसपैठ पर आमादा हैं।"[18]

आत्मकथा विधा के माध्यम से सत्य और तथ्य का कथेतर रूपांकन जिस तीव्र गति से वर्तमान सदी में हो रहा है, उससे निश्चय ही निरे कल्पना और फन्तासी के लोक रचने में लेखकों को संकोच होने लगा है और वे कल्पना की नवीन सर्जना सत्य को और पैनी निगाह से देखने में कर रहे हैं, जैसा कभी मुक्तिबोध ने फैंटेसी शिल्प के माध्यम से किया था। विधाओं की आपसी आवाजाही से कई प्रकार की सीमाएँ टूटी हैं, शिल्प की, संवेदना की, श्रेणीबद्धता की। और, कथेतर की यह अछोर यात्रा अभी जारी रहनेवाली है। विमर्शों की दुनिया से लेकर विशुद्ध साहित्यिक और कलात्मक दुनिया तक की बातें आत्मकथा में आ रही हैं। इसलिए आज इक्कीसवीं सदी के तीसरे दशक के मध्य भी यदि अभिव्यक्त तथ्य की सत्यता, नैतिकता और प्रामाणिकता का निकष कुछ हो सकता है तो वह है, लेखक की ईमानदारी, जिसकी बात टी. एस. इलियट ने रूपवाद और नई समीक्षा के ज़माने में बारम्बार की थी। प्रसिद्ध अंग्रेज़ी लेखक मार्क ट्वेन ने कभी लिखा था, "सत्य कल्पना से अधिक अजीब है, लेकिन ऐसा इसलिए है क्योंकि कल्पना सम्भावनाओं से चिपके रहने के लिए बाध्य है; सत्य नहीं है।"[19]

## सन्दर्भ-सूची


1. अज्ञेय, लेखक का दायित्व, वाग्देवी प्रकाशन, 2010, पृ.. 64
2. गाँधी, मोहनदास करमचन्द, हिन्द स्वराज, राजपाल एंड सनज़ प्रकाशन, 2009, पृ.. 23
3. अज्ञेय, लेखक का दायित्व, वाग्देवी प्रकाशन, 2010, पृ.. 66
4. शुक्ल, रामचन्द्र, चिन्तामणि, किंडल संस्करण, 2020, पृ.. 123
5. क्विम्बी, कार्ल, आई जॉइन द चर्च : अ चर्च मेम्बरशिप मैन्युअल फॉर अडल्ट्स, द मेथोडिस्ट पब्लिशिंग हाउस, नैशविल, टेनेसी, 1942, पृ.. 80. लिंक : https://archive.org/details/ijoinchurchchurc0000quim(23.12.2023 को प्राप्त)
6. हाड़ा, माधव, हिन्दी की इक्कीसवीं सदी की साहित्यिक सक्रियता : कुछ परिवर्तन, कुछ प्रस्थान, www.hindisamay.com/content/6473/1/माधव-हाड़ा (22. 12.2023 को प्राप्त)
7. अज्ञेय, तारसप्तक, वक्तव्य; दूसरा सप्तक, भारतीय ज्ञानपीठ प्रकाशन, नई दिल्ली, 2005, भूमिका
8. हृदयेश, 'जोखिम', किताबघर प्रकाशन, नई दिल्ली, 2009, भूमिका
9. कोहली, नरेन्द्र, 'आत्मस्वीकृति', हिन्द पॉकेट बुक्स, नई दिल्ली, 2014, भूमिका
10. प्रसाद, जयशंकर, 'आत्मकथ्य', लिंक :आत्म.कथ्यद / जयशंकर प्रसाद-कविता कोश

(kavitakosh.org) (3 मार्च, 2024 को प्राप्त)

11. मोहन, नरेन्द्र, कमबख्त निन्दर, किताबघर प्रकाशन, नई दिल्ली, 2013, पुस्तक परिचय
12. सिंह, रमाशंकर और कौशिक, शुभनीत, लाल बहादुर वर्मा : जीवन प्रवाह में बहते एक इतिहासकार का जाना... (thewirehindi.com) (5 मार्च, 2024 को प्राप्त)
13. जैन, निर्मला, ज़माने में हम, राजकमल प्रकाशन, नई दिल्ली, 2015, पृ.. 145
14. 'कही अनकही दास्ताँ: मैं बोनसाई अपने समय का!', मीडिया विजिल, 25 फ़रवरी, 2018 को प्रकाशित, 20 मार्च, 2024 को प्राप्त
15. पाठक, सुरेन्द्र मोहन, न बैरी न कोई बेगाना, वेस्टलैंड प्रकाशन, 2018, पृ.. 17
16. चन्द्रकान्ता, हाशिए की इबारतें, राजकमल प्रकाशन, नई दिल्ली, 2009, भूमिका
17. मिथिलेश्वर, 'जाग चेत कुछ करौ उपाई', पुस्तक-परिचय
18. हाड़ा, माधव, हिन्दी की इक्कीसवीं सदी की साहित्यिक सक्रियता : कुछ परिवर्तन, कुछ प्रस्थान, www.hindisamay.com/content/6473/1/माधव-हाड़ा (22.12.2023 को प्राप्त)
19. ट्वेन, मार्क, फॉलोइंग द इक्वेटर : अ जर्नी अराउंड द वर्ल्ड, अमेरिकन पब्लिशिंग कम्पनी, न्यू यॉर्क, 1897, पृ. सं.156. लिंक : https://archive.org/details/followingequator00twaiuoft/page/156/mode/2up?view=theater (22.12.2023 को प्राप्त)

# मेरी चिताणी : प्रो. रामबक्ष जाट

डॉ. स्तुति राय

वर्ष 2019 में प्रकाशित संस्मरणात्मक आत्मकथा के रूप में 'मेरी चिताणी' प्रो० रामबक्ष जाट के जीवन के उन महत्त्वपूर्ण पड़ावों को दर्शाती है जो उन्हें एक गँवई मिट्टी से उठाकर राजधानी के गलियारों तक ले जाती है और उस रोमांचक सफर को सार्थकता प्रदान करती है। इस रोमांचक सफर से गुजरते हुए आप भारतीय गाँवों की खुशबू को महसूस कर सकते हैं, साथ ही, आज के बदलते हुए गाँव और आधुनिक शहरों की जटिलताओं को भी भाँप सकते हैं। शिक्षा के लिए या अपनी जीविका के लिए भारत के पिछड़े गाँवों से निकलनेवाले जो लोग शहरों की तरफ प्रस्थान करते हैं एवं उन शहरों में अपने लिए एक पहचान को पाने की कोशिश करते हैं, वे प्रो० रामबक्ष के निकट अपने-आपको पाएँगे। इसलिए इस कृति में ऐसे लोगों को ज्यादा दिलचस्पी होगी जो गाँव से शहर के विस्थापन से गुजर चुके हैं या कम से कम अपने आसपास ऐसे लोगों से मिले हों। हालाँकि कृति का अधिकांश हिस्सा चिताणी की स्मृतियों पर आधारित है इसलिए इसका नायक और कोई नहीं वह गाँव ही है। चिताणी गाँव राजस्थान के नागौर जिले का एक जाट बहुल गाँव है। इतिहास में जाटों को एक दबंग जाति के रूप में जाना जाता है और हिन्दी साहित्य में जाट राजा सूरजमल पर एक काव्यग्रन्थ की रचना कर कवि सूदन ने उन्हें इतिहास में अमर कर दिया है। दबंगई के यह किस्से इस पुस्तक में जगह-जगह मिलेंगे और अगर आपको चिताणी की दबंगई नहीं पसनद तो निश्चित रूप से आप रामबक्ष जाट की साफगोई को भी नहीं पसनद कर पाएँगे। तब इस कृति का सही मूल्यांकन भी बमुश्किल हो पाएगा।

अंग्रेजों के आने तक भारतीय गाँव अपनी संरचना में बहुत जटिल नहीं होते थे और उनकी मूलभूत आवश्यकताएँ गाँव के भीतर ही पूरी हो जाती थीं। स्वतन्त्रतापूर्व के ये भारतीय गाँव अपने भीतर ही एक पूरे सामाजिक-आर्थिक ढाँचे के साथ विकसित थे जिसमें उनकी सारी आवश्यकताओं की पूर्ति के लिए गाँव के लोग ही उत्तरदायी हुआ करते थे। यह स्थिति आधुनिकीकरण की प्रक्रिया के साथ-साथ खत्म होने लगी और उनकी यह आत्मनिर्भरता भी धीरे-धीरे समाप्त

होने लगी। आज के बाजारीकरण के दौर में आत्मनिर्भरता जैसी स्थिति अब अकल्पनीय हो चुकी है। गाँव हो या शहर अब उसमें कोई अन्तर नहीं रह गया है। चिताणी का वर्णन जहाँ से शुरू हुआ है वह वही स्वतन्त्रतापूर्व एक छोटा पिछड़ा हुआ गाँव है। लेखक के अनुसार यह पुस्तक चिताणी का कोई इतिहास नहीं है। इसकी भूमिका में प्रो० रामबक्ष लिखते हैं-"यह चिताणी का इतिहास नहीं है। कुछ-कुछ है भी तो चिताणी की वह छवि है जो मेरे मन में बसी हुई है। किसी दूसरे के मन में बसी चिताणी अलग हो सकती है। फिर यह चिताणी अब लगभग लुप्त हो चुकी है जो है वह है भी और नहीं भी। नई सदी के आने के पूर्व यह चिताणी का आभास है।"[1] इस वक्तव्य से यह स्पष्ट होता है कि चिताणी के ऐतिहासिक विश्लेषण की कोई आवश्यकता भी नहीं है। हालाँकि यह वक्तव्य देकर उन्होंने दो तरह की छूट ले ली है-एक यह कि इससे उन्हें अपने मन में बसी चिताणी को अपनी दृष्टि से उकेरने की सहूलियत (इतिहास में यह सम्भव नहीं है क्योंकि इससे उसकी वस्तुनिष्ठता खंडित होती है) मिल गई और दूसरे चिताणी के ऐतिहासिक विश्लेषण जैसे श्रमसाध्य कार्य से उन्हें अनायास ही मुक्ति मिल गई।

इस गाँव में स्वतन्त्रता के बाद के वर्षों तक या यूँ कहें कि लेखक के बचपन तक कोई विशेष आधुनिक बदलाव लक्षित नहीं हुआ था। इस गाँव में आधुनिकता का प्रवेश तब होता है जब गाँव में रेडियो, साइकिल और ट्रैक्टर युग का प्रवेश होता है। उससे पहले चिताणी में भेड़ों की संस्कृति[2] थी। इस कई संस्कृति के विषय में वे लिखते हैं-"यह वह जमाना था, जब सर्दियों में सब बेरोजगार रहते थे। शाम को सब घर से खा-पीकर आ जाते और अपनी कहते और दूसरों की सुनते। कोई सामूहिक समस्या होती, उसका भी यहीं निपटारा हो जाता। यहाँ की चर्चा पूरे गाँव में फैल जाती और मान्य हो जाती। युवा यहाँ आते, तो चुप रहते और तमीज सीखते। यह सब संस्कृति हल-बैल की खेती का अंग थी। जब हल-बैल पराजित हो गए और ट्रैक्टर और ट्यूबवेल पूरी तरह छा गए, तब इस संस्कृति का लोप हो गया।"[3] यह सच है कि भारतीय गाँवों में बदलाव ने लम्बा सफर तय किया है और यह बदलाव काफी धीमे-धीमे हुआ है और इसका सबसे बड़ा कारण है शिक्षा का धीमा प्रचार-प्रसार परन्तु इन बदलावों ने गाँवों की कुछ परम्पराओं को भी बदल दिया जिसने वहाँ की सामूहिक भावना और साझी संस्कृति की विरासत पर गहरा असर डाला। आज के मोबाइल युग ने तो अब इसे लगभग खत्म ही कर दिया है। चिताणी में शिक्षा के प्रति जागरूकता की कमी थी और लेखक का पहला प्रवास शिक्षा के लिए ही होता है। अपने समय में लेखक गाँव में शिक्षा प्राप्त करनेवालों में इकलौता व्यक्ति था।

चिताणी में गाँववालों की खेती-बाड़ी से लेकर उनके आपसी सम्बन्ध, छोटे-मोटे झगड़े, शादी-ब्याह, सामूहिक खान-पान, रीति-रिवाज, गाँव स्तर की राजनीति, दूसरे गाँवों से सम्बन्धों को लेकर अनेक रोचक प्रसंग आपको मिल जाएँगे जो अपनी गँवई खुशबू से भर देंगे। एक ऐसा ही प्रसंग अकाल को लेकर है। अकाल राजस्थान की विभीषिका के रूप में जाना जाता है जो वहाँ गरीबी और पिछड़ेपन के लिए जिम्मेदार है। इसका वर्णन भी लेखक ने सरस और रोचक ढंग से किया है और इसका कारण यह बतलाया है कि उनके गाँव के लोग अकाल के बारे में कभी दयनीयता से नहीं बताते भले ही उनके लिए यह कितना भी दुखद अनुभववाला क्यों न रहा हो। "बात थोड़ी अजीब है। मैंने अकाल के बारे में जिससे भी पूछा किसी ने रो-रोकर सिसक-सिसककर तब की बातें नहीं बताई। भुक्तभोगी भी मजे ले-लेकर उन दिनों को याद करते हैं। लगता है जीवट अकाल पर भारी हैं। कहावतों में भी यह जीवटता भरी पड़ी है।"[4]

कहावतों का जिक्र आया है तो यह उल्लेख करना आवश्यक जान पड़ता है कि कहावतें, लोकोक्तियाँ और मुहावरे इस पुस्तक की भाषायी सौन्दर्य की महत्त्वपूर्ण उपलब्धि हैं। ये तीनों आज भी भारतीय गँवई बोलियों की शान हैं। जब तक इनको बातों में पिरोकर बोला न जाय तब तक बोलियों का सौन्दर्य फ़ीका सा लगता है। इस आत्मकथा में राजस्थानी बोलियों के मुहावरों, लोकोक्तियों और कहावतों का प्रयोग अर्थ के साथ (यहाँ तक कि उस लोकोक्ति या कहावत के साथ जो उसकी कहानी जुड़ी हुई है वह भी उसके साथ दिया गया है) प्रो० रामबक्ष ने किया है जिससे हिन्दी के सभी पाठक पढ़कर उसका अर्थग्रहण कर सकते हैं। उदाहरण के लिए कुछ कहावतों और लोकोक्तियों को देखा जा सकता है-'परायी थाली में घी घड़ों लागे' अर्थात दूसरे की थाली में घी ज्यादा लगता है।[5] 'गमें तोई गाँवराने ई लादे' अर्थात यदि मेरी कोई चीज खो जाए तो भी मेरे गाँववालों को ही मिले।[6] 'धमड़-धमड़ पीसे, जाती रा पगल्या दीसे', इसका अर्थ कहानी के साथ यों है कि एक समझदार और अनुभवी ससुर नई बहू के घर से भागने की आशंका को भाँपकर कहता है कि बहू इतनी तेज गति से आज चक्की चला रही है, मुझे चक्की की इस गति में घर से भागती बहू के पैर दिखाई दे रहे हैं।"[7] इस लोकोक्ति के माध्यम से उन्होंने गाँव की बहुओं के भागने का प्रसंग बहुत ही रोचक ढंग से प्रस्तुत किया है। इसी तरह का प्रसंग 'सौतियाडाह' के वर्णन में आया है जिसके बारे में वह निश्चित नहीं है कि वह अपने विशुद्ध रूप में अब विद्यमान है या नहीं। हालाँकि इसे वह कबीर के माध्यम से (उनके ईश्वर प्रेम के सन्दर्भ में) समझने की कोशिश करते हैं। फिर उन्हें यह सौतियाडाह आज अपने बदले रूप में ऑफिसों में, अपने दोस्तों में, अपने प्रियजनों में किसी महामारी की तरह दिखाई देने लगती है जो आपको किसी और के साथ देखना ही नहीं चाहते और केवल अपने वश में रखना चाहते हैं।

चिताणी से निकल प्रो० रामबक्ष ने अमेरिका तक का एक लम्बा सफर तय किया है। और अपने इस लम्बे सफर में लगातार अपनी पहचान को खोजने की कोशिश की है। पहचान के इस संकट को देखते हुए अपनी किसी एक पहचान को ही अन्तिम नहीं मानते हैं बल्कि उन्हें महसूस होता है कि उनकी कई पहचान बन गई है। वह लिखते हैं, "कभी-कभी मुझे सनदेह होता है कि मैं कहाँ का हूँ? चिताणी से निकलकर जब जोधपुर गया तो जोधपुर ने कहा कि यह तो नागौर का है वैसे भी जोधपुरवाले तो वही हैं जो परकोटे के भीतर रहते हैं। जोधपुर से दिल्ली आया तो दिल्ली ने कहा, यह तो जोधपुर का है और नामवर जी के पीछे-पीछे जवाहरलाल नेहरू विश्वविद्यालय आ गया है। फिर रोहतक गया तो मुझ पर ठप्पा लगा कि मैं तो हरियाणा का हूँ नहीं, जनेवि का हूँ। वहाँ से फिर जोधपुर पहुँचा तो अबकी बार मैं नागौर का नहीं, जनेवि का घोषित हुआ। ...[8] व्यक्ति की पहचान का मामला देखने में जितना सीधा लगता है उतना होता नहीं है। गाँव-घर के बाद जिला, प्रदेश होते हुए विदेशों में उसकी राष्ट्रीय पहचान तक उसे गुजरना होता है। इसके अलावा भी पहचान के अनेक टूल्स मौजूद होते हैं जो व्यक्ति की पहचान को निर्धारित करते हैं। व्यक्ति की शिक्षा-दीक्षा, उसकी जीविका, उसका सामाजिक व्यवहार और सबसे अधिक जन्म से निर्धारित जाति-उसकी पहचान के अनेक साधन बन जाते हैं। तब यह संकट और गहरा हो जाता है। इस सनदेहजनक दुविधा को प्रो० रामबक्ष ने परिवार के सन्दर्भ में भी देखा और उसकी कचोट को महसूस किया है। कमाने के लिए बाहर गया व्यक्ति जब अपने ही गाँव-घर के परिवार में बाहरी घोषित कर दिया जाता है तो उसकी वास्तविक पहचान पर उसे सनदेह होना लाजिमी है।

थोड़ी सी चर्चा इस पुस्तक में आए स्त्री-विमर्श और चिताणी की स्वतन्त्रधर्मा स्त्रियों के सन्दर्भ में आवश्यक है क्योंकि इसका ज़िक्र गाहे-बगाहे कई बार आया है। जनेवि में एम. ए. की कक्षा में जिन विद्यार्थियों ने प्रो० रामबक्ष से पढ़ा होगा उन्हें इस पुस्तक को पढ़कर लगेगा कि स्त्री-विमर्शवाले प्रश्नों पर वह जिस बेबाकी से सवाल उठाते थे और यह कहा करते थे कि स्त्री-विमर्श के बारे में लिखी अधिकांश बातें अनुभवजन्य नहीं हैं इसलिए यह वास्तविक नहीं है, तब स्पष्ट होता है कि उनकी बनाई यह राय चिताणी की स्त्रियों के साथ उनके अनुभव से जुड़े होने की वजह से बनी है। निश्चित रूप से जिन चिताणी की स्त्रियों का जिक्र उन्होंने किया है वे शोषित-पीड़ित स्त्रियों से अलग हैं। वहाँ की ग्रामीण स्त्रियाँ समाज और परिवार में सम्मानजनक जीवन जीती हैं। ऐसा इसलिए हुआ है क्योंकि वे भी अपने परिवार की आर्थिक गतिविधियों में बराबर की भागीदार हैं। वे खेतों में पुरुषों के बराबर में काम करती हैं, घर के भीतर का सारा काम उन्हीं की देखरेख में होता है। उनकी यह आर्थिक भागीदारी घर में उनकी स्थिति को मजबूत बनाती है जो वहाँ सम्भव नहीं है जहाँ की महिलाएँ केवल घरों में रहने पर मजबूर हैं और घर के आर्थिक

तन्त्र में उनकी कोई भागीदारी नहीं है। किन्तु इन सबके बावजूद वे स्त्रियाँ शिक्षित नहीं हैं और शादी ब्याह के मामले में उनकी रजामन्दी का कोई महत्त्व नहीं है। तभी वे अशिक्षित रह जाती हैं और बचपन में ही उनका विवाह हो जाता है। प्रो० रामबक्ष स्त्री शिक्षा, निर्णय की आज़ादी, आत्मनिर्भरता जैसे मूलभूत प्रश्नों की गहराई में नहीं उतरते जो एक स्त्री की वास्तविक स्वतन्त्रता के लिए आवश्यक हैं। वहाँ उनके समय में स्त्रियों की शिक्षा पर विशेष जोर नहीं देखने को मिलता है और बाल-विवाह तो राजस्थान के ग्रामीण इलाकों में अब भी आम बात है।

प्रो. रामबक्ष की 'मेरी चिताणी' में जनेवि का होना एक सुखद अनुभव रहा है। हालाँकि वह वहाँ के अपने संस्मरण में चिताणी जितना स्पेस नहीं दे पाए हैं परन्तु जो भी लिखा है वह जनेवि के प्रति उनके लगाव को दर्शाता है। अपने दो महत्त्वपूर्ण गुरुओं प्रो० नामवर सिंह और प्रो० मैनेजर पांडेय को उन्होंने बड़ी ही आत्मीयता के साथ याद किया है। (इन दोनों पर परिशिष्ट में अलग से लिखा गया है।) जोधपुर एवं जनेवि में अपनी नियुक्तियों के बहाने नियुक्तियों में चलनेवाले खेल एवं भारतीय विश्वविद्यालयों की राजनीति का सटीक वर्णन किया है। चूँकि वह स्वयं भी इस खेल का हिस्सा रह चुके हैं इसलिए इसके अन्दर की राजनीति को बेबाकी से कह पाने में सक्षम हुए हैं। हालाँकि जनेवि के विषय में वह बहुत कुछ अनकहा भी छोड़ देते हैं और विवादास्पद मुद्दों पर अपनी कोई राय नहीं रखते। इसके पीछे के कारणों को उन्होंने भूमिका में ही स्पष्ट कर दिया है। पुस्तक के आखिरी अध्याय के रूप में लेखक की अमेरिका यात्रा के अनुभवों का संक्षिप्त वर्णन है। हालाँकि इसे वह यात्रा वृत्तान्त का नाम नहीं देना चाहते क्योंकि इसमें तुलना होने लगती है और वह तुलना करना नहीं चाहते। भारत और अमेरिका की तुलना वैसे भी बेमानी ही होगी। इतना ध्यान रखने के बावजूद तुलना हो ही गई है। वह अमेरिका की स्वच्छता, वहाँ की गीलों तक फैली चौड़ी सड़कें और कड़ी सुरक्षा व्यवस्था से प्रभावित हुए बिना नहीं रह पाते। आत्मकथा के रूप में 'मेरी चिताणी' पाठक को अपनी सहज पठनीयता से प्रभावित करती हुई हास्य-व्यंग्य में गम्भीरता से प्रभावित करती है। छोटे-छोटे वाक्य अन्त में एक गम्भीर निष्कर्ष तक पहुँच जाते हैं। उनकी यह विशेषता उनके अध्यापन की शैली में भी मिलती थी। साधारण मौसम के हाल-चाल को भी वह अपनी हास्य शैली में कुछ यूँ लिखते हैं-"अमेरिका का मौसम तुनक-मिजाज प्रेमिका की तरह पता नहीं कब कितना बदल जाए, इसका अन्दाजा तो चतुर सुजान प्रेमी की तरह यहाँ का मौसम विभाग ही लगा पाता है।"[9] यह हास्य पहले पन्ने से लेकर अन्त तक मौजूद है। चुटीला मारक व्यंग्य इसे और प्रभावशाली बना देता है। आत्मकथा के कई विशेषताएँ इसमें नहीं मिलेंगी क्योंकि इसमें उन्होंने जीवन की करुणोत्पादक प्रसंगों को लिखकर सहानुभूति बटोरने की कोशिश नहीं की है, न ही जबरन प्रेम-प्रसंगों को ठूँसकर इसे अतिरंजित करने का प्रयास किया

है। इन दोनों प्रवृत्तियों से बचकर भी अपने व्यक्तित्व को और चिताणी को उसके ठेठ रूप में उभारने में वह सफल रहे हैं। इस कृति को भारतीय गाँव की मुकम्मल तसवीर भले न माना जाय लेकिन राजस्थान के छोटे गाँवों और वहाँ की संस्कृति को समझने में सहायक अवश्य है।

## सन्दर्भ-सूची


1. मेरी चिताणी, रामबक्ष जाट, 2019, अनन्य प्रकाशन, नई दिल्ली, प्रथम संस्करण की भूमिका से उद्धृत
2. राजस्थान के गाँवों में अलाव को कई कहा जाता है। पुराने समय में ठंड के मौसम में ग्रामीण अलाव जलाकर उसके आसपास बैठ जाते थे। यह सामूहिक मिलन का स्थान होता था।
3. वही, पृ. 16
4. मेरी चिताणी पृ. 37
5. वही, पृ. 45
6. वही, पृ. 49
7. वही, पृ. 51
8. मेरी चिताणी, पृ. 42
9. वही, पृ. 124


◆◆◆

# लेखक परिचय

**डॉ. आशुतोष कुमार सिंह :** अध्यक्ष, हिंदी विभाग, प्रो. राजेन्द्र सिंह (रज्जू भैया) विश्वविद्यालय, नैनी, प्रयागराज। आठ पुस्तकें संपादित-प्रकाशित।

**महेन्द्र प्रसाद कुशवाहा :** सहायक प्राध्यापक, हिंदी विभाग काशी हिन्दू विश्वविद्यालय वाराणसी। रामस्वरूप चतुर्वेदी पर केन्द्रित तीन पुस्तकें संपादित-प्रकाशित।

**श्वेता सिंह :** शिक्षिका पीएमश्री केन्द्रीय विद्यालय, कुंभीरग्राम, सिलचर, असम। शैली विज्ञान पर विशेष कार्य।

**आशुतोष पार्थेश्वर :** प्रोफेसर, हिंदी एवं आधुनिक भारतीय भाषा विभाग, इलाहाबाद विश्वविद्यालय, प्रयागराज। 'हिंदी में विज्ञापनों का पहला दौर', 'चंपारण सत्याग्रह' और 'बिहार विभूति अनुग्रह नारायण सिंह' सहित अन्य महत्त्वपूर्ण पुस्तकें प्रकाशित।

**डॉ. अमृता :** सहायक प्राध्यापक, हिंदी एवं आधुनिक भारतीय भाषा विभाग, इलाहाबाद विश्वविद्यालय, प्रयागराज। 'लोक साहित्य संचयन' सहित अन्य पुस्तकें प्रकाशित।

**डॉ. अनिल कुमार यादव :** मध्यकालीन इतिहास के गंभीर अध्येता। 'फतेहपुरी सीकरी' पर तीन महत्त्वपूर्ण पुस्तकें प्रकाशित।

**डॉ. सरोज सिंह :** प्रोफेसर, हिन्दी विभाग, सी.एम.पी. कालेज, प्रयागराज। 'स्त्रीवादी चिन्तन की विविध दिशाएँ' और 'छायावाद के प्रश्न' सहित अन्य महत्त्वपूर्ण पुस्तकें प्रकाशित।

**डॉ. मिथिलेश कुमारी :** शिक्षिका, ब्वायज हाईस्कूल, प्रयागराज। 'प्रज्वलित' कविता संग्रह सहित अन्य कविताएँ प्रकाशित।

**डॉ. अजित सिंह :** सहायक प्राध्यापक, हिंदी विभाग, मगध विश्वविद्यालय, बोधगया। संप्रति सहायक उप शिक्षा निदेशक, शिक्षा निदेशालय, प्रयागराज में प्रतिनियुक्त। पत्र-पत्रिकाओं में आलेख प्रकाशित। 'कथेतर गद्य' एवं 'संत साहित्य' पर विशेष कार्य।

**डॉ. मिथिलेश :** प्रोफेसर एवं संकायाध्यक्ष, मानविकी संकाय, विनोबा भावे विश्वविद्यालय हजारीबाग। 'बाखबर-बेखबर' और 'आदिम स्वरों की अनुगूँज' सहित अन्य पुस्तकें प्रकाशित।

**डॉ. प्रियंका कुमारी :** असिस्टेंट प्रोफेसर, हिंदी विभाग, गया कॉलेज गया। पत्र-पत्रिकाओं में शोध आलेख प्रकाशित।

**डॉ. प्रज्ञा गुप्ता :** असिस्टेंट प्रोफेसर, हिंदी विभाग, राँची वीमेन्स कॉलेज, राँची, झारखंड। 'नागार्जुन के काव्य में प्रेम और प्रकृति' सहित अन्य पुस्तकें प्रकाशित।

**डॉ अहिल्या मिश्र :** हिंदी ९३/सी, राज्य सदन, बेंगलरावनगर, हैदराबाद, तेलंगाना, पिन-५०००३८

**प्रो. (डॉ.) देवेन्द्र प्रसाद सिंह :** से.नि. प्रोफेसर एवं पूर्व अध्यक्ष स्नातकोत्तर हिंदी विभाग, शांतिप्रसाद जैन महाविद्यालय, सासाराम। 'भिखारी ठाकुर के लोक नाटक', 'लोरिकायन : विविध प्रसंग' सहित अन्य पुस्तके प्रकाशित।

**डॉ. धारवेन्द्र प्रताप त्रिपाठी :** शिक्षक, बाल भारती स्कूल, प्रयागराज। 'विजयदेवनारायण साही' के आलोचना-कर्म पर महत्त्वपूर्ण शोध कार्य, विभिन्न पत्र-पत्रिकाओं में शोध-आलेख प्रकाशित।

**डॉ. गाजुला राजू :** सहायक प्राध्यापक, हिंदी एवं आधुनिक भारतीय भाषा विभाग, इलाहाबाद विश्वविद्यालय, प्रयागराज। तेलुगु-साहित्य के गंभीर अध्येता। विभिन्न पत्र-पत्रिकाओं में शोध आलेख प्रकाशित।

**डॉ. दीनानाथ मौर्य :** सहायक प्राध्यापक, हिंदी एवं आधुनिक भारतीय भाषा विभाग, इलाहाबाद विश्वविद्यालय, प्रयागराज। बाल-साहित्य के गंभीर अध्येता, पत्र-पत्रिकाओं में शोध-आलेख प्रकाशित।

**डॉ. जिन्दर सिंह मुंडा :** अध्यक्ष, स्नातकोत्तर हिंदी विभाग, डॉ. श्यामा प्रसाद मुखर्जी विश्वविद्यालय, राँची। 'हिन्दी और मुंडारी भाषा के व्याकरण का तुलनात्मक अध्ययन' तथा 'भाषायी अस्मिता' और आलोचना सहित अन्य पुस्तकें प्रकाशित।

**अवनीश यादव :** साहित्य अध्येता। शिवमूर्ति के कथा-साहित्य पर महत्त्वपूर्ण शोध-कार्य। 'सृजन-सरोकार' पत्रिका से संबद्ध।

**डॉ. रमाकान्त राय :** सहायक प्राध्यापक एवं अध्यक्ष हिन्दी विभाग, पं. राज राजकीय महिला स्नातकोत्तर महाविद्यालय, इटावा, उ.प्र.। 'राही मासूम रजा और आधा गाँव' पर केन्द्रित महत्त्वपूर्ण पुस्तक प्रकाशित।

**डॉ. राकेश कुमार रंजन :** सहायक प्राध्यापक, हिंदी विभाग, मगध विश्वविद्यालय, बोध गया। 'विभाजनोपरांत भारतीय समाज में मुस्लिम जीवन' नामक पुस्तक प्रकाशित।

**डॉ. परम प्रकाश राय :** सहायक प्राध्यापक, हिंदी विभाग, मगध विश्वविद्यालय, बोधगया। 'नयी कविता का नयापन और अन्य निबंध' पुस्तक प्रकाशनाधीन।

**डॉ. स्तुति राय :** सहायक प्राध्यापक, हिंदी विभाग, एस. एस. खन्ना गर्ल्स डिग्री कॉलेज, प्रयागराज, पत्र-पत्रिकाओं में शाध-आलेख प्रकाशित।